両漢における易と三礼

渡邉義浩編

汲古書院

両漢における易と三礼／目　次

第一部　国際シンポジウム
「易と術数研究の現段階」

第二部　第五一回国際東方学者会議　東京会議　シンポジウムⅥ
「両漢における三礼の展開」

第三部　両漢における易と三礼

両漢における易と三礼

第一部　「易と術数研究の現段階」

国際シンポジウム　東京大学法文二号館一大教室

二〇〇五年一二月一一日

趣旨説明

三浦　國雄

「術数」の源流は周知のように漢代であり、劉歆―班固によって「天文」・「暦譜」(暦と算術)・「五行」・「蓍亀」(卜筮・亀卜)・「雑占」(夢占など)・「形法」(家相・人相など)という六種の学術が「術数」(または「数術」)という上位概念によって括られる。漢代はこのように「術数」というものが改めて自覚され整理されて、その後に続く長い術数史の起点になった時代であった。そこでいう「術数」は、次のようにイメージすれば分かり易いかもしれない。ここに一機の飛行機があるとして、胴体は天文、地理、暦、易、夢など多様であるが、共通して左翼は占術(神秘主義)、右翼は数理学(合理主義)になっていて、これら三者が渾然一体となって空を飛んでいるのが「術数」であると。

我々、近代合理主義・科学主義の洗礼を受けた者にはなかなか理解しがたいことであるが、たとえば『中庸』には、「至誠の道は以て前知すべし」などと云われていて、未来予知が道徳律と難なく結びついている。『易』繫辞上伝に、「数を極めて来を知る、これを占と謂う」とあるように、こうした道徳律にさらに数理学が加わって、未来予知が可能とするのが易の立場である(易の場合は「数」のほかに「象」も入ってくる。いわゆる「象数」である)。

このシンポジュウムでは、易と術数とを併せて取り上げるが、それは以下の理由による。もとより易は経学の主役であって術数ではなく、『漢書』芸文志でも「六芸」の筆頭に挙げられているが、特に漢易の場合、術数的性格を濃厚に備えつつ（いわゆる「象数易」）、国家経営とも深く関わっていた。従って、漢易を術数の観点から再検討し、返す刀で「術数」なるものを改めて切ってみる試みは、漢代の学術だけではなく、漢という時代と社会の解明にとっても重要な意味を持っているはずである。また、易も術数もともに近年、出土文物研究の活性化とも相俟って研究が盛況を呈しつつあるという事情も与っている。易の場合、大陸で活発に研究が推進されているのは周知のところであるが、本邦でも近年「周易学会」が組織されている。鈴木由次郎・今井宇三郎・本田済氏らを戦後のわが国易学研究の第一世代とすれば、人材の少ない第二世代をへて、今や近藤浩之氏や辛賢氏のような第三世代が育ってきている。

ところで、管見の及ぶ限り、「術数」なるものを本格的に取り上げられたのは木村英一氏であった。氏は「術数学の概念とその地位」（『東洋の文化と社会』一、一九五〇年）と題された雄編において、当時まったくと云ってよいほど顧慮されることのなかった「術数学」を真正面から論じ、冒頭「少なくとも思想史的角度から見る限り、それの比重は殆んど経学と並ぶ程の重要性をもつ様に感ぜられる」と開陳して、その思想史的再評価を説得的に展開しておられる。氏は例の劉歆—班固の「術数略」を分析し、そこに神秘主義と同時に「象」「数」「形」にもとづく術数的合理主義を見出し、これをもって旧中国の自然哲学ないし自然科学の母胎とまで云い切られるのである。易もまたこの思想的文脈の中で捉えられ、かかる神秘主義と術数的、象数的合理主義、それに礼法的合理主義との綜合の上に成立したとする示唆的な見解を提起しておられる。

木村氏以後、術数学の個別研究は比較的進展してきたように見えるが、中国思想史の立場からその全体像を考察した論考は決して多くはない。そのような業績として、李零『中国方術考』（人民中国出版社、一九九三年）・『中国方術続考』（東方出版社、二〇〇〇年）、それに川原秀城『中国の科学思想』（創文社、一九九六年）を挙げたい。李零氏のものは、出土資料を多数援用しながら古代の豊穣な「方術」的世界を再現している。なお、李零氏の云う「方術」は、「方伎」(一種の生命・養生術)と「数術」(「術数」に同じ)とを統合した概念である。一方、川原氏の著書(特に第Ⅰ章「術数学」)は、木村氏の論考を継承しつつ、さらに精密に、術数的思考―理数的思考と卜数的思考の混交したもの―が経学の不可欠の要素であることを論証している。

本シンポジュウムは、これら先達の業績に導かれながら、以下のような問題の解明を目指すものである。

一、「術数」の再定義。その内包と外延

こういう問題設定をしたのは、「術数」なるものの内実がまだ共通の理解に達していないと考えるからである。「方術」との境界をどう定めるのか、というのも一つの課題である。時代による意味や価値評価の変化も見逃すことができない。「神秘主義」(占術・呪術)と「合理主義」(数理)とが矛盾なく同居していたことの意味も改めて考える必要があるだろう。近年、術数研究が主として科学史家によって推進してこられたという事情もあって、どちらかといえば、「占」より「数」の方に重心が傾きがちであるが(むろん、川原氏や武田時昌氏には「占」への目配りもある)、両者が共存しているところにこそ術数の本質を見るべきではあるまいか。なお、本稿で「神秘主義」と「合理主義」という語を定義なしに使用しているが、これは「術数」なるものの内実を明らかにするために便宜的に使ったまでで、占術=神秘主義、数理=合理主義だと、一義的に考えているわけではない。

二、漢代における術数と国家経営

思想史学と歴史学との共同作業を目指すというのが本科研の基本的なスタンスなので、易や術数が漢代の国家と社会に対してどういう現実的な作用を及ぼしたのか、という視点は等閑に付すことができない。

三、術数と民衆文化

これはむしろ漢代以降の問題である。漢代の術数学は、時代が降るにつれて一方で民衆化、通俗化してゆく。経学の純粋化を目指した清朝の学術は、こうした占術と関わる通俗化した術数を経学中の「異物」として排除しようとした。風水がそうであるし、易についても、京房易は『火珠林』を経て唐宋以降、断易（五行易）という易占法として広く民間に浸透し、学としての易と占としての易との二極化が進行する。北宋の邵康節などはそのよき事例である。彼自身の段階では学と数と占との三者が渾然一体となっていたが、後世、『梅花心易』のような、彼に仮託される通俗的な占法書が生み出される。なお、術数の歴史的変遷については、中村璋八「中国思想史上における術数」（『東洋の思想と宗教』第一四号、一九九七年）がよい見取り図を与えてくれる。

四、易の術数的性格―数と象と占―

これは易プロパーの問題である。漢易の象数的性格については、人も知る鈴木由次郎氏の大作『漢易研究』（明徳出版社、一九六三年）があり、そこに委曲を尽くして説明されている。また、辛賢氏の近作『漢易術数論研究――馬王堆から『太玄』まで』（汲古書院、二〇〇二年）は、鈴木氏以来の画期的な業績で、本書によって漢易の整然とした数理的宇宙観が見事に再現された。ただ、その象数易なり秩序立った数理構造が占法としてどのように機能したのか、またその際、「象」というものがどういう役割を果たしたのか、さらに、国家経営とどのように関わっていたのか、個人の命運も占っていたのか、といったようなことについては、資料的制約も大きいであろうが、今後の課題として残されているように思われる。本シンポジュウムを通して、これらの問題を解明する手掛かりが得られればと念じている。

中国から武漢大学の蕭漢明先生と中国社会科学院の劉楽賢先生に御参加いただく予定である。蕭先生は中国周易学会の副会長の重責を担っておられ、劉先生は中国古代思想史の著名な研究者であられる。

以上のような趣旨をもって、このシンポジュウムは開催される。

基調報告

漢代易学の基本的な特徴について

蕭　漢明（著）
白井　順（訳）

一、漢代は易学の最初の隆盛期である

『史記』儒林列伝に言う、

自魯商瞿受『易』孔子、孔子卒、商瞿伝『易』。六世至斉人田何、字子荘、而漢興。田何伝東武人王同子仲、子仲伝菑川人楊何。何以『易』元光元年徴、官至中大夫。斉人即墨成以『易』至城陽相。広川人孟但以『易』為太子門大夫。魯人周覇・莒人衡胡・臨川人主父偃、皆以『易』至二千石。然要言『易』者本於楊何之家。

『漢書』儒林伝に言う、

自魯商瞿子木受『易』孔子、以授魯橋庇子庸。子庸授江東馯臂子弓、子弓授燕周醜子家、子家授東武孫虞子乘、子乘授斉田何子装。及秦禁学、『易』為筮卜之書独不禁、故伝授者不絶也。漢興、田何以斉田氏徙杜陵、号杜田生、授東武王同子中、雒陽周王孫・丁寛・斉服生、皆著『易伝』数篇。

司馬遷は、商瞿より六世を経て田何に伝えられたとは言うものの、その「六世」の人々が各々いずこの人なるかを具体的に言わない。しかし、『漢書』儒林伝は六世に亙って伝えた人々を補足している。漢が興って後、田何は元光

元（前一三四）年、『易』によって召されて官は中大夫に至った。これは斉の田氏が杜陵（陝西省）に移ったことによるもので、田何は漢が興って以後『易』を伝える重要な地位にあった。この点は『史記』と『漢書』は同じ認識であるが、彼以降の伝授については両史書にいささか違いがある。『史記』は特に楊何を強調し、即墨成・孟但・周覇・衡胡・主父偃などの人々の『易』はみな楊何に基づく、としている。一方『漢書』は、田何は王同・周王孫・丁寛、服生に授けたと述べるにすぎず、楊何には言及しない。このような違いが生まれた理由として二つのことが考えられる。楊何が『易』を伝えた影響が司馬遷の時代にはまだある程度残っており、その父司馬談は『易』を楊何に受けたから『史記』は『易』の伝授において楊何の地位を重視したのだ、というのが一つ。楊何の『易』を伝えた影響がその後日増しに衰微し、有力な後継者がいなくなった、というのが二つ目の理由である。

『後漢書』儒林伝に言う、

田何伝『易』授丁寛、丁寛授田王孫、王孫授沛人施讎・東海孟喜・琅邪梁丘賀、由是『易』有施・孟・梁丘之学。又東郡京房受『易』於梁国焦延寿、別為京氏学。又有東萊費直伝『易』、授琅邪王横、為費氏学。本以古字、号古文『易』。又沛人高相伝『易』、授子康及蘭陵毋将永、為高氏学。施・孟・梁丘・京氏四家皆立博士、費・高二家未得立。

ここで強調して言われているのは丁寛一派の師承関係であり、丁寛の易学が、施讎・焦延寿・京房へと引き継がれたことを言いたいのであろう。だからまた、「丁寛、易家始師」と言うのである。『漢書』芸文志には「漢興、田何伝之、訖於宣・元、有施・孟・梁丘・京氏列於学官」とある。『漢書』芸文志に基づけば、施氏はまた『易』を張禹・魯伯に伝え、張禹は彭宣・戴崇に授け、魯伯は毛莫如・邴丹に授け、これによって施家には張・彭の学があった。孟氏は白光・翟牧に授け、これによって孟家には翟・孟・白の学があった。梁丘は子の臨に伝え、臨は五鹿充宗に代わって少府となり、充宗は士孫・鄧彭祖・衡咸に授け、これによって梁丘家には士孫・鄧・衡の学があった。京房は東海の殷嘉・河東の姚平・河南の乗弘に伝えて、みな郎や博士になったので、『易』に京氏の学が生まれた。『漢書』儒林伝に言う、

至成帝時、劉向校書、考易説、以為諸易家説皆祖田何・楊叔（楊何）・丁将軍（丁寛）、大誼略同、唯京氏為異党、焦延寿独得隠士之説、託之孟氏、不相与同。

費氏の学・高氏の学については、学官には立てられなかったが、後漢に及ぼした影響によって、儒林列伝でもついでに取り上げたのである。

『隋書』経籍志に言う、

漢初又有東莱費直伝易、其本皆古字、号曰古文易。……行於人間而未得立。後漢陳元・鄭衆皆伝費氏之学、馬融又為其伝以授鄭玄。玄作易注、荀爽又作易伝。魏代王粛・王弼並為之注、自是費氏易大興。

費氏の『周易注』は、彖・象・繋辞十篇の語によって上下の経文を説明し、彖・象を卦爻の下に入れ、分置されていた古『易』の経・伝の姿を改めた。鄭玄もまたそれを襲ったが、王弼に至ってまた更に一歩進めて文言伝を乾坤二卦の下に分けて置き、この体例がずっと今日に至っている。

文字の方面については、『漢書』芸文志に言う所の「劉向以中古文易経校施・孟・梁丘経、或脱去〈無咎〉〈悔亡〉、唯費氏経与古文同」の説がある。学者の中にはこれを根拠に、施・孟・梁丘の経文はみな今文経であるとし、ただ費氏の経文のみを古文経とみなす者がいる。劉向が用いた底本は秘蔵されていた古文経であり、施・孟・梁丘の経文を校勘して、ただ「無咎」「悔亡」などの幾つかの占断辞が欠けているというだけで、どうしてこの三家の『易』が今文経だと断定することができようか。朱彝尊は言う、

説文解字序言有、易称孟氏、之言、則書中所引当為孟喜之易、如「夕惕若厲」句「厲」作「夤」、「泣血漣如」句「漣」作「慩」、「瀆」作「黷」、「吝」作「遴」、「愬愬」作「虩虩」、「麗乎土」作「蔍于地」、「日昃之離」句「昃」作「仄日」、「其牛掣」句「掣」作「觢」、「天且劓」句「劓」作「臲」、「文蔚」作「文斐」、「用拯馬壮」句「拯」作「抍」、無「用」字、「繻有衣袽」句「繻」作「需」、「袽」作「絮」、「夫乾確然」句「確」作「寉」、「服牛乗馬」句「服」作「犕」、「重門撃柝」句「柝」作「榛」、「絪縕」作「壹壺」、「雑而不越」句「越」作「𨒅」、「莫熯乎火」句「火」作「離」、「為的顙」句「的」作「馰」。

以上、ひとしく今文と異なっている。さらに朱彝尊は続けて「「地可観者、莫可観于木」則今本無是文」「「為黔喙之属」無「之属」字」などと述べており、これらによって孟氏の『易』が今文と違っていることが分かるはずである。また、朱彝尊は陸徳明『経典釈文』を引いて言う、

孟氏易「咸其輔頰舌」、「頰」作「俠」、晉卦作「斉」、「懲忿窒欲」作「怪浴」、「偏辞也」作「徧辞」、「日中則昃」作「稷」、「闃其無人」「闃」作「窒」、「隤然」作「退然」、「大宝」作「保」、「包犠」作「伏戏」。皆与今文異。

(以上、『経義考』巻五・易四)

上述から分かるように、施・孟・梁丘の『易』もまた古文『易』であって、今文『易』ではない。今文『易』の形成は、おそらく馬融・鄭玄の少し前だろうが、前漢時代ではあり得ない。それゆえ、「官方易学は今文経学派に属す」「民間易学は古文経学系統に属す」とする説[一]は成り立ちがたい。

前漢初期において、『易』を伝える者にはまだ他に韓嬰・劉安および淮南九公がいる。中期には、梁丘賀にかつて『易』を受けた京房(焦延寿の弟子ではない別の京房)がいて、この人は漢の宣帝より前、楊何の弟子であった。後期には『易』を模倣して『太玄』を作った揚雄がおり、こちらも古文であって今文ではない。

後漢初期には『緯書』が形成され、同時に官方の学となった。その中の『易緯』は孟・京の学を伝承している。後漢に施氏の『易』を伝えた人として、沛の人戴賓・陳留の劉昆・広漢の景鸞がいる。梁丘の『易』を伝えた者には、代郡の范升・京兆の楊政・穎川の張興がいる。孟氏の『易』を伝えた者には、南陽の洼丹子玉・中山の鮭陽鴻孟孫・広漢の任安定祖がいる。また虞翻も、その家学は五世に亙って孟氏の『易』を伝えてきたと称している。費直の『易』を後漢へ伝えた人として、陳元・鄭衆・馬融・鄭玄以外にも、穎川の穎陰の人である荀爽がいる。このほか、荊州学派の劉表・宋衷・李譔らにはひとしく易学の著作があって、世に伝わった。他に取り上げるに値するのは後漢末年の道士魏伯陽の『周易参同契』である。道教『易』の先河を開き、経学の『易』に対しても多大な影響を及ぼした。

両漢は易学研究の最初の隆盛期である。この時期に易学者は林立し、『易』を論じたり『易』を解したりする作品が続々と輩出した。易学の伝播の方法から言えば、前漢は師承伝授を重視し、後漢は家法を重視する。この二つの方法はどちらも易学思想の拡大にある程度の制約を加えたが、しかし両漢易学の数多の流派形成にとってはいずれも重要なはたらきを果たした。

漢代の数多の易学流派の中から共通する特徴を探し出すのはそれほど困難なことではない。先行研究の大部分は、漢代易学の特徴を象数易として結論づけている。義理を説くことを重んじた易学の時期と比較して言えば、この結論は妥当である。しかしながら、この結論にも不十分なところがある。というのも、漢代の易学もまた義理を説くことを重んじた時期があったからである。たとえば、前漢初期の田何から丁寛に至る時期は、みな義理を説くことを重んじたのである。孟喜より後、象数易学はようやく次第に盛んになり始めたが、後漢末年の荊州学派に至っても、まだ義理を説くことを重んじていたのであった。義理と象数重視の転換に関して、その間にはある種の内在関係があるのであろうか。また、孟喜以後の象数易においても、ある種の深い義理が含まれているのであろうか。

二、漢易の特徴の第一点、陰陽家思想から伸展してきた卦気説

漢代易学の最も重要な特徴は、卦気説の思考法である。

前漢初期の易学の著作は、ほとんど失われてしまった。関連する著作の中に散見する佚文や輯佚書から見ると、初期の漢代易学の思想的な傾向は、当時盛行していた黄老の学（特にその中の陰陽家の説）と密接な関係がある。

たとえば『淮南鴻烈』人間訓に言う、

今霜降而樹穀、冰泮而求穫、欲其食則難矣。故『易』曰、「潜龍勿用」者、言時之不可以行也。故「君子終日乾乾、夕惕若厲、無咎」。「終日乾乾」以陽動也、「夕惕若厲」以陰息也。因日以動、因夜以息、唯有道者能行之。

また、『淮南鴻烈』泰族訓に言う、

夫湿之至也、莫見其形而炭已重矣、風之至也、莫見其象而木已動矣。日之行也、不見其移、騏驥倍日而馳、草木為之靡、県烽未転而日在其前。故天之且風、草木未動而鳥已翔。其且雨也、陰曀未集而魚已噞矣。以陰陽之気相動也。故寒暑燥湿、以類相従、声響疾徐、以音相応也、故易曰、「鳴鶴在陰、其子和之」。

ここで言うところの陰陽の気が指すものは寒暖の気であり、だからその所謂「日陽夜陰」「風雨陰晴」および「寒暑燥湿、以類相従」などは、みな気候の動きと密接に関係している。そういうわけで、「日動」「夜息」とあるのは、人の行為は時と相応じねばならないことを言うのである。これらの見解は、黄老の学が吸収した陰陽家の「四時の大順」という思想と一致する。『淮南九師道訓』はすでに散逸したので、劉安の易学の全貌を見ることはできないが、

今『淮南鴻烈』からなおその一斑を窺うことができるのは非常に幸運なことである。『淮南鴻烈』は黄老の学の総括的な著作で、またその最後の作でもある。従って淮南学派が黄老の学の視点から『周易』を解読するのは、当に情理の自然である。

孟喜の卦気説は、まさに前漢初期に流行した黄老の『易』思潮の基礎に立ったもので、具体的な卦爻を気候の節令になぞらえ、それによって気候の変化を推し測るものである。孟喜の卦気説は、『新唐書』巻二十七に引く僧一行の「卦議」の中に部分的に残されている。その説は以下のようなものである。

自冬至初、中孚用事、一月之策、九六七八、是為三十。而卦以地六、候以天五。五六。相乗、消息一変。十有二変而歳復初。坎・震・離・兌、二十四気、次主一爻、其初則二至、二分也。坎以陰包陽、故自北正、微陽動於下、升而未達、極於二月、凝涸之気消、坎運終焉。春分出於震、始拠万物之元、為主於内、則郡陰化而従之、極于南正、而豊大之変窮、震功究焉。離以陽包陰、故自南正、微陰生於地下、積而未章、至于八月、文明之質衰、離運終焉。仲秋陰形于兌、始循万物之末、為主於内、郡陽降而承之、極於北正、而天沢之施窮、兌功究焉。故陽七之静始於坎、陽九之動始于震、陰八之静始于離、陰六之動始于兌。故四象之変、皆兼六爻、而中節之応備矣。

僧一行は、「十二月卦出於『孟氏章句』、其説『易』本於気、而後人以人事明之」と述べている。一行から見れば、孟氏の卦気は気を根本とするもので、ただひたすら陰陽の災害を述べるけれども、しかしまだなお人事と結びついてはいない。であるならば、卦気説によって人事の吉凶を占うのは、京房に始まるのであろう。『孟氏章句』に十二月卦があると一行は言っているが、しかし引用される部分はただ坎・震・離・兌の四正卦、およびそれ以外の六十卦の中孚と豊の二卦のみである。僧一行が引用したものは孟氏卦気説の一部分だけであることは明らかである。では、四正卦以外の中孚と豊の二卦は、六十卦の中でどのような位置を占めているのか。一行が言うところの孟氏十二月卦は

図一　李漑「卦気図」（朱震『漢上易伝』による）

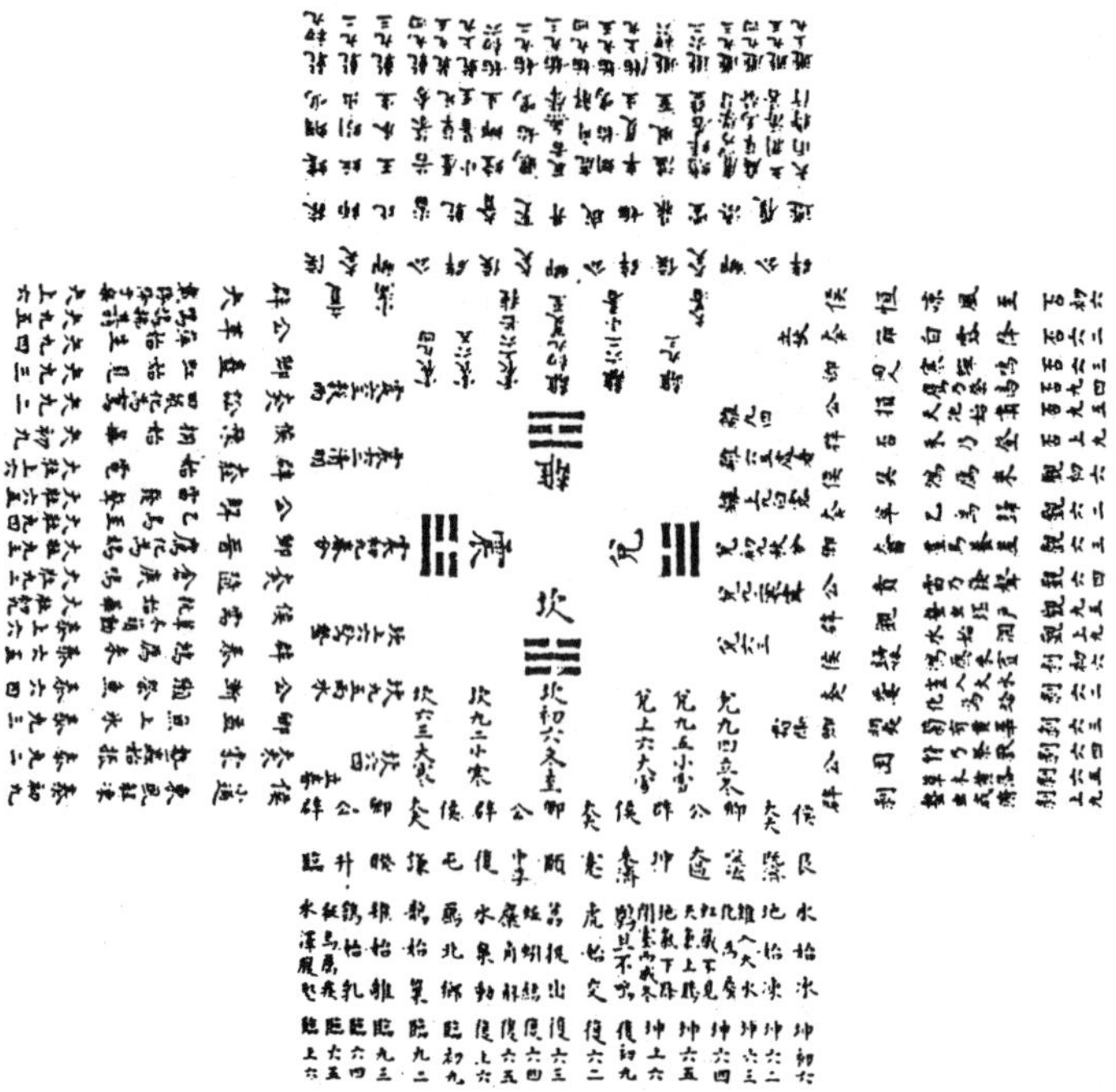

どの十二卦なのか。その卦気説システムの中でどのような意味があるのか。これらの問題から分かるように、孟氏卦気説は少なくとも三つの組成部分を内包している。四正卦と十二月卦と六十卦である。これらの問題をはっきりさせようとすれば、朱震が探し集めた卦気図と『易緯』の関連する記述を理解しなければならない。

朱震の卦気図は『漢上易伝』卦図巻中に見え、全部で二枚ある。一枚（図一）は李漑より出るもので、朱震は「その説は『易緯』に基づく」と考えている。もう一枚の図（図二）は、その構成もまた卦気説より出たもので、主旨は卦気説を通して「乾坤並如、陰陽交錯」の意味を解釈することにある。

図一・図二が内容的に『易緯』と関係していることから分かるように、孟喜の卦気説の基本的な構造はおおむね以下の通りである。

図二「乾坤交錯成六十四卦図」（朱震『漢上易伝』による）

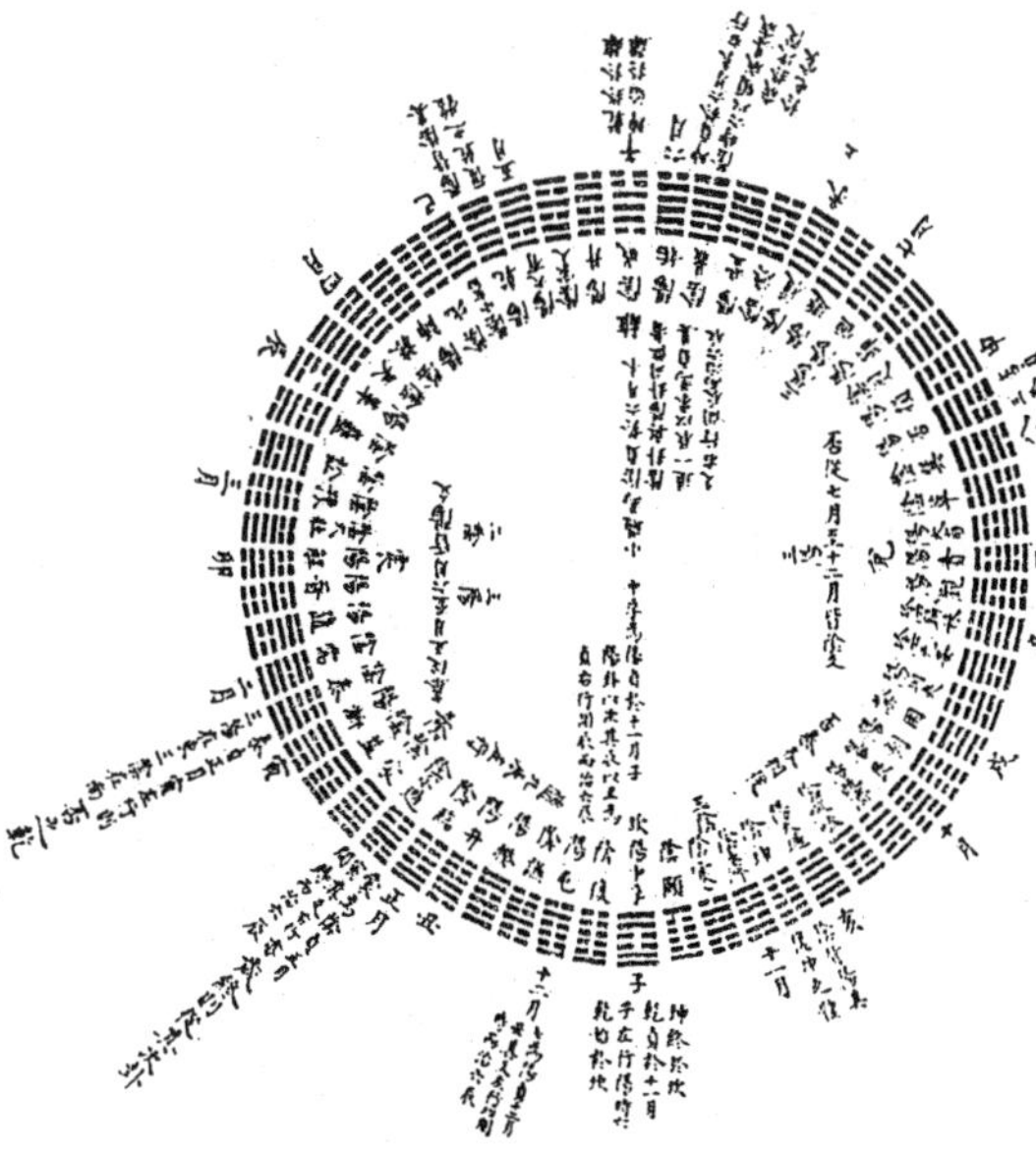

第一「四正卦と二十四節気」

四正卦とは、この二枚の図の中央の坎・震・離・兌四卦がそれである。これを四正卦と称するのは、所謂文王八卦の方位から言う。文王八卦の方位では、坎は真北、震は真東、離は真南、兌は真西である。所謂「坎、震、離、兌、二十四気、次主一爻。其初則二至二分也」である。四正卦は各卦六爻だから、四卦で二十四爻、毎爻が一気を主ると、二十四爻は全部で二十四気を主ることになる。四正卦の各卦の初爻は二至（冬至・夏至）二分（春分・秋分）を主るから、坎の初六は冬至、震の初九は春分、離の初九は夏至、兌の初九は秋分になる。『易緯乾元序制記』に言う、

坎初六冬至、広莫風、九二小寒、六三大寒、六四立春、条風、九五雨水、上六驚蟄。震初九春分、明庶風、六二清明、六三穀雨、九四立夏、温風、六五小満、上六芒種。離初九夏至、景風、六二小暑、九三大暑、九四立秋、涼風至、六五処暑、上九白露。兌初九秋分、閶闔風、霜下、九二寒露、六三霜降、九四立冬、

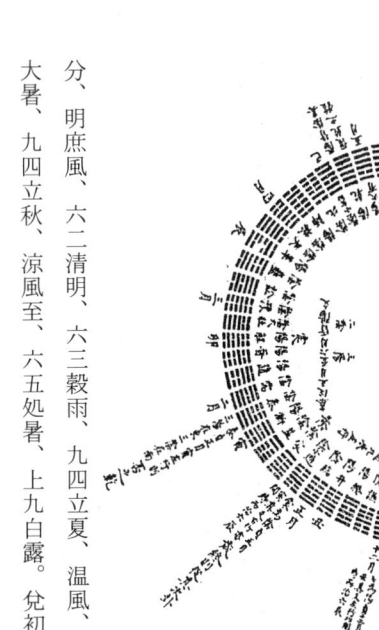

始氷、不周風、九五小雪、上六大雪也。

この説は孟喜と合い、そこに九風を配するのは、あるいは九宮図と関連するのかもしれず、孟喜の卦気説にこの説があったかどうかは分からない。『易緯通卦験』では、四正卦に二十四節気を当て、さらに物候・日影の長さ・雲色および二十四節気と人体二十四脈の対応関係を増補し、九風にもまた増補されたところがある（たとえば雨水には「猛風至」を増補、清明には「清明風至」を増補）。唐の僧一行『卦議』には卦気図一枚があり、四正卦・二十四爻に当てられる節気に、また六十卦の該当する卦を配置し、同時にまた当該節気の物候を区別して列挙している。こうした内容は孟喜の卦気説と矛盾しないので、孟喜の卦気に備わっていたものかもしれないし、後人が補充し増補した可能性もある。

李溉の卦気図の内円の四正卦は三画の経卦を用いているが、これだと、各卦の六爻に配される節気の解説と合わないから、六画の別卦をもって表示するのが正しいはずである。内容は『易緯乾元序制記』とおおむね一致するが、配列には交錯の別がある。続いて、侯・大夫・卿・公・君が配されているが、これは卦気と関係がない。更に続けて、六十卦を四正卦の爻に配し、物候と十二月卦に及んでいるが、これは卦気説の全体的な構造と関わりがあり、図二の構造と相互に関連しあっている。

四正卦は二至二分に分けて配されたために、春・夏・秋・冬の四象のシンボルとなった。説卦伝との関係から見ると、四正卦は明らかに「帝震より出づ」の一節から抜き取ってきたものである。説卦伝には、「震は東方なり」、「巽は東南なり」、「離なるものは……南方の卦なり」、「乾は西北の卦なり」、「坎は……正北方の卦なり」とある。この中で、坤と兌が抜け落ちている。月令に八卦を配置することについては、八卦と万物の成養終始との対応関係から見て、すでに明確な表現があった。『易緯乾鑿度』は、これに基づいて八卦を四正卦（震・離・兌・坎）と四維卦（巽

・坤・乾・艮）とに分け、四正卦にはそれぞれ一月を使って二至二分を当て、四維卦には、それぞれ該当する月令の他にまた一月を用したから、おのおの二ヵ月を用いることになる。これが所謂「四正四維分明」ということであり、「生長収蔵の道」を「尽く」すことになるわけである。四正・四維卦から卦気説に至るまで、その間、なおまだ八卦気験説が介在しているが、その内容は『易緯通卦験』に見えている。しかし、孟喜にこの方面の議論があったかどうか分からないので、ここでは省略する。

第二、二月卦と六十卦、一年の気候の規則的な変化と非規則的な変化

十二月卦は復・臨・泰・大壮・夬・乾と姤・遯・否・観・剝・坤である。この十二の卦画は、陰陽消長の規則的な変化をはっきり形として表出している。卦気説はこの十二卦を十二ヵ月のシンボリックな代表格とするので、これを十二月卦あるいは十二辟卦、十二消息卦などと称するのである。十二辟卦と称するのは、六十卦との関係上から意味を取ったものである。『易緯通卦験』は、六十卦を月の順に以下のように排列している。

寅	泰	漸	益	小過	蒙
卯	大壮	解	晉	随	需
辰	夬	革	蠱	訟	豫
巳	乾	小畜	比	師	旅
午	姤	咸	井	家人	大有
未	遯	履	渙	豊	鼎
申	否	損	同人	節	恒

酉　観　賁　大畜　翠　巽
戌　剝　困　明夷　無妄　帰妹
亥　坤　大過　噬嗑　既済　艮
子　復　中孚　頤　蹇　未済
丑　臨　升　睽　謙　屯

この表の排列は寅を歳の初めとし、夏正に則っている。もし二十四気に依拠して論じると、「周正建子」を取って子の月を歳の初めとせねばならない。六十卦は、五卦が一月にあたり、各月は十二卦月の一卦が筆頭にくる。先の図二は六十卦が円環を囲んでいる。つまり上の表の五卦を一月として順番に排列されて成っている。坎・震・離・兌の四象で言えば、坎は冬で、亥・子・丑の三ヵ月、震は春で、寅・卯・辰の三ヵ月、離は夏で、巳・午・未の三ヵ月、兌は秋で、申・酉・戌の三ヵ月がそれぞれ配される。『易緯稽覧図上』に「甲子卦は中孚より起つ」と言う。中孚は子にあり、微弱な陽気が坎中に生まれた時である。だからこの説は、まさに孟喜の「自冬至初、中孚用事」の説から出たに違いない。また孟喜は、「坎以陰包陽、故自正北、微陽動于下、升而未達、極于二月、凝固之気消、坎運終焉」と述べている。図一では、坎の初六が冬至の頤にあたり、冬至の後に卦気は中孚より起ち、復（十一月）・屯・謙・睽・升・臨（十二月）・小過・蒙・益・漸・泰（一月）を経て、二月の需・随に至って坎の巡りが終わるのである。また孟喜は言う、「春分出于震、始拠万物之元、為主于内、則群陰化而従之、極于正南、而豊大之変窮、震功究焉」と。図一の震の初九が春分の晉にあたり、解・大壮（二月）・豫・訟・蠱・革・夬（三月）・旅・師・比・小畜・乾（四月）・大有・家人・井・咸・姤（五月）を経て、六月の鼎・豊に至って、震卦はようやく完成される。李漑が伝えた卦気図は、孟喜の卦気説と完全に一致することが分かるはずである。したがってまた、所謂十二月卦と六十卦の順番もまた孟喜に出るものだと分かるのである。

十二月卦の復より乾までは、陽爻が次第に増し、陰爻が次第に減ってゆき、一年内の気候の十一月より四月に至るまでの、陽気が次第に増長し、気候が次第に暖かくなってゆく趨勢を象徴している。姤から坤までは、陰爻が次第に増し、陽爻が次第に減って、五月から十月までの、陰気が次第に増長し、気候が次第に寒くなってゆく趨勢を象徴している。しかしながら、この寒暖の移り変わりの全体的趨勢において、具体的な陰陽の消長過程は逆に変動してやまないもので、円環を囲繞する全体の趨勢は上下の不規則な運動をしている。そのため、十二組の月卦の中で、筆頭の卦（十二辟卦）を除く他の四つの卦の陰陽の爻は錯綜して一様でないが、これは一年内の陰陽消長の非規則的な変化を反映しているのである。十二消息卦の規則的な運動は、まさしくこの非規則的な変動を通して実現される。従って、卦気説に対する評価はただ十二消息卦に限ることはできず、必ず十二消息卦と六十卦の十二組の卦とを一つの有機的な全体と見なさねばならない。十二消息卦は整然として画一的で、機械的で生気がなく、人為的な造作であるといった見方は、まさに十二消息卦と六十卦の有機的な関連を切り離し、孤立して十二消息卦を取り扱った必然的な帰結なのである。

第三、六日七分説

六日七分説とは、六十卦が受け持つ一年の日数を指す。『易緯稽覧図』に言う、「坎六・震七・離八・兌九、四卦者、四正卦、為四象。毎歳十二月、毎月五卦（卦、原誤為月）、毎期三百六十五（五、原誤為六）日、毎四分（脱「之一」）」と。六十卦は、一卦ごとに六日を主るから、一爻は一日を主り、六十卦・三百六十爻で三百六十日を主ることになる。太初暦で測った一年の長さは、三百六十五日と四分の一日であるから、六十卦ではその数が足らず、五日と四分の一日余る。そこで、一日を八十分とすると、四分の一日は二十分になるので、五日と四分の一日は四百二十分となる。これを六十卦で割ってゆくと、一卦は八十分の七日となる。かくして、六十卦の一卦はそれぞれ六日と八十分の七にあたり、簡単に言えば六日七分となる。六日七分説は、卦を暦法に割り当てたもので、これが孟喜から出たかどうかまだ確証はないが、『易緯』にはすでに多くの言及がある。

京房は四正卦を方伯とし、ここから四正卦は四方を主宰する卦と言う。また十二消息卦を辟卦と称し、その余りを雑卦とする。これらはおおむね孟喜と同じであるが、二十四節気の配置において、京房は四正卦が二十四気を主るとする孟喜の法を改め、震・兌・坎・離・巽・艮の六卦を二十四気に配した。つまり、六卦の初と四の二爻が各々二気を主ることにしたのである。坎の初六（第一爻）は立春・立秋を主る、というように。六日七分について唐の僧一行は、「京氏又以卦爻配期、坎・離・震・兌、其用事自分至之首、皆得八十分日之七十三、頤・晉・井・大畜、皆五日十四分、余皆六日七分」と言う（『新唐書』巻二十七引『卦議』）。四正卦は、そのはたらきがそれぞれ二分二至の首に当たるので、それぞれ八十分日の七十三に該当するが、一日が不足して八十分の七が余る。頤・晉・井・大畜の四卦は各々四正卦の前にあって、各々五日十四分に該当する。八十分日の七十三に五日十四分を加えると、合計六日八十分日の七、すなわち六日七分になる。その他の卦もみな六日七分である。

京房の六日七分説は、『易緯』の説と少し違いがある。『易緯』の六日七分説は、孟喜より出たのかどうかまだ確証はない。京房の説は『易緯』に比べて煩瑣であるから、『易緯』の六日七分説は、京氏の煩瑣なものを簡単にした可能性もあり、間違いなく孟氏から出たとは断言できない。

以上をまとめれば分かるように、卦気説の主な内容は漢代に達成された天文・暦法・音律などの成果と、戦国時代以来蓄積されてきた物候の知識とに依拠するもので、そこに卦爻を持ち込み、卦爻に日と節気と四季とを配してできあがったものである。卦爻の方式を一年の陰陽二気の昇降変化に反映させたけれども、すでに取り入れた天文暦法にさらに多くの内容を増補したわけではない。孟喜・京房の意図はそちらの方面には向かなかったのである。

中国古代において、天文暦学が重視されたゆえんは、爾来、人事と密接に関連していたからである。京房は建候説と積算法を提起して、吉凶を推し測り善悪を考察した。『易緯稽覧図』には、推天元甲子の術、推易天地人の元術、推厄法、推厄所遭法、推軌の術などが見え、また『易緯通卦験』には、卦気を観察して、二十四節気のいつが病気を多発するかを定める方法が記載されている。これらの推算法は記述が簡単すぎるし、具体的な計算方法は大部分すでに失われてしまったので、深く研究しがたい。

三、漢易の特徴の第二点、干支・五行を卦爻に配当する機能モデル

漢代易学の特徴の第二点は納甲・納支と五行説である。

十干を八卦の中に納入したのは京氏が最初であった。『京房易伝』巻下に言う、「分天地乾坤之象、益之以甲・乙・壬・癸。震・巽之象配庚・辛。坎・離之象配戊・己。艮・兌之象配丙・丁。八卦分陰陽・六位・五行・光明四通、変易立節」と。乾には甲・壬を納める。内卦には甲を、外卦には壬を納める。坤には乙・癸を納める。内卦には乙を、外卦には癸を納める。甲乙を十干の始めとし、壬癸を十干の終わりとするから、乾坤が甲乙壬癸を納めると、八卦は十干陰陽の全てを残らず包み込むことになる。震は庚を納め、巽は辛を納め、坎は戊を納め、離は己を納め、艮は丙を納め、兌は丁を納める。八卦は陰陽に分け、十干もまた陰陽に分け、陽卦の乾・震・坎・艮を陽干の甲・壬・庚・戊・丙に納め、陰卦の坤・巽・離・兌を陰干の乙・癸・辛・己・丁に納める。卦には六位があり、爻ごとに割り当て

られる十干を得る。また十干には五行があり、甲乙を木とし、丙丁を火とし、戊己を土とし、壬癸を水とする。五行もまた十干の陰陽によって陰陽に分かつ。

十二支を八卦の中に納入することもまた初めて京氏に見える。十二支を納める方法は、陽卦は陽支を納め、陰卦は陰支を納める。陽支を納める時は順行で、陰支を納める時は逆行になる。陽卦の乾は、初爻より上爻までそれぞれ別々に陽支の子・寅・辰・午・申・戌を納める。震は長子として父を継ぎ、その配される地支は乾と同じである。坎の初爻は寅に起こり、その次は、辰↓午↓申↓戌↓子という順になる。艮は辰に起こり、その次は、午↓申↓戌↓子↓寅という順である。陰卦の坤は、初爻より上爻までそれぞれ別々に陰支の未・巳・卯・丑・亥・酉を納める。これが未に起こるのは、「建子陽生、建午陰生」に基づくからである。午の後は未であり、だから坤卦の初爻は未に起こり、陰が生じるという意を取る。巽の初爻は巳に起こり、その次は、卯↓丑↓亥↓酉↓未という順である。離の初爻は卯に起こり、その次は、丑↓亥↓酉↓未↓巳という順である。兌の初爻は丑に起こり、その次は、亥↓酉↓未↓巳↓卯という順になる。十二支にもまた五行があり、寅卯は木、巳午は火、申酉は金、亥子は水、丑辰未戌は土である。

京氏の卦気節が孟喜と異なるのは、彼が卦を十二支に割り当てる説を取るからである。十二支はそれで月を表すことができるが、八卦を十二支に配当したからには、月令と節気も自らその中にある。乾坤を天地とするが、これは陰陽の根本であるから、節気は必ずしもこの乾坤二卦の中に設ける必要はない。節気はそのほかの六卦に配当される。坎の初六（初爻）は立春・立秋を主り、六四（第四爻）は立夏・立冬を主る。巽の初六は雨水・処暑を主り、六四（第四爻）は小満・小雪を主る。震の初九は驚蟄・白露を主り、九四は芒種・大雪を主る。兌の初九は夏至・冬至を主り、九四は春分・秋分を主る。艮の初六は小暑・小寒を主り、六四は清明・寒露を主る。離の初九は大暑・大寒を主り、九四は谷雨・霜降を主る。

八卦と納甲（十干）・納支（十二支）とはつねに融合して一体となっている。

上爻	⚊壬戌	⚋癸卯	⚋庚戌	⚊辛卯	⚋戊子	⚊己巳	⚊丙寅	⚋丁未
五爻	⚊壬申	⚋癸巳	⚋庚申	⚊辛巳	⚊戊戌	⚋己未	⚋丙子	⚊丁酉
四爻	⚊壬午	⚋癸未	⚊庚午	⚋辛未	⚋戊申	⚊己酉	⚋丙戌	⚊丁亥
三爻	⚊甲辰	⚋乙酉	⚋庚辰	⚊辛酉	⚋戊午	⚊己亥	⚊丙申	⚋丁丑
二爻	⚊甲寅	⚋乙亥	⚋庚寅	⚊辛亥	⚊戊辰	⚋己丑	⚋丙午	⚊丁卯
初爻	⚊甲子	⚋乙丑	⚊庚子	⚋辛丑	⚋戊寅	⚊己卯	⚋丙辰	⚊丁巳
八卦	乾䷀	坤䷁	震䷲	巽䷸	坎䷜	離䷝	艮䷳	兌䷹

このように、八卦の一爻ごとにすべて自分の干支があり、そして干支にはそれぞれ陰陽と五行の性がある。その陰陽には剛柔の質があり、五行には生克のはたらきがある。かくして、卦と卦の間、爻と爻の間、さらに爻自身にも、多種多様かつ豊富多彩でダイナミックな関連性が出現する。哲学的意義から言えば、このダイナミックな関連性は、ネット状の思考展開のために深厚な資源を提供し、各種の多元的なシステム間における総合作用体のダイナミック・バランスの発展を研究する上で、思考モデルを準備する。

後漢の魏伯陽が著した『周易参同契』は、京房の納甲法を月体の変化の上に用い、創造的な月体納甲法を唱えた。魏氏の月体納甲では、八卦はただ三画を組み合わせた八経卦を用いる。その基本的な内容は以下の通り。初三日、月芽初めて生まれ、震卦によってこれを象徴して庚を納める。初八日、月体は上弦、兌卦によってこれを象徴して丁を納める。十五日、月望、乾卦によってこれを象徴して甲壬を納める。十六日以後、月体は望より欠けてゆき、巽卦によってこれを象徴して辛を納める。二十三日、月体は下弦、艮卦によってこれを象徴して丙を納める。三十日、月晦、坤卦によってこれを象徴して乙癸を納める。坎は月として戊を納め、離は日として己を納める。戊己は土として、納甲図中の中宮の位置にいる（図三）。

図三　「月体納甲図」

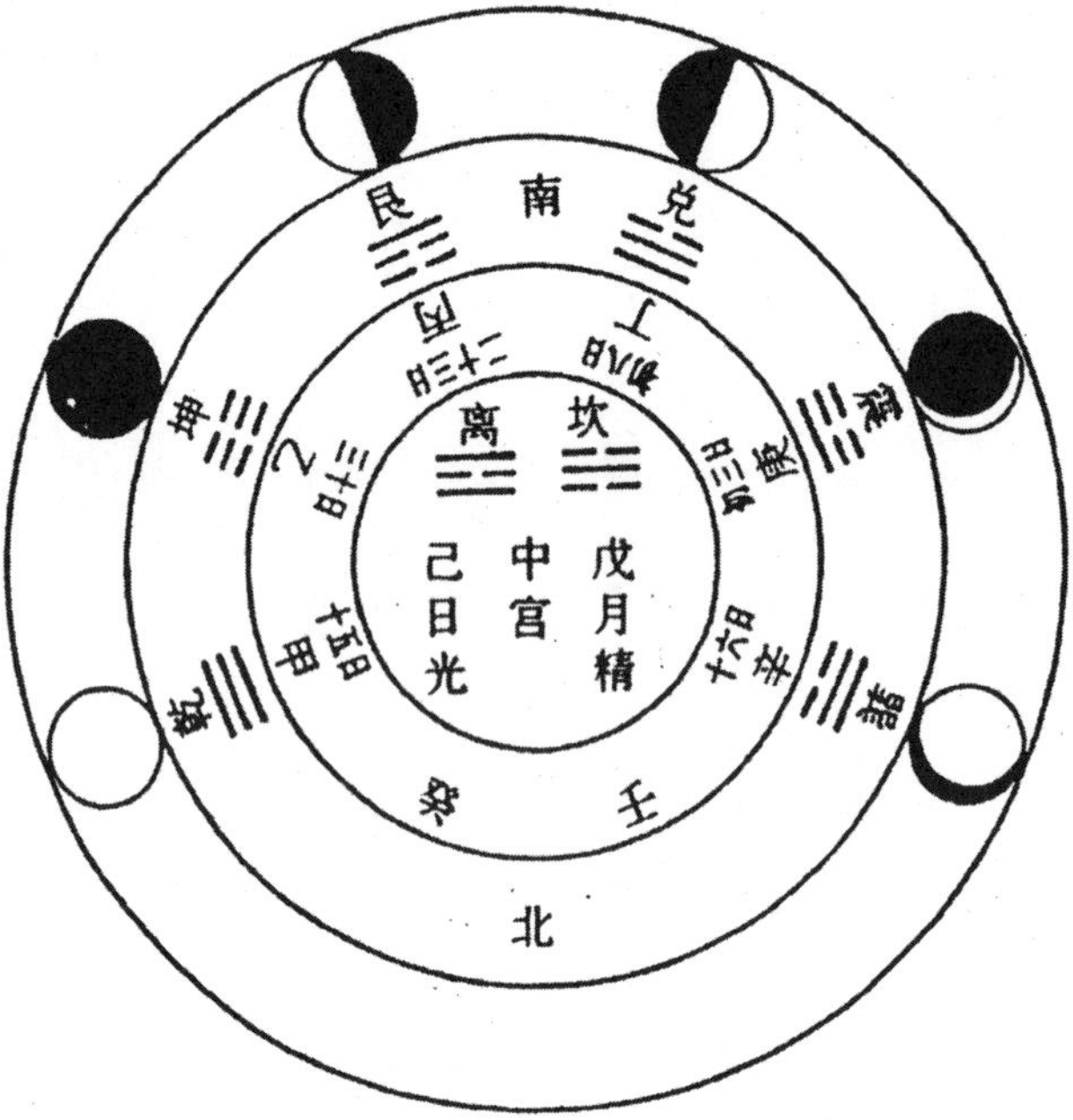

ひと月三十日は、五行図の外円の成数の和に一致する。甲乙は木、その数は八で、東方。丙丁は火、その数は七で、南方。庚辛は金、その数は九で、西方。壬癸は水、その数は六で、北方。七・八・九・六はそれぞれ少陽・少陰・老陽・老陰で、前者は易数、後者は易気であるが、数と気とは互いに潤しあう。三十という数字は易気の運動の一循環サイクルである。この循環サイクルを成立させた基本的根拠は日月の運行である。『五相類』に言う、「坎戊月精、離己日光、日月為易、剛柔相合」、また、「青赤白黒、各居一方。土王四季、羅絡始終」と。『易』の道は天にあり、天空に懸かる明るいもので日月に勝るものはない。だから「日月為易」と言う。日月は中宮の戊己土位に居て、月体の晦朔弦望はみな日月の動きによる。推してこれを拡げ、日月が中心に居る意味を知ったなら、天道の機軸

を把握しうる。かくして内丹と炉火（煉丹）を問わず、すべてこの天道に順応しているのが分かるのである。

虞翻は、魏伯陽の月体納甲説に依拠しつつ更に一歩進めて「日月懸天成八卦象」説を提唱し、八卦は天象によって自然に出来上がったもので、聖人が作ったのではないとした。彼は言う、「易、謂日月。在天成八卦象、懸象著明莫大(乎)日月是也」「日月在天成八卦。震象出庚、兌象見丁、乾象盈甲、巽象伏辛、艮象消丙、坤象葬乙、坎象流戊、離象就己、故在天成象也」「而読『易』者咸以為庖犧之時、天未有八卦、恐失之矣。天垂象、示吉凶、聖人象之、則天已有八卦之象」。虞翻は「易」の字に注して「字从日下月」と言うが、語義はみな『周易参同契』の「日月為易」に基づいている。天空における日月の運行は、月が日の光を受け、震・兌・乾・巽・艮・坤の象が順次現れ、更に坎は月、離は日という本体の象を加える。これが「日月懸天所成八卦の象」である。八卦は日月が天空に懸って自然に生成された象であるからには、「庖犧の造るところに非ず」は疑いを差し挟む余地無き結論となったかのようである。しかしながら、これはただ八卦の象に焦点を絞って言ったまでで、八卦の画については、「大人が爻象を造った」とか、「天の八卦に則って模倣し」て成ったと述べている。虞翻はまた、八卦月体納甲の取象に基づいて、「乾を慶と為す」、「坤を喪と為す」、「震を主と為し常と為す」、「震を楽と為し行と為す」、「震を余慶と為す」、「巽を余殃と為す」等と言っているが、これらはみな月体納甲から来ており、彼は決して孟喜の卦象の単純な継承者ではない。

唐代に盛行した『火珠林』は、納甲の筮法の先河となった。学者はみなこの書物には漢代の遺風があると考えている。この書物は確かに『京氏易伝』の基礎の上に新しい筮法を構築したものである。この筮法は唐以降、絶えず修訂や補充が加えられ、納甲筮法として今日に至るまで流行している。その中で用いられる八宮・納甲納支・六親・世応・飛伏などはすべて京氏より来たもので、その吉凶を推算する根拠もまた干支の五行相生相克のメカニズムに基づいている。これによって、京氏の納甲納支と五行説は、後世に多大な影響を及ぼしたことが分かるのである。

四、漢易の特徴の第三点、動態の意味上から形成された升（昇）降説・卦変説と取象の条例

升降説・卦変説および取象条例の創造と乱雑さもまた漢代易学の大きな特徴である。この升降説と卦変説とは『周易』の変化観を明らかにする過程で形成されたもので、取象条例はその変化観念によって易象を取り扱った産物である。

升降説は荀爽によって完成された。陰陽が往来升降し相感相応して、互いにもつれ合って変化することについては、すでに『易伝』の中にかなり深い記述がある。漢代になって孟喜は、陰陽の消息、卦気の規則性と不規則的な変化を説いた。京房は、「陰陽升降、反帰于本、変体于有無」（『京房易伝』豊）と言い、理論的なレベルで升降説のために基礎を築いた。後漢後期、荀爽はこれによって一つの升降説の体系を築き上げた。この体系は乾坤を本とし、卦爻の配置、陽升陰降の原則、そして陰陽がその位にふさわしいかどうかによって爻を升降させる。乾坤は天地を象徴し、乾は陽、坤は陰である。天は上にあり、地は下にあるので、陽は本来上にあり、陰は本来下にある。したがってもし陽が下にあれば升るべきだし、陰が上にあれば降るべきである。たとえば復卦の初九（陽爻）は下にあるが、これは五に升らせるべきだとする。泰卦は初爻から三爻までが陽で、四爻以上が陰だから、陽が升り陰が降りれば天地が通じることとなる。彼は言う、「天地二気若時不交則為閉塞、今既相交、乃通泰也」（『荀爽易伝』泰）[二]。また爻には位があって、陽爻は奇数位、陰爻は偶数位にあるのが本来の位置で、これを位を得ると言い、その逆だと位を失うと言う。これを根拠に、乾の九二（陽爻陰位）・坤の六五（陰爻陽位）は位に当たらないので、乾卦の二を升らせ、坤卦の五を降らせる。乾卦の九四・上九、坤卦の初六・六三もまた升降させるべきだとする。乾坤は『易』の門戸で、その他の六十二卦はこの乾坤から生まれるべきものだから、この六十二卦にもみな昇升降がある。

卦変説は「彖伝」に基づいているが、「小象」も時にこれを言うことがある。卦変とは、一つの卦体の中に爻性が同じではない二つの爻の位置を交換させた後に別の一つの卦が生じることを指す。漢代に卦変を使って『易』を解釈したのは荀爽に始まり、虞翻で大成された。荀爽・虞翻は卦変を説き、二人とも十二消息卦を柱とするが、ある程度深浅の差がある。荀爽は五陰一陽の剝卦を解釈する時、「謂陰外変五、五者至尊、為陰所変、故剝也」と言う。これは坤の陰が乾の陽を第五爻まで消したという意である。これから推せば、四陰二陽の観の卦は「陰外変四」で、坤陰が乾陽を第四爻まで消したと解釈できる。同じように、乾陽を消して三に至れば、三陰三陽の否になり、二に至れば、二陰四陽の遯になり、初だけだと一陰五陽の姤になる。復から夬に至るのが「陽息陰消」、すなわち「乾陽消陰」の過程である。ここから、十二消息卦はみな乾坤陰陽の消と息とに基づいていることが分かる。虞翻は、復卦から乾卦までを息卦とし、姤卦から坤卦までを消卦と考える。だから卦変は繁雑ではあるが、すべて十二消息卦より出るとするのである。たとえば、二陽四陰の卦はみな臨・観から来、二陰四陽の卦はみな遯・大壮から来、三陰三陽の卦はみな泰・否から来たことになる。これを拡大してゆくと、一陽五陰の卦はみな必ず復・剝から、一陰五陽の卦は必ず姤・夬から来たことになる。「彖伝」から荀爽を経て虞翻に至り、卦変説は卦の解釈の一つの重要なシステムとなり、時に従って変易するという『周易』の思想は、いっそう明確な具象性を得たのである。

漢代には、『易経』卦爻辞を解読するのに、一字一字すべて象の上から根拠を探し出そうと努力して、先聖が卦爻辞を作ったのはすべて象を根拠にして意味を取ったのだと考えられていた。上述した升降説・卦変説はいずれも爻象の変動上から意味を取ったもので、漢代の儒者が「繫辞伝」の「爻は天下の動に効う」という思想を説明するために、練りに練って構想してできた易学の成果であった。無論、それ自体の体系的厳密性と哲学的含蓄の深さ、およびその爻象の解釈を使って卦爻辞を解釈する効能から言えば、すべて一種の創造的思考の生き生きとした表現である。

爻象を使った卦の解釈以外に、漢代の儒者はまだほかに卦象を使った卦の解釈を重視する。卦象とは八経卦が象徴するところの物象・義象のことである。先秦の「説卦伝」および『左伝』『国語』に記載されている卦象以外に、漢代の学者は非常にたくさんの象を引き出し、卦爻辞と卦象の間の密接な関連性を十分に説明するために、更にまた多くの取象条例を作り出した。すなわち互体・旁通・飛伏・反卦などによって、卦爻辞と卦象との間の隔たりを克服しようとした。これらの取象条例の基本原則もまた、ダイナミックな観点から卦象を取り扱うもので、卦象の不変性の中にその変動性を見るのである。

一つの別卦の中にはすべて上下の二体があり、二体にそれぞれに象があるから、一卦の中に二つの象があることになる。いわゆる互体は、卦の中の二爻から四爻までと、三爻から五爻までとを取ってそれぞれ一体を作るから、そこでまた二体の象を得る。二から四で出来た卦を下互と言い、三から五で出来た卦を上互という。このように、一卦の中にもとから備わっている二象を四象に変成するのである。互体の例は、『左伝』荘公二十二年の占例や「繋辞伝」の十二例の「蓋し諸を……に取る」などのように、すでに先秦に例があるが、しかしまだなお卦を解釈する上で普遍的に使われてはいない。漢儒の京房・鄭玄・荀爽などはみなある程度重視していたが、虞翻に至って集大成されたのである。虞翻の互体説は、単に一つの六画卦の中に二つの三画卦の互体があるとするだけでなく、さらに四爻互体法・五爻互体法を主張した。互体説は取象の範囲を倍に拡張し、卦象によって卦爻辞を解釈するための便宜を提供したのである。

旁通は、虞翻の独創になる取象条例で、義を陰陽相通じることに取り、二つの卦の同じ位の爻の性質がすべて正反対だったら、陰は陽に通じ、陽は陰に通じるとする。この取象条例は、一卦の本体の象によっては卦爻辞を解釈しづらい時に、旁通卦の象を取ってこれを解釈するのである。晋代の韓康伯より以後宋代に至るまで、しばしばこのタイプの二つの卦は反対卦と称されたが、明の来知徳や清の王夫之はこれを錯卦と呼んだ。

旁通が説くのは卦と卦との間の一種の関係である。京房が言うところの飛伏もまた卦と卦の間の関係であるが、しかしこれを旁通に比べると状況はもっと複雑だと言わねばならない。飛伏は京房が最初に考案し、義を陰陽の隠顕と有無に取る。京房は言う、「吉凶之兆、或見於有、或見於無。陰陽之体、不可執一為定象、於八卦陽蕩陰、陰蕩陽、二気相感而成体、或隠或顕、故『係』云、一陰一陽之謂道」（『京房易伝』豊）。京房の飛伏説は、以下のようにおおむね五つのタイプとしてまとめることができる。

一、八経卦あるいは八純卦の乾と坤、震と巽、坎と離、艮と兌は、互いに飛伏とする。二、八宮の一爻から三爻が変じた場合、変じた爻の顕現を取って下体の飛伏卦を確定する。現れたものを飛とし、隠れたものを伏とする。たとえば、艮宮の初爻が変じると一世卦の賁となるが、この下体は艮より顕現した離であるから、飛は離となり、伏は艮となる。京房の言う「与離飛伏」である。艮宮の二世卦は大畜となり、下体は艮より顕現した乾であるから、飛は乾となり、艮は伏となる。京房の言う「与乾飛伏」である。艮宮の三世卦は損であり、下体は艮より顕現した兌であるから、飛は兌となり、伏は艮となる。京房の言う「与兌飛伏」である。上述から、一世卦より三世卦までみな下卦を取って飛伏とすることが分かる。三、四世卦より五世卦までは、上卦によって飛伏を定める。同じく艮宮に例をとれば、艮宮の四世卦は睽となり、上体は艮より顕現した離であるから、飛は離となり、伏は艮となる。京房の言う「与離為飛伏」である。五世卦は履となり、上体は艮より顕現した乾であるから、飛は乾となり、伏は艮となる。京房の言う「与乾飛伏」である。四、遊魂卦は五世卦の第四爻から変じてきたもので、艮宮の遊魂卦は中孚になる。五世卦の上体は乾から顕現した游魂卦の上体巽であるから、巽は飛となり、乾は伏となる。京房の言う「与乾飛伏」である。五、帰魂卦は遊魂卦の下体三爻から変じてきたものなので、下体によって飛伏を定める。艮宮の帰魂卦は漸となり、遊魂卦の下体の兌より顕現したのが帰魂卦の艮であるので、飛は艮となり、伏は兌となる。京房の言う「与兌飛伏」である。後世の納甲筮法もまた飛伏の説を使用するが、主に用いるのは爻である。もし筮して得た卦において、用事の爻が六親の主る事を欠く場合、本宮の卦の同位の爻を取って伏とする。隠顕の義は京氏と同じであるが、用卦と用爻に違いがある。（次の表を参照）

本宮	艮	䷳		飛伏
一世卦	賁	䷕	上艮下離	飛：離、伏：艮、与離飛伏
二世卦	大畜	䷙	上艮下乾	飛：乾、伏：艮、与乾飛伏
三世卦	損	䷨	上艮下兌	飛：兌、伏：艮、与兌飛伏
四世卦	睽	䷥	上離下兌	飛：離、伏：艮、与離為飛伏
五世卦	履	䷉	上乾下兌	飛：乾、伏：艮、与乾為飛伏
遊魂卦	中孚	䷼	上巽下兌	飛：巽、伏：乾、与乾飛伏
帰魂卦	漸	䷴	上巽下艮	飛：艮、伏：兌、与兌飛伏

虞翻の『易』解釈には、なおまだ反卦の説がある。いわゆる反卦は、一卦を顛倒して見るものであるから、別の一卦になる。たとえば泰・否の二卦は、虞翻によれば「否反れば泰を成す」ことになる。また、「観は臨を反すなり」「損反れば益を成す」「咸反れば恒を成る」などと言われる。六十四卦の乾・坤・坎・離・大過・小過・頤・中孚の八卦は、顛倒のあとも依然として変わらず、これらは「反復不衰」の卦とする。これ以外の卦はすべて顛倒反復しうる。孔穎達はこれを覆卦と称し、来知徳・王夫之は相綜の卦と称した。「雑卦伝」「序卦伝」ではみな二卦を一組とし、一組ごとに反卦（相綜）を主とする。ただ反復不衰の卦はそれが出来ないので、旁通（相錯）を用いる。

五、結論

漢代易学は初期においては、おおむね義理を説くことを主とした。黄老の学が主導的な地位を占めていたので、その時の義理易学には黄老の学の思想、とりわけその中の陰陽家の学が満ちていた。孟喜より後の象数易は、思想的な伝承から言えば、実際には黄老の『易』と密接な関係がある。卦気によって表現される気候の陰陽升降、および干支・五行等々、すべて陰陽家が用いて四時の大順を表す基本的規範である。違うところは、黄老易が義理によって論述するのに対して、孟喜以後の象数易は象数によって表現する点だけである。一年、四季、十二月、二十四気を卦爻の中に取り入れるのは、決して安易で軽々しいことではなかった。『周易』のようなもっぱら変易を説く書があることによって、中国古代の知識人は長期にわたって『周易』の変化観念の薫陶を受けてきた。そういうわけで、スタティックで不変的な視点で世界を取り扱う方法が中国というこの歴史ある大地において発生するのは難しいことであった。それゆえ漢代において、『周易』の中のスタティックな卦画は一貫してすべて変動して定まらないものと見なされ、卦画を構成する基本的な要素としての爻は、更に卦体の中でもっとも活発な要素とされた。これと『周易』の主旨とは完全に一致する。「繋辞下伝」に「象者、材也。爻也者、効天下之動也者」と言う。「象」とは卦体を指し、「爻」はすなわち卦体の構成部分である。爻の往来・升降は天下の万事・万物の変化を象徴しているから、スタティックな卦体もまた、それに呼応してそれに対応する変化を生み出すのである。だから『周易』一書は、「繋辞上伝」で言うように「言天下之至賾而不可悪也、言天下之至動而不可乱也」なのである。したがって、あることを認識したり計画したりするときに、まず『周易』の卦爻を使ってまず模擬練習をし、そのあと十分な論議を通して良き案を確定し、最後にこれを行動に移して事物の変化を促進するのである。これが「繋辞下伝」で言うところの「擬之而後言、議之而後動、擬議以成其変化」ということの意味である。漢代の易学大家たちはまさにこの思想に則り、卦爻をもって一年のうちの陰陽二気の運動変化および事物の変動性を模擬し、一連の象数体系を作り出して、生き生きとしたイメージによって気象の変化の規則性と非規則性のプロセスを再現してみせたのである。

五行説の理論的意義については、更に際立った表現が一つの機能モデルとなっている。五行間の相生相克は、多元的なシステム間のダイナミック・バランスを構成した。人のはたらきについては、その主要な表現は、バランスが一旦崩された後、いかにして適切にコントロールし、物事をバランスの取れた状態に戻し、同時にダイナミズムのなかで持続的な発展を維持することにある。易学が五行説の理論構築上に果たした貢献によって、中国の伝統医学がこれによって人体生理の組織とメカニズムを発見しただけでなく、さらに人体の陰陽バランスの回復を目標とする医療システムをも形成したのである。これは、スタティックな分析方法の遠く及ばないところである。

漢代易学の没落は、取象の繁雑さと密接に関係している。取象の理屈が多すぎ、すでに上述したもの以外にまだ両象・半象などがあり、しかも条例の間には内在的な関連性がないので、往々にして人に大いに恣意的な感じを抱かせる。このほか、象による卦爻辞の解釈の必要性を強調しすぎて思想的な境地に対する把握を損ない、取象のプロセスにおいて多くの人にぎこちなさと牽強付会な印象を与えるのを避けられなかった。それゆえ、魏の王弼が意を得て象を忘れると主張して以来、漢易は衰退へと向かって行ったのである。

《注》

（一）朱伯崑『易哲学史』（第一巻、一一四頁）。
（二）馬国翰の輯本では、しばしば荀爽の『周易注』としているが、『後漢書』に従って『荀爽易伝』と称すべきである。

蕭報告への質疑応答

司会（三浦國雄、大東文化大学）

初めに蕭漢明先生を簡単にご紹介させていただきます。

今から二十年余りむかし、「中国古代の『絶天地通』を論ず」という論文をとても興味深く読んだのですが、その作者と蕭漢明先生とが最近になってようやく一致しました。そして、この論文がなんと先生四十過ぎの処女作であることも知りました。

先生は一九四〇年、湖北省孝感のお生まれ。孝感というのは、親孝行で有名な董永の故郷で、私は通過しただけですが、孝感の入り口に「董永故里」という大きな看板が掲げられています。復旦大学国際政治学科を卒業するとすぐに昆明で軍務に就かれます。先生の口癖である「十年当兵」、つまり十年にわたる学問上の空白期です。そのあと、武漢大学に入り直して中国哲学を専攻されました。著名な中国哲学研究家である郭斉勇先生とともに、武漢大学の中国哲学科を支えてこられたのは皆さんもよくご存じと思います。来年（二〇〇六）二月、定年で退官されると伺っております。

著書は約十五冊、論文は約八十篇。中国の優れた学者がたいていそうであるように、先生の研究領域もたいへん幅広いのですが、特に、易、中国医学、自然哲学、道家・道教、それに王船山にお詳しい。さらに、中国哲学が現代哲学の中でどういう役割を果たしうるか、という問題意識を常に抱いておられます。

さて、只今の御報告を私なりにまとめさせていただきたいと思います。漢易の全体的な俯瞰図というものを与えて下さったわけですが、ただ先生のお話には、普通の漢易概論と違って、先生独自の見解があると思います。それは結論の部分に示されていますが、キーポイントをまとめさせていただきますと、一つは、漢代の易学は一般には象数易だと言われているが、しかし義理易も実はあった。そしてこの両者を二つに単純に分けることはできない。象数の中にも義理があるはずだし、義理の中にも象数はあったはずである、ということでした。二つめは、易の卦はスタティックなもの、そして爻とはダイナミックなもの、というのは易の基本的な性格ですが、爻の往来・升降に応じてスタティックな卦も変化する。その典型的な顕現が十二消息卦と六十卦の関係でありまして、十二消息卦は規則的でスタティックな運動を表しているが、六十卦は非規則的な運動の表現である。前者の規則的な運動も、後者の非規則的な変動を通して実現されるのであるから、この両者は有機的な関係において見ないといけない、ということでした。三つめは、京房が十干十二支を八卦の中に納入することによりまして、ここに五行のダイナミックなメカニズム、つまり相生・相克ですね、これが易の中に持ち込まれることになった。その結果、二三三頁に訳出しているように、「このダイナミックな関連性は、ネット状の思考展開のために深厚な資源を提供し、各種の多元的なシステム間における総合作用体のダイナミック・バランスの発展を研究する上で、思考モデルを準備する」と、こういう言い方をされています。ここで、こういう言い方をされているのは、結論にありますように、人体のメカニズムを念頭に置いておられるからだと思います。本日の御発表は漢易がメインであって、中国医学が中心ではないのですが、実はここから先生の中国医学論は展開していくわけです[(二)]。その独特の生体観、それから治験ですね、なぜ中国医学が治療効果を挙げてきたかという、その根拠として、先生は五行と易との、「多元的なシステム間におけるダイナミック・バランス」という言葉で表現しておられる、そういう思考方法があったから中国医学は有効なのだと、考えておられるわけです。

ではこれから質疑応答に入ります。

劉樂賢（中国社会科学院）

小さいことですがお教え下さい。黄老の学における陰陽家の影響ということを言っておられましたが、陰陽家を黄老の学の中に入れて考えて良いのかという質問です。もちろん、現在は史料があまり無いので、陰陽家の重視するところが何であったのかはよく分かりませんが、現在ある出土史料その他からも分かるように、司馬談以前には陰陽家が黄老の学として行動したという史料は無いと思います。文章の中では陰陽家としておられるようですが、この両者はどういう状況・関係なのかお教えいただけますか。

蕭漢明（武漢大学）

初期の陰陽家は天象を重んじ、史官や天文術士として各国で使われました。春秋末期から戦国初期にかけて百家の学が起こってきたとき、最も早く学術の舞台に登場したのはこの陰陽家でした。彼らはその後、四季の巡りと政治・農業とを結びつける「務時寄政説」に重心を移しました。その思想的痕跡は、『管子』四時、幼官、五行の諸篇、それに『礼記』月令篇、さらに『周礼』に見いだすことができます。戦国中期以降に興起してきた黄老の学は、道家を主としながらこのような陰陽家の思想も取り込んでいます。陰陽家の基本思想である陰陽五行説は言うまでもないでしょう。董仲舒によって儒学が独尊の地位を得て以降、春夏には徳、秋冬には刑という陰陽家の刑徳説は儒家の政治思想の一部分になりました。「月令」が『礼記』の中に組み込まれ、『周礼』が前漢末に経典になったのも周知のところです。お答えになったかどうか、私は大体のところこのように考えています。

司会（三浦國雄、大東文化大学）

これから佳境に入って行きそうですが、時間の関係でここまでにしたいと思います。では続きまして川原先生お願いいします。

《注》

（一）蕭漢明『易学与中国伝統医学』（中国書店、二〇〇三年）などを参照。

二、術數學——中國の數術

川原　秀城

前漢の哀帝初年（前七年または六年）、劉歆は王朝の文教政策の一環として、父、劉向の作業をついで宮廷の藏書の領校を完了し、中國最初の圖書目錄『七略』を著わした。劉歆はそのとき、『七略』の分類を通して、學術研究の追求すべき理想を呈示した。その一つが、經學（六藝）を根幹として、五學（諸子・詩賦・兵書・術數・方技）を學ぶべきこと、これである。劉歆の文教制度の整備をもって、術數學が經學下の一學科として位置づけられたのである。劉歆の規定によれば、術數學は、⑴天文（星占）、⑵曆譜（算學と曆學）、⑶五行（五行占）、⑷蓍龜（龜卜と占筮）、⑸雜占（夢占や象占など）、⑹形法（地學や觀相學など）の六つのジャンルからなっている。

漢唐から淸初にかけては、術數學は經學（廣義）の一部門として、占卜を主要な分野としながら、あわせて精密科學に屬する曆學・算學・地學などを內に含む廣義の數の學術を意味した。だが淸の中葉、『四庫全書』の編纂（一七八二年）にいたって、その意味內容を大きく變えた。ヨーロッパの學問觀の影響をうけて、天文算法類（算書・推步）が術數類から獨立したからである。今日、術數といえば、普通には占卜や數の神祕術をさしており、算學・曆學を意味しない。

本日の課題は、術數學の個々の內容ではなく、術數學の全體像を明らかにするところにある。具體的には、術數概念の内包と外延を論じ、術數學の歴史的展開を概観し、それを通して術數學の時代區分を試みてみたいと考えている。

一、術數學の定義

(一) 漢書の用例

術數諸術が行なわれはじめたのはきわめて早い。龜甲(や獸骨)を焼いて、そこに現われた裂紋で吉凶を判斷する占い「龜卜」などは、新石器時代までさかのぼることができ、殷墟晩商期がその全盛時期である。また筮竹を操作して休咎を占う「占筮」も、晩商期には廣く行なわれていたらしい。天文占・星占なども、殷墟から出土した甲骨卜辭が、晩商期すでに始まっていたことを証明している。

だが上記諸術ほかを一つの學科にくくり、その學科を術數と名づけたのは、時代がかなりさがって秦漢以降のことといわねばならない。劉歆(?~後二三年)の『七略』、より正確には『漢書』藝文志の分類が、われわれの知っているその最初の實例である。

術數の命名が劉歆『七略』ないし班固『漢書』にはじまっている以上、その含義を明白にするには、『漢書』藝文志を對象にして「術數」というタームの現れる文脈を細かにチェックする必要があるであろう。だが調査の結果、「術數」の用語は驚くことに、班固の筆になる藝文志序の個所にわずか一條あらわれるにすぎない。すなわち、

歆於是總群書而奏其七略。故有輯略、有六藝略、有諸子略、有詩賦略、有兵書略、有術數略、有方技略。今刪其要、以備篇籍。

のみである。

　班固の藝文志序によるかぎり、『七略』の一篇は術數略と名づけられていたと理解すべきであろうが、現存する『漢書』藝文志の記載のなか、『七略』にもとづくと推定される個所にはかえって、「術數」のタームは出てこない。代わってあらわれるのは、「數術」の一語である。たとえば術數略の大序には、
　凡數術百九十家、二千五百二十八卷。數術者、皆明堂羲和史卜之職也。……故因舊書以序數術爲六種。

とある。また班固ののべるごとく、當時、略の名稱を術數略とさだめ、學科名を術數學としていたとすれば、書の體例上、わずかながら齟齬が生じざるをえない。他の五略のばあい、
　六藝略：凡六藝一百三家、……。六藝之文、……、序六藝爲九種。

　諸子略：凡諸子百八十九家、……。諸子十家、其可觀者九家而已。

　詩賦略：凡詩賦百六家、……。……賦……詩……、序詩賦爲五種。

　兵書略：凡兵書五十三家、……。兵家者、……、論次兵書爲四種。

　方技略：凡方技三十六家……。方技者、……、以序方技爲四種。

とあり、略の名稱と「凡」以下の學科名は表記が一致しているからである。

　くわえて梁の阮孝緒（四七九〜五三六年）は『七錄』序のなかで、『七略』に言及しその篇名を逐一あげているが、篇名は『漢書』の記載とおおむね等しいものの、術數略は數術略と記されており、班固のそれと同じではない。

　確かに後世、「術數」の用語法が定着したことからいえば、劉歆の學統に連なる班固の言を信用しなければならないであろう。だが學術の內容に卽するかぎり、數術の用語法もこれまた棄てがたい。確實な證據がないため、最終的な判斷はさしひかえたいが、術數概念には當初より不明白な點がつきまとってはなれない、といわざるをえない。

（二）術數概念の外延

術數學の含義を明らかにしようと思えば、やはり中國歴代の圖書目録の分類を調べるべきであろう。圖書分類には術數概念の內包はともかく、外延は正確に記されているからである。

數術分類表（川原『中國の科學思想』所收、下）は姚名達『中國目錄學史』の四部分類源流一覽表から數術の部分をぬきだし、修正をくわえたものである。表記の特徴は、數術各ジャンルの名稱の變化にくわえて、各部門の統合や獨立を明記しているところにある。その一覽表を一瞥するだけでも、中國の術數概念の經年變化は一目瞭然であろう。

まず『四庫全書總目』の分類を『七略』のそれと比較していただきたい。術數概念の內包は異なっているとはいえ、『七略』の天文・蓍龜・五行・雜占・形法は清代でも相變わら

I-1 数術分類表

七略	数術略					
	暦譜	天文	蓍亀	五行	雑占	形法

七録	術伎録					
	暦算部	天文部	卜筮部	五行部	雑占部	形法部

隋書経籍志	子部		
	暦数	天文	五行

新唐書芸文志	子部		
	暦算類	天文類	五行類

崇文総目	子部				
	暦数類	算術類	天文占書類	卜筮類	五行類

郡斎読書志	子部
	天文暦数

遂初堂書目	子部					
	数術家類					
	暦議	天文	卜筮	五行	陰陽	形勢

直斎書録解題	子部			
	暦象類	卜筮類	陰陽家類	形法類

文献通考経籍考	子部				
	暦算	天文	占筮	五行	形法

宋史芸文志	子部			
	暦算類	天文類	蓍亀類	五行類

明史芸文志	子部		
	暦数類	天文類	五行類

四庫全書総目	子部								
	天文算法類		術数類						
	推歩	算書	占候	占卜	陰陽五行	雑技術	相宅相墓	命書相書	数学

ず、同類にグルーピング可能な鄰接分野として考えられている。すなわち、『四庫全書總目』の占候・占卜・陰陽五行・雜技術・相宅相墓・命書相書がそれである。

つぎに南宋の尤袤の『遂初堂書目』であるが、注意すべきは『七略』と同じく、曆書と上記の天文~形法を一括りにし、數術家類と總稱していることである。『隋書』經籍志と『新唐書』藝文志と『明史』藝文志の分類が同樣に、曆數（曆算）と天文と五行にわけており、淸以前、數術觀に根本的な變化はなかったと判斷すべきことをみるとき、その意義は少なくない。『七略』の占卜書と曆算書を同一ジャンルにおく分類法には淸以前、大きな變化はなかったとのべることができるからである。なお『遂初堂書目』では算書は雜藝類に收められており、數術家類には算書の占めるべき位置はないが、他の書目をみれば明らかなごとく、曆學と算學の結びつきは非常に強く、曆書と算書を分離するのは尤袤の過失とのべるべきであろう。

以上、數術分類表を分析したところ、『四庫全書』以前にあっては曆算書を術數に分屬させていた、と結論せざるをえないが、この命題は『四庫全書』の總目提要と書前提要の用語の違いによっても明らかにすることができる。たとえば梅文鼎の『勿庵曆算書記』は優れた數理科學書であり、『勿庵曆算書記』の總目提要はそれを顯彰して、

是皆於中西諸法、融會貫通、一一得其要領、絕無爭競門戶之見。故雖有論無法、仍錄之天文算法類中、爲諸法之綱領焉。

とつくっているが、書前提要はそれを術數書と斷じてやまない。すなわち、

是皆於中西諸法、融會貫通、一一得其要領、絕無爭競門戶之見。故雖有論無法、仍錄之術數類中、爲測算之綱領焉。

という。『四庫全書』編纂時にあっても、初期には數理科學書を術數と稱しても決して蔑稱ではなかったのである。

（三）術數の定義

術數概念が『四庫全書』の編纂を境として根本的な變化をこうむったことは、數術分類表などから明らかであろう。とすれば、術數の定義は『四庫全書』をもって時代を區切り、それをおこなわねばならない。術數の定義は『四庫全書』以降のばあい、現在の用法と大差がないため、複雑にとらえる必要はない。『四庫全書總目提要』の術數類の大序に

術數之興、多在秦漢以後。要其旨不出乎陰陽五行生剋制化、實皆易之支派、傅以雜説耳。

などとあるのにしたがえばいいであろう。すなわち、術數學とは雜説を混えた易學の支流のこと。福を冀い禍を逃れることを目的とし、理論根據を陰陽五行生剋制化におく、云々と。

だが『四庫全書』以前のばあい、五行術や星占を主な內容とする易學支派を術數とよびながら、その舌の根の乾かぬうちに、また正確無比な思考を第一義とする數理科學をさして術數ともよんでおり、物事はそう單純ではない。術數の定義には、方技者流の占術と天文算法類の精密科學を共有する、現在とは異なった概念を想定しなければならないからである。

『四庫全書』以前における術數概念の定義をしようと思えば、術數の初出である『漢書』藝文志にみえる術數概念の內包、すなわち術數六術の共通に有する性質を調べることから着手すべきであろう。また內包を知るには、術數六術の小序に共通にあらわれる概念や字句をチェックするに如くはない。小序チェックの結果は簡單ではあるが示唆に富んでいる。著龜をのぞく術數五術の小序には、

天文者、序二十八宿、步五星日月、以紀吉凶之象、聖王所以參政也。……

曆譜者、序四時之位、……聖王必正曆數、以定三統服色之制、……
五行者、五常之形氣也。……皆出於律曆之數而分爲一者也。其法亦起五德終始……
雜占者、紀百事之象、候善惡之徵。……
形法者、大擧九州之勢以立城郭室舍形、人及六畜骨法之度數、器物之形容以求其聲氣貴賤吉凶。

とあり、「數」「象」が頻出することを確認することができる。また蓍龜類の小序のばあい、「數」「象」の字句はみえないけれども、龜卜が象を觀察し、占筮が數を觀察することは自明である以上、これまた數と象に深く關係することは間違いない。

術數諸術は數と象に深く關係していることが確認されたわけであるが、そのことからいえば、數と象が術數概念の共通項をなし、術數概念の內包が數と象に關係することは否定すべくもない。數と象の關係は論理的に不可分であるだけでなく、その不可分性が古くから認識されていたことも確かである。術數書には、『春秋左傳』僖公十五年の

物生而後有象、象而後有滋、滋而後有數。

の條が引かれることも多い。

術數概念の內包が數と象に關係し、その數と象が不可分であることにくわえて、先にみたごとく、術數大序が六術をくくって數術とよんでいたことを考えれば、術數概念の內包は數術、すなわち數の術であることであり、術數の定義としては、廣義の「數」についてその構造を研究する學問のこととのべることができる。

(四) 數術と方術

術數學とは數術のことと定義することができるわけであるが、注意すべきは、廣義の醫學である方技と術數をあわ

せて、方術と稱することも多いことである。たとえば梁の阮孝緒『七錄』は、『七略』の方技略の醫經・經方に術數略の六術をあわせて一つの學術領域とし、術伎錄とよんでいる。また南朝宋の范曄（三九八〜四四五年）の『後漢書』は方術傳をたて、醫藥學・養生術のほか、天文・占卜・觀相・風水などに通じた者について記している。『新唐書』『宋史』『明史』などの方技傳（方伎傳）に醫・卜・星・相の術者の傳記がみえることは、『後漢書』と等しい。

なぜ術數と方技をあわせて方術と稱することができるのであろうか。この問題に解答することはそう難しいことではない。術數と方技はいずれも眞の知識が百僞一眞の知識に埋沒しており、愚昧な大衆は詐稱されることが多いにもかかわらず、福を冀い禍を拂おうといたずらにそれらを信じつづけており、社會現象においては一見、同じようにみえるからである。術數が精密科學の曆數と超自然的な占術から構成されているのと同樣に、方技も經驗科學の醫藥學（醫經・經方）とオカルト的な神祕術（房中・神仙）からなっており、構造を等しくしている。術數と方技のもつそのような共通の性格が、おそらく兩者をくくる方術という名稱を可能にしたのであろう。

だが術數と方技はほんらい完全に質を異にした知識體系である。術數が數の論理を根幹におくのにたいして、方技は醫方・藥方など、人體にかんするさまざまな方（テクニック）の集合體であり、知の構造が同じでない。社會現象面における類似から兩者を統合したのが、方術概念であるが、內容や知の構造からいえば、算術と醫術が異質の知識體系であることに典型的にあらわれるように、術數と方技は相容れない關係にある。占術と超能力ないし未來の豫知術と人體の神祕術の違いがそれである。一方は未來を問題とし、他方は現在の狀況を變えることをもくろんでいる。內容に卽すれば、兩者の質的相違はあまりに大きいといわねばならない。

二、術數學の歷史

（一）數理の自律的展開

術數學は數理科學と數の神祕術を主な內容とし、それぞれ異なった社會的機能を果たしながら、東アジア社會に巨大な影響を及ぼしてきたわけであるが、こと一般社會の表層的な影響關係を問題とするかぎり、數の神祕術の方を主流と認定せざるをえない。何時の世にあっても、「衆志の趨くところ、聖人といえども禁ずる能たわざるところあり」（『四庫全書總目提要』術數類・大序）、一般社會の人氣を博するのは、儒者の迂談たる百僞一眞の知識であって、決して眞の知識ではないからである。

以下、『四庫全書總目提要』が「事に切ならざれどもなお理に近し」とプラス評價をくだしたいわゆる數學の屬について、簡單にその內容を紹介したい。四庫館員によれば、「數學」とは

物生有象、象生有數。乘除推闡、務究造化之源者、是爲數學。

であり、數學書は夥しい煽動書中、例外的に「易外別傳」の性格が強く、評價に値するところもあるという。

周知のごとく、漢代は術數學の高揚期の一つである。だが當時、數の奧深い理を解き明かし、造化の本源を究め盡くした、と令名をはせた術數書といえば、揚雄（前五三〜後一八年）の『太玄』をおいてほかにない。

『太玄』は『易經』に擬えて作られた哲學兼占筮書である。『易』の二進法にたいし、三進法を採用するところに最も大きな特徴がある。『易』の六十四卦（二の六乘）に相當するのが八十一首（三の四乘）であり、『易』のもつ⚊（陽）⚋（陰）が三畫を重ねて八卦を生じ、八卦を上下に重ねて六十四卦を生じるという二進のシステムに變えて、⚊（一）⚋（二）𝌀（三）が四重の位をめぐることによって、八十一首を生成するという三進の構造を採用している。その八十一首のばあい、道の恆常性や時の不變性を明らかにするところに重點があるが、各首に設けられた首の

九つの位相を示す七百二十九贊（八一×九＝七二九）のばあい、逆に變化して止まぬ時の性格にスポットをあてている。占筮が必然化されるゆえんである。『太玄』の筮法は『易』の五十策にたいし、三十六策を使用している。

『太玄』が後世の數術におよぼした影響はきわめて大きい。『太玄』にたいして晉の范望・宋の司馬光などの優れた注釋書が書かれたのみならず、揚雄の擬經『太玄』のひそみにならって、『易』を模倣する術數書が數多く作られたからである。後者のばあい、北周の衞元嵩の『元包』と宋の司馬光の『潛虛』がとりわけ名高く、それぞれ獨自のメカニズムを誇っている。『元包』は『易經』と同じく陰陽二爻にもとづいているが、周易とは異なり、卦の順序は坤が最初にあり、つづいて乾・兌・艮・離・坎・巽・震である。また七變を經て本卦に合し、八八六十四卦のシステムを完成している。一方、『潛虛』は五行を基本におきながら、五行を重ねて二十五の組み合わせを作り、それを二倍して五十章としており、五進法とのべることができる。現行のテキストには後人の手がはいっているところも多いが、基本的メカニズムについては、司馬光のアイデアに出ているとみてよいであろう。

『太玄』以下の術數書は『易』を模倣したものであるが、宋易のように象數を廢して義理をのべてはいない。むしろ徹底して象數に拘泥する。すなわち、易理をささえる易數や易象を介して抽象的な數概念に近づき、數自體の論理の影響をうけ、それを根據として易說の不足を補っている。『太玄』の三進のシステムや『潛虛』の五進法がそれであり、『太玄』が律曆節候（太初曆）に附會するのがそれである。いずれの數の論理も易のシステムに啓發されてはいるが、易外の論理であり、數理の援用にもとづく易學の再構築（數→易）の性格がきわめて強い。

このことは優れて術數的な三統曆や後漢四分曆においても同樣である。長期にわたる觀測にもとづく精緻な天文定數が最初にあり、その數値を外在の經傳（主に『周易』の字句）によって潤色している。たとえば三統曆の朔望月の日數は二九と八一分の四三日であるが、劉歆によれば、その基本定數の計算は『易』繫辭傳に正確にもとづいているという。初動の論理は數のそれであり、それに啓發されて易理が動きだし、易學の新たな展開がそれに付隨するのである。

（二）易説による數の統一的解釋

宋以降の術數學の本流といえば、皇極經世學、すなわち邵雍（一〇一一～一〇七七年）の『皇極經世書』に觸發されて行なわれた數多くの數研究をあげねばならない。術數學の二度目の高揚期がこれであり、術數的研究が盛んに行なわれたことは漢唐をはるかに淩駕する。また數理論の完成度においても漢唐に勝るとも劣らない。

まず『皇極經世書』であるが、それは邵雍自身が書いた觀物篇六十二篇と、門弟子が邵雍の平生の論説を記した觀物外篇一篇の二つの部分からなり、また觀物篇は、三十四篇の歷年表と十六篇の聲音表と十二篇の論説（觀物內篇）の三つの部分に分かれている。同書の最大の特徵は、歷年と聲音にかんする數表が書全體の八十％以上を占めているところにある。「物理學」と稱せられるゆえんである。

『皇極經世書』の歷年表は、元（一二九六〇〇年）と會（一〇八〇〇年）と運（三六〇年）と世（三〇年）の四つの時間の單位をもって、氣の生成から消滅にいたる宇宙と地球と人類の壯大な歷史を記している。たとえば堯の即位は、邵雍の推定によれば、第一元の第六會の第三十運の第八世の第十一年（經世曆六四六六一年＝西曆前二三五七年）に起こった事件である。元會運世はそれぞれ、日（太陽）・月（太陰）・星（少陽）・辰（少陰）の運行をみてさだめられた時の計量單位であり、十二（十二支）と十（十干）の單純な組み合わせにより構成されている。一方、聲音表は、自らの策定した漢字音の二つの要素である百十二の天聲（韻母と聲調）と百五十二の地音（聲母と等位）にもとづいて、存在するかぎりの漢字音を示している（反切法に類似）。數表のシステムは數自體の論理にしたがっており、易の理論を根據としてはいない。

朱熹や蔡元定などは、邵雍を北宋六子の一人に數えて道學上の重要な地位にまつりあげたが、それは邵雍の歴年學や音聲學のためではなく、觀物外篇にみえる先天易學を高く評價したためである。だが先天易學の最大の特徴は、易卦が太極（一）↓兩儀（二）↓四象（四）↓八卦（八）↓十六↓三十二↓六十四卦（六十四）と發展するところ、すなわち二の等比數列にあるが、それは一見して明らかなごとく數自體の自律的展開にすぎず、易法則には直接もとづいていない。邵雍の易解釋についても、漢唐の術數學と同じく、數理の援用にもとづく易學の再構築（數↓易）とのべることができるゆえんである。

だが皇極經世學は、邵雍の沒後、易説にもとづく數の統一的な解釋（易↓數）へと、研究方向を大きく轉換した。邵雍による先天易説の完成と朱熹などによる先天易説の顯彰が逆に、易と數のあいだに存在するベクトルを逆轉させたのである。邵雍の子の伯溫は十二消息卦と一元十二會を一對一に對應させることによって、易學の基礎のもと數論を展開した（『皇極經世內外篇解』）。蔡元定は朱熹の思想的影響をうけながら邵伯溫の解釋をより深化し、先天易學にもとづいて邵雍の術數理論すべてを位置づけた（『皇極經世指要』）。朱熹・蔡元定の後をついで道學公認の數解釋を完成させたのが、ほかならぬ明の胡廣などの『性理大全』（一四一五年）である。

『性理大全』にいたる流れは、道學との親和性が強く、先天易説による數理の整理再構成を主要な研究課題とし、歴史の法則を究め自然の理數を解き明かすことについてはさほど拘泥していない。皇極經世學には、易説による數の統一的な解釋（易↓數）を摸索しながらも、易と數に內在する論理を究めることを最大の目標とし、歴史主義的あるいは自然學的な傾向を強めた別の流れもある。南宋の張行成や祝泌や明の黃畿ほかの研究がそれである。かれらの解釋には邵雍の原意から離れたところも少なくないけれども、きわめて斬新である。

張行成は、二百五十六卦と一元十二會の對應關係を記した卦一圖にもとづいて、歷史事件の運數を考察し、易卦と天聲地音の對應關係をあたえた既濟圖を利用して、天聲と地音の組み合わせである各漢字音（反切音）にたいし易卦の配當をさだめた。また上の二圖にのっとる占筮法をも考案している（『皇極通變』）。祝泌は張行成と同じく、邵雍の歷年表にのっとりながら易卦の配當をもって時間の流れを埋めつくし、各歷史年代の起運の卦をさだめたが、卦一圖に根本的な修正をくわえており、張行成と配當のしかたが同じでない。聲音律呂の學も、等韻學の理論を利用して邵雍のシステムを説明し、自然界のさまざまな音聲を分析して世の吉凶を占っており、獨自の展開をみせている（『皇極經世觀物篇解』）。一方、明の黃畿は、邵雍の先天圓圖の卦序にしたがいながら、四閏卦（離・乾・坎・坤）をのぞく六十卦について、それぞれ初爻から一爻ずつ陰陽を逆にしたバリエーションをつくり、三百六十卦とし、この「六をもって變ず」る過程をくりかえして一元十二會を易卦で埋め盡くし、時間と易卦の配當を完成した。また卦象を利用して歷史事件を分析し價値的な評價もあたえている（『皇極經世書傳』）。

『皇極經世書』は優れた術數書として、數術の發展に大きく寄與した。「宋以後、術數家（狹義）たちは、たいてい邵子に託してその説を神にした」（『四庫全書總目提要』卷百十一）からである。また南宋の蔡沈の『洪範皇極內外篇』や鮑雲龍の『天原發微』、元の張理の『易象圖説內外篇』、明の黃道周の『三易洞機』などにも、その顯著な影響を認めることができる。

南宋元明の術數學は總じて、朱熹や蔡元定などの示唆した方向へ向かって自らの發展を開始した。それは朱熹などが邵雍を高く評價し、術數學に一定程度の存在價値を認めた結果にほかならない。易學的ないし圖學的な數の解釋がそれである。蔡元定の『皇極經世指要』は易學に從屬する傾向がもっとも強い皇極經世學書であるが、數理を構築する際、先天易説にあくまで固執し、極端なばあい易理を根據に數理の自由な展開を抑えこむところもある。また張行成や祝泌や黄畿の斬新な數の解釋も、歷年や音聲への易卦の配當を解決すべき最大の課題としながらも、易學との同化を積極的に推し進めており、易說に基礎づけられた數理の再構築という性格が顯著である。邵雍の先天學が數理による易理の擴張（數→易）にたとえられるとすれば、蔡元定以降の皇極經世學は總じて易理による數理の深化ないし制御（易→數）とのべることができるであろう。元明清の術數學は朱熹や蔡元定などの思惑どおり、易學に隷屬する形で象數學として發展したのである。

術數學の時代區分——結びにかえて

『四庫全書總目提要』術數類數學屬に收められた術數書をみるかぎり、漢唐術數家や邵雍の精神と蔡元定以降の術數家のそれには、大きな相違があるというべきであろう。漢唐術數家や邵雍のばあい、あくまで數をもって宗とするのにたいして、蔡元定以降のばあい、數の展開以前にすでに先天易の論理が存在しているからである。簡單にいえば、物理と卜筮の違いがそれである。時代は數理の自律から易理との同化へと大きく變化したのである。

術數類數學屬については、『四庫全書』編纂のころの根本的な變化ほどではないにしろ、朱熹・蔡元定を前後して術數觀が大きく變化したことは間違いのないところであろう。だが術數類全體についても同じことがいえるか否かはいまだ審らかではない。以下すこしばかり、そのことについて考えてみたい。ただし『明史』藝文志と『四庫全書總目提要』を比較すれば明らかなごとく、清中葉には確實に術數の定義が大きく變化しているので、清代の變革については分析を省略し、南宋ひいては唐宋元ごろに注意を集中することにしたい。

まず曆算學であるが、大きく漢學・宋學・清學の三期にわけることができる。なかでも抽象數をあつかう算學のばあい、その時代的な變化は顯著である。すなわち、算籌をもちいた文字代數レベルの漢唐數學─→略號代數と實用數學からなる宋元明數學─→ヨーロッパ筆算の影響をうけた清數學と三分することができる。また暦學のばあい、漢の三統暦をもって中國暦法の基本デザインがさだまり、そのフレイムワークは民國以前ほとんど改變をこうむっておらず、時代的な變化は算學のそれほど顯著ではないが、元明期、イスラム暦法にのっとる回回司天監が併設され、清代、ヨーロッパ天文學にもとづいて頒暦が行われていたことを思い起こせば、三分割も不可能ではない。

だが數の神祕術についてては、研究の蓄積はあまり多くなく、大まかな推定を提示することも容易ではない。ただ天文占や地理占のばあい、唐宋期に變革あるいは集成があったらしい。時代をリードした書籍として、天文占において唐の瞿曇悉達の『開元占經』、地理占において唐の楊筠松『撼龍經』や南宋の蔡元定の『發微論』などをあげることができるからである。現時點では確かなことはいえないが、あるいは唐宋期に何か學術の方向を決定づける事件があったのかもしれない。

一方、方術へ分析對象をひろげれば、南宋あたりに急激な變化がおこったことは疑えない。すなわち、金元醫學の勃興がそれである。また道教の金円術も宋元ごろ、外円から内円へ重點を移動したこともよく知られている。

以上を總じて、術數學すなわち中國の數術は──、

漢代に成立、

南宋ごろと淸の中ごろを以て大きく三期にわけることができる、

漢學と宋學と淸學の相違がある、

と結論したい。なおこの術數學の時代區分が上位概念にあたる經學のそれと轍を等しくしていることについては、贅言を弄する必要はないであろう。

川原報告への質疑応答

司会（池田知久、大東文化大学）

川原先生は、一九五〇年にお生まれになり、京都大学の理学部数学科を経て、中国哲学史研究室に学士入学され、京大の中国哲学史で大学院を過ごされたという方です。現在は東京大学東アジア思想文化研究室の主任をしておられます。川原先生の基本的な視点は、「科学技術というのは、ヨーロッパ型視点から取り出せる綺麗なものではありません」というものです。三浦先生はこれを「神秘主義と合理主義」といってます。科学技術としての評価は必ずしも高いわけではないが、実態としてそういうものがあって、それが重要であるということを、合理主義と神秘主義の絡み合いとしての術数学、今日はそれについての総括的な議論をしていただきました。

最初は、術数学の定義ということで、『漢書』の用例を取り上げ、術数という言葉は余り使われておらず、数術という言葉ばかりであると。それから続きまして、術数概念の中身に関してお話し下さいまして、図書目録の変遷の中で、様々な概念の定着や異同が確認できると。とくに『四庫全書』で変わりますということでした。次は術数の定義で、基本的には雑説を交えた易学の支流のことだと。先生がしばしばお使いになった言葉で言いますと、「数理科学」と占いであり、両者が合体しているわけですが、主流はむしろ占いのほうであるということでした。それから、数術と方術のことについても、新しいご見解を示されました。後半では術数学の歴史についてまとめてお話し下さったわけですが、天文は別格として、『太玄』と『皇極経世書』の二つがこの分野では大事なものであるとの説明をいただきました。

私は川原先生の説は比較的新しいのではないかと思いますが、最初のほうの『太玄』あたりまでは数理の援用に基づく易学の再構成で、後半の邵康節の（『皇極経世書』の）ほうはその反対に、易による数の統一的解釈、これは単にひっくりかえしたという意味ではなくて、一種の演繹的なロジックを備えているということを仰りたいのだと思いますが、最後に時代区分の中で、三段階を設けられて、大きな分かれ目が真ん中にあると。つまり唐宋変革期に、「数に基づいて易へ」から「易に基づいて数へ」という術数学の大きな変化がある、というお話であったと思います。では、どんなことでも結構です。みなさん御意見をお願いします。

堀池信夫（筑波大学）

質問というわけではございませんで、大変に広大な歴史的展望に基づいて、術数学という言葉を非常に見事にまとめられたと思います。それから一番最後の点ですが、「術数学の時代区分が上位概念にあたる経学のそれと轍を等しくしている」というのは、まさにその通りでして、術数学は、経学の真理性を論証するための学問であったと私は思っておりますので、こういうまとめでまさに正しいのだろうと思います。それから、一番最初の部分で、術数、『漢書』では数術としているそうですが、という言葉は、まさに経学の時代に出てくると、経学が形成されてくるときに現れてくると。これも、術数の持っている経学との基本的な関係性を正しくあらわしていると思います。以上です。

三浦國雄（大東文化大学）

私も基本的には堀池先生と同じ感想です。ただ一つだけお尋ねしたいのは、『四庫全書』の時代に、いってみれば上に上がる術数と、下に下がる術数という、評価の差が出たということでしたが、上に上がった天文・暦算というのはヨーロッパの影響である、いっぽう下に下がったものは何かというと、風水とか占術とかですが、それは民衆化・通俗化したからだと考えて良いのでしょうか。

川原秀城（東京大学）

それは三浦先生のご専門ではないでしょうか（笑）。

三浦國雄（大東文化大学）

私はそのように考えたいのですが、そういう考え方でよいのか、ということです。つまり、おっしゃったように、術数というのは、とくに清朝においては、評価が低くなるわけです、学者の間では。その中で天文・暦数だけは学者たちは真剣に研究していた。ほかのいわゆる術数が低い評価となったのは、宋元以降、通俗化していったので、清朝の学者には我慢ならなかったのではないかと考えているわけですが、そういう理解でいいのかどうかということです。

川原秀城（東京大学）

正確にお答えする材料は持っておりませんが、朝鮮の文献で面白いものを見た記憶があります。一八・一九世紀の知識人の言葉ですが、東アジアにおいて医学の評価が低い理由を説明したものです。中国においては天文・数学が第一の科学であり、医学はそれよりだいぶ評価が低く、科挙に落ちた知識人のアルバイトというイメージが強かった。なぜそういう低い評価だったのか。それは、術数学や陰陽五行の理論が医学に絡んでいるからだと、いうようなことを述べている学者がおりました。それは、ある意味で卓見だなと思った記憶があります。これは今の漢方や中医の医学理論でもそうですが、理論の核心部分に五行理論や術数理論が入っております。そうなると、最終的に、科学的合理性が、コトっといくところがあるんですね。儒者たちはそれを嫌った。いわゆる儒者の合理主義と合わなかったわけです。これを三浦先生のような解釈をすることもできるのではないかと、そう思います。

司会（池田知久、大東文化大学）

司会のほうから勝手に続けてご質問させていただきますと、その場合の儒者というのは、たとえば両漢、とくに後漢では、讖緯をたくさん採用しておおっぴらにやってますから、別に術数が低い評価というわけではない。そうなると今おっしゃったのは、宋学以降は新しい儒教になっているのではないか。それからもう一つ、西学、ヨーロッパの影響が清朝ではかなりあって、それで天文・数学を従来とは違った角度で見直しているのではないか。つまり、儒教の質が相当変わっていることが大きいのではないか、と。三浦先生が仰る「格下げ」ですが、清朝に、従来の術数的なものがひどくなった、悪くなったという意味ではなく、分かりやすく言えば、先秦からずっと何も変わっていないのではないか、そんなに違ってないんじゃないかと。これは無茶苦茶な非歴史的理論かもしれませんが、問題はむしろ逆に、そういうものを評価する、たとえば『四庫提要』の側の問題、それを担った儒教・儒者が新しいタイプになった、そういう人が大量に登場したと、そういうことじゃないでしょうか。

川原秀城（東京大学）

池田先生のご指摘は、私も近頃ずっと考えていることでして、ヨーロッパの影響が中国の学術に根本的影響を与えたということで、仰るとおりだと思います。

司会（池田知久、大東文化大学）

それから宋学ですが。

川原秀城（東京大学）

それについては、申し上げたいことがございます。実は私はいわゆる唐宋変革論には反対です。唐宋変革論には、近世とか中世とかいう概念がついてまわるため、反対せざるをえません。唐宋間にデジタルな変化があったということ自体は私も同意です。ただ、唐宋変革よりも大きな変化が、ヨーロッパの影響を受けた明清のほうにあったと思います。変化の総量を考えると、唐宋変革以上に、明清の際の変化は大きかった、と考えるわけで、池田先生が「清代の学者がヨーロッパの影響を受けて」と仰ったのは、まさしく私の言いたいところです。ところで、宋学に関しては、今申し上げたことから少し意見があります。術数学がより民衆化したというのは、三浦先生のご指摘の通り、宋代以降のことと思います。漢代において術数学がどれほどの広がりを見せたかは分かりませんが、南宋以降すごい影響力を持ったのは間違いない、三浦先生の仰る通りだろうと思います。以上二つのことが絡みながら術数の論理は展開していくだろうと私は考えています。

司会（池田知久、大東文化大学）

ありがとうございました。

劉欒賢（中国社会科学院）

漢唐から清初において、術数は経学の一部分であったとのことですが、目録学から見ると、子部ではないかと思うわけです。もちろん漢代は別ですが、漢代以降はずっと子部ではないかと、『四庫全書』もそうです。そして現在は迷信としてその地位を失ったわけですが、このことに御意見をいただけますか。

川原秀城（東京大学）

このへんのところは、今回省略したことでして、私が経学と術数の関係をどう捉え、経学にどのような概念を持っているか、ということに関係します。今日の発表の最初に、院生のとき、戸川芳郎先生に「お前のやっていることは経学だ」と言われた話をしました。おかげで経学のことを真剣に勉強しはじめたわけですが、戸川先生の仰ったことは広義の経学をさしていると思います。そもそも概念には広義のものと狭義のものがあります。春秋学・書経学とかいうのはもちろん経学です。また劉歆が作り上げた、経学を根幹として、その下部に兵学・術数学などがある、その全体も経学と言うことができると思います。そして、そういう意味において、劉歆の学問観は、中国において非常に安定した形で続いていった。私のいう経学は、そういう意味での広義の経学でして、私の強い学問意識を反映しております。もしよろしければ経学と医学の話を。

司会（池田知久、大東文化大学）

それは結構です（笑）。司会として時間を気にしているというわけではなくて、川原先生のお話は、知っている人は知っていると思いますが、長くなるんですよね（笑）。今のご質問にある「目録では子部」なんてのは川原先生はご承知の上でやってることでして、これはどういうのでしょう、社会的存在形態から見た経学というニュアンスですね。いわゆる経学的思考が、たとえば子とかその他に全部入り込んでいるということを考えながらお使いになっているのだと思います。私もレジュメにある「漢唐から清初にかけては、術数学は経学の一部門として」というのは、読まなかったのか読み飛ばしたのか聞いていなかったのか（笑）、今から見ると「は？」と思うようなことも書いてあるわけですが、それはそういう趣旨でございまして、先生の著作をお読み下さればと思います。

だいたい時間が来ていますけれど、また後で懇親会あたりで解説をいただきたいのですが。また司会の勝手な権限で質問ですが（笑）、後半の邵雍以降ですね、易による数の再編成とありますが、この易の内容が問題だと思います。これは、先秦でもなく漢でもなく、この時代の易であるはずなのですが、これは形式だけの「数から易へ」から「易から数へ」にひっくり返っただけのものではないと思うので、そこはぜひ別の機会に……。え、では、今どうぞ。一、二分で（笑）。

川原秀城（東京大学）

『皇極経世書』は、八割がたが表からなってます。年表と音韻表。そして、そのあとに、いわゆる理論の部分が少しついています。そこに、朱熹と蔡元定が評価した先天易の色々な基本的概念が含まれています。その基本的概念というのは、『皇極経世書』全体から見れば軽い位置づけなのですが、朱熹と蔡元定がそれを非常に重く評価したので、その基礎のもとに逆に邵雍の説を位置づけてしまった。その最初の例が、『易学啓蒙』であろうと思います。

司会（池田知久、大東文化大学）

どうもありがとうございました。そろそろ時間、もうオーバーしてますので（笑）。午前の部はこれで終わりということにさせていただきます。

研究発表

一、『日書』より見た『周易』卦爻辞の用語・語法に関する考察

近藤浩之・大野裕司

提要

現在その釈文が利用可能な数種類の『日書』の占辞の用語・語法を検討し、それによって、『周易』の卦爻辞の用語・語法との関連・比較を考察する。例えば、上博本・帛書本の『周易』訟卦の卦辞「利用見大人」と、九店楚簡『日書』の「利以見公王與貴人」との比較などである。

結論としては、『周易』卦爻辞は、様々な占いの用語・語法及び占辞を、寄せ集め、採り入れて編纂し統合して成立したもので、明らかに、『日書』の類もその材料の一つである。占辞の語法という観点から言えば、『周易』の「用」は、『日書』の「以」と同様の用法である。(補一)

「寄せ集め」という意味では、『周易』は単独の占術とは異なり、いわば「雑種」であり、諸々の占術に由来するものが混在している占術である。ただし、その寄せ集めた材料が、殷・西周から戦国後期にまで及ぶような長い時間を通じて堆積したものであるため、非常に古い占辞に由来するものもあれば、かなり新しい占辞に由来するものもあ

る。

「統合」したものという意味で、『周易』の卦爻辞には、より包括的で、より抽象的で、より象徴的な用語が多い。

以上のような結論は、従来から言われていることで、特に目新しいことではないが、それを、『日書』によって、より具体的に検討するとともに、これまでの卦爻辞の解釈を、若干ながら修正できる。

一、『日書』の用語と語法――「不可」「勿」と「以」と

日取りを占う『日書』における用語として「以」は、「以某日」「以此日」などのように、「某日において」「この日において」ということを表すために使われるのが基本（本来のあり方）であるが、実際には「某日」「此日」などが省略されて、「以」のみで「当該日において」という意味になる場合がほとんどである。

その語法には、およそ次の四つの型がある。(補二)

①「以［某日］」の型

毋以子卜筮。害於上皇。（睡虎地秦簡『日書』甲種、一〇一貳(一)(二)）

□□春庚辛、夏壬癸、季秋甲乙、季冬丙丁、勿以作事、復（覆）内、暴屋。以此日暴屋屋衍字、以此日爲蓋屋、屋不壞折、主人必大傷。（睡虎地秦簡『日書』乙種、一一一～一一二）

②「凡［某日］以」の型

入正月七日……入十二月卅日、凡此日、以歸、死。行、亡。（睡虎地秦簡『日書』甲種、一三三、「歸行」）

正月丑、二月戌、三月未、四月辰、五月丑、六月戌、七月未、八月辰、九月辰、十月戌、丑、十一月未、十二月辰。●凡此日、不可以行、不吉。（同、一三四壹）

一午一辰　此日皆、不可以作。（香港『日書』、四六）

③「以」のみの型（この型が一般的で非常に多いが、語法としては実質的に②と同類。）

毋以辛壬東南行、日之門也。毋以癸甲西南行、月之門也。毋以乙丙西北行、星之門也。毋以丁庚東北行、辰之門也。●凡四門之日、行之敫也。以行、不吉。（睡虎地秦簡『日書』甲種、一三二、「歸行」）

五種忌。丙及寅禾、甲及子麥、乙巳及丑黍、辰麻、卯及戌叔（菽）、亥稻。不可以始種及穫賞（嘗）。其歲或弗食。（睡虎地秦簡『日書』甲種、一五一背・一五二背、「五種忌」）

④省略型

天李、正月居子レ二月居子〈卯〉レ三月居午レ四月居酉レ五月居子レ六月居卯レ七月居午レ八月居酉レ九月居子レ十月居卯レ十一月居午レ十二月居辰〈酉〉。●凡此日、不可入官及入室。入室必威（滅）、入官必有罪。（睡虎地秦簡『日書』甲種、一四五背・一四六背、「天李」）

田忌。丁亥・戊戌、不可初田及興土攻（功）。（睡虎地秦簡『日書』甲種、一五〇背、「田忌」）

〈参考〉●初田、毋以丁亥・戊戌。（睡虎地秦簡『日書』乙種、三〇弐、「初田」）

また、『日書』では、日取りの禁忌を示すことが多いため、「不可以」という言い方が頻出し、たまに「勿以」という言い方が現れる。(補三)（なお、「毋以」という言い方は、ほとんどが①型、つまり、「毋以［某日］」という言い方で現れるようだ。）

例えば、睡虎地秦簡『日書』甲種「啻（帝）」（九六壹〜九九壹、一〇〇、一〇一壹）に、次のように云う。

啻
春三月、啻（帝）爲室申。剽卯。殺辰。四灋（廢）庚辛。

夏三月、啻（帝）爲室寅。剽午。殺未。四灋（廢）壬癸。

秋三月、啻（帝）爲室巳。剽酉。殺戌。四灋（廢）甲乙。

冬三月、啻（帝）爲室辰。剽子。殺丑。四灋（廢）丙丁。

凡爲室日、不可以筑（築）室。筑（築）小內、大人死。筑（築）右圯、長子婦死。筑（築）左圯、中子婦死。筑（築）外垣、孫子死。筑（築）北垣、牛羊死。
●殺日、勿以殺六畜、不可以取婦・家（嫁）女・禱祠・出貨。
●四灋（廢）日、不可以爲室・覆屋。

二、『日書』の用語と語法――「利」と「以」と

『日書』では当然、何かの事に対する吉日（良日）を示す場合もあり、その場合には、「利以」という言い方をするのが一般的であり、たまに「可以」という言い方も現れる。

例えば、睡虎地秦簡『日書』甲種「除」（一壹〜一三壹、一貳〜一三貳）に次のようにある。

除
十一月斗 十二月須 正月營 二月奎 三月胃 四月畢 五月東 六月柳 七月張 八月角 九月氐 十月心 1
濡 子 丑 寅 卯 辰 巳 午 未 申 酉 戌 亥 2

贏	丑	寅	卯	辰	巳	午	未	申	酉	戌	亥	子	3
建	寅	卯	辰	巳	午	未	申	酉	戌	亥	子	丑	4
陷	卯	辰	巳	午	未	申	酉	戌	亥	子	丑	寅	5
彼	辰	巳	午	未	申	酉	戌	亥	子	丑	寅	卯	6
平	巳	午	未	申	酉	戌	亥	子	丑	寅	卯	辰	7
寧	午	未	申	酉	戌	亥	子	丑	寅	卯	辰	巳	8
空	未	申	酉	戌	亥	子	丑	寅	卯	辰	巳	午	9
坐	申	酉	戌	亥	子	丑	寅	卯	辰	巳	午	未	10
蓋	酉	戌	亥	子	丑	寅	卯	辰	巳	午	未	申	11
成	戌	亥	子	丑	寅	卯	辰	巳	午	未	申	酉	12
甬	亥	子	丑	寅	卯	辰	巳	午	未	申	酉	戌	13

凡不可用者、秋三月辰、冬三月未、春三月戌、夏三月亥。1

結日、作事、不成。以祭、閵（吝）。生子毋（無）弟、有弟必死。以寄人、寄人必奪主室。2

陽日、百事順成。邦郡（君）得年、小夫四成。以蔡（祭）、上下群神鄉（饗）之、乃盈志。3

交日、利以實事。鑿井、吉。以祭門行・行水、吉。4

害日、利以除凶厲（厲）・兌（說）不羊（祥）。祭門行、吉。以祭、最（撮）衆必亂者。5

陰日、利以家室。祭祀・家（嫁）子・取（娶）婦・入材、大吉。以見君上、數達、毋（無）咎。6

達日、利以行帥〈師〉・出正（征）・見人。以祭、上下皆吉。生子、男、吉、女、必出於邦。7

【外】陽日、利以建野外。可以田邋（獵）。以亡、不得、□門。8

外害日、不可以行作。之四方野外、必耦（遇）寇盜、見兵。9

外陰日、利以祭祀。作事、入材、皆吉。不可以之野外。10

□□□□□、可名曰毄（擊）日、以生子、窶孤。〔亡〕人、不得。利以兌（說）明（盟）組（詛）。百不羊（祥）。11

夬光日、利以登高・飲食・邋（獵）四方野外。居、有食、行、有得。以生子、男女必美。12

秀日、利以起大事。大祭、吉。寇〈冠〉・㓡（制）車・折（裚）衣常（裳）・服帶、吉。生子、吉、弟、凶。13

これらの「利以」の「以」は、必ず直前の「交日」「害日」「陰日」……などの「その日において」ということを表すために使われている。[補四] 因みに、九店楚簡『日書』（二七）[三] では、「交日」について、次のように云う。

唇（辰）・巳・午・未・申・栖（酉）・戌・亥・子・丑・寅・卯、是胃（謂）「交日」。

秒（利）㠯（以）申（實）戾（戶）秀（牖）。𦥑（鑿）汬（井）・行水事、吉。又（有）志百事、大吉。秒（利）於內（納）室。㠯（以）祭門・𧗟（行）、亯之。

以上のように、『日書』では、「以」が「当該日において」という意味を表すために使われることは、明らかである。

三、『周易』の「用」と、『日書』の「以」と――比較その一

膨大な『日書』の出土資料群の中から抽出した、上述のわずかな例からも、『周易』卦爻辞との類似点を指摘することができる。

すでに引用した睡虎地秦簡『日書』甲種「除」（七貳）に、次のように云う。

達日、利以行帥〈師〉・出正（征）・見人。以祭、上下皆吉。生子、男、吉、女、必出於邦。

右の傍線部は、A「利以行師」・B「利以出征」・C「利以見人」の三つを連ねた言い方である。その三つに類似するものを、『周易』にも見出すことができる。ただし、『周易』の場合、「利以」を「利用」に作る。

A「利以行師」及びB「利以出征」について、例えば、上博本『周易』[四]の𫞋（謙）卦の上六爻辞に、次のように云う。

上六、鳴𫞋（謙）。可用行帀（師）、征邦。（第十三簡）

今本「上六、鳴謙。利用行師、征邑國。」

帛書本「尙六、鳴〔嗛。利用行師、正邑國〕。」[五]

「可用行帀（師）、征邦」（用て師を行《や》り、邦を征す可し）は、帛書本では欠字、今本では「利用行師、征邑國」（用て師を行《や》り、邑國を征するに利あり）に作るが、これはまさに、『日書』の「利以行帥〈師〉・出正（征）」（以て師を行《や》り、出征するに利あり）と同類の占辞で、用語・語法とも同じである。

「利用」以下に、行為・事柄を連ねる言い方は、『周易』においても珍しいことではない。例えば、帛書『周易』の蒙卦の初六爻辞に、次のように云う。

初六、廢蒙。利用刑人、用說桎梏。已（以）往、閵（吝）。

今本「初六、發蒙。利用刑人、用說桎梏。以往、吝。」

「利用刑人、用說桎梏」（用て人を刑し、用て桎梏を說《と》くに利あり）は、「利」が「用說桎梏」まで係る。

なお、『日書』に基づくならば、「已（以）往、閵（吝）」（以て往けば、吝）は、工藤元男氏が指摘するように、「出行にさいして別離を恨い惜しんで振り返るのが吝・遴で、そのさきに行路難がまちうけている」と解すべきである。(六) これに類似するものとしては、例えば、『日書』では、出行・行旅の占いとして次のように云う。

凡四門之日、行之敫也。以行、不吉。（睡虎地秦簡『日書』甲種、一三一、「歸行」）

凡此日、不可以行、不吉。（同、一三四壹）

『周易』では、「不吉」と云わず、「閵（吝）」と云うのが比較的多い（今本では、「往吝」が二例、「以往吝」が一例、「往見吝」が一例など）。『日書』では、「閵（吝）」という占断はあまり多くはないが、次の例のように、確かに存在する。

結日、作事、不成。以祭、閵（吝）。生子毋（無）弟、有弟必死。以寄人、寄人必奪主室。（睡虎地秦簡『日書』甲種、二貳、「除」）

是胃（謂）「結日」。𠌃（作）事、不果。㠯（以）祭、笅（吝）。生子無俤（弟）、女（如）又（有）扳（弟）必死。㠯（以）亡貨、不爯（稱）。㠯（以）巤田、笅（吝）。（九店楚簡『日書』二五）

西、以東、藺（吝）。南、聞言。西、兇（凶）。（睡虎地秦簡『日書』乙種、一七五）

C「利以見人」について、帛書『周易』の卦爻辭には、「利見大人」が七例、「利用見大人」が一例（今本では、「利見大人」が七例、「用見大人」が一例）有る。例えば、訟卦の卦辭に、次のように云う。

訟、有復、洫寧。衷（中）吉、冬兇。利用見大人。不利涉大川。

今本「訟、有孚、窒惕。中吉、終凶。利見大人。不利涉大川。」

上博本「訟■又（有）孚、懥（窒）蒠（惕）。中吉、冬（終）凶。利用見大人。不利涉大川。」

今本では「利見大人」に作るように、『周易』全体では「利見大人」と云うのが通常で、「利用見大人」と云うのは稀である。しかし、帛書本も上博本も、共通して訟卦に「利用見大人」という語法を留めていることは、『日書』との関わりを考える上で非常に重要である。例えば『日書』には、次のような占辞が現れる。

贏陽之日、利以見人・祭・作大事。取妻、吉。褺（製）・寇〈冠〉・帶、君子益事。（睡虎地秦簡『日書』乙種、一五）

凡不吉日、秒（利）㠯（以）見公王與貴人。物（利）㠯（以）取貨於人之所。毋㠯（以）舍（予）人貨於外。（九店楚簡『日書』四一・四二）

己丑、以見王公、必有捧（拜）也。（睡虎地秦簡『日書』甲種、一六六陸）

「利以見人」や「見人、［吉凶判断］」という占辞は、『日書』にはかなり多い。また、『日書』の占辞には、「見大人」は無いようだが、「見公王與貴人」「見王公」「見君上」「見邦君」「見貴人」「見長者」「見小子」などが現れる。つまり、『日書』では、人との会見に関して、具体的に様々な人に会見する場合の、有利不利や吉凶が言われるわけだが、『周易』では、包括的に抽象的に、ほぼ「利見大人」という占辞のみで表現される。「大人」の語に、王公・邦君・貴人・長者などが包括的に含まれている、と考えてよいだろう。

さて、以上の諸例からもわかるように、『周易』の「用」は、『日書』の「以」と同じ働きをする用語である。ただし、日時で占う『日書』の「以」が、「当該日において」という意味になるのに対して、卦爻で占う『周易』の「用」は、「当該卦・当該爻において」という意味になる。したがって、例えば『周易』卦爻辞の「利〔用〕見大人」の本来の意味は、「当該卦・当該爻においては、身分の高い人に面会するのに有利である」であろう。しかし、包括的で抽象的な表現であるために、『日書』よりも幅広い解釈が可能になっている。これこそ、『周易』の特徴である。

なお、『周易』卦爻辞には、「利用」の否定である「不利」「不可」「勿用」という表現が見えるが、これらの用語・語法も『日書』に認められる（本稿第一節「『日書』の用語と語法――「不可」と「勿」と「以」」などを参照）。

四、帛書『周易』の「芳」「亨」と、『日書』の「祭」「享」と――比較その二

帛書『周易』では、「享祀」の「享」を「芳」に作り、断占の辞（「元亨」など）の「亨」とはっきり区別されており、今本における「享」「亨」「祭」の混同による意味の曖昧さが一掃されている。より具体的に言えば、今本の「用享」「用亨」「用祭」は、帛書本では、すべて「用芳」に統一されている。その全七例を示せば、次の通り。

①〔損・卦辞〕

損、有復。元吉、無咎。可貞。利有攸往。𣪘（曷）之用二巧（簋）。可用芳。

今本「損、有孚。元吉、无咎。可貞。利有攸往。曷之用二簋。可用享。」

②〔登・六四爻辞〕

六四、〔王用芳于岐山、吉〕。无咎。

今本「六四、王用亨于岐山、吉。无咎。」

③〔困・九二爻辞〕

九二、困于酒食。絑（朱）發（紱）方來。利用芳祀。正（征）、凶、无咎。

今本「九二、困于酒食。朱紱方來。利用享祀。征、凶、无咎。」

④［困・九五爻辞］

九五、貳椽、困于赤發（紱）、乃徐有說。利用芳祀。

今本「九五、劓刖、困于赤紱、乃徐有說。利用祭祀。」

⑤［隋・尚六爻辞］

尚六、枸係之、乃從〔維〕之。王用芳于西山。

今本「上六、拘係之、乃從〔維〕之。王用亨于西山。」

⑥［大有・九三爻辞］

九三、公用芳于天子。小人弗克。

今本「九三、公用亨于天子。小人弗克。」

⑦［益・六二爻辞］

六二、或益之十傰之龜。弗亨〈克〉回。永貞吉。王用芳于帝、吉。

今本「六二、或益之十朋之龜。弗克違。永貞吉。王用享于帝、吉。」

文字の成り立ちから言えば、「亨」と「享」とは、もと同じく「亯」で、区別されない。今本『周易』における①～⑦の「亨」「享」（そして「祭」）は、供物をすすめ神をまつる意で、つまり享祀・享祭のこと。帛書『周易』では、この意味（つまり享祭）の場合には、必ず「芳」に作り、「用芳」で表現される（「用」は、やはり「当該卦・当該爻において」の意）。上博本では、④は「祭」に作り、⑤は「亯」に作り、①②③⑥⑦については欠字等で不明である。しかし、①～⑦以外はすべて、つまり断占の辞として帛書本では「亨」に作るのを、上博本では、「卿」（饗）に作る。[七]

要するに、今本では区別されていないが、帛書本では、享祭の意のときは「芳」に作り、それ以外は「亨」に作る。[八]上博本では、享祭の意のときは「亯」に作り、それ以外は「卿」に作るという、使い分けが存在した可能性が高い。

この使い分けは、実は非常に重要である。おそらく、帛書本の「芳」、上博本の「亯」「祭」は、神をまつることを意味し、帛書本の「亨」、上博本の「卿」は、神がそれを受けることを意味する。『孟子』萬章上篇に、次のようにある。

曰「……昔者堯薦舜於天而天受之、暴之於民而民受之。故曰、天不言、以行與事示之而已矣。」

曰「敢問薦之於天而天受之、暴之於民而民受之、如何。」

曰「使之主祭而百神享之、是天受之。使之主事而事治、百姓安之、是民受之也。」

ここの「これをして祭を主らしむれば、而ち百神もこれを享《う》く」という関係において、「祭」は「神をまつる」ことであり、「享」は「神が受ける」ことである。この「祭」と「享」との使い分けが、帛書本における「芳」と「亨」と、上博本における「亯」「祭」と「卿」との使い分けに相当するだろう。

『周易』には、「元亨（享）」と「亨（享）」とがしばしば（特に卦辞に多く）現われ、高亨[九]が指摘するように、どちらも享祀・享祭に由来する断占の辞である。「元亨」と「亨」（及び「小亨」）との違いは、おそらく『荀子』禮論篇に云う「大饗《だいきょう》に玄尊を尚（上）にして生魚を俎にし大羹《だいこう》を先にするは、食の本を貴ぶなり。饗《きょう》には玄尊を尚（上）にして而して酒醴《しゅれい》を用い、黍稷《しょしょく》を先にして而して稲粱を飯せしめ、祭には大羹を齊《のぼ》（躋）せて而して庶羞《しょしゅう》に飽かしむるは、本を貴びながら而も用に親《ちか》づくなり。」の「大饗」と「饗」と「祭」の差に相当するだろう。楊倞注によれば、「大饗」は先王を祫祭（三年に一度、五代以前の先祖の位牌を初代の廟に合祭）すること、「饗」は「享」と同じで、四季ごとの祖廟の祭。「祭」は、月ごとの祭。ただし、すでに論じた所の帛書本や上博本の使い分けからわかるように、『周易』の断占の辞としての「元亨」や「亨」などは、神を「まつる」方ではなく、神が「受ける」方である。つまり、『周易』で占った人の祈り・望み・願いなどを「受け入れる」ことを意味するのであろう（おみくじならば「願い事かなう」ぐらいであろうか）。

『日書』では、すでに引用した例の中にあるように、この「受ける」の意味で「郷（饗）」や「亯」が出現する。

陽日、百事順成。邦郡（君）得年、小夫四成。以蔡（祭）、上下群神郷（饗）之、乃盈志。（睡虎地秦簡『日書』甲種、三貳）

㠯（以）祭門・⿱彳示（行）、亯之。（九店楚簡『日書』、二七）

このような『日書』などの占辞を踏まえながらも、「上下群神」や「門神」「行神」など、「祭」を「享《う》ける」神の様々な種類を捨象し、包括的に抽象的に作られた断占の辞が、『周易』の「元亨」や「亨」なのかもしれない。（補五）

五、むすび――『周易』卦爻辞の成立に関する仮説

『周易』の卦爻辞の材料について、本田済氏は次のように云う。（二〇）

卦爻辞の材料は、卦とは別途の発生にかかるもの、本来筮の用のものでなかった。その大部分は別の用途の古い文句で、おそらく六十四卦よりも先にあった。筮法の高度の発達が六十四卦を産み出し、それにことばをつける

必要が生じた時、この本来別途の一群の古い文字が間に合わせにとりあげられた。この古い文句はもともと六つ一組になっていたものではないから六爻に割りつけたばあい、余るものもあるがたいていは足りない。余った文句は別の卦のところへ穴埋めに使い、なお足りないものは、あるいは創作し、あるいは諺、成語などをも借りて来て数をそろえた。その結果が先に述べた不揃いな形となったのである（内藤・武内氏参照）。

右の古い文句というのが何であったか。武内氏は卜辞の残りとせられ、内藤氏はおみくじの残りとされる。私は両方ともあると思う。

右の『周易』卦爻辞の成立に関する仮説は、現在もなお有効であり、近年の出土資料によってむしろ以前よりもさらに具体的に、その材料となった「別の用途の古い文句」をつきとめることができる。すでに考察した『周易』卦爻辞と『日書』の占辞との比較から、『日書』の類の占辞は、『周易』の卦爻辞の材料の一つであると言ってよいだろう。ただし、今のところ発見された『日書』は、古いものでもせいぜい戦国後期の竹簡である。(一) 『日書』のそもそもの成立がどこまで遡れるかはわからない。

六十四卦に「ことばをつける必要が生じた時」が何時だったかはさだかではないが、『周易』の卦爻辞は、様々な占いの用語・語法及び占辞・卜辞、さらには故事や成語を、寄せ集め、採り入れて編纂し、包括的に抽象的に統合して成立したものであろう。

《注》

（一）以下、睡虎地秦簡『日書』の引用文及び簡番号は、『睡虎地秦墓竹簡』（精装本、文物出版社、一九九〇年）に拠る。また、その解釈は、主に劉樂賢『睡虎地秦簡日書研究』（文津出版社、一九九四年）と工藤元男『睡虎地秦簡よりみた秦代の国家と社会』（創文社、一九九八年）を参照した。

（二）『史記』龜策列傳に「卜禁曰、子・亥・戌、不可以卜及殺龜。日中、如食已卜。暮昏、龜之徼也、不可以卜。」とあり、索隱に「徼音叫。謂徼繞不明也。」とある。

（三）以下、九店楚簡『日書』の引用文及び簡番号は、『九店楚簡』（中華書局、二〇〇〇年）に拠る。

（四）以下、上博本『周易』の引用文及び簡番号は、『上海博物館蔵戦国楚竹書（三）』（文物出版社、二〇〇三年）に拠る。

（五）復卦には「尚六、迷復、兇。有茲省。用行師、終有大敗。以其國君、凶。至十年弗克正。」とある。なお、以下、帛書本『周易』（六十四卦）の引用文は、『馬王堆漢墓文物』（湖南出版社、一九九二年）所収の写真図版（一〇六～一一六頁）に拠って、確認したもの。

（六）工藤前掲書、第六章「先秦社会の行神信仰と禹」、二二一・二二二頁を参照。

（七）劉保貞「从今、帛、竹書対比解《易経》”亨“字」（『周易研究』二〇〇四年第六期）に、今本・帛書本・上博本の「亨」字の対照表が有り、参考になる（七六頁の比較一覧表を参照）。

（八）ただし、第一行「鍵、元亨利貞」の箇所のみ、「享」に作る。

（九）高亨『周易古経通説』（『周易古経今注』（重訂本）所収、中華書局、一九八四年）、一一一・一一二頁。

（一〇）『易学――成立と展開』（平楽寺書店、一九六〇年）、三四・三五頁。

（一一）例えば、九店楚簡『日書』が出土した五六号墓は「屬戰國晩期早段」とされる（『九店楚簡』、前掲、二頁）。

≪ 補注 ≫

（補一）「以」や「用」は、（『日書』・『易』・亀卜などの）ある占術で占断する所の、「日」「月」「卦」「爻」「兆」「象」など「の条件下では」、「においては」、と限定する前置詞である。したがって、「以」は、『日書』で占断する所の「日」「月」等の時間を表わす働きをもつ前置詞であり、「用」は、『易』で占断する所の「卦」「爻」等の象を表わす働きをもつ前置詞である。

（補二）おそらく、①型が『日書』における「以」の本来の用法である。②型は、前置詞「以」の目的語「凡此日」「此日」などが、すでに直前に置かれているから、それらの目的語を後に伴わないのであり、③型は、前置詞「以」の目的語が直前になくても、すでに上文に置かれていて明らかなので、その目的語を後に伴わないだけで、実質的には②と同類である。④型も、本来②と同様ながら、文脈の意味が明瞭であるから「以」までも省略されたのではないかと考えられる。

(補三) 最も注意すべきは、『日書』では、「可」と前置詞「以」とが「可以」と熟したものは、ふつう「以」の目的語(「某日」「此日」など)が省略されているのだが、前置詞「以」の働きは決して弱まっておらず、「以」のみで必ず「某日」「此日」などの「当該日」が強く意識されている、ということである。たとえ前置詞「以」までも省略されて「可」一字となっていても、それは「以」の働きが弱化して「可」一字と同じものとみなせるからではなく、例えば「凡此日、不可入官」と云うように、「可」「不可」の直前に「某日」「此日」などが明示されていて、「以」を言わなくても、その「当該日において」という意味が明瞭だからであろう。ただし、やはり「以」を言うのがふつうであり、「以」を省略するのは稀である。

(補四) 睡虎地秦簡『日書』甲種「除」(一壹~一三壹、一貳~一三貳)は、1~13まで、同じ番号のものは同じ一本の竹簡上にある。例えば4の箇所について言えば、十一月の寅日、十二月の卯日、正月の辰日、二月の巳日、三月の午日、四月の未日、五月の申日六月の酉日、七月の戌日、八月の亥日、九月の子日、十月の丑日は、いずれも「交日」であり、総合的には「(その日を)以て」「實事」をなすことに利があり、個別具体的には井戸を掘ることが「吉」である。また「(その日を)以て」「門行」(門神・行神)を祭ること・水を行くことが「吉」である。

(補五)『墨子』耕柱篇に次のような話がある(『墨子』本文の校訂は、呉毓江『墨子校注』に拠る)。

昔者《むかし》夏后開、蜚廉をして金を山川に折《と》らしめて、之れを昆吾《こんご》に陶鑄す。是《ここ》に翁難をして白若の龜に卜せしめて曰く、「鼎成り三足にして方、炊《かし》がずして自ら烹え、擧げずして自ら臧《をさ》まり、遷さずして自ら行き、以て昆吾の虚《おか》に祭る。上(尚《こひねが》)はくは郷《う》けよ」。卜人、兆の由(繇)を言ひて曰く、「饗《う》けたり。逢逢たる白雲、一《ある》いは南し一いは北し、一いは西し一いは東す。九鼎既に成り、三國に遷る」。

これは易筮ではなく亀卜の例であるが、前半は、「供物を捧げて神をまつる」(享祭する)ときの貞問の辞であり、後半の繇辞は、亀卜の兆を卜人が読み取った占辞である。その断占の辞は、最初の一言「饗《う》けたり」であり、上博本の「卿」はこれに相当するだろう。例えば、このような九鼎の伝説を踏まえて『周易』の卦辞が考案されたから、『周易』鼎卦の卦辞が、まさに「元吉。亨《う》けたり。」などとなっているのではなかろうか。亀卜の占辞も『周易』卦爻辞の材料の一つなのである。因みに、鼎卦の彖伝には、「鼎は象なり。木を以て火に巽《い》れ、亨(烹)飪するなり。聖人は亨(烹)して以て上帝を享《まつ》り、大いに亨（烹）して以て聖賢を養ふ。」などと云う。鼎で「烹《ほう》」し、上帝を「享《まつ》」り、そして上帝がそれを「亨《う》」けること、それら「烹」「享」「亨」はすべて、同じ「亯」一字に由来する文字である。『周易』の卦辞に頻出する「亨」は、それらすべての意義を包括した占辞であろうが、基本的には（「上帝」や「上下群神」などが）「亨《う》けたり」という意味だろう。

今本・帛書・竹書の「亨」「享」等の比較一覧表

	卦名	卦爻辞	今本卦爻辞	今本	帛書	竹書
	乾	卦辞	乾、元亨。利貞。	亨	亨	□
	坤	卦辞	坤、元亨。利牝馬之貞。君子有攸往。先迷後得主。利西南得朋、東北喪朋。安貞吉。	亨	亨	□
	屯	卦辞	屯、元亨。利貞。勿用有攸往。利建侯。	亨	亨	□
	蒙	卦辞	蒙、亨。匪我求童蒙、童蒙求我。初筮告。再三瀆、瀆則不告。利貞。	亨	□	□
	需	卦辞	需、有孚。光亨。貞吉。利涉大川。	亨	亨	□
	小畜	卦辞	小畜、亨。密雲不雨。自我西郊。	亨	亨	卿
	履	卦辞	履虎尾、不咥人。亨。	亨	亨	□
	泰	卦辞	泰、小往大來。吉。亨。	亨	□	□
	否	爻辞	初六、拔茅茹以其彙。貞吉。亨。	亨	亨	□
	否	爻辞	六二、包承。小人吉、大人否。亨。	亨	亨	□
	同人	卦辞	同人于野。亨。利涉大川。利君子貞。	亨	亨	□
	大有	卦辞	大有、元亨。	亨	亨	□
☆	大有	爻辞	九三、公用亨于天子。小人弗克。	亨	芳	□
	謙	卦辞	謙、亨。君子有終。	亨	□	卿
	隨	卦辞	隨、元亨。利貞。无咎。	亨	亨	卿
☆	隨	爻辞	上六、拘係之、乃從維之。王用亨于西山。	亨	芳	享
	蠱	卦辞	蠱、元亨。利涉大川。先甲三日、後甲三日。	亨	亨	卿
	臨	卦辞	臨、元亨。利貞。至于八月、有凶。	亨	□	□
	噬嗑	卦辞	噬嗑、亨。利用獄。	亨	□	□
	賁	卦辞	賁、亨。小利有攸往。	亨	□	□
	復	卦辞	復、亨。出入无疾。朋來。无咎。反復其道、七日來復。利有攸往。	亨	亨	□
	无妄	卦辞	无妄、元亨。利貞。其匪正、有眚。不利有攸往。	亨	亨	卿
	大畜	爻辞	上九、何天之衢。亨。	亨	亨	卿
	大過	卦辞	大過、棟撓。利有攸往。亨。	亨	亨	□
	習坎	卦辞	習坎、有孚。維心。亨。行有尚。	亨	亨	□
	離	卦辞	離、利貞。亨。畜牝牛、吉。	亨	亨	□
	咸	卦辞	咸、亨。利貞。取女吉。	亨	亨	卿
	恒	卦辞	恒、亨。无咎。利貞。利有攸往。	亨	亨	卿
	遯	卦辞	遯、亨。小利貞。	亨	亨	卿
	萃	卦辞	萃、亨。王假有廟。利見大人。亨。利貞。用大牲吉。利有攸往。	1亨2亨	1無2亨	1卿2卿
	升	卦辞	升、元亨。用見大人、勿恤。南征、吉。	亨	亨	□
☆	升	爻辞	六四、王用亨于岐山。吉。无咎。	亨	□	□
	困	卦辞	困、亨。貞、大人吉。无咎。有言不信。	亨	亨	□
	革	卦辞	革、巳日乃孚。元亨。利貞。悔亡。	亨	亨	□
	鼎	卦辞	鼎、元吉。亨。	亨	□	□
	震	卦辞	震、亨。震來虩虩、笑言啞啞、震驚百里、不喪匕鬯。	亨	亨	□
	豐	卦辞	豐、亨。王假之。勿憂。宜日中。	亨	亨	□
	旅	卦辞	旅、小亨。旅貞吉。	亨	亨	卿
	巽	卦辞	巽、小亨。利有攸往。利見大人。	亨	亨	□
	兌	卦辞	兌、亨。利貞。	亨	亨	□
	渙	卦辞	渙、亨。王假有廟。利涉大川。利貞。	亨	亨	卿
	節	卦辞	節、亨。苦節。不可貞。	亨	亨	□
	節	爻辞	六四、安節。亨。	亨	□	□
	小過	卦辞	小過、亨。利貞。可小事、不可大事。飛鳥遺之音。不宜上、宜下。大吉。	亨	亨	□
	既濟	卦辞	既濟、亨。小利貞。初吉、終亂。	亨	亨	□
	未濟	卦辞	未濟、亨。小孤汔濟、濡其尾。无攸利。	亨	亨	□
☆	損	卦辞	損、有孚。元吉。无咎。可貞。利有攸往。曷之用二簋。可用享。	享	芳	□
☆	益	爻辞	六二、或益之、十朋之龜。弗克違。永貞吉。王用享于帝、吉。	享	芳	□
☆	困	爻辞	九二、困于酒食。朱紱方來。利用享祀。征凶。无咎。	享	芳	□
☆	困	爻辞	九五、劓刖。困于赤紱、乃徐有説。利用祭祀。	祭	芳	祭

☆は、享祭・享祀の場合。　　劉保貞「從今、帛、竹書対比解《易経》"亨"字」(『周易研究』2004年第6期)に拠る。

近藤報告へのコメント

池田　知久

全体のご主旨は、現在様々に出土しております『日書』の用語・語法を調べることによって、『周易』、最終的には通行本ということになるんでしょう、それの形成過程と材料が分かる、というものです。最後の結論には、本田済・内藤湖南氏らを引用しておられますが、現在の『周易』の材料が、『日書』その他いろんなものにありますと、そのことをいくつかの語法の点から確認したものです。私も同じような主張でありまして、もっと多くの角度からさまざまなことが言えると思いますが、いくつか質問、そして問題提起をさせていただきたいと思います。

まず最初に「以」の字ですが、これが「用」と通じ合うというのは常識です。とくに言うことはありませんが、「以」は時を示す介詞としてその後もいくらでも使われています。それからもちろん、時を示すのではない、様々な手段・方法といった意味でも多く使われます。ここで近藤先生は、『日書』では、「以」の字が「当該日において」という意味である、と特定しておられますが、それは、たまたまそうなっただけではないのでしょうか。つまりほかの条件、たとえば『易』であれば、謙卦上六の爻辞に、「鳴謙、利用行師、征邑国」などと書いてあり、その場合はもちろん「用」「以」を使います。それは介詞がそういう条件に制約されてその場の意味になる、というだけであって、とくに区別して言う必要は無いのではないか。『日書』は時の書ですからそうなるが、たまたまのことではないのか、ということです。

それから次の二・三番の件ですが、「利」というものが出てきますね。その場合に、「利用」とか「利以」という場合もあるし、「以」や「用」が無い場合もある。「利」は元々は形容詞。他の形容詞で同じ語法で用いられる言葉も他にたくさんあって、もともとは形容詞であったものが助動詞化していく。これは漢語の歴史の中で語法上の問題です。ほかにも例えば「可」も助動詞化していく。「可用」とか「可以」とか「以」をつけて言いますね。後になればなるほど、介詞「以」の意味がはっきりしなくなって、「可」と連用されて一つの助動詞になっていきます。「利用」「利以」も同じである。また「足以」「難以」「易以」のように、もともと形容詞であったものが助動詞化していき、その下に「用」とか「以」をつける場合もあります。

そこで、お尋ねしたいことは、元々は近藤先生が言われるように、「以」「用」という言葉は介詞としてかなり濃厚な原初的な意味を持ち続けて、それでそうなる、例えば「不可以」のときの「以」は上の時を示すものだと仰いましたが、元々「用」「以」は介詞としてかなり濃厚な意味を残しているからそうなっているのであって、その後になると、一つの助動詞として成立していくということに関して、もう少し言語学的な正確な研究をしないとまずいのではないか。漢文訓読式に、ヤマカンでやっていたんではまずい、と思うわけです。「利以」「利用」は、助動詞として成立し損なった、後に残らなかったものですね。他のものはけっこう残った、最も代表的なものは「可以」です。でも「利以」「利用」は歴史の中に残らなかった、と私は思います。そうしたことについて、語学的説明が必要なのではないか。

それから最後に、「享」の意味について、私もいま上海楚簡の『周易』を大学院のゼミで順次読み進めております。これについて調べてくれた学生さんがおりまして、だいたい状況は分かっております。結論としては近藤先生の仰る通りです。本来の『易』や『日書』の「享」は、馬王堆とも上海楚簡とも区別があるんではないか。それから、人間が神を祭るというのと神がそれを受けるというのは主体が変わる。例えば、七〇頁の「祭」は「神をまつる」ことであり、「享」は「神が受ける」ことである。そういう使い分けがあるのは、仰るとおりで間違いないと思います。一つ聞きたいことは、「芳」と「享」とはだいぶ発音が違いますが、なぜ「芳」が祭りという意味になるのか。できれば実証的な根拠に基づきご説明いただきたい。以上です。

近藤報告への質疑応答

司会（三浦國雄、大東文化大学）

池田先生のコメントに対するお答えをお願いいたします。

近藤浩之（北海道大学）

ありがとうございました。すべてにはお答えできないかもしれませんが、私の思っているところをお答えしようと思います。まず「以」はたまたまそうなったのではないか、ということについてです。これは池田先生も仰った通り、『日書』はもともと日取りを占う書物ですから、必然的にそうなるし、日にちのことを書いたときにたまたま「以」があるようにも取れる、とのことですが、ぴったりの例はすぐには出ないのですが、若干言えるのは、六一頁に揚げました「五種忌」の例を見て頂くと良いと思います。「丙及寅」、これは日にちであります。ただその次の「禾」とか「甲及子」、これはまた日にちですが、その次の「麥」とか、日にちと作物を言っているわけです。このときに、この二つが両方とも組み合わさって、「丙及び寅」の日であり、さらに「禾」という作物の場合にはじめて、「不可以始種及穫賞」となるのではないかと。ですから、私としては、解釈としては「当該日において」と言いましたが、これは「以」というのは、占うときの前提になる条件、この日にこの作物ならば、というように、「五種忌」の場合には、日にちだけではなく作物も条件として入っているわけです。ですから「以」というのは、何かを占うときの「こういう条件下で」「こういう場面で」ということを言っている、それが『日書』ではたまたま日取りになることが多いだけである。逆に言えば、『易』の場合には、何が条件になるかと言えば、占って得た卦あるいは爻が条件になるわけで、「この卦」「この爻」においてはこうである、ということを言うための「以」であると思います。ですから、確かに単なる介詞であって、そういう意味づけは必要ないというご指摘も尤もではありますが、占い、とくに『日書』、あとここでは載せておりませんが阜陽漢簡の『周易』には、うしろのほうに卜辞が載っております。その卜辞を追加するときに、殆どの場合において、「以て何々を卜すれば、どうのこうの」と、こういう言い方をします（二）。そのときに「以」と言っています。これも、その卦で、その爻で以てこれこれのことを卜すれば、こうである、と。こういう意味でなければ「以」をつけないのではないでしょうか。したがって、確かに「日にち」ではなくて、占いにおける、とある条件下において、という意味の「以」である、占いの専門用語的要素・用法があるのではないかと思います。

それから、語学的部分ですが、確かに「可以」「利以」というように助動詞・形容詞に附属する「以」が残っていたり、消えていったわけで、そういうものとしても見ることができます。語学的部分からの検討が必要であろうというご指摘はごもっともと思います。しかし私はそれについては、語学的・歴史的に、どのように「以」が変遷し、ある部分では消えていき、ある部分では残って、ということはお答えできませんが。

池田知久（大東文化大学）

そういうことを言っているのではなく、「以」という字を介詞としてかなり重くとって、「利以」とするのは分からないのではないのだが、あとになると、「以」が付こうが付くまいが、「可以」も同じですが、ほとんど意味は変わらないのであって、二字の連用の助動詞になり、もともとの介詞「以」の意味は完全に失われている。そういう説明のほうが通るんじゃないかと思うわけです。たとえば六一頁で「省略型」としていますけど、「不可」の下に「以」は無いですね。そしてこうした例はいくらでも出てきます。それは別に「以」が時を示す、さきほど条件と言い直されたから、私の見解とだいたい同じになりますが、上の条件などを説明できますが、無くても構わないわけです。このように、助動詞化の方向に動いていくという、そういう言わば言語学的な分析で説明できるのではないかということです。

近藤浩之（北海道大学）

そうしますと、「可以」というふうになった場合ですが、「以」を、極端なことをいいますと、訳す場合に、介詞のようにして、つまり「可以」でしたら「可」として訳してしまい、「以」は意味を考えない、という形になってくると思います。普通の文献のときはそれでもいいと思いますが。今回は『日書』ですが、それを含め占いの書物を読んでいるとき、そのように読むと見逃してしまうとき、「この条件のもとでは」という限定的要素を、たんに「可」の意味で取ってしまったがために、気付かないで訳していることが、ままあると、私は考えています。その意味ではどちらかといえば、占いの書物を読むときには、通例として「以」の字を「この条件のもとで」として読むのが良いのではないかと、今のところそう考えているところです[二]。

それから「芳」の字についてはお手上げでございます（笑）。実証的にと言われればなおさらです（笑）。申し訳ありませんが。

三浦國雄（司会、大東文化大学）

今の点について、どなたが御意見がありましたらお願いします。

井上亘（大東文化大学）

第三の発音の問題について一点だけ申し上げますと、「亨」の古音は、曉母または滂母陽部で、「芳」も滂母陽部、「亨」とほぼ同音ということで良いかと思います。

近藤浩之（北海道大学）

ありがとうございます。とすると、問題はほぼ同音だとすると、どうして使い分けるのだろうかということです。

井上亘（大東文化大学）

それは私の検討すべきことではありませんが（笑）、ただ、馬王堆の場合は、明らかに音通の関係を用いて書き分けている。その区別を上博のほうでもやってるとなると、発音が変化している可能性がありますので、書き分けが同じような形であるかどうかというのは、音韻学的に見ないと難しいかと思います。

三浦國雄（司会、大東文化大学）

この問題は近藤さんの御発表の本筋からやや逸れますので、御関心のある向きは各自でお考え願いたいと思います。私個人のことに引きつけて恐縮なのですが、私自身は『易』の「その後」に関心があって易学や易文化の展開を追いかけたことはあるものの、「その前」については完全にお手上げ状態でした。今日のお話を伺って、『日書』というのは『易』の卦爻辞の成立を考える上で大きな意味を持っていると実感しました。

《注》

（一）実際には、この言い方はわずかしかない。例えば、否：六二に、「以卜大人、不吉」、二六九簡に、「冬以不得、卜雨」、三二八簡に、「貞兕以求官、小官」とあるなど三例ぐらいしかない（韓自強『阜陽漢簡《周易》研究』上海古籍出版社、二〇〇四年を参照）。

（二）七四頁《補注》の（補三）を参照。

二、易緯における世軌と『京氏易伝』

辛　賢

はじめに

『京氏易伝』には「八宮世応説」と呼ばれる京房独自の易説が述べられている。八宮世応説は、これまでの研究によって少しずつ明らかにされてきているが、(一) その実相については、なお、不明な点が多い。私見によれば、『京氏易伝』における八宮六十四卦の構造には、京房易学の最終到達点ともいうべき厳しい数理的整合性が企図されていること、そして、そこに表される世変の規律的変化相は、暦の時間的変化、その法則性を表象しており、壮大な積算構造による無限の時間的循環秩序を反映するものであるということが指摘できる。(二) しかしながら、これもやはり、八宮六十四卦の変化相を抽象的なレベルで描いたものに止まっており、その積算の実体や世応説の具体的な意味については、いまだ明らかにされていないと言えよう。

本稿では、これらの問題に対し、より透明な解答を与える一つの手がかりとして、易緯にみられる世軌法を考察し、両者の関連性を明らかにしたいと思う。

一、「卦歳」における六十四卦の配当

「卦歳[三]」とは、『乾鑿度』における「二卦主一歳」の法をいう。この技法は二卦十二爻を一年の十二ヵ月に割り当て、一爻が一月を主どるとするものである。したがって、六十四卦は三十二歳三百八十四ヵ月で一周するということとなる。

では、以下の『乾鑿度』の記述をもとに、その具体的な内容について検討することにする。[四]

陽の析[五]は九、陰の析は六。陰陽の二析、各一百九十二爻[六]。故に当に陰爻を以て陰析に乗し、〔陽爻を以て陽析に乗して[七]〕、之を合すべし。四時を以て之に乗し、并せて之を合すれば、三百八十四爻、万一千五百二十析なり。故に卦は歳に当たり、爻は月に当たり、析は日に当たる。天道は左旋し、地道は右遷し、二卦十二爻にして期一歳なり。三十二にして大周す[八]。（『易緯乾鑿度』巻下）

これは繫辞上伝の「乾の策は二百一十有六。坤の策は百四十有四。凡そ三百有六十にして期の日に当たる。二篇の策は、万有一千五百二十。万物の数に当たるなり」とある周易の筮法を敷衍したものである。「万有一千五百二十」というのは、爻の性質を表す九（三十六策）・六（二十四策）・七（二十八策）・八（三十二策）の四数中、老陽・老陰にあたる、「九」の三十六策（9×4）と「六」の二十四策（6×4）を六十四卦三百八十四爻において積算した策数を表す。つまり、六十四卦の三百八十四爻を得るには、合計一万千五百二十策を要することになる。

・老陽：9×192（陽爻）×4（四時）=6912
・老陰：6×192（陰爻）×4（四時）=4608
・六十四卦の策数：6912 + 4608 = 11520

さて、『乾鑿度』では、卦（六十四）・爻（三百八十四）・策（一万千五百二十）をそれぞれ暦の年・月・日に配当し、易と暦はパラレルな循環構造を形成するものと考えられている。

乾は陽なり。坤は陰なり。並びに治めて交錯して行く。乾は十一月子に貞《ただ》し。左行す。陽の時にして六。坤は六月未に貞し。右行す。陰の時にして六。以て奉順して其の歳を成す。歳終れば次に屯蒙に従う。

屯蒙、歳を主どる。屯を陽と為す。十二月丑に貞し。其の爻左行し、以て時を間《へだ》てて六辰を治む。蒙を陰と為す。正月寅に貞し。其の爻右行し、亦た時を間てて六辰を治む。歳終れば、則ち其の次卦に従う。陽卦は其の辰を以て貞と為し、其の爻左行す[九]。辰を間てて六辰を治む。陰卦と陽卦と、位を同じくする者は一辰を退きて以て貞を為す。其の爻は右行し、辰を間てて六辰を治む。泰否の卦のみ独り各々其の辰に貞し。共に辰に比し、左行して相随うなり。中孚を陽と為し、十一月子に貞し。小過を陰と為し、六月未に貞し。乾坤に法り、三十二歳期にして周る。六十四卦、三百八十四爻、万一千五百二十析、復た貞に従う。（『易緯乾鑿度』巻下）

ここに挙げられている卦の順序を確かめてみると、乾坤、屯蒙……泰否……中孚小過とあり、通行本六十四卦の「二二相偶」の方式と順序に基づいていることが分かる。二卦は、陽卦（前卦）と陰卦（後卦）とに分かれ、一卦六爻は隔辰を取って六辰（六ヵ月）に配当され、二卦合わせて一歳を主どることになる。そこで、乾卦「十一月子」・坤卦「六月未」、屯卦「十二月丑」・蒙卦「正月寅」などとあり、初爻の建つ起点が示されている。これについて、黄宗羲の説を参考にすると、次のように述べられている。

歳を主どるの卦、周易を以て序を為す。而れども爻の貞に起こるは、則ち六日七分の法を以て序を為す。内卦を貞と為し、外卦を悔と為す。故に初爻従り起こるを貞と為すなり。其の卦、六日七分に於いて某月に在れば、即ち以て某月初爻に起こる。陽卦は左行し、陰卦は右行すれば、両卦以て一歳に当つ。前を陽と為し、後を陰と為す。左行する者は其の次、順に数う。右行する者は其の次、逆に数う。皆一辰を間《へだ》つ。（『易学象数論』「乾坤鑿度二」）

たとえば、屯・蒙卦に例を取ると、屯卦は陽卦（前卦）に属するので、初爻の十二月より二月、四月……と順行する。これに対して蒙卦は陰卦（後卦）に属し、初六の正月より十一月、九月……と逆行する。ここで、屯・蒙の両卦

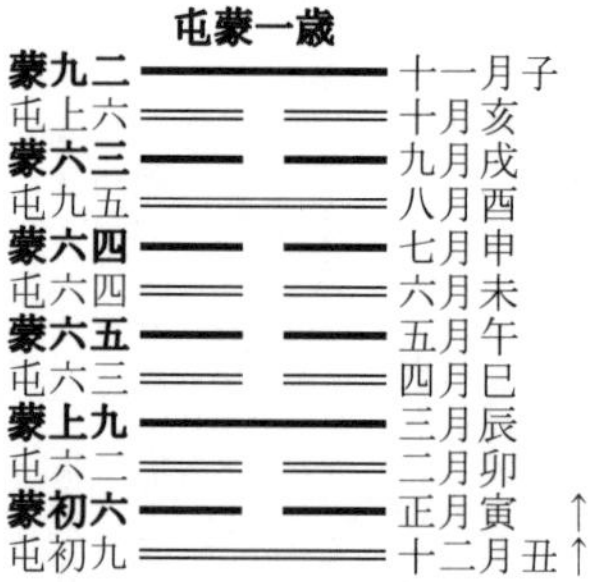

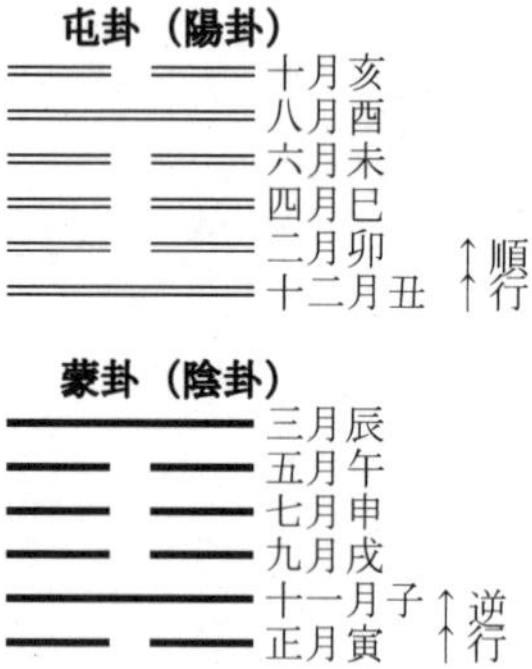

における初爻の建つ起点が、それぞれ十二月と正月に始まっており、それは京房の卦気六日七分法にもとづくものとされる。〈図表2〉を参照すると、屯卦は内外をもって十一月から十二月の間、蒙卦は正月に配当されており、各卦の建つ起点が卦気六日七分法において求められていることが理解される。〈図表1〉は、以上のような方法にもとづき、六十四卦（三十二組）全体に推したものである。

以上、『乾鑿度』における卦歳法について述べたが、それは、通行本六十四卦の「二二相偶」の配列をもとに、卦気六日七分法のメカニズムを組み込んだ重層的な構造を形成するものといえる。[一〇] 前掲の「天道は左旋し、地道は右遷し、二卦十二爻にして期一歳なり。三十二にして大周す」とは、以上のような説明によって理解されるが、ただ、ここで注意すべき点は、通行本六十四卦と卦気説における両者の構造的関係である。すなわち、卦歳法によれば、これまで別々の無関係のように取り扱われてきた通行本六十四卦卦序と卦気説の卦序が、少なくとも易緯において、一体的なメカニズムとして理解されていることになる。さらにいえば、通行本六十四卦と卦気六十四卦は種を異にする卦序というよりも、本来的に、一体的な構造として考えられていた可能性を示すものと思われる。卦気説は、前漢宣・元帝期の孟喜・京房によって創案された漢易の代表的理論であるが、当時、易博士官を務めていた孟喜・京房が、経典の本来的な卦序を無視して理論構築をしようとしていたとは考えにくく、むしろ卦気説は経典の六十四卦システムそのものに対する解釈の一環として創案された理論ではないかと考えられるのである。

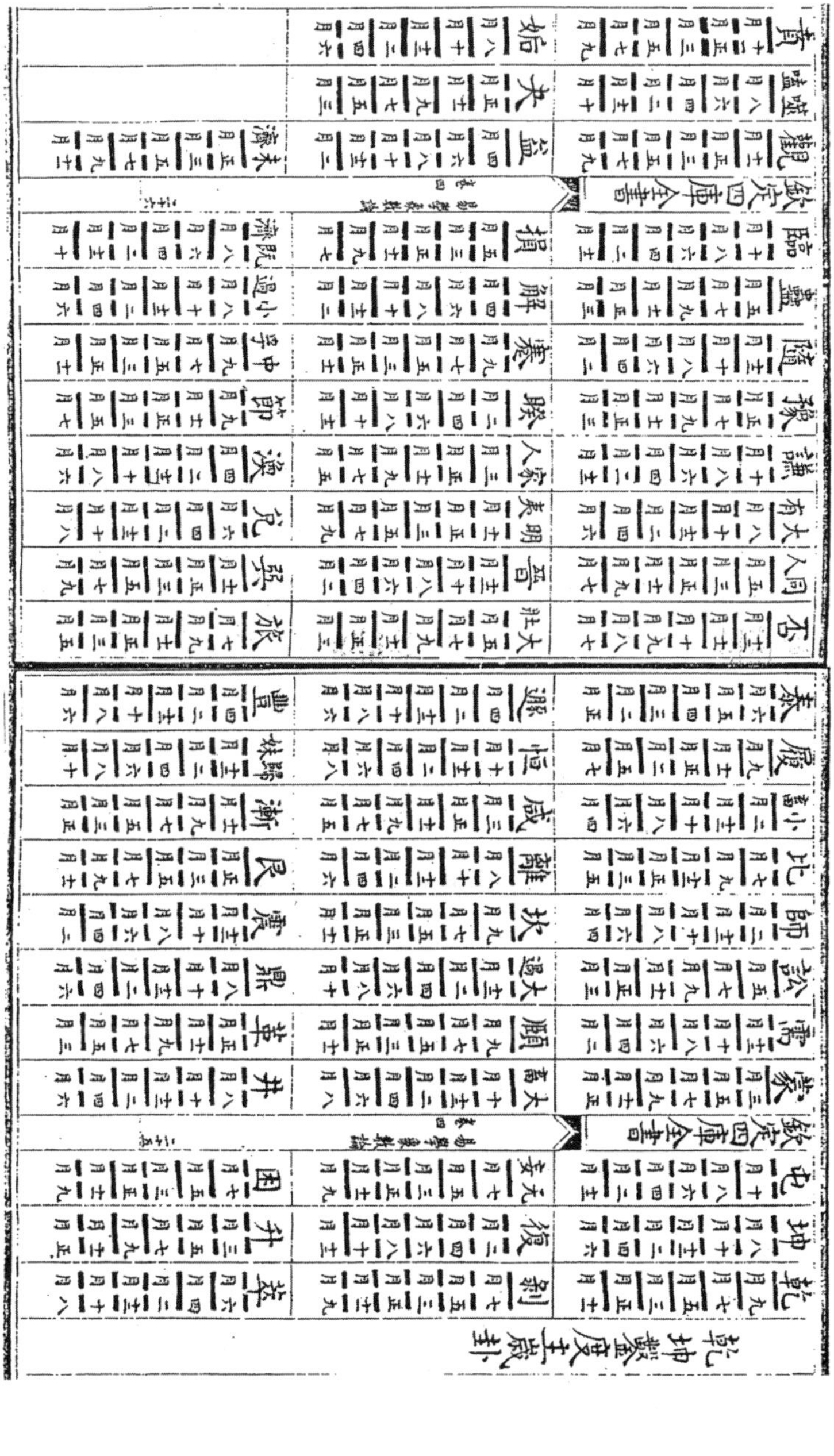

乾坤鑿度主歳卦
欽定四庫全書
乾 坤 屯 蒙 需 訟 師 比 小畜 履 泰
剝 復 无妄 大畜 頤 大過 坎 離 咸 恒 遯
萃 升 困 井 革 鼎 震 艮 漸 歸妹 豐
欽定四庫全書
否 同人 大有 謙 豫 隨 蠱 臨 觀 噬嗑 賁
大壯 晉 明夷 家人 睽 蹇 解 損 益 夬 姤
旅 巽 兌 渙 節 中孚 小過 既濟 未濟

図表一　『乾鑿度主歳卦図』

＜図表2＞卦気六十四卦図

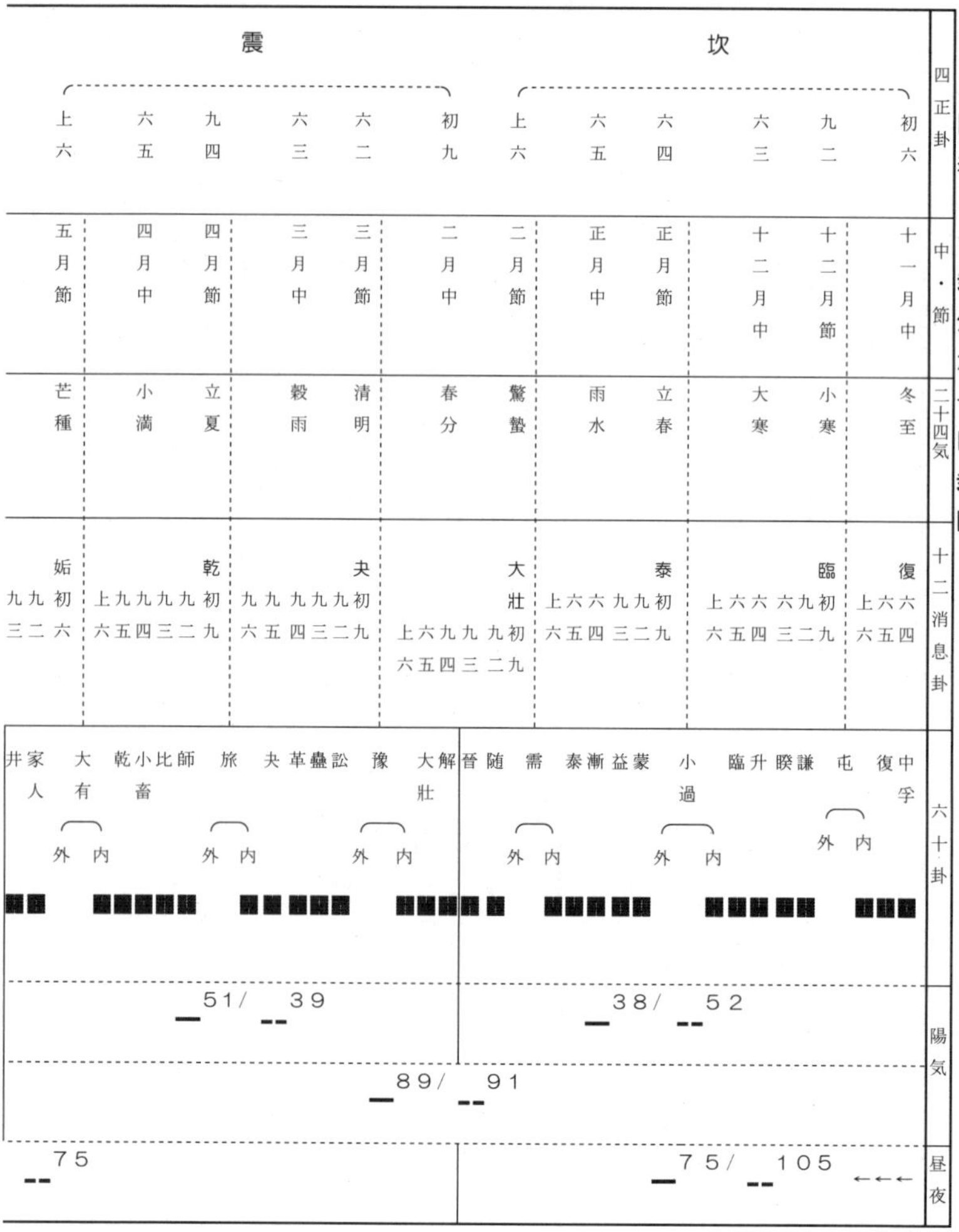
四正卦
坎
震
初六 九二 六三 六四 六五 上六
初九 六二 六三 九四 六五 上六
中・節
十一月中 十二月節 十二月中 正月節 正月中 二月節 二月中 三月節 三月中 四月節 四月中 五月節
二十四気
冬至 小寒 大寒 立春 雨水 驚蟄 春分 清明 穀雨 立夏 小満 芒種
十二消息卦
復 臨 泰 大壮 夬 乾 姤
六十卦
中孚 復 屯 謙 睽 升 臨 小過 蒙 益 漸 泰 需 随 晋 解 大壮 豫 訟 蠱 革 夬 旅 師 比 小畜 乾 大有 家人 井
外 内
陽気
38/52
51/39
89/91
昼夜
75/105
75

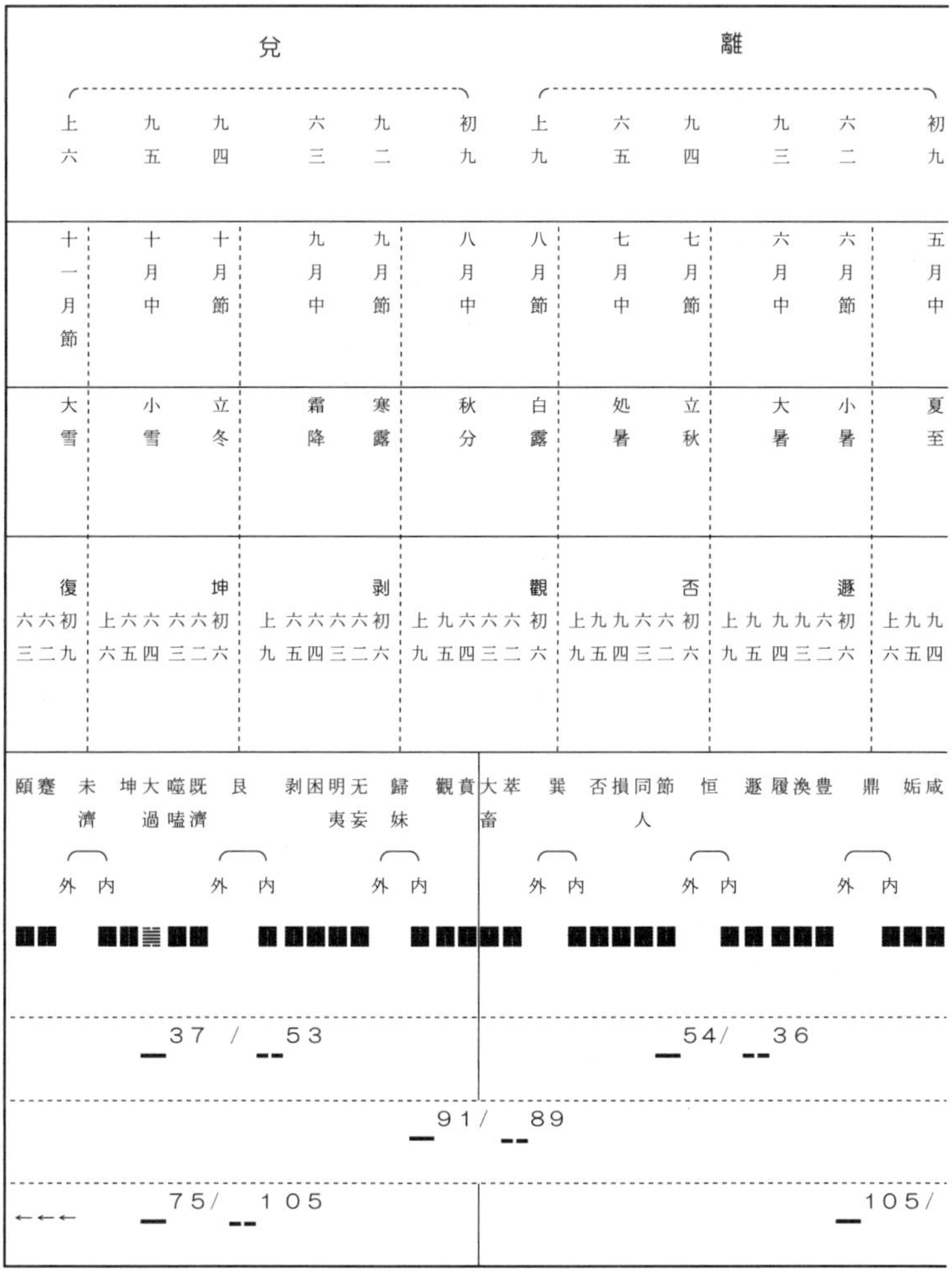
兌
離
上六 九五 九四 六三 九二 初九
上九 六五 九四 九三 六二 初九
十一月節 十月中 十月節 九月中 九月節 八月中 八月節 七月中 七月節 六月中 六月節 五月中
大雪 小雪 立冬 霜降 寒露 秋分 白露 処暑 立秋 大暑 小暑 夏至
復 坤 剥 観 否 遯
六三 六二 初九
上六 六五 六四 六三 六二 初六
上九 六五 六四 六三 六二 初六
上九 九五 六四 六三 六二 初六
上九 九五 九四 六三 六二 初六
上九 九五 九四 九三 六二 初六
上六 九五 九四
頤 蹇 未濟 坤 大過 噬嗑 既濟 艮 剥 困 明夷 无妄 歸妹 觀 賁 大畜 巽 否 損 同人 節 恒 遯 履 渙 豊 鼎 姤 咸
外 内
外 内
外 内
外 内
外 内
外 内
37 / 53
54/ 36
91/ 89
←←← 75/ 105
105/

二　卦歳と緯書暦の循環構造

（一）暦面の拡大

漢代の易学における重要な問題の一つに、易と暦の理論的結合の問題があった。先述の卦歳法では、二卦を一年に配当して、六十四卦は三十二年で一周するとするものであった。では、この「卦歳」の三十二年周期法は、具体的にいかなる暦算構造において成立しているものなのか、それについて確かめておく必要がある。

『乾鑿度』に使用されている暦法は、甲寅暦元の殷暦に淵源する、一種の四分暦法によるものである。[一一] 殷暦とは、「一太陽年の長さを三六五・二五日とし、十九年の長さは二三五ヵ月に等しとする四分暦の一種で、前漢の初元二年（前四九年）前十一月朔がちょうど甲子の日で冬至に当たっていたとし、この日を基準的朔夜半冬至の日となし、それより一紀千五百二十年溯った前一五六七年をもって暦元とする暦法[一二]」である。

ところが、『乾鑿度』では、殷暦の四分暦をもとにさらに独創的な暦法を展開しているのである。では、以下、その具体的な内容について検討してみることにする。

元暦は名無し。先紀を推して甲寅と曰う。求卦主歳術に曰く、常に太歳を以て歳を紀し、①七十六を一紀と為し、二十紀を一部首と為す。即ち部首の歳数を積置し、入る所の紀歳の数を加え、三十二を以て之を除し、余の足らざる者は乾坤始数の二卦を以てして一歳を得。末算は即ち主歳の卦なり。即ち一歳の積日を置き、②二十九日と八十一分日の四十三[一三]とを法として之を除す。一を得れば命じて月と曰い、[一四]③積月十二と十九分月の七の一歳を得。七十六を以て之に乗して積月九百四十、④積日二万七千七百五十九を得。此れ一紀なり。⑤二十を以て之に乗

し、積歳千五百二十、⑥積月万八千八百、⑦積日五十五万五千一百八十を得。此れ一部首なり。（『易緯乾鑿度』巻下）

四分暦

- 一年=365日1/4=12月7/19
- 一月=29日499/940
- 一章=19年=235月（12×19+7閏）=6939日3/4
- 一蔀=76年（19年×4章）=940月=27759日
- 一紀=1520年（76×20蔀）=18800月=555180日
- 一元=4560年（1520×3紀）=56400月=1665540日

一元=三紀
一紀=二十蔀
一蔀=四章

傍線部①に「七十六年を一紀と為し、二十紀を一部首と為す」とあるが、鄭注に「時人、反って它書の紀を部首に為れば、反なり（一五）」と述べられている。すなわち、後漢四分暦では「一蔀七十六年」「一紀二十蔀」であるのに対し、『乾鑿度』では「一紀七十六年」「一部首二十紀」と、蔀（部首）と紀が互いに入れ替わっていることが分かる。これについては、『乾鑿度』が古暦の用語を踏襲した可能性が指摘されている（一六）。

以上の四分暦のほかに、傍線部②に太初暦の一朔望月の日数（「二十九日と八十一分日の四十三」）が混在しているが、引きつづき、紀月と紀日の積算においては「七十六を以て之に乗して積月九百四十、積日二万七千七百五十九を得」と記しており、これは後漢四分暦の蔀月と蔀日に対応するものである。もし、これを太初暦の法数「二十九日と八十一分日と四十三」によって算定した場合、一紀（七十六年）の積日は、二七七五九日を超す（二七七五九・〇一日）ことになる。鄭注はこれについて、「此れ三部首にして一元、一元にして大歳の甲寅に復るに法る」と述べており、やはり、一元四千五百六十年の四分暦の元法にもとづくものとして理解していることが分かる（一七）。

さて、そこで、四千五百六十年という一大周期を軸に循環する易の周期性を考えなければならない。すでに述べたように「卦は歳に当たり、爻は月に当たり、析は日に当たる」とあるように、易の卦・爻・析（策）は、暦面の年・

『乾鑿度』の四分暦法

① 1紀=76年
1部（蔀）首=20紀=1520年（20×76）
1元=3部首=60紀=1520年×3部首=4560年
② 太初暦 29日 43/81 → 四分暦 29日499/940
③ 12月 7/19（1年の積月）×76（1紀76年）=940月
（1紀の積月）
④ 940×29日499/940=**<u>27759</u>**日（1紀の積日）
cf. 太初暦 940×29日 43/81=27759.**<u>012</u>**日
⑤ 76(1紀積年)×20(紀)=1520年（1部首の積年）
⑥ 940(月)×20(紀)=18800月（1部首の積月）
⑦ 27759（1紀積日）×20(紀)=555180日（1部首の積日）

月・日に連動して回転するものとされるが、この場合、易と暦の両輪の関係はいかにして成立するものなのか。

先述したように、卦歳法は、二卦主一歳の三十二年をもって一周するとするものであった。すなわち、一年目は1乾2坤、二年目は3屯4蒙、三年目は5需6訟…といった具合で、三十二年目の63既済64未済にして一周することになる。そこで、一元四千五百六十年目の主歳卦を割り出してみる。四千五百六十を三十二で割ると、百四十二が立ち、十六が余る（4560÷32=142…16）。すなわち、一元四千五百六十年では、易の六十四卦（三十二組）は百四十二周をして十六年目にあたり、この時の主歳卦は、31咸卦32恒卦にあたる。要するに一元周期では、暦面上の合理性はあっても、易の周期との整合関係は認められないのである。鄭注に「元、卦、歳に当たり、爻、月に当たり、析（策）、日に当たるの数と相得ず」と、まさにこのことを指摘しているが、卦と歳のみならず、ミクロ単位の爻月・策日のレベルになると、両者の不整合面はさらい拡大することになる。この不整合を解消するための方案として、『乾鑿度』は次のような独創的な暦法を展開しているのである。

①更に一紀を置き、六十四を以て之に乗して、積日百七十七万六千五百七十六を得。②又た六十を以て之に乗し、積部首百九十二を得、積紀三千八百四十紀を得、③積歳二十九万一千八百四十を得。④三十二を以て之を除し、九千一百二十周を得。此れ卦、歳に当たる者と謂う。⑤積月三百六十万九千六百月を得、其の十万七千五百

二十月なる者は閏なり。⑥即ち三百八十四爻もて之を除し、九千四百日の二十周を得。此を爻、月に当たる者と謂う。⑦積日万六百五十九万四千五百六十を得て、[一八]⑧万一千五百二十析もて之を除して九千二百五十三周を得。此を析、日に当たる者と謂う。而して易、一大周して律暦相い得たり。（『易緯乾鑿度』巻下）

鄭注に「其の余りを尽くし、之に合するの時を求めんと欲す。故に更に以て之を起こすと言う」とあるように、一元の四千五百六十年では、易の卦・爻・策がすべて尽き始めに復帰することにはならないので、そこからさらに暦数を起こし、暦と易が揃って合元する時点を求めているのである。そこで、一元の日数一六六五五四〇日と六十四卦の策数一万千五百二十策との最小公倍数を求めると、[一九]一〇六五九四五六〇日、つまり二九一八四〇年となり、これは百九十二部首、すなわち六十四元にあたる。『乾鑿度』の算定は、「更に一紀を置き、六十四を以て之に乗し」などと、六十四紀から数を起こし、そこからさらに六十倍の三千八百四十紀（＝六十四元）を求めて、年・月・日における積算を行ったものである（③⑤⑦）。よって六十四元において、卦（六十四）は九千百二十周、爻（三百八十四）は九千四百周、そして策（一万千五百二十）は九千二百五十三周を果たすことになる。すなわち、易は六十四元（二九一八四〇年）にして卦・爻・策がすべて尽き、暦と揃って合元することになるのである。

以上のように、『乾鑿度』の暦法では、四分暦の一元を六十四元周期

『乾鑿度』の「64元」

①1紀×64=64紀　(cf.60紀=1元)
　64(紀)×27759(１紀の日数)=1776576(日)
②64紀×60=**3840紀**(=20紀(一部首)×192)=**192部首**
　=64元
③3840(紀)×76年(=1紀の年数)=**291840**(年)
④291840(年)÷32(1周)=**9120**(周)
⑤291840×12 7/19（月）=**3609600**(月)
　（291840÷19（年）=15360（年）
　　15360（章）×7（閏）=**107520**（閏）
⑥3609600（月）÷384（爻）=**9400**（周）
⑦3609600（月）×29 499/940(日)=10659**4560**(日)
　cf.太初暦：3609600(月)×29 43/81(日)
　=10659**4607.4**(日)
⑧106594560（日）÷11520（策）=**9253**（周）

に拡大することによって、易の周期性との数理的整合関係が求められていたのである。それは、卦気六日七分法が、易を暦面に合わせるために、坎・震・離・兌の四卦を事実上、暦面から排除するというような変則的な方法を取っていたことと対照的といえる。すなわち、卦歳法では、むしろ暦面を易の数理性に引き寄せるいう発想の逆転が行われ、それはまさに六十四元という無限の時間構造のなかに易の図面を構築した、壮大かつ独創的な宇宙論を生み出したものと言えるのである。

ところが、この宇宙論的構想は、たんに理念的・形而上的なレベルに止まるものではなく、王朝の命運と帰趨とを占う実用的理論でもあった。

（二）卦歳の実用

『漢書』谷永伝に、

陛下八世の功業を承け、陽数の標季に当たり、三七の節紀を渉りて无妄の卦運に遭う。

とあり、谷永は成帝の世を无妄の卦運に当たるものと上書している。谷永という人物については、「其れ天官京氏易に於いて最も密かなるが故に善く災異を言う」（谷永伝）と、災異説や運数論に精通した易学者であったが、時に成帝に後嗣はなく、国政は王氏一族の独断場となり、まさに漢室の徳は日に衰える一方であった。谷永はそれを无妄の卦運として解釈していたのであるが、この時、谷永が用いていた筮法は、易緯の卦歳法に深く関係するものであるように思われる。[一〇] では、具体的にどのようにして命運を占っていたのか。

「卦歳」、すなわち占う対象となる当該の「歳」にどの易卦が当たるのか、これを特定するためには、当該の

「歳」が暦面周期においてどの時点に位置しているのかを割り出す必要がある。

今、天元に入りて二百七十五万九千二百八十歳なり。昌、西伯を以て命を受く。戊午部二十九年に入り、崇侯を伐ち、霊台を作り、正朔を改め、王号を天下に布き、録を受けて河図に応ず。（『易緯乾鑿度』巻下）

一紀と二十部（蔀）

・一紀=1520年(=20部×76年)
・一部=76年=27759日
・27759日÷60（甲子）
　=27720日（462×60）+39日
　…残り39日→壬午日
　40日目（癸卯日）→癸卯部

二十部（蔀）表

1甲子部	11甲午部
2癸卯部	12癸酉部
3壬午部	13壬子部
4辛酉部	14辛卯部
5庚子部	15庚午部
6己卯部	16己酉部
7戊午部	17戊子部
8丁酉部	18丁卯部
9丙子部	19丙午部
10乙卯部	20乙酉部

ここに「戊午部」という語がみえる。これは四分暦の一紀千五百二十年を七十六年ずつ二十部に分け、その歳首の日の干支を冠したものである。すなわち、十一月甲子朔旦冬至の日（ある歳の前年十一月朔日の夜半（子正）を境に甲子日で冬至となる日）を起点に、第一部「甲子部」が開始し、第二部はそこからさらに一部七十六年（二七七五九日）を経た二七七六〇日目をもって始まる。この日がどの干支に当たるかであるが、一部七十六年の二七七五九日を六十（甲子）で割ると、二七七二〇日が立ち、三十九日が残る。ということは、二七七二〇日を経て二七七二一日目に開始点の甲子日に復り、そこから三十九日目の壬寅日に第一部（甲子部）が終了するということになる。したがって、第二部は、翌日の癸卯日朔旦冬至（十一月の朔日が癸卯日で冬至となる日）をもって開始するので、この日の干支を取って「癸卯部」と命名するのである。これを推すと、部と部の間は干支三十九の隔たりを有することになり、1甲子（第一部）→40癸卯（第二部）→19壬午（第三部）→58辛酉（第四部）→37庚子（第五部）→16己卯（第六部）……22乙酉（第二十部）と、計二十部（76年×20部）が得られる。すなわち、二十部一紀千五百二十年という法数は、再び甲子部（十一月甲子朔旦冬至）に回帰する一大周期を表すこと

「戊午部二十四年」

2759280（天元以来の積年数）÷1520（1紀）
=1815（紀）・・・余り480（年）
480（年）÷76（1部）
= 6（部）・・・24（戊午部）

2759280（積年数）÷32（卦歳周期）
=86227（周）… 余り16（年）
16年（二卦一歳）→**31咸・32恒**

になるのである。（二二）

そこで、「天元に入りて二百七十五万九千二百八十歳なり。昌、西伯を以て命を受く」とあり、文王の受命年とされる天元以来の「二百七十五万九千二百八十歳」とは、次のように算定することができる。すなわち、積年数「二百七十五万九千二百八十」を一紀の「一五二〇年」で割ると、一八一五が立ち、四百八十が余る。余りの四百八十をさらに一部の「七十六年」で割ると、六が立ち、二十四が余る。よって、天元より二百七十五万九千二百八十歳とは、第六部の「己卯部」を過ぎ、第七部の「戊午部」に進入して二十四年目に当たる歳ということになる。したがって、文王は戊午部二十四年に受命し、その五年後の二十九年に崇侯を征伐したということとして理解されるのである。（二三）

そこで、文王の受命の年である「戊午部二十四年」が、卦歳においてどの卦に当たるかの問題である。張恵言によれば、「文王の受命、咸恒に当たる。咸恒の軌、皆七百二十なり」（『易緯略義』）と、文王の受命年を第十六世の咸・恒の卦運に当たるものと解している。この張恵言の解釈は、次の方法にもとづくものである。

三十二を以て之を除し、余の足らざる者は乾坤始数の二卦を以てして一歳を得。末算は即ち主歳の卦なり。（『易緯乾鑿度』巻下）

すなわち、文王の受命に至るまでの積年数「二七五九二八〇年」を三十二年（一周期）で除し、その余りをもって卦世に照会するという方法である。その結果、八万六千二百二十七が立ち、十六が余る。したがって、乾坤から第十六番目の卦世にあたる31咸・32恒が文王の受命年の卦運となるのである。

久野氏は、先程の、谷永が成帝の世を无妄の卦運として解釈していることについて、次のような算定にもとづくものであろうと推論している。[二三]

「无妄」については、『論衡』明雩篇に「夫災変大抵二有り。政治の災有り、無妄の変有り」とあって、災難に関係して説かれており、また无妄卦の爻辞に「六三、无妄の災あり」、「上九、行けば眚《わざわい》有り」とあるなど、災禍・災難に関する占断辞が記されている。久野氏の論証によれば、成帝への谷永の上書にみえる、「三七之節紀」「百六之災阨」の二厄が重なる時期は、実際は平帝元始の頃に当たるとし、[二四]この二つの厄と併称される无妄の卦運も恐らく平帝元始の頃を指すものであろうと指摘している。したがって、「无妄の卦運」とは、天元より平帝元始五年までの積年数をもとに算出されたもので、谷永はこれを成帝時代全部にかけ、漢室に対する豫戒を行ったものであろうと指摘している。ここで、久野氏の具体的な算定法を挙げると、次のようなものである。

「无妄の卦運」（天元～平帝元始５年）

・天元～文王受命：2759280年（乾鑿度）
・文王受命～崩御：10年（乾鑿度）
・武王即位～伐紂：12年（乾鑿度）
・周：867年（世経）
・秦：49年（世経）
・漢興起～元始五年：211年
　合計：2760429年
　　→2760429÷32=86263…余り13
・余り13…25无妄・26大畜

すなわち、『乾鑿度』に示す天元より文王の受命に至るまでの積年数（二七五九二八〇年）をもとに、さらに文王の受命から前漢平帝の元始五年までの積年数を合計した数「二七六〇四二九年」を三十二で割る。その結果、八六二四が立ち、余り十三となり、よって第十三番目の卦世の25无妄・26大畜が当たることになるのである。久野氏は、谷永のいう「无妄の卦運」とは、これらの算定法によるものであろうと述べており、氏の論証は非常に説得力の高いものと思われる。久野氏のいうように、谷永が実際に易緯の卦歳法そのものを使用していたかどうか定かではないが、『新唐書』暦三上「暦本議」に「凡そ二十九日余四百九十九にして日月相い朔に及ぶ。此れ六爻の紀なり。卦を以て歳に当て、爻を以て月に当て、策を以て日に当つ。凡そ三十二歳にして小終し、二百八十五の小終にして卦運と大終す」とあり、また『史記』天官書に「夫れ天運、三十歳にして一たび小変し、百年にして中変し、五百載にして大変し、三たび大変して一紀、三紀にして大いに備わる」とあり、さらに『乾鑿度』に「至徳の数、先に木金水火土徳が立ち、各三百四歳にして五徳備わる。凡そ一千五百二十歳にして、大終して初めに復す」などとあるように、[二五]四分暦法によって天運の周期を導きだし、それをもとに易の三十二年周期に照合し運数を測ろうとする考えは、漢代において普遍的に行われていた推法の一つであったものと思われる。

三　世軌と『京氏易伝』

（一）世軌法について

これまで検討してきた卦歳法は、天元以来の積算を行い、それを易の「三十二年」周期によって卦を割り出す方法であった。ところが、『乾鑿度』には、卦歳法に引き続き、「一軌享国之法」というものが述べられている。卦歳法が暦面から卦を割り出すものであったのに対し、「一軌享国之法」は、逆に卦の策数をもとに当該の年数（軌年）を算出する方法である。一方、『稽覧図』には、「六十四卦策術」という筮法が記されており、これは『乾鑿度』の「一軌享国之法」に類似したものである。以下、これらの筮法について考察を進めることにするが、本稿では繁雑を避け、「一軌享国之法」「六十四卦策術」の二法をあわせて「世軌法」と呼ぶことにする。では、次の『乾鑿度』の文から検討を進めてみよう。

一軌享国の法。陽は位を得ること九七を以てす。九七なる者は四九、四七なる者なり。陰は位を得るに六八を以てす。六八なる者は四六、四八なり。陽の位を失うは、三十六、陰の位を失うは二十四。子は父母の位を受け、父母の事を行う。年にして之を数と謂う。然して自ら軌に厄せらる。（二六）即位、爻数の如くならざれば、即ち軌に厄せられざるも厄に中《あた》りて絶ゆ。（『易緯乾鑿度』巻下）

これは、王者が受命して以来、その王朝の存続年数を測る、いわゆる世軌法を述べたものである。（二七）「一軌」とは、鄭注に「是れ其の位に居るの年数なり」とあるように、一王朝の長さを意味するものである。よって、一軌の終結とともに王朝の徳運も衰退することになるが、『乾鑿度』によれば、「一軌」の長さは卦の策数によって算出され、王朝の興亡は、卦軌の巡り合わせに対応するという、いわば易学における王朝交替論が述べられている。したがって、各王朝はいずれかの卦軌に当たり、王朝の命運はその卦軌の運数によって決定づけられることになるが、『乾鑿度』に「即位、爻数の如くならざれば、即ち軌に厄せられざるも厄に中《あた》りて絶ゆ」とあるように、王朝によっては当該の軌年を全うすることなく途絶える場合もある。その鄭注に次のように解されている。

> 其れ受命の君、国を享くるの時、其の軌年の初めに当らざれば、其の子孫、君を承けて后に値る。爻数の如くならざれば、則ち不能の政有りて則ち軌に厄せられず。謂うこころは之を竟うる能わざるなり。……不能の君、厄に遭えば、則ち絶死して嗣がず。帝王の年国を享くるに、其の軌相い承けて、各々定年有り。徳有らば、延期せらる。徳有るが若くならざれば、……真軌に非ざると雖も、猶お自ずから其の軌を竟うるがごとし。不能の君、厄に値れば、則ち絶ゆ。

「厄に遭う」「厄に値る」という表現がみえるが、これは、「爻数の如くならざれば、則ち不能の政有りて則ち軌に厄せられず」とあるように、たとえば、中興の王朝の場合、先王朝の軌年のあとを受け継ぐため、軌年の初めに当たらず、不徳・不能の政治が重なりやすく、本来の軌年数を全うせずに絶命することになる。もし、受命の年が一軌の開始年に合致すれば、徳治が行われ、軌の「定年」を全うし、もしくは延期されることにもなる。すなわち、王朝の命運は、帝王の受命年が天運の節目として軌年の初めに当たるか否かによって決定づけられるものとされるのである。

それでは、これらの軌年はどのようにして算定されるのか。前掲の「一軌、国を享くるの法、陽は位を得るに九七を以てす、云々」とあるように、各軌の年数は卦の陰陽の性質をもとに算定されている。その鄭注に、

四九にして三十六と為り、四七にして二十八と為る。合わせて六十四を得。四六にして二十四と為り、四八にして三十二と為る。合わせて五十六を得。此れ文王の爻を推して一世と為す。凡そ七百二十歳。歳軌、是れ其の位に居るの年数なり。位を得る者、兼ねて象変ずるのみ。有徳なる者は重なるなり。故に軌七百二十歳。(『易緯乾鑿度』巻下)

とある。すなわち、卦の陽爻・陰爻における策数を六爻に配合し、それらを合わせた数を軌年数としている。たとえば、陽爻の場合は、老陽九と少陽七の策数の、「三十六」と「二十八」を合わせた「六十四」をもって六爻に掛けると、「三百八十四」の数が得られる。陰爻の場合は、老陰六と少陰八の策数、「二十四」と「三十二」を合わせた「五十六」を六爻に掛けると、「三百三十六」の数が得られる。そして、これらの陰陽の策数を合計した数、すなわち「七百二十年」が軌の年数に当たるのである。鄭注に「此れ文王の爻を推して一世と為す。凡そ七百二十歳」とあるように、七百二十歳は文王の世軌に当たるものと解している。これについて、さらに張恵言は「文王の受命、咸恒に当たる。咸恒の軌、皆七百二十」(『易緯略義』)と述べ、それを咸・恒卦の世軌年数と見なしている。そこで、咸・恒二卦の世軌年数について、〈図表3〉「稽覧図世軌図」において確認することができる。

	陽	**陰**
老策	4×9=36	4×6=24
少策	4×7=28	4×8=32
老策＋少策	36+28=64	24+32=56
一卦六爻策数	64×6爻=384	56×6爻=336
世軌	384+336=720歳	

〈図表3〉「稽覧図世軌図」

一	乾	世戌初子	二合折 三百六十	二軌合 一千四百四十	坤	世酉初未	分各乾 二百一十六	分各乾 七百六十八	坤	坤 一百四十四	坤 六百七十二*
二	屯	世寅初寅	二合折 三百三十六	二軌合 一千四百八	蒙	世戌初巳	分各屯 一百六十八	分各屯 七百四	蒙	蒙 一百六十八	蒙 七百四
三	需	世申初辰	二合折 三百八十四	二軌合 一千四百七十二*	訟	世午初卯	分各需 一百九十二*	分各需 七百三十六*	訟	訟 一百九十二*	訟 七百三十六*
四	師	世午初午	二合折 三百一十二	二軌合 一千三百七十六	比	世卯初丑	分各師 一百五十六	分各師 六百八十八*	比	比 一百五十六	比 六百八十八
五	小畜	世子初申	二合折 四百八	二軌合 一千五百四	履	世申初亥	分各小畜 二百四	分各小畜 七百五十二	履	履 二百四*	履 七百五十二
六	泰	世辰初戌	二合折 三百六十	二軌合 一千四百四十	否	世卯初酉	分各泰 一百八十*	分各泰 七百二十	否	否 一百八十*	否 七百二十
七	同人	世亥初子	二合折 四百八	二軌合 一千五百四*	大有	世辰初未	分各同人 二百四	分各同人 七百五十二	大有	大有 二百四	大有 七百五十二
八	謙	世亥初寅	二合折 三百一十二	二軌合 一千三百七十六	豫	世未初巳	分各謙 一百五十六	分各謙 六百八十八*	豫	豫 一百五十六	豫 六百八十八

九	隨	世辰初辰	二合折 三百六十	二軌合 一千四百四十	蠱	世酉初卯	分各隨 一百八十	分各隨 七百二十	蠱 一百八十	蠱 七百二十
十	臨	世卯初午	二合折 三百三十六	二軌合 一千四百八	觀	世未初丑	分各臨 一百六十八	分各臨 七百四	觀 一百六十八	觀 七百四
十一	噬嗑	世未初申	二合折 三百六十	二軌合 一千四百四十	賁	世卯初亥	分各噬嗑 一百八十	分各噬嗑 七百二十	賁 一百八十	賁 七百二十
十二	剝	世子初戌	二合折 三百一十二	二軌合 一千三百七十六	復	世子初酉	分各剝 一百五十六	分各剝 六百八十八	復 一百五十六	復 六百八十八
十三	无妄	世午初子	二合折 三百八十四	二軌合 一千四百七十二*	大畜	世寅初未	分各无妄 一百九十二	分各无妄 七百三十六*	大畜 一百九十二	大畜 七百三十六*
十四	頤	世戌初寅	二合折 三百六十	二軌合 一千四百四十	大過	世亥初巳	分各頤 一百六十八	分各頤 七百四	大過 一百九十二	大過 七百三十六
十五	坎	世子初辰	二合折 三百六十	二軌合 一千四百四十	離	世巳初卯	分各坎 一百六十八	分各坎 七百四	離 一百九十二	離 七百三十六
十六	咸	世申初午	二合折 三百六十	二軌合 一千四百四十	恒	世酉初丑	分各咸 一百八十	分各咸 七百二十	恒 一百八十	恒 七百二十

十七	**遯**	世午初申	**二合折** 三百八十四	**二軌合** 一千四百七十二	**大壯**	世午初亥	**分各遯** 一百九十二	**分各遯** 七百三十六	**大壯** 一百九十二	**大壯** 七百三十六
十八	**晉**	世酉初戌	**二合折** 三百三十六	**二軌合** 一千四百八	**明夷**	世丑初酉	**分各晉** 一百六十八	**分各晉** 七百四	**明夷** 一百六十八	**明夷** 七百四
十九	**家人**	世丑初子	**二合折** 三百八十四	**二軌合** 一千四百七十二	**睽**	世酉初未	**分各家人** 一百九十二	**分各家人** 七百三十六	**睽** 一百九十二	**睽** 七百三十六
二十	**蹇**	世申初寅	**二合折** 三百三十六	**二軌合** 一千四百八	**解**	世辰初巳	**分各蹇** 一百六十八*	**分各蹇** 七百四	**解** 一百六十八*	**解** 七百四
二十一	**損**	世丑初辰	**二合折** 三百六十	**二軌合** 一千四百四十*	**益**	世辰初卯	**分各損** 一百八十	**分各損** 七百二十	**益** 一百八十	**益** 七百二十*
二十二	**夬**	世酉初午	**二合折** 四百八	**二軌合** 一千五百四	**姤**	世酉初丑	**分各夬** 二百四	**分各夬** 七百五十二*	**姤** 二百四	**姤** 七百五十二
二十三	**萃**	世巳初申	**二合折** 三百三十六	**二軌合** 一千四百八	**升**	世丑初亥	**分各萃** 一百六十八	**分各萃** 七百四	**升** 一百六十八	**升** 七百四
二十四	**困**	世寅初戌	**二合折** 三百八十四	**二軌合** 一千四百四十	**井**	世戌初酉	**分各困** 一百八十	**分各困** 七百二十	**井** 一百八十	**井** 七百二十

二十五	革	世亥初子	二合折 三百八十四	二軌合 一千四百七十二	鼎	世亥初未	分各革 一百九十二	分各革 七百三十六	鼎 一百九十二	鼎 七百三十六
二十六	震	世戌初寅	二合折 三百三十六	二軌合 一千四百八	艮	世寅初巳	分各震 一百六十八	分各震 七百四	艮 一百六十八	艮 七百四
二十七	漸	世申初辰	二合折 三百六十	二軌合 一千四百四十	帰妹	世丑初卯	分各漸 一百八十	分各漸 七百二十	歸妹 一百八十	歸妹 七百二十
二十八	豊	世申初午	二合折 三百六十	二軌合 一千四百四十	旅	世辰初丑	分各豊 一百八十	分各豊 七百二十	旅 一百八十	旅 七百二十*
二十九	巽	世卯初申	二合折 三百八十四	二軌合 一千四百七十二	兑	世未初亥	分各巽 一百九十二	分各巽 七百三十六	兑 一百九十二	兑 七百三十六
三十	渙	世巳初戌	二合折 三百六十	二軌合 一千四百四十	節	世巳初酉	分各渙 一百八十	分各渙 七百二十	節 一百八十	節 七百二十
三十一	中孚	世未初子	二合折 三百六十	二軌合 一千四百四十	小過	世午初未	分各中孚 一百九十二*	分各中孚 七百三十六	小過 一百六十八*	小過 七百四
三十二	既濟	世亥初寅	二合折 三百六十	二軌合 一千四百四十	未済	世未初巳	分各既済 一百八十	分各既済 七百二十	未済 一百八十	未済 七百二十

〈図表3〉は、二卦ずつのペア（「二二相偶」）を取って一世となし、全六十四卦三十二世にわたる軌年数を記したものである。その「第十六世」に当たる咸・恒卦を確認すると、いずれも「七百二十」とあり、二軌を合わせて「一千四百四十」（二軌合）と記している。『稽覧図』では、「六十四卦策術」という筮法によって、これらの軌年数を算定しているのであるが、それは先程の『乾鑿度』（「一軌享国之法」）に類似した方法といえる。

六十四卦策術曰、陽爻九、陰爻六。軌術曰、陽爻九七、陰爻八六。仮令乾六位、老陽爻九、以三十六乗六爻、得二百一十六。少陽爻七、以二十八乗之六爻、得一百六十八。已上二数、合得三百八十四、因而倍之、有七百六十八。仮令坤六位、老陰爻六、以二十四乗六爻、得一百四十四。少陰爻八、以三十二乗之六爻、得一百九十二。已上二数、合得三百三十六、因而倍之、有六百七十二。乾坤二軌数合、有一千四百四十。（『易緯稽覧図』巻下）

要するに、卦六爻における陽爻・陰爻の数をもとに、それぞれの陰陽の策数（三十六・二十八・二十四・三十二）を掛け合わせ、それをさらに二倍することによって世軌年数が求められているのである。この算定法にもとづき、以下、乾・坤・屯・蒙・需・訟の三世六卦を例に取ると、次の「軌年算定表」通りである。

『稽覧図』〈図表3〉には「軌数」とは別に「折数」というものがあり、「折数」は変爻、すなわち、老陽・老陰の策数だけを取って算出される。たとえば、屯卦の場合、陽爻が二爻、陰爻が四爻であるから、老陽三十六を二爻に掛けた七十二策と、老陰二十四を四爻に掛けた九十六策とを合計して百六十八が得られる。この折数については、詳しい意味は分からないが、『稽覧図』に「推折当日術に曰く、二十四を以て除し、折数を得る所、是れ日の軌折にして、皆歳の折に当たる」とあり、折数を日に当てていることがわかる。また二卦の折数の合計（二合折）が「三百六十」（乾・坤）「三百三十六」（屯蒙）「三百八十四」（需訟）などと、一年の日数に近いということを併せて考えれば、「折数」は、年単位の日数に関わるものではないかと推測される。

「稽覧図世軌図」（図表３）の軌年算定表

一世	**乾**䷀（世戌初子） ・老陽：36×6（爻）＝**216** ・少陽：28×6（爻）＝**168** ・老陰：0 ・少陰：0 ・折数：**216+0=216**（老爻九六の合） ・軌数：216+0+168+0=384／384×2=**768**	**坤**䷁（世酉初未） ・老陽：0 ・少陽：0 ・老陰：24×6（爻）＝**144** ・少陰：32×6（爻）＝**192** ・折数：**0+144=144**（老爻九六の合） ・軌数：0+144+0+192=336／336×2=**672**
	∴ 216（乾の折数）+144（坤の折数）＝360（二合折） **∴ 768（乾の軌数）+672（坤の軌数）＝1440（二軌合）**	
二世	**屯**䷂（世寅初寅） ・老陽：36×2（爻）=**72** ・少陽：28×2（爻）=56 ・老陰：24×4（爻）=**96** ・少陰：32×4（爻）=128 ・折数：**72+96=168**（老爻九六の合） ・軌数：72+56+96+128=352／352×2=**704**	**蒙**䷃（世戌初巳） ・老陽：36×2（爻）=**72** ・少陽：28×2（爻）=56 ・老陰：24×4（爻）=**96** ・少陰：32×4（爻）=128 ・折数：**72+96=168**（老爻九六の合） ・軌数：72+56+96+128=352／352×2=**704**
	∴ 168（屯の折数）＋168（蒙の折数）＝336（二合折） **∴ 704（屯の軌数）＋704（蒙の軌数）＝1408（二軌合）**	
三世	**需**䷄（世申初辰） ・老陽：36×4（爻）＝**144** ・少陽：28×4（爻）＝112 ・老陰：24×2（爻）＝**48** ・少陰：32×2（爻）＝64 ・折数：**144+48=192**（老爻九六の合） ・軌数：144+112+48+64=368／368×2=**736**	訟䷅（世午初卯） ・老陽：36×4（爻）＝**144** ・少陽：28×4（爻）＝112 ・老陰：24×2（爻）＝**48** ・少陰：32×2（爻）＝64 ・折数：**144+48=192**（老爻九六の合） ・軌数：144+112+48+64=366/366×2=**736**
	∴ 192（需の折数）＋192（訟の折数）＝384（二合折） **∴ 736（需の軌数）＋736（需の軌数）＝1472（二軌合）**	

このように〈図表3〉における三十二世（六十四卦）の軌年は、すべて右記の方法によって算定することができる。そして、その算定方式から分かるように、各卦における軌年の長さは、一卦における陰と陽の比例関係によって決定づけられ、一卦六爻中、陽爻の数が多ければ多いほど、軌年数は長いことになる。そして、それらの軌年数は、さらに次のように集約することができるのである。すなわち、六爻すべてが陽爻である場合（乾卦䷀）は、七百六十八歳、五陽一陰（姤卦䷫）の場合は七百五十二歳、四陽二陰（遯卦䷠）は七百三十六歳、三陽三陰（否卦䷋）は七百二十歳、二陽四陰（観卦䷓）は七百四歳、一陽五陰（剝卦䷖）は六百八十八歳、そして六爻すべて陰爻である場合（坤卦䷁）は六百七十二歳となり、六十四卦の軌年数は、これらの七つのパターンによって集約されるのである。したがって、最も陽爻の多い乾卦が七百六十八歳として最長となり、坤卦は六百七十二歳として最短となる。また、陰陽の数が半分ずつの三陽三陰の場合は、軌年の平均値（七百二十歳）にあたることになる。『稽覧図』に、

陰陽の比例と軌年の長さ

陽爻：陰爻	軌年の長さ
6：0	768歳
5：1	752歳
4：2	736歳
3：3	720歳
2：4	704歳
1：5	688歳
0：6	672歳

陽爻の折数は、一爻三十六にして、計六千九百一十二。陽爻の軌数は、一爻一百二十八にして、計二万四千五百七十六。陰爻の折数、一爻二十四にして、(二九)計四千六百八。陰爻の軌数は、一爻一百一十二にして、計二万一千五百四。陰陽爻、又た折を合わせて一万一千五百二十、二軌を合わせて四万六千八十。(三〇)（『易緯稽覧図』巻下）

とある。すなわち、陽軌「二万四千五百七十六」歳と陰軌「二万千五百四」歳を合わせて、六十四卦における総軌年は合計「四万六千八十」歳となるのである。

以上、世軌法の内容について検討してみたが、『乾鑿度』の卦歳法からこれまでの内容について、次のようにまとめることができる。

『乾鑿度』にみられる卦歳法は、六十四元という独自の暦法をもとに「二卦一歳」の三十二年周期を実現するものであった。それはまた、単に形而上的宇宙論に止まるものではなく、谷永の「无妄の卦運」にみるような、漢代において具体的な筮法として実用されていたものと思われる。すなわち、天元以来の積年数に対し、「三十二」の除数をもって割り出された主歳卦によって、王朝の命運を占うというものであった。ところが、易緯には『乾鑿度』の卦歳法のほかに、「一軌享国法」「六十四卦策術」という世軌法が述べられている。卦歳法が暦面の積年数から主歳卦を割り出す方法であるのに対し、世軌法は逆に卦の策数から軌年数を割り出すもので、両技法は表裏の関係にあるものではないかと思われる。世軌法における卦の軌年が、実際の暦面上に付合するものなのか否か、今のところ定かではないが、おそらく卦歳法によって割り出された主歳卦を世軌の軌年数に照合して占うというようなもので、〈図表3〉「稽覧図世軌図」は一種のマニュアル的なものとして作られたのではないかと思われる。ところが、世軌法の技法的特徴は、一卦における陰陽の比例によって軌年数が決定づけられるというものであったが、この技法的特徴には、次に述べる『京氏易伝』の八宮世応説の意味を明らかにする重要なヒントが隠されているものと思われる。では、以下、その具体的な内容について述べることにする。

六十四卦三百八十四爻の軌年数

	陽192爻	陰192爻
折数 軌数	36×192=**6912** 64×2×192=**24576**	24×192=**4608** 56×2×192=**21504**
合折 合軌	6912+4608=**11520** 24576+21504=**46080**	

（二）世軌と『京氏易伝』

『京氏易伝』は上・中・下の三巻によって構成されている。そのうち上・中の二巻には六十四卦が収められ、各卦ごとに京房独自の易説が述べられている。それはいわゆる「八宮世応説」と呼ばれるもので、暦面上の時間的変化（世変）を卦変のメカニズムによって具体化したものである。その卦変のメカニズムは、乾・震・坎・艮・坤・巽・離・兌の八宮を基幹に、宮ごとに七卦ずつ配当を行ったものである。それを図示すると、〈図表4〉のようになる。各宮に所属する七卦は、一世・二世・三世・四世・五世および遊魂・帰魂という世次に対応している。宋の林至の説明によると、

> 京氏の八卦、世変を用いて六十四を成す。其の法は初爻を一変して一世を為し、再び二爻を変じて二世と為し、次に三爻を変じて三世を為し、次に四爻を変じて四世を為し、次に五爻を変じて五世を為す。変皆下よりして上り、五世に至りて極まる。（『易裨伝』外篇「世応」）

とあるように、本宮から始まって、一世から五世に至るまで、初爻・二爻・三爻・四爻・五爻が順次に変ずるという、卦の規律的変化を時間的メカニズムにしたがって表したものである。それは、具体的に〈図表5〉「八宮六十四卦積算図」において確認されるように、卦の六爻を六十甲子という時系列に廻らせ、歳・月・日・時の運数を推命するというようなものである。[三二]

このように『京氏易伝』の八宮世応説は、暦面上の世変を卦変の規律性において具象化したものといえるが、この時、八宮における各グループ間は数理的整合関係によって結ばれている。〈図表4〉の下段に注目すると、各グループにおける陽爻と陰爻、それぞれの数が示されているが、両爻の比例値は、いずれも「28対20」、もしくは「20対28」であり、その差は、＋8・－8・＋8・－8として、一種の周期数列を表していることが分かる。これは無造作に並べては得られない整合値であり、そこには作者の苦心の跡が窺われる。

このように、六十四卦における数理的な合理性を求め、万物の変化とその法則性を追究しようとする態度は、漢代易学の普遍的な学問的方向でもあったが、[三二]『京氏易伝』の八宮世応構造は、その結晶体ともいうべき、極めて精製された整合値を生み出したものといえる。そして、その周期数列における数理的整合性は、次にみるような易緯の「世軌」における循環周期、そのものを表すものと思われる。それについて、もう一度〈図表4〉を確認してみよう。

〈図表4〉には、先ほどの〈図表3〉「稽覧図世軌図」にもとづく各卦の軌年数が記されている。それをもとに各グループごとの軌年数を総計してみると、「五千八百二十四歳」もしくは「五千六百九十六歳」のいずれかに当たり、グループ間は軌年数においても整合的な数理性を表していることが分かる。さらに「二宮軌」、すなわち、乾震、坎艮、坤巽、離兌の二宮の軌年数を合わせると、いずれも「一万千五百二十歳」と一致している。この「一万千五百二十」という数は、冒頭の繋辞上伝の「二篇の策は、万有一千五百二十。万物の数に当たるなり」とあるのを連想させる数値である。また、八宮全体の軌年数を総計すると、四万六千八十歳として、『稽覧図』に「陰陽爻、又た折を合わせて一万一千五百二十、二軌を合わせて四万六千八十」とあるように、六十四卦における陰陽二軌の総年数にあたることになる。これらの八宮における軌年が具体的に四分暦法においてどのように付合するものなのか、今のところ分からないが、『京氏易伝』の八宮世応説が易緯にみる世軌法と極めて密接な関係をもつものであることは明らかであると言える。

易緯の世軌法における軌年の算定方式が、一卦における陰陽の比例値によるものであることを考えれば、それは同様の方式で構築されている八宮世応構造と相連なるものとして、両者は表裏の関係を結ぶものであると考えられるのである。

＜図表4＞　八宮世応図

旁通卦（変卦）

本宮（軌数）	1乾䷀ (768)	9震䷲ (704)	17坎䷜ (704)	25艮䷳ (704)	33坤䷁ (672)	41巽䷸ (736)	49離䷝ (736)	57兌䷹ (736)
一世	2姤䷫ (752)	10豫䷏ (688)	18節䷻ (720)	26賁䷕ (720)	34復䷗ (688)	42小畜䷈ (752)	50旅䷷ (720)	58困䷮ (720)
二世	3遯䷠ (736)	11解䷧ (704)	19屯䷂ (704)	27大畜䷙ (736)	35臨䷒ (704)	43家人䷤ (736)	51鼎䷱ (736)	59萃䷬ (704)
三世	4否䷋ (720)	12恒䷟ (720)	20既済䷾ (720)	28損䷨ǃ (720)	36泰䷊ (720)	44益䷩ (720)	52未済䷿ (720)	60咸䷞ (720)
四世	5観䷓ (704)	13升䷭ (704)	21革䷰ (736)	29睽䷥ (736)	37大壮䷡ (736)	45无妄䷘ (736)	53蒙䷃ (704)	61蹇䷦ (704)
五世	6剥䷖ (688)	14井䷯ (720)	22豊䷶ (720)	30履䷉ (752)	38夬䷪ (752)	46噬嗑䷔ (720)	54渙䷺ (720)	62謙䷎ (688)
遊魂	7晋䷢ (704)	15大過䷛ (736)	23明夷䷣ (704)	31中孚䷼ (736)	39需䷄ (736)	47頤䷚ (704)	55訟䷅ (736)	63小過䷽ (704)
帰魂	8大有䷍ (752)	16随䷐ (720)	24師䷆ (688)	32漸䷴ (720)	40比䷇ (688)	48蠱䷑ (720)	56同人䷌ (752)	64帰妹䷵ (720)
陰／陽	28/20 ー8多	20/28 --8多	20/28 --8多	28/20 ー8多	20/28 --8多	28/20 ー8多	28/20 ー8多	20/28 --8多
一宮軌	(5824)	(5696)	(5696)	(5824)	(5696)	(5824)	(5824)	(5696)
四宮軌	(11520)		(11520)		(11520)		(11520)	
八宮軌	(46080)							

																大雪11	水	甲子	1	
																大寒12	土	乙丑	2	
																立春1	木	丙寅	3	
																春分2	木	丁卯	4	
																清明3	土	戊辰	5	
																小満4	火	己巳	6	
																芒種5	火	庚午	7	
																大暑6	土	辛未	8	
																立秋7	金	壬申	9	
																秋分8	金	癸酉	10	
																寒露9	土	甲戌	11	
																小雪10	水	乙亥	12	
																大雪11	水	丙子	13	
																大寒12	土	丁丑	14	
坎6																**立春1**	**木**	**戊寅**	**15**	◀
坎1																春分2	木	己卯	16	
坎2																清明3	土	庚辰	17	
坎3																小満4	火	辛巳	18	
坎4																芒種5	火	壬午	19	
坎5																大暑6	土	癸未	20	
	節1															立秋7	金	甲申	21	
	節2	屯2														秋分8	金	乙酉	22	
	節3	屯3	既済3													寒露9	土	丙戌	23	
	節4	屯4	既済4	革4												小雪10	水	丁亥	24	
	節5	屯5	既済5	革5	豊5											大雪11	水	戊子	25	
	節6	屯6	既済6	革6	豊6											大寒12	土	己丑	26	
		屯1	既済1	革1	豊1			**艮6**								**立春1**	**木**	**庚寅**	**27**	◀
			既済2	革2	豊2			**艮1**	賁1							春分2	木	辛卯	28	
				革3	豊3		師3	**艮2**	賁2	大畜2						清明3	土	壬辰	29	
					豊4	明夷4	師4	**艮3**	賁3	大畜3	損3					小満4	火	癸巳	30	
						明夷5	師5	**艮4**	賁4	大畜4	損4	睽4				芒種5	火	甲午	31	
						明夷6	師6	**艮5**	賁5	大畜5	損5	睽5	履5			大暑6	土	乙未	32	
						明夷1	師1		賁6	大畜6	損6	睽6	履6			立秋7	金	丙申	33	
						明夷2	師2			大畜1	損1	睽1	履1			秋分8	金	丁酉	34	
						明夷3					損2	睽2	履2			寒露9	土	戊戌	35	
												睽3	履3		漸3	小雪10	水	己亥	36	
													履4	中孚4	漸4	大雪11	水	庚子	37	
														中孚5	漸5	大寒12	土	辛丑	38	
														中孚6	漸6	立春1	木	壬寅	39	
														中孚1	漸1	春分2	木	癸卯	40	
														中孚2	漸2	清明3	土	甲辰	41	
														中孚3		小満4	火	乙巳	42	
																芒種5	火	丙午	43	
																大暑6	土	丁未	44	
離6																**立秋7**	**金**	**戊申**	**45**	◀
離1	旅1															秋分8	金	己酉	46	
離2	旅2	鼎2														寒露9	土	庚戌	47	
離3	旅3	鼎3	未済3													小雪10	水	辛亥	48	
離4	旅4	鼎4	未済4	蒙4												大雪11	水	壬子	49	
離5	旅5	鼎5	未済5	蒙5	渙5											大寒12	土	癸丑	50	
	旅6	鼎6	未済6	蒙6	渙6											立春1	木	甲寅	51	
		鼎1	未済1	蒙1	渙1			⇓	⇓	⇓	⇓	⇓	⇓	⇓	⇓	春分2	木	乙卯	52	
			未済2	蒙2	渙2											清明3	土	丙辰	53	
				蒙3	渙3		同人3									小満4	火	丁巳	54	
					渙4	訟4	同人4									芒種5	火	戊午	55	
						訟5	同人5									大暑6	土	己未	56	
						訟6	同人6	**兌6**								**立秋7**	**金**	**庚申**	**57**	◀
						訟1	同人1	**兌1**	困1							秋分8	金	辛酉	58	
						訟2	同人2	**兌2**	困2	萃2						寒露9	土	壬戌	59	
						訟3		**兌3**	困3	萃3	咸3					小雪10	水	癸亥	60	
								兌4	困4	萃4	咸4	蹇4				大雪11	水	甲子	1	
								兌5	困5	萃5	咸5	蹇5	謙5			大寒12	土	乙丑	2	
									困6	萃6	咸6	蹇6	謙6			立春1	木	丙寅	3	
										萃1	咸1	蹇1	謙1			春分2	木	丁卯	4	
											咸2	蹇2	謙2			清明3	土	戊辰	5	
												蹇3	謙3		帰妹3	小満4	火	己巳	6	
													謙4	小過4	帰妹4	芒種5	火	庚午	7	
														小過5	帰妹5	大暑6	土	辛未	8	
														小過6	帰妹6	立秋7	金	壬申	9	
														小過1	帰妹1	秋分8	金	癸酉	10	
														小過2	帰妹2	寒露9	土	甲戌	11	
														小過3		小雪10	水	乙亥	12	
																大雪11	水	丙子	13	

＜図表５＞
八宮六十四卦積算図

▶ **1**	**甲子**	**水**	**大雪11節**	**乾6**															
2	乙丑	土	大寒12中	**乾1**															
3	丙寅	木	立春1節	**乾2**															
4	丁卯	木	春分2中	**乾3**															
5	戊辰	土	清明3節	**乾4**															
6	己巳	火	小満4中	**乾5**															
7	庚午	火	芒種5節		姤1														
8	辛未	土	大暑6中		姤2	遯2													
9	壬申	金	立秋7節		姤3	遯3	否3												
10	癸酉	金	秋分8中		姤4	遯4	否4	観4											
11	甲戌	土	寒露9節		姤5	遯5	否5	観5	剥5										
12	乙亥	水	小雪10中		姤6	遯6	否6	観6	剥6										
▶ **13**	**丙子**	**水**	**大雪11節**			遯1	否1	観1	剥1			**震6**							
14	丁丑	土	大寒12中				否2	観2	剥2			**震1**	豫1						
15	戊寅	木	立春1節					観3	剥3		大有3	**震2**	豫2	解2					
16	己卯	木	春分2中						剥4	晋4	大有4	**震3**	豫3	解3	恒3				
17	庚辰	土	清明3節							晋5	大有5	**震4**	豫4	解4	恒4	升4			
18	辛巳	火	小満4中							晋6	大有6	**震5**	豫5	解5	恒5	升5	井5		
19	壬午	火	芒種5節							晋1	大有1		豫6	解6	恒6	升6	井6		
20	癸未	土	大暑6中							晋2	大有2			解1	恒1	升1	井1		
21	甲申	金	立秋7節							晋3					恒2	升2	井2		
22	乙酉	金	秋分8中													升3	井3		随3
23	丙戌	土	寒露9節														井4	大過4	随4
24	丁亥	水	小雪10中															大過5	随5
25	戊子	水	大雪11節															大過6	随6
26	己丑	土	大寒12中															大過1	随1
27	庚寅	木	立春1節															大過2	随2
28	辛卯	木	春分2中															大過3	
29	壬辰	土	清明3節																
30	癸巳	火	小満4中																
▶ **31**	**甲午**	**土**	**芒種5節**	**坤6**															
32	乙未	金	大暑6中	**坤1**	復1														
33	丙申	金	立秋7節	**坤2**	復2	臨2													
34	丁酉	土	秋分8中	**坤3**	復3	臨3	泰3												
35	戊戌	水	寒露9節	**坤4**	復4	臨4	泰4	大壮4											
36	己亥	水	小雪10中	**坤5**	復5	臨5	泰5	大壮5	夬5										
37	庚子	土	大雪11節		復6	臨6	泰6	大壮6	夬6										
38	辛丑	木	大寒12中			臨1	泰1	大壮1	夬1			⇓	⇓	⇓	⇓	⇓	⇓	⇓	⇓
39	壬寅	木	立春1節				泰2	大壮2	夬2										
40	癸卯	土	春分2中					大壮3	夬3		比3								
41	甲辰	火	清明3節						夬4	需4	比4								
42	乙巳	火	小満4中							需5	比5								
▶ **43**	**丙午**	**土**	**芒種5節**							需6	比6	**巽6**							
44	丁未	金	大暑6中							需1	比1	**巽1**	小畜1						
45	戊申	金	立秋7節							需2	比2	**巽2**	小畜2	家人2					
46	己酉	土	秋分8中							需3		**巽3**	小畜3	家人3	益3				
47	庚戌	水	寒露9節									**巽4**	小畜4	家人4	益4	无妄4			
48	辛亥	水	小雪10中									**巽5**	小畜5	家人5	益5	无妄5	噬嗑5		
49	壬子	土	大雪11節										小畜6	家人6	益6	无妄6	噬嗑6		
50	癸丑	木	大寒12中											家人1	益1	无妄1	噬嗑1		
51	甲寅	木	立春1節												益2	无妄2	噬嗑2		
52	乙卯	土	春分2中													无妄3	噬嗑3		蠱3
53	丙辰	火	清明3節														噬嗑4	頤4	蠱4
54	丁巳	火	小満4中															頤5	蠱5
55	戊午	土	芒種5節															頤6	蠱6
56	己未	金	大暑6中															頤1	蠱1
57	庚申	金	立秋7節															頤2	蠱2
58	辛酉	土	秋分8中															頤3	
59	壬戌	水	寒露9節																
60	癸亥	水	小雪10中																
▶ **1**	**甲子**	**水**	**大雪11節**	乾1															
2	乙丑	土	大寒12中	乾2															
3	丙寅	木	立春1節	乾3															
4	丁卯	木	春分2中	乾4															
5	戊辰	土	清明3節	乾5															
6	己巳	火	小満4中	乾6	姤1														
7	庚午	火	芒種5節		姤2	遯2													
8	辛未	土	大暑6中																
9	壬申	金	立秋7節																
10	癸酉	金	秋分8中																
11	甲戌	土	寒露9節																
12	乙亥	水	小雪10中																
13	丙子	水	大雪11節																

終わりに

漢代易学において創案された種々の六十四卦構造は、いずれも易と暦面との数理的整合関係を探究するものであった。六十四卦における陰陽の変化は、ただちに宇宙の変化を測定する尺度として理解され、その数理的整合性を獲得することこそが、漢代易学の使命でもあったのである。その解答を得るための模索は、すでに漢初の『馬王堆漢墓帛書周易』の段階から見られ、それはのちの孟喜・京房易学においてさらに精度を高める方向へと進んだ。京房の後学の作とされる『京氏易伝』の八宮六十四卦構造は、それまでの漢易には見られないほどの、精製された数理性を備えるものであった。八宮構造、そこに表されている周期数列（8+・8−）のもつ意味は、そのまま世軌法の軌年数に直結するものとして、易緯における世軌の循環交替を一層合理的なシステムにおいて解釈し、構築しようとするものであったといえるのである。

《注》

（一）京房の「八宮世応説」については、小沢文四郎『漢代易学の研究』（明徳印刷出版社、一九七〇年）、鈴木由次郎『漢易研究』（明徳出版社、一九六三年）、拙著『漢易術数論研究』（汲古書院、二〇〇二年）を参照。

（二）拙著『漢易術数論研究』一二七～一八〇頁。

（三）『乾鑿度』の「卦歳」をめぐって、これまでいくつかの研究が行われてきた。久野昇一「谷永の所謂无妄の卦運に就いて」（加藤博士還暦記念『東洋史集説』冨山房、一九四一年）、同「易緯に見えたる軌に就いて」（『東洋学報』（東洋文庫内東洋協会学術調査部）第三十二巻第一号、一九四七年）、林金泉「易緯徳運説の暦数について」（中村璋八編『緯学研究論叢――安居香山追悼』平河出版社、一九九三年）。「卦歳」の用語は、林金泉氏によるものであり、本稿は林氏に従って

「卦歳」の用語を用いることにする。

（四）本稿では、緯書のテキストとして安居香山・中村璋八編『重修緯書集成』（明徳出版社、一九七一～一九九一年）を用いることにする。

（五）張恵言『易緯略義』に「析、古策字」とある。

（六）原文「合一百九十二爻」に作るが、張恵言の校勘に従って改めた。

（七）張恵言の校勘に従って「陽爻乗陽析」の五字を補った。

（八）この文は前後にわたって錯簡がある。その全文（原文）を記すと、以下の通り。「陽析九、陰析六。陰陽之析、各百九十二。以四時乗之、八而周、三十二而大周。三百八十四爻、万一千五百二十析也。故卦当歳、爻当月、析当日。大衍之数必五十、以成変化而行鬼神也。故曰、日十者、五音也。辰十二者、六律、星二十八者、七宿也。凡五十所以大閡物而出之者。故六十四卦、三百八十四爻、戒各有所繫焉。故陽唱而陰和、男行而女隨、天道左旋、地道右遷、二卦十二爻、而期一歳」。その鄭注に「「陽析九」従り「朞一歳」に至るまで、此れ爻析の由る所なり。及び卦爻析と歳月及び日の相い当たるの意、而ち其の文に亦た錯乱あり。「陽析九」より「八而周」に至るまで、律辞相い理まらず。是れ自り脱誤あり。「三百八十四爻」より「析当日」に至るまで、是れ一簡の字なり。「故六十四卦」より「期一歳」に至るまで、是れ二簡の字なり。而れども大衍の説、其の間に雑じりて云《ここ》に是れ換脱あり。此れ皆衍数の事なり。其の次序を較べ、其の脱を合補し、其の誤を正し、其の換を復すれば、疣贅敗賊に傷無きを得るなり」とあり、補正が行われている。本稿では鄭玄の補正に従ってその一部を取りあげた。

（九）原文「丑與左行」に作る。張恵言の校勘に従って「其爻左行」に改めた。

（一〇）黄宗羲は、「今、乾の初四月に起こらず、坤の初十月に起こらざるは十一月を以て陽生じ、五月もて陰生ずればなり。乾坤、衆卦と偶ならざるが故に乾は十一月の子に貞し。坤、又た五月に起こらざるは、五月と十一月は皆陽辰なり。辰を間て次げば、則ち相重なるなり。故に六月の未に貞し。午を舎てて未を用う。是れ一辰を退くなり」と、『乾鑿度』の文における乾・坤、泰・否、中孚、小過の六卦の配当について、疑問を示している。すなわち、乾・坤二卦は、卦気説によれば、各々四月と十月に配当されているのに対し、『乾鑿度』では、乾坤を陰陽二気の始まりと見なし、陽気が萌す冬至十一月（子）と、陰気の盛んなる六月（未）に配している。すなわち、初爻から十一月（子）、正月（寅）、三月（辰）、五月（午）、七月（申）、九月（戌）と、陽辰の六ヵ月を主どることになるのである。一方、坤卦の場合は、本来ならば、陰気のはじめて生ずる五月（午）に配当されるべきであるが、乾の五月午辰に重なることを避け、「一辰」を退き、未の六月を起点に始まる。このように十二辰の相衝を避け、陰卦が一辰を退くという方法は、諸卦に関しても同様である（ただ、泰・否の二卦を除く）。また、泰・否の場合は、『易緯乾鑿度』に「泰否の卦、独り各々其の辰に貞し、比辰左行して相随うなり」と述べられているように、泰・否の二卦は隔辰することなく、順に配当される。すなわち、泰卦は正月から六月までの六ヵ月、また否卦は七月から十二月までの六ヵ月を主どることになる。この他に例外として、中孚・小過の二卦があり、『易緯乾鑿度』に「中孚を陽と為し、十一月の子に貞し。小過を陰と為し、六月の未に貞し。乾坤に法る」と述べ、中孚・小過の二卦を乾坤二卦に象って配当している。これに対して黄宗羲は「中孚、十一月の子に貞し、小過、正月の卦なり。宜しく二月の卯に貞すべくも、六月に貞して其の次に非ず」と、小過・中孚の配当に対する変則性を指摘している。これらの六卦における変則的な配当法について、黄宗羲は、「惟だ乾坤泰否中孚小過の六卦のみ此に同じからず。是れ作者、故より更張して自ら其の義を乱す」と指摘している。いずれにしても、これらの変則的な例を除く、諸卦における爻の起点が六日七分法にもとづくものであると理解されており、本稿では黄宗羲の説に従った。

（一二）緯書の暦法に関しては、従来いくつか重要な研究成果が挙げられてきた。新城新蔵『東洋天文学史研究』（臨川書店、一九二八年）、武田時昌「緯書暦法考」（山田慶児篇『中国古代科学史論』京都大学人文科学研究所、一九八九年）。新城氏の研究によれば、『易緯乾鑿度』における暦法は、四分暦法の一種である殷暦より派生したもので、前漢末劉歆の三統暦の影響を受けて成立したという内容である。これに対して武田氏は緯書が三統暦の影響を受けたとする新城説に対して異見を提示している。武田氏の論考は、緯書の暦法に関する種々の資料を網羅的に取りあげ、総合的な研究を行ったものであるが、氏の論証によれば、緯書暦は劉歆の三統暦以前にすでに存在していたこと、さらに三統暦に引かれる『易九戹』が易緯の一種であることなどを論証し、むしろ三統暦が緯書の暦法から影響されて成立したものであると指摘している。

（一三）新城新蔵「緯書と殷暦」（『東洋天文学史研究』）一〇八頁。

（一四）原文「四十二」に作るが、張恵言の校勘に従って改めた。

（一五）原文「日」に作るが、張恵言の校勘に従って改めた。

（一六）原文「時人及它書之記為部首則及也」と、「及」「記」の字に作るが、張恵言の校勘に従って「反」「紀」の字に改めた。

（一七）『淮南子』天文篇に「天一を以て始めて建し、七十六歳にして、日月復た正月を以て営室五度に入り、余分無きを、名づけて一紀と曰う。凡そ二十紀一千五百二十歳にして大周し、日月星辰復た甲寅元に始まるなり」とあり、七十六年を一紀としている。武田氏は、これについて『乾鑿度』が古暦の用語を踏襲したものであろうと指摘している（武田時昌「緯書暦法考」）。

（一七）張恵言も「三部首にして四千五百六十歳なり。楽叶図徴に曰く、天元、四千五百六十の甲寅を以て窮まり、四分歴元、四千五百六十に法るは是れなり。太初三統の元法は四千六百一十七なり」と、やはり、四分暦法として理解している。『乾鑿度』に異種の暦法が混在している問題について、武田氏は『乾鑿度』巻下の暦術で展開される象数理論では、八十一分法による日数はまったく関与していないと指摘したうえ、これは後人の改竄というよりも作者が矛盾を承知のうえ、整合している四分暦法に無理やり八十一分法を附会させようとしたものであると述べている。それには太初暦の一朔望月の日数が広く支持されていたことに背景があるとし、『乾鑿度』の成立を太初暦の施行期（前一〇四～八五）にある」と確言している（武田時昌「緯書暦法考」）。

（一八）原文に「得積日万六百五十九万四千五百六十八」とあるが、董祐誠の校勘に従って改めた。

（一九）もちろん、この場合、日数の端数が消える一紀七十六年、または一部首千五百二十年の日数を用いても同値が得られる。ここでは文脈に従って四千五百六十年の日数を使用した。

（二〇）『漢書』谷永伝にみる「无妄の卦運」については、久野昇一「谷永の所謂无妄の卦運に就いて」参照。

（二一）この一紀千五百二十年という一大周期は、『乾鑿度』に「至徳の数、先に木金水火土徳が立ち、各三百四歳にして五徳備わる。凡そ一千五百二十歳にして、大終して初めに復す」とあるように、いわゆる三五周期と呼ばれる五徳運説に合致することにもなるのである。三五周期論については、武田時昌「緯書暦法考」、林金泉「易緯徳運説の暦数について」を参照。

（二二）新城新蔵「緯書と殷暦」（『東洋天文学史研究』）。

（二三）久野昇一「谷永の所謂无妄の卦運に就いて」。

（二四）久野昇一「四始五際の思想に就いて」（『東洋学報』二八巻三号、一九四一年）。

（二五）これらは、三十年の小変、その約「三」倍の百年の中変、その「五」倍の大変と、いわゆる三五周期論を説くものである。それは、天運（徳運）の周期を三百四年単位の五徳の循環（三〇四年×五徳＝一五二〇年＝一紀）によって理解され、その循環システムは四分暦法の周期にもとづくものである。易の「三十二年」周期は、「小終」つまり三五周期の小変に連なる。三五周期論については、武田時昌「緯書暦法考」、林金泉「易緯徳運説の暦数について」を参照。

（二六）原文「然自勉於軌、即位不如爻数、即不勉於軌」と、「勉」に作るが、張恵言の校勘に従って「厄」字に改めた。

(二七) 世軌法については、久野昇一「易緯に見えたる軌に就いて」を参照。
(二八) ＊印を付した箇所は、張成孫・張恵言の校勘（『易緯略義』巻二）に従って改めたものである。計算上も妥当と認められる。なお、各卦の「世爻辰」（たとえば乾卦「世戌初子」など）については、林金泉「易緯「六十四卦流転注十二辰」表研究」（『漢学研究』第六巻第二期、一九八八年）に依って改めた。
(二九) 原文「一爻二十之四」とあるが、張恵言の校勘に従って改めた。
(三〇) 原文「四万一千八十」とあるが、張恵言の校勘に従って改めた。
(三一) 拙著『漢易術数論研究』一二七〜一八〇頁。
(三二) 拙著『漢易術数論研究』一一一〜一八〇頁。

辛報告へのコメント

三浦　國雄

ただいまの御発表は、先の御著書『漢易術数論研究』の京房の八宮世応構造を新たに展開されたものと思います。ただ私は数字というものに非常に弱い、典型的なアナログ派なので、先の御著書や今回の御発表で追究された漢易の精密な数理的合理性というものは、お手上げなのです。それに、私のコメントは本日配布の修訂版ではなく、古いレジュメ（冊子版）の方をもとにまとめさせていただいたものなので、ちゃんと理解できているかどうか自信はないのですが、大体以下のような御趣旨だったと思います。

つまり、『易乾鑿度』に「二卦主一歳法」というのがあって、これは二卦十二爻を一年の十二箇月に割り当てて、一爻が一箇月を司るようにするやり方である。これでいくと、六十四卦三百八十四爻は三十二歳三百八十四箇月で一巡することになる。この技法は、卦気説の六日七分法に根拠を置いているから、易緯において通行本六十四卦の配列順序と六日七分法とが一体化されているということになる。漢易の重要な課題は易と暦との理論的結合であったので、この卦歳法が如何なる暦算構造の中で成り立っているのかを見ておく必要がある。『易乾鑿度』には、殷暦の四分暦に基づいた独特の易法が展開されていて、四分暦では一元は四千六百五十年であるが、このままだと、六十四卦、三百八十四爻、一万千五百二十策という、易の周期法とは合わないので、暦と易とが合元する時点を求めねばならない。そこで、一元の日数と易の策数との最小公倍数を求め、それを元に置き換えると、六十四元が得られる。このように、四分暦の一元を六十四元に拡大することによって、易の三十二年周期と整合することになり、卦歳法が長大な暦元—換言すれば、歴史的時間というレールの上に乗ることが可能になる。その結果、例えば、文王の受命年は、咸・恒の二卦に当たることになってくる。「陛下は八世の功業を承くるに、……无妄の卦運に遭ふ」という谷永の上奏は、漢代にこの卦歳法が行われた実例である。この卦歳法が展開したのが世軌法である。これは王朝の寿命の長さを占うもので、一王朝の長さを「一軌」とする。この世軌法は『乾鑿度』に見えるが、これを具体化したのが『易稽覧図』で、通行本六十四卦の順に、軌年数が割り出されている。六爻中に陽爻が多ければ多いほど軌年数は長くなる。京房の八宮世応説は、本宮の八純卦を各々規則的に五世に至るまで変化させ、更に遊魂・帰魂の二卦を加えて通行本六十四卦の配列とは別種の、全六十四卦の数理と卦象の整然としたシステムを構築したものである。この根底には、卦の六爻を六十甲子に巡らせ、歳・月・日・時・節・候の運気を定めて吉凶を占う暦数の積算が存在している。すなわち、陰陽の比例関係や軌年数において、上に述べた易緯の世軌法と密接に関わっているのである。思想的観点から言えば、他の六十四卦構造と同じく、ここにも漢代の陰陽消長的世界観が実現されているが、この京房の八宮世応説は、漢易の数理的探求が極限まで推し進められたものである—。

以上が私なりのまとめです。私は漢易は不案内なのですが、易緯を媒介にしまして、易と暦との結合という漢易の特徴を、具体的・数理的に明らかにして、京房の八宮世応説の数理的構造とその来歴を解明されたということは、今まで誰もやっていないわけで、漢易研究史上大いに評価できるのではないかと思います。また、緯書研究からすれば、漢代経学における緯書の位置というものを具体的・実証的に明らかにしたことにもなる。

こういう評価を踏まえながら、私の理解の及ばなかったところがありますので、それをご教授いただきたいのですが、一つはですね、卦歳法から世軌法へ、そして世軌法から京房の八宮世応説への展開のプロセスの論理的説明なのですが、辛先生はもっぱら数理の観点から説明しておられますが、卦歳法から世軌法への展開におきましては、主歳卦、—換言すれば卦象については全く論じられていないと思うんですが、この場合は問題にしなくてもよいのかというのが一つ。それから、世軌法から八宮世応説への展開なんですが、これも辛先生は数理の連続性を提示されるのですが、しかし世軌法の基づくところは通行本六十四卦序なのに対しまして、八宮世応説は従来の配列を全く組み替えた新しい六十四卦の上に構築されているわけで、このような六十四卦の配列は考えなくて良いのかということ。それからもう一点、今日の御発表とはちょっとずれることなんですが、谷永の上奏についてですが、「无妄の卦運」は引いておられましたが、それと並列して挙げておられる、「百六の災厄」というのが、易の数理と関係あるのか、現段階でどこまで解明されているのかお教えいただきたい。というのは、これは、「陽九百六之会」などといいまして、後世しばしば引用されますし、道教では終末論として受け止められている節もありまして、前から気になっていました。よろしければお教えいただきたい。

それから最後にもう一点、これは大きな問題で辛先生が明らかにされた数や数理そのものに関わってくるんですが、漢易のこういう極めてシステマティックな—これは辛先生によって明らかにされたわけですが—数というものが、漢代の易学者の意識の中でそれ自体で自己完結していたのかどうか。こういう数理はあくまで手段であって、その上に立った「占」こそが彼らの主眼であってですね、こうした易の数理性が「占」の正確性を保証していると、こういうふうに見なして良いのかどうか。またここでいう「占」というものをですね、ひとつの歴史観と受け止めて良いのかどうか、たくさん申し上げましたが、こういった点をお教えいただきたいと思います。

《注》

（一）「渉三七之節紀、遭无妄之卦運、直百六之災阸」（『漢書』巻八十五　谷永伝）

辛報告への質疑応答

司会（池田知久、大東文化大学）　では、三浦先生のコメントに対して、辛先生にお答えいただきます。

辛賢（大阪大学）　一番目の「卦象」との関わりについてですが、まず、「卦象」には大きく二種類があって、一つは説卦伝にあるような、天・地・水・火などの具体的な「事象」を指す場合と、もう一つは「卦形」、すなわち抽象的なレベルでの記号的形象を指す場合があると思います。卦歳法や世軌法は、いずれも時間の循環性を述べるものでありまして、もし、ここで「卦象」との関わりを考えるならば、それは事象ではなく、記号的特性が考慮されてのものと思われます。すなわち、卦歳法にしろ世軌法にしろ、その卦序は経典（通行本）の排列にもとづいており、周知のように、経典の六十四卦序は、「覆」（旁通卦）と「変」（反卦）による二卦一組（「二二相偶」）の排列でありますが、これは二卦の対称的形象を重視したものといえます。易緯の卦歳法や世軌法では、この対称的形象をなす二卦をそれぞれ「陽卦（前卦）」と「陰卦（後卦）」に位置づけ、一年または一軌の前半と後半を主るものとしていまして、つまり、一年あるいは一軌における時間的変化やその法則性を陰陽二卦（二気）の消長によって解釈しているわけであります。卦歳法や世軌法に「卦象」が考慮されているのであれば、このあたりが指摘できると思いますが、易卦と暦面の配合を追究する理論的根幹においては、卦象そのものはそれほど重視されていなかったものと思われます。

また、「卦象」というのは、六十四卦全体の構造性を問う問題よりも、経典の言語的解釈、すなわち、卦爻辞や易伝の解釈において主に用いられたものと思われます。後漢の荀爽の升降説や鄭玄の互体説・爻体説、虞翻の卦変説などは、いずれも卦爻辞の解釈にあたって卦象の変化を重視していますし、また費氏易学の影響を受け、経典の言語的解釈が本格的に行われるようになった後漢以降、説卦伝にみえる八卦の卦象が、次第に敷衍拡大され、卦象の数が膨大に増加していることも、その一例であるかと思います。

三浦國雄（大東文化大学）

「卦象」の問題はよく分かりました。私はアナログ派で「数」より「象」の方が性に合うのでお尋ねしたわけです。今日の川原先生のお話でも「象」に言及されましたし。次の質問はどうでしょうか。卦歳法なり世軌法なりは、通行本の六十四卦の順序できているわけです。ところが京房の八宮説は全然違う六十四卦ですね。そこが断絶しているんじゃないかという問題です。

辛賢（大阪大学）

表面上の排列の違いだけでは、六十四卦構造に対する本質的な解明は得られないということであります。つまり、排列の違いがただちに構造的メカニズムの違いに直結しない場合がありまして、問題は、構造内において、暦面との兼ね合いとなる数理的メカニズムだと思います。ご指摘いただいたように、経典（通行本）の六十四卦序と『京氏易伝』の八宮世応卦序は全く異なっており、八宮世応卦序は、これまで経典の卦序を組み替えた全く新しいものであると理解されてきましたが、今回の検討によれば、両方の異なった卦序は共通の数理的関係において結びついており、これは実際に卦歳法関連の『乾鑿度』の記述のなかでも確認された通りであります。では、これをどのように理解すべきかとなりますと、それは、孟喜・京房による卦気説や六日七分法などの漢易理論が、経典の六十四卦構造と無関係に作られたものではなく、むしろ両者は何らかの形でリンクしている可能性があることを示すものと思われます。というよりも、これまで、漢易の種々の六十四卦構造が経典のそれと無関係であるという、一種の呪縛に囚われていたのではないかという感さえあります。

これまでの漢易研究では、孟喜・京房の易学をはじめとする漢易の基本理論に対する解明において一定の成果は得られてきたといえますが、しかし、それも関連資料の分かるところだけが部分的に抜き取られた形で検討が進められてきたため、理解の範囲も断片的なものに止まっていたといえます。この問題は、今後さらに検討を進めなければならないと思いますが、その実相に対する解明には、易緯をはじめとするより総合的な資料検討が今後必要になろうかと思います。

あとですね、三番目の谷永伝についてですが、「百六の災厄」については、今のところ不勉強で分からないので、今後の課題とさせていただければと思います。

それから、漢易の数理的システムが、漢代において単に理論的追究のみで完結していたかというと、そうではなく、その主眼は「占」のみにあるのではなく、「占」を包摂した「経」の真理性を「合理的」に保証する方法の一つ、とりわけ「悟性」的な保証として捉えられていた重要な方法であったと考えられます。

また、「歴史観」の意味が明確ではないですが、「占」とは一種の運命の予想であることからして、歴史（運命）に対して人間がその主体性を確保するためにとろうとした手段の一つであった思います。その意味において歴史的に見るならば人間の実践倫理上の一つの重要な契機であったのではないかと思います。

三浦國雄（大東文化大学）

詳しい御説明ありがとうございました。断絶していないというのは目からウロコです。それから、「数」や「占」の上位に「経」があるという御指摘によって「経」がとても新鮮に見えてきました。私の言う「歴史観」というのは、説明が足りませんでしたが、そういう意味ではなく、一方で暦とも結びついた易の内蔵する時間性が歴史思想に影響を与えたのかどうか、といったような意味でした。

池田知久（司会、大東文化大学）

なかなか大きな問題です。総合討論のほうで触れることにいたしたいと思います。

一種の注目に値する古代天文文献――緯書『河図帝覧嬉』新考

劉　樂賢（著）
田中　靖彦（訳）

引　言

中国古代における「天文」は、本来の意味は「天象」を指し、「人文」あるいは「地理」と相対する関わりを持つ。派生して言うならば、「天文」はまた天象を観測することを通して人事の吉凶を推測する専門の学をも指す。『漢書』芸文志に、「天文者、序二十八宿、歩五星日月、以紀吉凶之象、聖王所以参政也」とある。[一] このような「天文」の学は、自然天象に対する観察と推計などといった「科学」的な活動も含まれてはいるものの、その目的は決して自然界の客観的規律を探求することにあるのではなく、それは主に人事の吉凶を推測するためのものであった。それゆえ、それは現代の自然科学における「天文学」(astronomy) とは表面的に似ているようでも中身は全く違うものであり、現代の人の言う「占星学」と性質的には類似している。[二] このような「天文」活動の中国における起源は大変早く、しかも一貫してとても発達していた。『史記』天官書に、

昔之伝天数者、高辛之前、重・黎。于唐・虞、羲・和。有夏、昆吾。殷商、巫咸。周室、史佚、萇弘。于宋、子韋。鄭則裨灶。在斉、甘公。楚、唐昧。趙、尹皋。魏、石申。

とある。（三）天文占測活動の発達により、占測の成果と観測技術を記載した専門書籍もそれに伴って出現し、日ごとに豊富となっていった。例えば、『漢書』芸文志の「数術」の略の中から、当時の皇室が所蔵していた図書の中での天文書は「二十一家」、「四百四十五巻」の多きに達することが見てとれる。（四）ただ不幸なことに、『漢書』芸文志の記載しているこれらの天文書籍はその他の数術書籍と同じく早くに散逸しており、（五）今日見ることは叶わない。無論、このことは早期の天文占術がすでに失われたことを意味しない。反対に、現存して世に伝わる文献の中に、依然として早期の天文占術を反映した記述を見つけることができる。例えば、唐代に編纂された『開元占経』・『天文要録』などの書物の中には、早期の天文の書籍の内容が少なからず引用されている。また例えば、史書の中の「天学三志」、また特にその中の『史記』天官書と『漢書』天文志もまた、早期の天文に関して少なからず記載している。さらに例えば、『淮南子』の『天文』篇の中にも早期の天文に関して少なからず触れてある。以上のような史料は、早くからすでに学術界の重視と注目を集めており、ここで細かく述べる必要は無かろう。我々が強調したいのは、さらに別に世に伝わるいくらかの文献もまた早期の天文の研究に対し重要な価値があるということである。例えば、緯書の中には早期の天文に関するいくらかの注意すべき記述がある。これらの資料が従来における研究において未だ十分に重視されていないことに鑑み、僭越ながら、試みに『河図帝覧嬉』（六）を例にとって簡単に紹介したい。これによってこれらの資料に対する注目を促すことができることを希望する。

一　『河図帝覧嬉』輯佚訂補

周知のように、歴代統治者の徹底的な禁止により、緯書は伝播の過程で徐々に散逸していき、今日我々が目にし利用できる緯書は、その多くが明清以来相次いで現れた各種の輯本である。これらの輯本は各所に遺漏が散見され、利用するのに大変不便である。このことに鑑み、日本の学者の安居香山・中村璋八の両先生は数十年に及ぶ努力を経て、先人の散逸輯集の成果を十分に取り入れるという基礎の上に、緯書輯佚の巨著――『重修緯書集成』を完成、出版した(七)。同書は今まで見られた各種の緯書の輯本の中でも最も完全な内容と最も良い形式を備えており、目下最も利用に便利な一書である。よって、本論での『河図帝覧嬉』についての討論は主に『重修緯書集成』の輯本に基づく。

『重修緯書集成』の『河図帝覧嬉』輯本は(八)、明らかに二種類の材料から構成されている。その一つは清の黄奭らの輯録した佚文を踏襲したもので、相応する照合と校訂も行われている。もう一つは『重修緯書集成』の増補した佚文である。我々の考察によると、この二つの材料にはそれぞれに問題や遺漏があるので、以下に補訂を試みたい。

（一）黄奭輯本の問題

『重修緯書集成』の『河図帝覧嬉』輯本は清代の輯佚の成果を継承したものであるが、その中でも最も多く用いられているのが黄奭の『漢学堂叢書』と『黄氏逸書考』である。輯本から見ると、黄奭の『河図帝覧嬉』佚文の絶対的多数は『開元占経』から集められている。『開元占経』と対照してみると、黄奭の集めた佚文の中に現行の『開元占経』には見えないものがいくつかあることが容易に看取できる。『重修緯書集成』はこの点をすでに発見しており、こういった佚文の上部に「恒本無」という標記をしている。ここでいう「恒本」とは恒徳堂本『開元占経』である。考えるに、目下比較的よく目にする『開元占経』の版本は、主に明代の大徳堂抄本と清の『四庫全書』本そして清の恒徳堂木刻巾箱本である。[九] この三種類の版本の文字は差異のあるところもあるが、内容は基本的に一致している。綿密に調査した結果、凡そ『重修緯書集成』が「恒本無」と記した『河図帝覧嬉』佚文は、大徳堂本や『四庫全書』本の中にも見あたらない。よって、これらの佚文の来歴およびその『開元占経』との関係については考証が待たれるところである。我々は、その来歴を明らかにするまでは、これらの佚文の信頼性には疑問が残ると考える。佚文を輯録する時、これらは疑いなく確実な佚文とは区別して扱うべきで、最も良いのは付録として収録することである。『河図帝覧嬉』を研究・使用する時には、これらの佚文と来歴の明確な佚文を区別して扱うべきであろう。

（二）『重修緯書集成』補輯佚文の中の問題

『重修緯書集成』は清代の人の輯佚の基礎の上に、広範な輯集を経て、そして少なからぬ新しい『河図帝覧嬉』佚文を増補したものであり、『河図帝覧嬉』の研究に新しいよりどころを提供したもので、認められるに値するものである。ただ、同書が『天文要録』の引く三条の『河図帝紀』[一〇]占文と十条の『河図紀』[一一]占文を『河図帝覧嬉』に収録したのは、妥当とは言い難い。考察の結果、この三条の『河図帝紀』の占文と十条の『河図紀』の占文は確かに『河図帝覧嬉』の占文と性質的に類似しており、また各々に一条の占文がある（『河図帝紀』第二条、『河図紀』第二条）。『開元占経』の引く『河図帝覧嬉』占文とは近いものがある。[一二] だが、これらのことだけでは『天文要録』中の『河図帝紀』あるいは『河図紀』が『河図帝覧嬉』の佚文であると証明するのには足りぬであろう。実際、今日見ることのできる『天文要録』残本には他にも『帝覧嬉』と題した占文を六条見つけることができ、またこの六条の占文の中には三条の『開元占経』の引用する『河図帝覧嬉』占文との一致が見られる。[一三] よって、『天文要録』が『河図帝覧嬉』を引用する時にそれを改めて『河図帝紀』あるいは『河図紀』と称している可能性は大きくない。ある学者の指摘では、『河図帝紀』は『河図帝通紀』あるいは『河図帝紀通』の脱字であるといい、しかも『河図紀』は『河図記』である可能性もあるという。（一四）このような意見は目下のところ実証する術は無いが、それでも明らかに『河図帝紀』あるいは『河図紀』を『河図帝覧嬉』とするよりいくらかは合理的である。総じて言えば、我々は『重修緯書集成』が『河図帝紀』と『河図紀』を『河図帝覧嬉』の輯録とするのは根拠に欠けており、以後『河図帝覧嬉』を研究あるいは利用する時にはこれらの佚文は削除すべきだと考える。

(三)『武経総要』中の『河図帝覧嬉』佚文

緯書の輯佚は一つの長期的な作業であり、先人もこの方面において大きな成果をあげてはいたが、『重修緯書集成』という集大成の著作が現れることとなった。だが、それでも緯書の輯佚作業がすべて終わったわけではない。『河図帝覧嬉』を例として、我々は先人の集めた佚文にもなお少なからぬ遺漏があることを発見し、速やかなる増補が待たれる。その中でも最も注意すべきは、宋代の兵書『武経総要』中に見られる佚文である。考察を経て、同書に見られる『河図帝覧嬉』佚文の篇幅は少なくなく、その内容は以前の輯本に見られるものもあるが、以前の輯本には全く見えなかったものもある。今『武経総要』中の『河図帝覧嬉』佚文を以下に輯録し、（一五）皆様の参考に供するものである。

○『河図帝覧嬉』曰、「月有両珥、国喜、兵在外勝。月有四珥、主喜。月大而無光、其城不降。月小而無光、其城降。月始出時有雲居其中似禽獣状、甲乙日見東方受其害、丙丁日見南方受其害、戊己日見中央受其害、庚辛日見西方受其害、壬癸日見北方受其害。」（『武経総要』後集巻十六「太陰占」）

○『河図帝覧嬉』曰、「月暈而珥、六十日兵起。不暈而珥、有喜、兵在外亦喜。月珥、青有兵、黄有喜、白而喪、黒失地、皆期以三年。月不暈而四璚者、臣下有謀不成。」（『武経総要』後集巻十六「太陰占」）

○『河図帝覧嬉』曰、「暈再重、大風起。暈三重、主兵。暈四重、其下亡国。五重、貴女憂。六重、其国失政。七重、其下易主。八重、其下国亡。九重、其下起兵、流血亡地。月暈、有蜺雲垂之、有戦、従蜺所撃者大勝。月暈有雲如厚布若三若四貫月者、以戦勿当、当者破軍。」（『武経総要』後集巻十六「太陰占」）

○（月蝕）『河図帝覧嬉』曰、「所宿国其下有大戦、抜城。兵在内而月蝕者、其国受殃。兵未起而月蝕者、所当之国兵戦不勝。月満而蝕者、両国相当、若無兵、主将死於野。月蝕従上始謂之失道、国君当之。月蝕従旁始謂之失令、相当之。月蝕従下始謂之失法、将軍当之。月春蝕東方、夏蝕南方、秋蝕西方、冬蝕北方、其下軍憂。月犯熒惑而蝕者、其下破軍亡地、大将憂、近一年、遠三年。」（『武経総要』後集巻十六「太陰占」）

○『河図帝覧嬉』曰、「熒惑入月中、憂在内、非兵乃盗。熒惑入月中、有兵、以戦不勝。」（『武経総要』後集巻十六「陵犯雑占」）

○『河図帝覧嬉』曰、「月暈塡星、所守之国有徳。」（『武経総要』後集巻十六「陵犯雑占」）

○『河図帝覧嬉』曰、「月犯太白、強侯作難、戦不勝。太白貫月、期不出六年、国有兵、戦敗亡地。月暈太白、其野受兵、戦不勝、所守之国兵起。太白入月中、将軍死、臣謀主不成。又曰必有内悪、戦不勝。月与太白相遇者、月出其南、陽国受兵。月出其北、陰国受兵。」（『武経総要』後集巻十六「陵犯雑占」）

○『河図帝覧嬉』曰、「辰星入月中、臣欲叛。月与辰星合宿、其国亡地。月犯辰星、兵大起。月蝕辰星、其国憂水、飢。兵未起而蝕、所当之国戦不勝。」（『武経総要』後集巻十六「陵犯雑占」）

○『河図帝覧嬉』曰、「彗星在月中、兵大起。」（『武経総要』後集巻十六「陵犯雑占」）

○『河図帝覧嬉』曰、「大星流入月中無光者、有兵。有光者、亡国。」（『武経総要』後集巻十六「陵犯雑占」）

○『河図帝覧嬉』曰、「列星貫月、陰国可伐。」（『武経総要』後集巻十六「陵犯雑占」）

二　『河図帝覧嬉』の内容と性格

『重修緯書集成』の輯本と上に挙げた補輯の佚文から見るに、『河図帝覧嬉』は主に以下のような方面の内容を持っていたと思われる。

一、日占。例えば、「正月日暈、兵春起、不勝。」（『開元占経[一六]』巻八「日暈」）また例えば、「日暈、中赤外青、群臣親。外赤中青、群臣内其身外其心。」（『開元占経』巻八「日暈」）

二、月占。例えば、「月未当望而望、是謂趣兵、以攻人城者大昌。当望不望、以以攻人城者有殃、所宿之国亡地。」（『開元占経』巻十一「月当望不望未当望而望十九」）また例えば、「月暈而珥、六十日兵起。不暈而珥、有喜、兵在外亦喜。月珥、青有兵、黄有喜、白而喪、黒失地、皆期以三年。月不暈而四璚者、臣下有謀不成。」（『武経総要』後集巻十六「太陰占」）

三、五星占。例えば、「歳星之奎、有喜慶之事若有赦令。」（『開元占経』巻二十六「歳星犯奎一」）また例えば、「熒惑入太微而出端門者、臣不臣。」（『開元占経』巻三十六「熒惑犯太微四十六」）

四、流星占。例えば、「流星入営室、其君淫泆、宮中有憂若有変事。」（『開元占経』巻七十二「流星犯営室六」）また例えば、「流星入長垣中、匈奴兵起、来侵中国、人主有憂。」（『開元占経』巻七十五「流星犯巫咸中外官四　流星犯長垣一」）

五、客星占。例えば、「客星居南斗、道不通。」（『開元占経』巻七十九「客星犯南斗一」）また例えば、「客星入太微

廷中出端門、天下大乱、王者憂、国易政、期三年。」(『開元占経』巻八十三「客星犯太微四十五」)

六、彗星占。例えば、「彗星出虚、兵大起、天子自将兵於野、大戦流血、其芒炎所指国必亡、期三年、遠五年。」(『開元占経』巻八十九「彗孛犯北方七宿六 虚彗星孛犯虚」) また例えば、「彗星出天廩、其国大饑、粟出廩、人饑死、其分兵起、期不出三年。」(『開元占経』巻九十「彗星犯石氏外官二 彗孛犯天廩十八」)

周知のように、日占・月占と五星占の類は古代ではみな天文占測の内容に属しており、このことから『河図帝覧嬉』は一種の天文の文献であると言えよう。『河図帝覧嬉』は明らかに緯書であるが、なぜ天文書にもなったのであろうか。このことは緯書の本源および緯書と天文との関係にも関わってくる。中国語では、「緯」は「経」と相対するものである。これと応じて、緯書もまた経書と相対するものであり、本来は経書を補充し経書を推断・演繹する書籍である。よって、緯書の内容は多かれ少なかれ経学と関わりがある。だが、現在我々の言う「緯書」は、このような意義上の「緯」以外に、「讖」を含んでいる。安居香山先生の紹介によると、現存する緯書の資料中において「讖」の内容は「緯」と各々ほぼ半分を占めるという。(一七)「讖」の特徴は、徴験、現代の言葉でいうと「予言」にある。このような未来を予測する「讖」は、吉凶禍福を占うことを主な内容とする数術と性質的に近い。ゆえに、方士たちは緯書における「讖」を作成する過程の中で往々にして多くの数術の資料を踏襲し、その踏襲したものの中で最も多かったのが天文類の占文と考えるべきものであった。これは中国古代の天文占測が「讖」と同様、政局の形成や国運の盛衰の予測を重視し、いずれも政治と関係が密接だったからである。『重修緯書集成』の輯本を見ると、所謂「河図緯」と「洛書緯」は、ほとんどが天文占測について述べたものである。(一八)本論で討論する『河図帝覧嬉』は、まさに「河図緯」の一種であり、その内容がすべて天文占測について述べたものであることは、まこと怪しむに足りぬのである。本源から語ってみると、同書は方士が天文の文献を利用して編纂して成った一種の「讖」類の緯書だというべきである。

三　『河図帝覧嬉』の時代

目下、最も早くに緯書を引用したことが知られている書籍は、後漢の班固が撰集した『白虎通義』である。考察によると、同書の引用する緯書の中には「河図緯」や「洛書緯」などは無い。よって、一般的には「河図緯」や「洛書緯」は緯書の中でも比較的遅めに出現したものとされている。(一九)だが、歴史記載と内容分析の両方面から考察すると、『河図帝覧嬉』の出現年代はさほど遅いわけではないと思われる。

歴史記載の面から考えると、後漢の尚書侍郎である辺韶は、漢順帝の漢安二年の上奏の中で『河図帝覧嬉』の名に触れている。『続漢書』律暦志の記載するこの上奏文の中には、

其後劉歆研幾極深、験之『春秋』、参以『易』道、以『河図帝覧嬉』、『雒書甄曜度』推広九道、百七十一歳進退六十三分、百四十四歳一超次、与天相応、少有闕謬。

という一段がある。(二〇)ここで辺韶の言及するとおり、前漢末期の劉歆はかつて『河図帝覧嬉』を利用したことがあった。このことから、『河図帝覧嬉』は前漢ですでに書として成っておりしかも世に流通していたことが分かる。この他、鄭玄は『尚書考霊耀』の「万世不失九道謀」の句に注釈をつけるときにも『河図帝覧嬉』を引用している。(二一)この二つの記載を総合してみると、『河図帝覧嬉』は両漢の間ですでに比較的流行していたはずであることが分かる。

陳槃先生はかつて『河図帝覧嬉』の内容を詳細に分析し、同時にそれに基づいて『河図帝覧嬉』の著された年代を推測した。陳槃先生は言う。

この書の出現が、いつ始まったのかは分からない。『天文要録』石氏内官占 四四に引く文に、「魏之帝時、斗星昼見経天、群臣相違、誅五都尉、戦流血、不出三年。」とある。考えるに戦国時代、魏はまだ帝と称しておらず、都尉も秦代以後に置かれたもので（『続漢書』百官志 五、『漢書』百官公卿表 上「郡尉」の条を参照）、すなわちここでいう魏帝とは、曹魏を指すはずである。ただここで言う「君臣相違」については、調べがつかない。

秦漢六朝間の人の語彙にもまたよく見られる。例えば「廷尉」について言えば、「月犯晨星、兵大起、上卿死。一曰、廷尉有憂、期不出三年」（『開元占経』十二）とある。『漢書』百官公卿表 上に、「廷尉、秦官……景帝中、……更名大理。武帝建元四年、復為廷尉。宣帝地節三年、初置左右平。……哀帝元寿二年、復為大理。王莽改曰作士。」とある。『続漢書』百官志 二には、「廷尉卿一人、中二千石。」とある。

また「都尉」については、これはすでに見た。

また「女主」は、「月蝕塡星、女主死、其国以伐亡。」とある（『開元占経』十二）

「宰相」は、「火星流入牽牛、上下乖離、宰相出逃。」とある（『開元占経』七三）

「大将軍」は、「月暈角亢間再重、状如環連、大将軍与大臣相戦……」とある（『天文要録』角占一一）

「貴妃」は、「塡星入氐而抵触之、后夫人有坐廃者。……入氐之左、貴妃有憂。」とある（『開元占経』三九）

考えるに、女主という呼び方は漢代に始まっている。宰相、大将軍も、いずれも漢代の官職の称号である。貴妃は、宋以後に初めて置かれるが、それは別に『河図解題』に詳しい。

この他にもいわゆる「文人」について、「賊星犯台垣、文人不得時勢、山林必多隠逸。」とある（『開元占経』七六）。考えるに、「文人」は、漢魏における常套句である。『論衡』超奇に、「夫能説一経者為儒生。博覧古今者為通人。采綴『伝』書、以上書奏記者為文人。能精思著文、連結篇章者為鴻儒」とある。『文選』の魏文帝『典論』論文に、「文人相軽、自古而然」、「今之文人、魯国孔融文挙。」とある。

また「白衣会」については、「月犯昴、天子破匈奴、不出五年中。若有白衣会。」（『開元占経』一三）とある。考えるに、「白衣会」とは、葬儀である。『史記』天官書に、「昴曰髦頭、胡星也、為白衣会。」とある。『史記会注考証』に、「王啓元曰、主喪、故又為白衣会」とあり、また「金為白衣会、若水」とある。『史記会注考証』には、「陳錫仁曰、白衣会、言喪也」とある。王啓元の説は正しい。これもまた漢代の人の常套句である。『後漢書』霊思何皇后紀 附 王美人紀に、「董卓令帝出奉常亭挙哀、公卿皆白衣会、不成喪也。」とある。

また穀価（各々の時代の穀物の値段についての記載）もある。

『帝覧嬉』は秦漢以来の語彙に事欠かないとはいえ、おおまかな同書の成立年代を垣間見せている。然して其の間に例えば「月暈天、陳公子死、民饑、女后有喪、不出二年。」（『天文要録』角占一一）とあり、また「辰星暉昴、大臣死、秋多水、地動。出彗星觜中、明年春、斉桓公以食楽失珍宝、五穀無実、民饑分散。」（『天文要録』尾占一六）とある。考えるに、斉の桓公は春秋時代の人である。秦漢以後、陳公子という人物はいない。この二つの事から、これはおそらく先秦の旧文である。[一二]

陳槃先生の列挙した「秦漢六朝間の人の語彙」は、実はその多くは戦国から秦漢の間の語彙である。

「廷尉」は秦官ではあるが、秦が六国を統一する前にすでに設置されており、『史記』李斯列伝に、「秦王乃除逐客之令、復李斯官、卒用其計謀、官至廷尉。」とある。[一三]

「都尉」の情況もまた、だいたいは似たようなものである。指摘すべきは、馬王堆帛書『戦国縦横家書』にすでに「都尉」という職に関する記載があることである。[一四]他にも、馬王堆帛書『地形図』や幾つかの前漢初期の印章の中に

も「都尉」の官名が見える。[二五]

「宰相」もまた戦国末期にはすでに出現しており、例えば『呂氏春秋』制楽に、「子韋曰、熒惑者、天罰也。心者、宋之分野也。禍当於君。雖然、可移于宰相。」とある。[二六]

「大将軍」は、『通典』巻二十九に、「大将軍、戦国時官也。楚懐王与秦戦、秦敗楚、虜其大将軍屈匄是矣。漢高帝以韓信為大将軍。」とある。[二七]考えるに、秦が楚の大将軍屈丐を虜とした事は『史記』楚世家に見え、劉邦が韓信を大将軍にしたことは『史記』蕭相国世家に見える。また、「大将軍」はすでに戦国時代の『尉繚子』に見えており、その『束伍令』篇に、「戦誅之法曰、什長得誅十人、伯長得誅百人、千人之将得誅百人之長、万人之将得誅千人之将、左右将軍得誅万人之将、左右将軍得誅万人之将、大将軍無不得誅。」とある。[二八]また、帛書『天文気象雑占』の中にもすでに「大将軍」という単語が現れている。[二九]

「白衣会」という単語は、確かに漢代および漢以後の文献に多く見られる。だが周家台秦簡『日書』にはすでに「白衣之冣（聚）」とあり、[三〇]馬王堆帛書『五星占』には「白衣之遇」とあり、[三一]いずれも「白衣会」と同義である。以上から分かるように、「白衣会」の出現した時期はさほど遅くない。

「女主」については、陳槃先生がすでに『史記』に見えると指摘している。[三二]考えるに、『荀子』強国の中にすでに「女主」が「相国舎是而不為、案直為是世俗之所以為、則女主乱之宮、詐臣乱之朝、貪吏乱之官、衆庶百姓皆以貪利争奪為俗、曷若是而可以持国乎。」と言ったとある。[三三]

陳槃先生の列挙した資料の中で、前漢以後になってやっと出現したと確定できるのは、実は三条しかない。第一条は『天文要録』の文で、陳槃先生は「魏之帝時、斗星昼見経天、群臣相違、誅五都尉、戦流血、不出三年。」と引用している。調べてみると『天文要録』の引くのは確かに『河図帝紀』であるが、「魏之帝時」は原本では「魏元帝時」としている。[三四]史書の記載に依れば、魏の元帝の時に鍾会の謀反が起こっており、思うにこれが占文のいう「君臣相違」の指す所であろう。これは当然漢以後の材料である。だが、本論ではすでに『天文要録』の引用する『河図帝紀』は必ずしも『河図帝覧嬉』ではないと指摘した。陳槃先生はこれを以て『河図帝覧嬉』としているが、思うに『緯書集成』の説を踏襲して考証を加えていないのであろう。『天文要録』の引く『河図帝紀』が『河図帝覧嬉』であると実証せぬうちは、この条によって『河図帝覧嬉』の年代を判定することはよろしくない。第二条は「文人」の単語がある占文で、第三条は「貴妃」の単語がある占文である。考えるに、「文人」の単語は確かに陳槃先生の言うように後漢になってやっと使われはじめ、「貴妃」の単語の出現はさらに遅いという可能性はある。だが、このふたつは『開元占経』巻三十九と巻七十六から輯録した佚文だと称しているが、実際のところ現行の『開元占経』には見えず、出所は清の人である黄奭の輯本なのである。本論ですでに述べているように、黄奭による輯佚文の信頼性には疑問の余地があり、それを用いて『河図帝覧嬉』の年代を判定することは妥当ではなかろう。

総じて言えば、目下、確実に信じられる『河図帝覧嬉』佚文の中には、明らかに前漢以前の単語や文法とし得るものは発見されていないのである。上に紹介してきた二つの歴史記述を参照すれば、『河図帝覧嬉』は前漢末期にはすでに流通していた一種の「讖」の類の緯書であったと分かるであろう。

四　出土文献より見た『河図帝覧嬉』

前段では、陳槃先生の文章が『河図帝覧嬉』の中には先秦の旧文が保存されていると指摘したことを引用し、並びに二条の資料を列挙してその証明とした。考察によれば、この二条の資料はいずれも議論の余地がある。第一条は

『天文要録』巻十一からの輯録で、その原文は「月暈天陳公子死民饑女后有喪不出二年」であるが、[三五] 陳槃先生は「月暈天、陳公子死、民饑、女后有喪、不出二年。」と読んでいる。今、考えるに、このような読み方は正しくなく、占文中の「天陳」は「角」の異名で、分けて読んではならぬものである。『開元占経』巻六十「東方七宿占一」は『春秋緯』を引用して「角主兵、一曰維首、一曰天陳、一曰天相。」と言っている。よって、この条の占文中に「陳公子」の称は無い。このように、陳槃先生がこの一占文を先秦の旧文と推測した根拠はもはや成立しない。第二条は『天文要録』巻廿八からの輯録であるが、[三六]『天文要録』の引用は実際は『河図紀』であり『河図帝覧嬉』ではない。本論ですでに触れたことだが、目下、『河図紀』が『河図帝覧嬉』であるという証拠は無い。よって、陳槃先生が『緯書集成』の説を踏襲して『河図紀』を『河図帝覧嬉』とし、それを根拠にして『河図帝覧嬉』の年代を推測するのは、妥当ではない。

指摘すべきは、陳槃先生の列挙した二条の資料は根拠とするには足りないとはいえ、彼の言う『河図帝覧嬉』中には先秦の旧文が保存されているという説は理に叶っているということである。我々は馬王堆の天文書を研究する過程で、その中の少なからぬ表現が『河図帝覧嬉』にも見られることを発見し、よって『河図帝覧嬉』には頗る来歴があり、重視すべきものであることを感じた。以下に、試みに『河図帝覧嬉』の内容と馬王堆の天文書との簡単な比較を行う。『河図帝覧嬉』の来歴と価値の認識に対し裨益することを希望するものである。

すでに述べたように、『河図帝覧嬉』輯本の内容は日占・月占・五星占・流星占・客星占そして彗星占などが含まれており、雲気占文が無い他は、基本的には馬王堆帛書『天文気象雑占』・『日月風雨雲気占』・『五星占』の三種の天文書の内容を含んでいる。[三七] 輯本中には雲気占が無いのも、調査可能な原因がある。上に述べたように、『河図帝覧嬉』の佚文は主に『開元占経』からの輯録である。だが雲気占の『開元占経』に占める紙幅は多くなく、しかも基本的には出典を明記していない。ゆえに、『河図帝覧嬉』には本来雲気占の文があった可能性は高く、ただ『開元占経』における雲気占の部分の紙幅と体例に限界があることによって、現在我々はすでに輯録する術がないだけなのである。このことから見るに、『河図帝覧嬉』は三種の帛書と全体的内容は大体は類似したものと言えよう。そして、この二種の文献の性質は基本的に一致していることも言える。

具体的な占文から見ると、『河図帝覧嬉』も三種の帛書と少なからず近似している部分がある。紙幅の都合上、ここではいくらかの文字と大意が比較的近い例を挙げるに止める。

一、帛書『五星占』に、「月与星相過也、月出大白南、陽国受兵。月出其北、陰国受兵。」（第三七行）とある。[三八]『河図帝覧嬉』には、「月与太白相過、月出其南、陽国受兵。月出其北、陰国受兵。」（『開元占経』巻十二「月与五星合宿同光芒相陵三」）とある。考えるに、『五星占』の「月与星相過也」の「星」は、その後の文によると太白星（金星）を指すことが分かる。よって、『河図帝覧嬉』と『五星占』の記載する上述の占文は文義と用語の面からよく一致している。ついでに言うならば、陰国・陽国は古代星占学の常套句である。拙書『簡帛数術文献探論』第七章「陰国、陽国考」の節を参考にされたい。[三九]

二、帛書『日月風雨雲気占』に、「月軍（暈）二重、倍潏在外、私成外。倍潏在内、私成中。」（甲篇第四行、乙篇第六三行）とあり、『河図帝覧嬉』には「月暈再重、倍在外、私成於外。倍在内、私成於内。」（『開元占経』巻十三「月重暈二」）とある。月暈（月の暈（かさ））再重とは、即ち月暈二重である。倍、潏（僪）は、古書では或いは「背」、「璚」に作り、いずれも日月の旁気の名である。『呂氏春秋』明理の高誘注に、「倍僪、暈珥、皆日旁之危気也。在両旁反出為倍、在上反出為僪。」とある。[四〇]上に引いた両書の記載は大体においては同じであることは明らかである。無論、『帛書』は「月倍僪」を以て占と為し、『河図帝覧嬉』は単に「月倍」を以て占と為しており、細かい点では差異がある。考えるに、古代星占術においては、日月の「背」、「璚」はいずれも臣下の謀叛や内乱を予示するものであり（四二）、故に「月倍（背）」と「月倍（背）潏（璚）」の占測結果は大体において一致しているのである。また、上述の帛書『日月風雨雲気占』は『河図帝覧嬉』の占文と文字上は詳細か簡略かの違いこそあれ、二者は大意において一致している。

三、帛書『日月風雨雲気占』に、「月薄、其主病。」（甲篇第四行、乙篇第六四行）とあり、『河図帝覧嬉』には、「月薄、所宿国主疾。」（『開元占経』巻十七「月薄蝕二」）とある。二者の一致は一目了然といえ、ここで解説の必要はあるまい。『河図帝覧嬉』と照らしあわせれば、帛書『日月風雨雲気占』の「其主」は月薄となった宿に配当した国の君主を指すと分かる。

四、帛書『日月風雨雲気占』に、「月七日不弦、主人将死。」（甲篇第二行、乙篇第六二行）とあり、『河図帝覧嬉』には、「月十日不弦、以戦不勝、主将死。当弦弦也、是謂大安。」（『開元占経』巻十一「月当弦不当弦而弦十八」）とある。考えるに、古代では「七」と「十」の二字は形が似ており、『河図帝覧嬉』の「月十日不弦」は「月七日不弦」の誤りではないかと思われる。また、『河図帝覧嬉』の「主将死」は「主人将死」の脱字ではないかと思われる。このように、両書の記載は基本的に一致する。月が半円となる時、その姿は弓の弦のようになるため、故に名を「弦」という。正常な情況下では、陰暦で毎月初七・初八・初九日ころが上弦、二十二・二十三日ころが下弦である。月の七日に弦とならなければ、星占書のいう「当弦不弦」であり、凶兆である。

五、帛書『日月風雨雲気占』に、「月交軍（暈）、一黄一赤、其国白衣受地、名城也。月交軍（暈）、尽赤、二主遇、起兵。」（甲篇第六〜七行、乙篇第六五行）とあり、『河図帝覧嬉』には「月色黄白交暈、一黄一赤、所守之国受兵。」（『開元占経』巻十五「月交暈三」）とある。両書の記載は、またも大体において一致する。

六、帛書『日月風雨雲気占』に、「中赤、白杵鼎尺朾月、其主病。有軍、軍罷。」（甲篇第四～五行、乙篇第六四行）とあり、『河図帝覧嬉』には「月旁有白雲大如杵者三抵月、期六十日、外有戦、破軍死将。」（『開元占経』巻十一「月中有離雲気十」）とある。考えるに、『説文解字』に、「朾、橦也。」とある。段玉裁は注をつけて「橦」を改めて「撞」とし、『通俗文』の「撞出曰朾」を引いて証明としている。段玉裁の説に従うべきである。これによれば、両書の記載には近似点がある。

七、帛書『日月風雨雲気占』に、「月食、其国貴人死、用兵者従所者攻之、勝、得地。」（甲篇第七行、乙篇第六五行）とあり、『河図帝覧嬉』には「月蝕、所宿国貴人死、用兵者従月蝕之面攻城取地。日亦然」とあり、また「月蝕、所宿国貴人死。又曰、其郷（向）有抜邑大戦」（『開元占経』巻十七「月薄蝕二」）とある。考えるに、帛書の「用兵者従所者攻之」の句は難解であり、脱字の疑いがあり、「用兵者従所【蝕】者攻之」と補うべきだと思われる。このようであれば、『河図帝覧嬉』の記載と互いに近くなる。兵を用ひる者【蝕】む所の者従り之を攻む、即ち「用兵者従月所蝕之面」あるいは「用兵者従月所蝕之方」によって城を攻撃したという意味である。

八、帛書『日月風雨雲気占』に、「営（熒）械（惑）入月中、所宿其国内乱。」とあり（甲篇第一五行、乙篇第七〇行）、『河図帝覧嬉』には「熒惑入月中、憂在宮中、非賊乃盗也、有乱臣死相若有戮者。」とある（『開元占経』巻十二「月与五星相犯蝕四」）。考えるに、『日月風雨雲気占』の「所宿其同内乱」は「所宿之国内乱（宿る所の国内に乱る）」の意味である。『河図帝覧嬉』の「憂在宮中」云々も、内乱の出現を言っている。このことから、両書の記載は大体において一致する。

九、帛書『五星占』に、「月啗大白、有【亡】国。営惑、【以乱】、陰国可伐也。」（第六一＋三八行）とあり[四二]、『河図帝覧嬉』には、「月蝕太白、強国以饑亡、不必九年以城亡。」とあり、また「熒惑貫月、陰国可伐、期不出三年、其国乱、貴人兵死。近期不出五年、其国受兵。遠期不出十年、而以兵乱亡也。」とあり、また「月蝕熒惑、其国以兵起、饑、又以乱亡……」とある（『開元占経』巻十二「月与五星相犯蝕四」）。『説文解字』に、「啗、食也。」とある。帛書の「月啗」とはすなわち『河図帝覧嬉』の「月蝕」である。両書の記載は基本的に一致しており、ただ『河図帝覧嬉』が若干詳細であるのみである。

一〇、帛書『五星占』に、「月蝕歳星、不出十三年【国飢亡。蝕塡星、不出□】年其国伐而亡。蝕大白、不出九年国有亡城、強国戦不勝。【蝕熒惑、其国以乱亡。蝕辰星、不出】三年国有乱兵。」とあり（第三九～四〇行）、『河図帝覧嬉』には「月貫歳星、有流民、不出十二年、国飢亡」とあり、また「月食熒惑、其国以兵起、飢。又以乱亡」とあり、また「月食塡星、女主死、其国以伐亡、若以殺亡」とあり、また「月食太白、強国以飢亡、不出九年、以亡城」とあり、また「月食辰星、其国以女乱亡若水飢、期不出三年。又曰、兵未起而飢、所当之国起兵、戦不勝」とある（『開元占経』巻十二「月与五星相犯蝕四」）。両書の記載は基本的に一致しており、いずれも月が五星を呑食することを以て吉凶を占測するものである。

一一、帛書『天文気象雑占』に月の暈と両珥（ふたつの耳飾り）の絵があり、「当者有喜。北宮。」という占文が附されている（前半幅第三／二条）。しかして『河図帝覧嬉』には「月暈而珥、歳為平安」とあり、また「暈而両珥、先起兵者有喜」とある（『開元占経』巻十六「月暈而珥冠戴抱背玦直虹蜺雲気四」）。両書の記載は、またも基本的に一致する。

一二、帛書『日月風雨雲気占』甲篇に、「月旬五日不盈、其国亡地。」とあり（甲篇第五行、乙篇第六四行）、『河図帝覧嬉』には「月未当望而望、是謂趣兵、以攻人城者大昌。当望不望、以攻人城者有殃、所宿之国亡地。」とある（『開元占経』巻十一「月当望不望未当望而望十九」）。考えるに、帛書の「月旬五日不盈」は陰暦の十五日の時に満月とならなかったことを言っており、『河図帝覧嬉』の「月当望不望」の意である。このことから、両書の記載は一致する。

一三、帛書『日月風雨雲気占』甲篇に、「月光如張蓋、其国立君。三夾之、其国立将軍、上陛。」とあり（甲篇第五～六行、乙篇第六四～六五行）、『河図帝覧嬉』には「月光如張炬火、所宿其国立王、亦立上卿。」とある（『開元占経』巻十一「月変色六」）。考えるに、『日月風雨雲気占』の「上陛」は「上弼」と読むべきと考えられ、（そうなれば）「上卿」と同義である。両書の記載は詳細さこそ違えど、大意は近い。

以上に列挙した『河図帝覧嬉』と馬王堆の帛書の近似例は十三条の多きに達する。これは、『河図帝覧嬉』の内容には来歴があることを説明するのに十分である。馬王堆の帛書の多くは漢初に抄写されたもので、最も遅いものでも文帝期のものである。その内容の形成された年代は、抄写された年代より若干早い。[四三] このことから見るに、『河図帝覧嬉』は確かに少なからぬ先秦時期の天文類の占文を保存しているのである。

結語

以上、我々は『河図帝覧嬉』の輯本に対して訂正と増補を行い、同時にその基礎の上に『河図帝覧嬉』の内容・性質および時代に対し簡単な討論を行い、さらに同書と考古学的発見である馬王堆天文書との比較も行った。これらの討論と比較を通して、以下のような結論が得られる。一、『河図帝覧嬉』は緯書でありまた天文書であり、正確に言うならば、同書は方士たちが天文資料を利用して編纂し完成した一種の「讖」類の緯書である。二、『河図帝覧嬉』の成立年代はだいたい前漢末期より遅くはない。三、『河図帝覧嬉』中には大量の先秦時期の天文類の占文が保存されており、中国古代天文占術の研究の重要な資料である。

《注》

(一)『漢書』(中華書局、一九六二年版)一七六五頁。
(二)中国古代の天文学の性質については、江暁原『天学真原』(遼寧教育出版社、一九九一年版)を参照。
(三)『史記』(中華書局、一九八二年版)一三四三頁。
(四)『漢書』(前掲)一七六三〜一七六五頁。
(五)調査によれば、『漢書』芸文志の記載する数術の書籍のうち、現存するのは「形法」類の『山海経』のみである。
(六)『開元占経』等の古書は『河図帝覧嬉』に引用される時には、『帝覧嬉』と略称されることもあるが、論述を簡便にするため、本論では一律に『河図帝覧嬉』とする。
(七)安居香山・中村璋八『重修緯書集成』(明徳出版社、一九七一〜一九九一年版)。本論で用いたものは中文版で、河北人民出版社が一九九四年に出版し、『緯書集成』と改名されている。
(八)安居香山・中村璋八『緯書集成』一一一四〜一一四三頁。
(九)潘鼐「開元占経提要」(『中国科学技術典籍通彙 天文巻』(五)、河南教育出版社、一九九七年版収録)。考えるに、同論文が『開元占経』を引用する時は『四庫全書』に拠っているようである。
(一〇)この三条の『河図帝紀』占文は以下の通り。一、「魏之帝時、斗星昼見経天、群臣相違、誅五都尉、戦流血、不出三年。」(『緯書集成』一一一五頁)二、「月犯觜星、小将戦有死者。」(『緯書集成』一一一九頁)三、「太白暈昴青赤黄、天子生聖太子、期一年。」(『緯書集成』一一三四頁)
(一一)この十条の『河図紀』占文は以下の通り。⑴「月行陽環、暴兵来、不出一年。」(『緯書集成』一一一六頁)。⑵「月犯畢、狼亭、天子用法誅罰急、貴人有死者、天下有変令。」(『緯書集成』一一一九頁)。⑶「月・熒惑・太白・辰星犯守輿鬼、其国有憂、大臣誅。」(『緯書集成』一一二〇頁)。⑷「輿鬼暈、二夕七運、其国近臣欲逆交兵、見血宮中、期半周。」(『緯書集成』一一二二頁)。⑸「熒惑守房、心間、地動、兵連於後堂、不出半周。」(『緯書集成』一一三三頁)。⑹「太白合奄畢星而経旬、其邦大乱、大侯王誅天子、不出三年。」(『緯書集成』一一三四頁)。⑺「辰星暈昴、大臣死、秋多水、地動。出彗星觜中、明年春斉桓公以食楽失珍宝、五穀無実、民饑分散。」（『緯書集成』一一三四頁）。⑻「尾星暈五重、堯帝応天符授、不出九十日。」（『緯書集成』一一三四頁）。⑼「客星赤大光守居騰蛇、蛇経五十日四道中、有盗賊。」（『緯書集成』一一四二頁）。⑽「彗孛入天銭、民人旬不勤、奔兵侵国境。」（『緯書集成』一一四一頁）。

（一二）『緯書集成』一一一九頁を参照。

（一三）『緯書集成』一一一七頁、一一二五頁、一一二九頁を参照。

（一四）陳槃『古讖緯研討及其書録解題』国立編訳館、一九九三年版、四四六頁、四七〇頁。

（一五）本論で『河図帝覧嬉』佚文を輯録する時には、『中国兵書集成』影印明唐福春刻本『武経総要』（解放軍出版社、一九八八年版）に拠る。

（一六）本論の引く『開元占経』は『四庫全書』本である。紙幅の都合上、以下に『開元占経』を引用する時は一般にただ巻次のみを示し、頁番号は省略する。

（一七）安居香山、田人隆（翻訳）『緯書与中国神秘思想』（河北人民出版社、一九九一年）一四頁。

（一八）この他、「春秋緯」・「孝経緯」・「尚書緯」そして「易緯」の中にも、天文占測に関わる資料がある。

（一九）安居香山、田人隆（翻訳）『緯書与中国神秘思想』（前掲）一四〇頁。

（二〇）『後漢書』（中華書局、一九六五年版）三〇三五頁。

（二一）『礼記』月令　孔穎達疏と『爾雅』釈天　邢昺疏を参照（阮元校刻『十三経注疏附校勘記』中華書局、一九八〇年版、一三五二頁、二六〇七頁）。

（二二）陳槃『古讖緯研討及其書録解題』（国立編訳館、一九九三年版）三九三～三九七頁。

（二三）『史記』（前掲）二五四六頁。

（二四）馬王堆漢墓帛書整理小組『馬王堆漢墓帛書㈢』（戦国縦横家書釈文、文物出版社、一九八三年版）八〇頁。

（二五）周世栄「馬王堆帛書古地図不是秦代江図」（『馬王堆漢墓研究文集』湖南出版社、一九九四年版、一六六～一七四頁）を参照。

（二六）陳奇猷『呂氏春秋校釈』（学林出版社、一九八四年版）三四七～三四八頁。

（二七）『通典』（中華書局、一九八八年版）七九七～七九八頁。

（二八）『尉繚子』（「諸子百家叢書」本、上海古籍出版社、一九九〇年版）一三頁。

（二九）劉樂賢『馬王堆天文書考釈』（中山大学出版社、二〇〇四年版）一二七～一二八頁、一三四頁を参照。

(三〇) 湖北省荊州市周梁玉橋遺址博物館『関沮秦漢墓簡牘』(中華書局、二〇〇一年) 一二五頁。
(三一) 劉樂賢『馬王堆天文書考釈』(前掲) 七八頁を参照。
(三二) 陳槃『古讖緯研討及其書録解題』(前掲) 三八四頁。
(三三) 王先謙『荀子集解』(中華書局、一九八八年版) 二九六頁。
(三四) 『天文要録』(『中国科学技術典籍通匯 天文巻』影印本、河南教育出版社、一九九七年版) 二五五頁。
(三五) 『天文要録』(前掲) 七六頁。
(三六) 『天文要録』(前掲) 一五八頁。
(三七) 馬王堆の三種の天文書の擬名については、劉樂賢『馬王堆天文書考釈』(前掲) 一五～一八頁を参照。
(三八) 本論の引く馬王堆の三種の天文書の釈文は、みな『馬王堆天文書考釈』に拠る。また、紙幅の都合上、以下に三種の天文書の釈文を引用する時には帛書行数のみを示し、頁番号は省略する。
(三九) 劉樂賢『簡帛数術文献探論』(湖北教育出版社、二〇〇三年版) 三一四～三二一頁。
(四〇) 陳奇猷『呂氏春秋校釈』(前掲) 三六四頁。
(四一) 『唐開元占経』(中国書店影印『四庫全書』本、一九八九年版) 六一～六二頁、一〇五頁を参照。
(四二) 帛書『五星占』のつづり合わせについては、劉樂賢『馬王堆天文書考釈』(前掲) 二〇五～二一〇頁、二四二～二四四頁を参照。
(四三) 馬王堆の天文書の年代については、劉樂賢『馬王堆天文書考釈』(前掲) 二〇～二二頁を参照。

劉報告へのコメント

小林　春樹

天文現象や気象現象を観測して未来を知ろうとした「天文・気象占」は、実際の経験にさきんじた先験性を重視するという点などにおいて、本シンポジウムのテーマである「術数」と共通した性格を有する、ひとつの知的体系であると考えられます。ただいまの劉樂賢先生のご発表は、第一に、予言を中心とした広義の緯書に含まれる『河図帝覧嬉』が天文・気象占関係史料の宝庫であること、第二に、それらの史料の淵源は、遠く馬王堆帛書の三つの天文書、すなわち『天文気象雑占』・『日月風雨雲気占』・『五星占』にもとめられることを中心としたお話でした。

劉先生は、最初の「引言」と、『河図帝覧嬉』輯佚訂補」において、「天学三志」と総称される『史記』「天官書」、『漢書』「天文志」、『続漢書』「天文志」や、『淮南子』「天文篇」以外に、安居香山氏によって「讖類の緯書」の一つとされた『河図帝覧嬉』の中にも豊富な天文・気象占関係の史料が保存されているという事実について我々の注意を喚起されたうえで、当該の書物を具体的事例として、以下の諸事実について卓見をお示しになりました。

第一に、『河図帝覧嬉』に関する代表的輯本である、『重修緯書集成』巻六（河図・洛書）にも多数の遺漏があるとともに、史料の選択にも問題が含まれていること、第二として、幸いなことにそれを補訂するうえで大いに参考になる種々の史料、たとえば趙宋の第四代皇帝である仁宗の勅命をうけて、曾公亮と丁度の両者が編纂した『武経総要後集』、とくにその巻十六から十八までのような種々の兵書が存在すること、などがその要点です。つづいて先生は、

『河図帝覧嬉』の内容と性質」において、『河図帝覧嬉』の内容が「日占」、「月占」、「五星占」などの天文・気象占を中心としていること、したがってそれが緯書のなかでも経書を解説した「緯類の緯書」ではなく、さきほど確認しましたように、予言を中心とした「讖類の緯書」に相当することを指摘されました。また、『河図帝覧嬉』の時代」では、陳槃氏の研究成果を批判的に援用されつつ、第一に、『河図帝覧嬉』は、前漢末の劉歆の時代にはすでに書物として成立し、広く流行していたこと、第二に、その史料的淵源は、それ以前、すなわち先秦時代にさかのぼる可能性があること、の二点を明らかにされました。そのうえで、とくに後者のご説に関連して、『河図帝覧嬉』の史料的淵源が、すくなくとも前漢の文帝期にもとめられること、さらには、蓋然性としてはそれ以前の時代にまで遡行し得るということを具体的に実証するために、「出土文献より見た『河図帝覧嬉』」において、先生が熟知していらっしゃる馬王堆帛書のなかの三種の天文書、すなわち「天文気象雑占」・「日月風雨雲気占」・「五星占」と、『河図帝覧嬉』に見える天文・気象占関係史料とが近似していることを、合計十三条にわたって例示されました。そのようなご議論の結論に当たる「結語」において先生が導出された結論はつぎの三点です。一・『河図帝覧嬉』は天文書であり、その編纂者は天文・気象占に関わりが深かった方士であった。また当該書は、安居香山氏の分類にしたがえば広義の緯書、すなわち「讖類の緯書」に相当する。二・『河図帝覧嬉』が書物として成立した年代は前漢末期より遅くはない。三・『河図帝覧嬉』の成書年代は前漢末、劉歆のころに比定されているが、その史料的淵源は、前漢文帝期に副葬された馬王堆帛書の三種の天文書までは確実に遡及できるとともに、先秦時代にまで遡ることができる可能性が大きい。したがって『河図帝覧嬉』は単に緯書史料として重要であるだけでなく、中国古代天文・気象占研究にとってもきわめて重要な史料である。以上です。

つぎに、劉樂賢先生の貴重なご発表をうかがった結果、私個人が抱いた私的感想を述べさせて戴いて、コメンテーターとしての責務にかえたいと思います。

興味を抱きました第一の事実は、天文・気象占関係史料の内容には、時間の経過を超えた不変性・連続性が存在しているという事実と同時に、その一方において、時間の経過にともなって、観測の対象とされる天文・気象現象、および占測の結果導かれる判断などに変化が見出されるということです。馬王堆帛書の「天文気象雑占」には三日月に暈がかかり、その左右に「珥」、すなわち耳玉のような「気」があらわれた様子を描いた絵が見え、その下に「当たる者には又た喜あり。北宮（もしくは北官）」、つまりその現象が如何なる人物に対する予兆であるかは不明ですが、そのような天文・気象現象が、対象とされた人物の幸福を予告する吉兆とされています。この史料については、すでに劉先生がその著書である『簡帛数術文献探論』（湖北教育出版社、二〇〇三年）の第八章第一節で明らかにされているように、同様の現象について述べた『河図帝覧嬉』の、以下のような逸文が、唐の瞿曇悉達が編纂した『開元占経』巻十六「月暈」の項に引用されています。「暈して両珥あるは、先に兵を起こす者に喜有り」。一方、「暈して珥あれば」と記されているために、出現する「珥」が左右ふたつではなく、ひとつであるかもしれない可能性を残すという点において上記の史料とは一線を画するものとして、やはり『開元占経』巻十六「月暈」の項に『河図帝覧嬉』の逸文として引用されている史料、および、唐の李淳風が編んだ『乙巳占』巻二に出典が明記されないまま引用されている以下のような逸文とがあります。「月、暈して珥あるは、歳、平安為り。」「月、暈して珥あるは、歳は平らかにして、国は安んず。又た曰く、国に女喪有り。」以上、四つの史料のあいだには、占測の対象とされている現象が月の暈と珥であるという共通点が確認される一方において、観測された「珥」の数に相違が見出されるとともに、占断の文章の内容に関しても、当該の現象を素朴に吉兆とみなしている馬王堆帛書に始まり、軍事との関連を明示した前者の『開元占経』巻十六の『河図帝覧嬉』の逸文、そして後者の『河図帝覧嬉』の逸文や『乙巳占』巻二の一文のように、その年の平安や女性の君主の死亡を予言したものにいたるまで、その内容は多様性に富んでます。以上の諸事実のうち、対象とされた天文・気象現象が共通しているという事実からは、天文・気象占には時間を超えた地下茎的・リゾーム的不変性が存在することが、また占文に時代的な種々の変化やバリエーションが見出されるという事実からは、時間の経過にともなって天文・気象関係占が変遷、さらに積極的に評価するならば発展・展開したことが、それぞれ読み取れると考える次第です。

興味を抱きましたことの第二は、天文・気象占関係史料の内容には、さきほどの時間の経過を超えた不変性・連続性、および継時的変化とならんで、地理的・空間的距離を越えて、占文の不変性と連続性とが見出されるという事実、およびその一方において、観測の対象とされる天文・気象現象については様々な相違や変化が見出されるという事実です。やはり劉先生が紹介された史料のなかに、『開元占経』巻十六と、『武経総要後集』巻十二におさめられた『河図帝覧嬉』の逸文があり、それぞれ、「月、暈して珥あれば、六十日にして兵、起る」。「月、珥あれば、六十日を期として兵、起る」としるされていていますが、両者のあいだには、対象とされる天文・気象現象に関しては暈がかかっているかいないかという違いがあるとはいえ、占文の内容には基本的な相違は見出されません。ところで、個人的なことながら評者が勤務先の共同研究において、一昨年から訳注作業をおこなっている日本の天文・気象占関係史料にも、これらの逸文にきわめて近似した一文が見出されます。その史料は「若杉家文書」と総称され、現在、京都総合資料館に所蔵されている、二二八五点からなる陰陽道関係史料の宝庫です。ちなみに若杉家とは、安倍晴明以来続いた阿倍氏の流れをくむ土御門家の家司、すなわち家の司のひとつであった家であり、現在われわれが訳注作業を行なっている史料は、若杉家文書の第八十三番である「雑卦法」一巻と命名されている史料です。「雑卦法」が書写されたのは、北条氏政権下の鎌倉時代、ちょうど、御成敗式目が施行されたのと同時代の、嘉禎元（一二三五）年でした。その若杉家文書の「雑卦法」のなかに、「月に四珥あれば、六十日を期として起兵あり」としるされているわけです。当該史料が問題にしている天文・気象現象は、これまでの諸史料には見られなかった「四珥」、つまり月に四つの珥があらわれるという現象ですが、「六十日以内に兵が起きる」というその占文は、『開元占経』巻十六と、『武経総要後集』巻十六におさめられた『河図帝覧嬉』の逸文と基本的に一致しています。この事実は、『河図帝覧嬉』に採録されたものと、ほぼ同一の内容の天文・気象占関係史料が、ある時代に、なんらかのルートを経て日本に伝わって阿倍氏の蔵書となっていたこと、それが種々の天文・気象占関係の史料とともにまとめられて一書とされたあと、鎌倉時代に書写されて現在に伝えられていることを物語るものですが、興味ふかいことは、この事実が、天文・気象占関係史料のうちの或るものは、時間的のみならず、地理的・空間的な壁をこえて日本にまで伝えられていたことを示唆しているという事実です。

以上、劉先生のご発表の要点のひとつである、天文・気象占関係史料が時間的連続性を保っている可能性と、その一方において、時間の経過にともなって変化・発展を遂げている可能性などについて再確認させていただきました。『河図帝覧嬉』を素材として劉先生が初めて試みられた、天文・気象占関係史料の時系列的収集というお仕事が、今後、『河図帝覧嬉』以外の緯書や種々の天文・気象占書、兵法書、さらには日本の陰陽道関係史料、天文道関係史料に拡大して進められていくこと、そしてその貴重なお仕事によって、天文・気象占の歴史的展開が、日本の陰陽道や天文道などの展開とも有機的に関連づけられて解明されていくことを期待しつつ、私のコメントに代えさせていただきます。

劉報告への質疑応答

司会（池田知久、大東文化大学）

それでは、小林先生のコメントに劉先生からお答えをいただきたいと思います。

劉樂賢（中国社会科学院）

小林先生から頂いた御意見に、非常に感謝します。実は、わたしも従来より陰陽道に対し非常に興味を持っておりました。これについては明日、早稲田大学で講演の予定であります（一）。ですが実を申しますと、馬王堆出土の天文文献を考察したときには、陰陽道の文献を全く参考にしておりませんでした。というのは、私が当時において目にした範囲での陰陽道文献の中には、天文に関するものは極めて少なかったからです。ですが今回、小林先生から、まだ公刊されていない若杉家文書の天文関係の資料についてご紹介をいただき、今後の研究に大いに役立てられると考えています。たいへんに小林先生に感謝しております。

司会（池田知久、大東文化大学）

ありがとうございました。では、フロアのほうから御意見をいただきたいのですが、まずは、勝手ですがこちらから指名させていただいて（笑）。さきほど劉先生のご報告にもたびたび登場してきた中村璋八先生。先生は安居香山先生と一緒に『重修緯書集成』をまとめられ、これは中国大陸でも出版されて、たいへんな歓迎を受けているものです。今日の劉先生のご報告は、『重修緯書集成』の中で『河図帝覧嬉』の佚文として集めてあるものの中には、すべてそうとは言い切れないものがあるという、いわば中村先生への批判的な（笑）見解がありまして。『河図帝紀』『河図紀』というものも区別せずに『河図帝覧嬉』と一緒に取り上げるのは、実証的根拠・考証が不十分ではないかと劉先生は言っておられます。

これも含めまして、何か一言お願いいたします。

中村璋八（駒沢大学名誉教授）

今日は、術数というものを取り上げていただき、ありがとうございます。術数というのは、日本では傍系的なもので、くだらない研究だ（笑）という評価をされていたわけですが、今日はその術数に関する研究発表が、若い方々から四人も出て、興味深く聞かせていただきました。それから劉先生は、私の本を随分たくさん読んでいただいており、感心したわけです。

私は四十年くらい前に、『緯書集成』をガリ版刷りで出しました。非常に粗末なものだったわけですが、割合に評判がよく、今度は文部省から出版助成をもらって、『重修緯書集成』を出したわけです。なぜ「重修」かと申しますと、前に出した『緯書集成』をやりなおした『重修』という意味でつけたわけです。

そこで、今日の御発表で、『河図帝覧嬉』を挙げていただいたわけですけれども、『重修緯書集成』はもう四十年も前に出したものですから、不備も多いわけです。それを先生がこうやって補遺といいますか、無かったものを色々書き出していただき、非常に参考になります。日本でも緯書の研究はあまり盛んではないのですが、今申し上げましたように、術数という学問も注目を浴びるようになり、今日もたくさんの発表があったわけで、とくに若い人たちの発表を、非常に興味深くお聞きしました。劉先生も若いですから、これからもどんどん緯書というものを研究してほしいと思います。

私は、資料を収集しただけであって、まだ研究という段階に入っておりません。研究という段階に入ると非常に大部なものになってしまいます。このように、一つずつ詳細な検討を――今回は劉先生が『河図帝覧嬉』を取り上げていただいたわけですが――こういう検討をこれからみなさんがしていただけると、非常にありがたいと思います。

今日の劉先生のお話をうかがって、たいへんに心強く思っております。これからの緯書の研究がますます盛んになることを期待しております。

劉樂賢（中国社会科学院）

ありがとうございます。中村先生は、わたしが最も尊敬する学者です。このたび私が来日いたしまして、色々な収穫がありましたが、もっとも嬉しいことは、中村先生と直接お会いできたことです。さきほど中村先生は謙遜されて、「自分は資料を収集しただけだ」と仰いましたが、先生が深い研究をしてこられたということは、みなさんよくご存知のことと思います。さきほどのお言葉は、後輩への激励の言葉として、ありがたく頂戴いたします。

中村先生が作業をなさった当時は、一冊一冊の調査をすべて手作業でされた。非常に大変な作業であったと存じます。現在は印刷やコンピュータなどが利用でき、作業は昔とは比較にならないほど楽になりました。今回私が報告した内容も、決して中村先生に対する批判というわけではなく、このように便利になった現在の研究環境において、こうした発見をする余地があるのだ、とそういうことをみなさんに分かっていただくための報告でありました。もし偉大なる先達の先行研究がなかったならば、私はとてもこのような研究はできなかったことでしょう。

司会（池田知久、大東文化大学）

はい、ありがとうございました。では続いて会場からどうぞ。

川原秀城（東京大学）

わたしは『開元占経』はだいたい読了しましたが、そのときに天文占は時代的変遷がほとんど無い、という印象を強く受けました。それを前提にお尋ねします。劉先生はそのことについてどのようにお考えですか。

司会（池田知久、大東文化大学）

今のご質問の意図ですが、劉先生は、『河図帝覧嬉』と馬王堆の天文関係を比較研究し、『河図帝覧嬉』は馬王堆とかなり近いことから考えて、馬王堆以前から同じものがあって、それが『河図帝覧嬉』に入っているのではないかと推測しておられるわけです。それに対して川原先生は、たぶんそれを批判する意図で言われたんだと思いますが（笑）。そもそも時代的変遷など無いのではないか。とすると同時代、つまり前漢末期とかに、いくらでもあったのではないか。と、そういうご主旨ということでよろしいですか。え、そんな主旨のことは言っていない。それは私の勝手な解釈ですか（笑）。あ、そうですか。分かりましたけどね。ご主旨は違うんだそうですが（笑）。たぶん嘘です。私の言った解釈が正しい（笑）。そういう方向でお答えいただきたいと思います。

劉樂賢（中国社会科学院）

『開元占経』は、それまでの文献の集成であり、その内容が従来のものと大きな差異がないというご指摘は当然であります。ただし、本を編纂するときの体系は、戦国・秦・漢代と、そう同じではないと思います。たとえば五星占については、『開元占経』の分類は非常に厳密ですが、帛書の五星占の分類は、『開元占経』ほど整ったものではありません。総じて言いますと、中国において天文占というのは、後世における発展は非常に少ないと言えます。しかも重要度そのものが下がっていっているからです。しかも『開元占経』は天文占の集大成であり、それまでのものがすべて入っている。天文占だけでなく、術数というものは、総合的構造にはとくに大きな変化は無いものなので、それはある意味、当然のことではないでしょうか。

司会（池田知久、大東文化大学）

はい、ありがとうございました。日本の陰陽道の研究者である山下先生がいらっしゃいますので、一言お願いいたします。

山下克明（大東文化大学）

日本における陰陽道の研究の見地から、劉先生のご報告を非常に興味深く拝聴させていただきました。『河図帝覧嬉』の文書が、馬王堆帛書とほぼ一致するとのことは、御説の通りではないかと思います。一方、日本の観点から見ますと、『河図帝覧嬉』は日本の陰陽道文献にも引用がありますので、それがどこまで遡れるか、という興味がございます。日本で使われているものは主に唐代、どんなに遡っても隋代の文献で、これらが渡来人や遣唐使によって七~九世紀にもたらされたものです。それらのものは、中国では三国から隋くらいにかけて一度改変を経て、いま川原先生からは「ほとんど改変は無いのでは」ということでしたが、やはり文書的には違うのですね。このように、いくつかのクッションを経て日本に渡ってきているものでございます。

日本の陰陽道のことは、中村先生が『日本陰陽道書の研究』(汲古書院、一九八五年)として、まとめあげておられますが、ここで用いられている中国典籍も、主要なものは唐代の陰陽書、たとえば呂才の『陰陽書』、王粲の『新撰陰陽書』、密教の『宿曜経』とか、そういうものが引用されております。術数・日書関係のものというものは、起源は古いですから、同じようなものは見えることは見えるのですが、ストレートに日本に来ているものはなく、三国から隋・唐にかけての改変を経て、日本に来ているのではないかと思います。

司会(池田知久、大東文化大学)

では、時間も大幅に過ぎておりますので、劉樂賢先生のお話はここで切らせていただきます。続いて総合討論です。

《注》

(一) 劉樂賢、森和(訳)「出土数術文献と日本の陰陽道文献」(『長江流域文化研究所年報』四、二〇〇六年)。

討論

司会（三浦國雄、大東文化大学）

では今から総合討論に移りますが、最初に、各先生方に、発表で話し足りなかったこととか、感想などを補足していただきます。

蕭漢明（武漢大学）

今日はこの国際シンポジウムに参加でき、非常に嬉しく思います。とくに、この場において、多くの学者の方方にお会いできて光栄です。今日わたしが話しましたことは漢易の基本的特徴についての概略的なことで、ここで繰り返すことでもないでしょう。内容について、皆様からご批判・ご叱正を賜わることができればと思います。

近藤浩之（北海道大学）

「利見大人」は『周易』に頻出しますが、これについて簡単にしか触れなかったので、若干補足させていただきます。『日書』では、「利以見人」という言い方が頻出します。ただ、単に「人」と言うほかにも、「以て公王と貴人に見ゆるに利有り」と言ったりします。また、「利以」という言葉の後には、『日書』では、何に良いかという事項が羅列されており、「以て」それによろしい、となっております。あるいは、「以て～するに利有り」というものを、どんどん付け足して作ったところもあります。

『周易』をみますと、関係が有りそうな無さそうな二つ三つの項目が並列している場合があります。『日書』を見ていると、最初は一つしかなかったものが、追加・羅列されていったことが分かります。『周易』もそういう風に追加・羅列されて作られた文書であると考えてよいでしょう。

また、『周易』では、具体的な人物に面会するものだったものをすべて「大人」に統一しております。個別具体性を抜かして包括的・抽象的に作ったことが、『周易』の他の占いとは違うところだと思います。

辛賢（大阪大学）

今回『京氏易伝』と世軌法との関連について述べさせていただいたのですが、『京氏易伝』のみならず、『帛書周易』や「卦気説」にみられる数理性も、世軌法に何らかのかたちで関係しているものなのかどうか、いまのところ分かりませんが、今回の検討によれば、卦序の数理的規律がたんに数理的整合性を求めるだけではなく、王朝交替の歴史的メカニズムを理論的に構築しようとしていた、という結果を踏まえて考えますと、『帛書周易』や「卦気説」における数理構造に関してもまだ検討の余地があるのではないかと思います。

劉樂賢（中国社会科学院）

皆様、私の話を聞いていただきありがとうございました。再度講演内容を申し上げることはいたしません。お願いしたいことは二つです。一つは、これだけ多くの専門家・同じことに関心を抱いている方々が集まるという滅多に無い機会ですから、多くのご批判・ご意見をいただきたいということ。二つは、若い研究者の方々に、術数や天文といった分野の研究を進めていただきたいということです。

司会（三浦國雄、大東文化大学）

ありがとうございました。ではフロアのほうに戻し、ご意見をいただきたいと思います。

李承律（東京大学）

近藤先生と劉先生にお伺いしたいのですが、劉先生は今回は『日書』について触れておられませんが、ご専門（一）ですのでお願いいたします。近藤先生の発表で言われた、『日書』と『周易』の関係ですが、具体的にはどれくらい緊密な関係があるのかを、お教えいただきたい。今回その論拠として挙げられたものは、「利」あるいは「以」という言葉です。恐らく、実際にはもっとたくさんの用例を比較検討されているかと思うのですが、今回のご発表を聞く限り、占いの専門用語としては普遍的に見られる言葉だけを比較しているように見えます。それよりもっと両者の緊密な関係を認め得るものがあるのかどうか。『日書』と『周易』は、それほど深い関係にないという意見もありますので、この機会にお二方にお聞きしたいと思います。

近藤浩之（北海道大学）

李先生が言われたように、『日書』と『周易』を比較して報告する場合には、もっと徹底的にやるべきで、自分でも恥ずかしく思うわけですが、今日は、普遍的に占いによく出てくる言葉に絞って発表しました。『周易』には、『日書』では絶対出てこない言葉が多くあります。そうした言葉は、どこから出てきたのか、何に由来するのか、あるいは『周易』オリジナルなのか。

例えば、お配りした比較一覧表（七六頁）に、卦爻辞が載っております。

次に、娘を娶るは吉と。これは『日書』にもよく出てきます。こちらから娘を嫁す場合と娶る場合と両方出てきますが、そういう言葉は普遍的に出てきます。これは『日書』以外の占いの本にも出てきますから、どこがルーツというよりも、基本的に占いの基本用語であろうと思われます。

重要なことは、『日書』は生活にかなり密着していて、何日に何をしようかというときに、タイムテーブルのようになっていて、「この日に水がだめ」とあるから船に乗るのはやめようとか。行動のちょっとした指針になるわけです。そういう言葉がかなりあり、それを知った上で『易』を見ると、そういうのが散りばめられて入っているということが分かります。ただ、『易』は、その一つの卦でいろんな生活の場面を、関係あるものを並べようと、そういうことはしない。何か一つだけ、象徴的なものだけを掲げて示している。あるいは先程述べたように「大人」という言葉に集約してしまう。そういう形で見るとですね、『周易』には、『日書』のようなオリジナルは無いのではないかと、そういう気がするくらいです。どこかから材料を持ってくる。『日書』から、また別の書から、卦辞・爻辞を作り上げる。そのように作っていると私は思います。

　最初は私は『易』と『日書』は関係ないと思っていました。でも卜筮祭禱記録簡をみたり[二]、阜陽漢簡のうしろについている卜辞を見たり、あと『史記』に載っている亀策列伝に出てくる占い用語を見たりしているうちに、「以」という言葉はとにかくその占いの卦爻辞が条件になったり日付が条件になったり、とにかく何かの条件下においては、という言葉になっているのは共通している。もしそれを見逃しているとそういう条件を見逃してしまうので、すべてにおいてそうだと誤読してしまうことがあると気付きました。そういう意味では『周易』もやはり「用」というのは、それと同じように占い用語として読むべきであって、どの条件下という限定をつける必要があると思いました。別の話になりましたが、そういうふうに寄せ集めて作ったような印象を持っています。

　ご質問の重要点は、どのくらいの密接観を以て考えたら良いかということですが、占いとしては別物なのですが、『周易』独自の占いというのは無いと、私は思います。諺であったり成語となると、なにか文献から引っ張ってきて作ったと。一つの卦爻辞の中に『日書』の占いがあり『論語』があり卜筮祭禱記録があって最後に普通に使う記事があってとか、そういうのを並べているだけという、極端なことをいえば、そういう印象を持っています。

劉樂賢（中国社会科学院）

　まず明らかにしておきたいことは、我々が易というとき、それは術数の易なのか、儒家の易なのかを分けて考えなければいけない、ということです。私が取り上げるのは術数の易です。そして両者は性質上においては異なったものです。ですが用途上においては、吉凶ということに関わるものですから同じです。しかし、だからといって、両者（『周易』と『日書』）に関係があるということは難しい。用例的に明確に関係があることが見いだせるものは、現在のところ発見できておりません。

また、私の先生である李学勤は、日書の艮山図が易の影響を受けていると言っておりますが[三]、私はそう言い切るのにはまだ研究の余地があるのではないかと思っています。そして、儒学的観点からの易で言うならば、さらに関係は無いのではないかと思います。

大野裕司（北海道大学・院）

まず『易』についてですが、今回の趣旨説明で三浦先生は、「易は経学の主役であって術数ではなく、『漢書』芸文志でも「六芸」の筆頭に挙げられている」と書かれております。しかしながら、確かに『易』は六芸略・易に載っているのですが、数術略・著亀にも載っておりまして、要するに『易』には『漢書』芸文志でも、経の『易』と術数の『易』の両方がある。出土資料ですと、たとえば馬王堆の『易』は経で、阜陽漢簡の『易』は術数の『易』にあたるだろうと思います。経の『易』と術数の『易』との関係は、占いとして、術数としての『易』がはじめにあって、それからのちに儒者が『易』を利用して哲学的なことを言うようになった（経の『易』とされています。『日書』と『周易』との関係につきましては、両者はまったく別の占いなのですが、その占辞には、共通する部分があり、両者を比較することで、両者の（特に『易』の）占辞の読みを確定できるのではないか、ということを考えております。

司会（三浦國雄、大東文化大学）

『日書』と『周易』との関係に関して、ほかにご意見はございますか。

井上亘（大東文化大学）

近藤先生と辛賢先生にも関わると思うのですが、わたくし、『日書』と『周易』は、根本的に違うところがある。それは占いとして、『日書』は、天文など既存のメカニズムによって占いをする。ところが、『周易』とか亀卜は、自分で新しい状況を作って、それをどう読むかという占いです。いま大野さんが仰ったように、比較の視座にはなるのですが、性質は違う。そして、『周易』は寄せ集めだと近藤先生は仰っておられますが、いちばん疑問に思うのは、竹書が出たり、帛書が出たりしているのに、本文に余り異同が無い、安定したテキストなわけです。阜陽漢簡につけたしの文字がありますが、それは異本と認めてよろしいかと。あまり本文にブレがない、安定したテキストだということなんですね。これは常識的に考えれば、古いもので、由来が古いから余りぶれないと考えるのが普通だと思うのですが、それはどうなのかと。それから辛賢先生にお聞きしたいのは、筮竹というのはやってみると分かりますが、数を数えますね。そうするとやはり、数の問題が入ってきやすい。加えて、張家山から、『算数書』も出てきており、当時の役人が数学的な教養を持っていたことが、『九章算術』を遡る形ではなく、考古学的に実証されたわけです。そういう教養・教育が、易の高い展開と関係があるのではないかと考えていたのですが、いかがでしょうか。

近藤浩之（北海道大学）

仰るところは尤もでして、私も最初は『周易』と『日書』は全く別物だと思っておりました。その理由の一つは、仰られたとおり、『日書』は占いというより、最初から決まっている暦である。だからそれを表にしておいて、その日その日を見ていく。それが天文にも由来していて、そういう設定にされている。ところが『周易』はその場でやってその場で読み取るわけです。ですから易で大切なことは、卦をたて、そして卦の六本のマークを見て、どう判断するか、それが基本だと思うのですね。

『左伝』に載っている記事がどこまで古いか知りませんが、あれを見ると、『周易』の文言と同じものもありますが、全く違うものもあります。あと『穆天子伝』に出てくる占いの記事を見ると、易とは全く違う文言で書いてある。(四)似ているけど易には見えないというのが出てきたりします。そういうものを見ていると、結局重要なことは、占い師が六本から何を連想するのかだと思います。それがいく種類か古い記事として残っているのだと思います。その中では、易の卦爻辞はまだ、安定していない。だからこそ他の言い方をする。あるいは独自の解釈があるから、他の解釈が出てくるのだと思います。共通しているのは、六本のものさえあれば、そこから三本三本に分けて山だとか川だとか天だとかに見立てて占いをする、そこが易の一番の基本だったと思うので、もっと融通の利いたものだと思っております。

ただ井上先生が言われるように、『周易』のテキストはかなり早くから安定していたようだと、それも私の納得するところで、それはいったいどう説明したら良いのかは、つねに悩む所です。他の文献のなかでは、安定していない部分もはっきり残っているわけですから、核になる六本が合いさえすれば、それは易の占いであって、どこかで、テキストとして定着せねばならないという動きがあったとき、むかし占った結果を材料として基本として、寄せ集めて『周易』の卦爻辞ができたのであろう。そういう感じが、私にはするのです。ただ、当然ほかの解釈もいくらでも成り立つだろうとは考えております。

辛賢（大阪大学）

私は張家山のほうは読んでないので詳しいことは申し上げられませんが、まず、易の数が策数に関係するというのは、繫辞伝の筮法、十八変法からも言えますし、前漢末の太玄の三進法と言われるものも、一、二、三を順列的に組み合わせたものでありまして晉の范望は、それが策数によるものであると言って、易の数理が筮法の策数から見出されているとはいえます。仰るように、これはもちろん算数の教養があったからできたとは思いますが、易が数を重視する、とくに私がやってる漢易の数理性というのは、そういう文化的教養以前に、人間の学問的営為において万物を数という客観的基準に求めていたものと思われます。とくに漢代の易学は、学問的実証性が要求されるわけですから、学者はそれを客観的・普遍的な基準をもって説明せねばならないわけで、そのための天文学や数学の専門知識を備えていたと思いますが。

川原秀城（東京大学）

今の問題については私も考えたことがあります。王国維が『釈史』を書いておりますが、王国維の研究によりますと、史は、いわゆる竹簡木簡を司る官であり、竹簡木簡をそのまま計算にも使い記録にも使いました。従って当時の考え方でいえば、知識人は、文字も書ける、計算もできる、それから占いもできる。それが知識人の基本形態であった。それゆえ、今仰ったようなことになると私も思います。

池澤優（東京大学）

私は、算数がすごく苦手なので、術数という分野も苦手なのですが、これだけ専門家が集まっているので、どうしても、昔から一つ気になっていることをお聞きしたいのです。戦国から秦漢にかけての術数というものを、発展・展開させた、それを担ったのはどういう人たちで、その人たちはどんな生活をしていて、その展開を推し進めたニーズは何であったのか、ということです。もちろんこれは、術数といっても色々違うので、辛先生のご専門ではこれは儒者ということになるでしょうし、劉先生の場合ですとこれは皇室ということになるでしょうし、近藤さんの日書なら日者ということになるんでしょうが。『史記』の日者列伝に、町の売卜家の話が出てきて、この売卜家が偉いんですね。普通の儒者や知識人を馬鹿にした上で、とうとうと天下国家を論ずる。[五] 当時の術数を担った人たちの精神構造や生活形態をどうお考えでしょうか。

司会（三浦國雄、大東文化大学）

いかがですか。今日の皆さんの話にはそういう視点は無かったかと思いますが。術数の担い手、社会的ニーズについて。

川原秀城（東京大学）

術数という概念は、漢の劉歆の時代にできたと一応いうことができます。ではそれ以前は術数学が無かったのかというと、そうではありません。その中で注意すべきは、疇人といわれる人びとのことです。疇人とは、父親の学問を子供が継ぐという形の専門職のことですが、ある時には天文学者であり、ある時には数学者でした。そういう専門家は時には尊敬も受けました。しかしさきほども言いましたように、術数を最も的確に説明するのは「百偽一真」の知識ですので、術数家にはほら吹きが多かったと考えねばならないと思います。ほら吹きっていうのは、いくらでも天下国家のことを論ずるでしょう。だから、「百偽一真」の知識の持ち主と揶揄されるのは当然であって、知識人は内心、かれらのことを愚弄していただろうと思います。その術数の流れをたどっていくと、史など大きな文化伝統が根幹にあるわけですが、その様々な流派の中には、光の強い弱いもあり、ある者は占い師となり、ある者は歴史家、ある者は数学者、ある者は教師になりました。いろんな形があったわけです。その中には詐欺師みたいな人もいたと考えるべきでしょう。

司会（三浦國雄、大東文化大学）

川原さんのご意見ですと、戦国秦漢の頃から彼らの地位はそう高くなかったということですか。

川原秀城（東京大学）

色々であると思います。「百偽一真」の人もいれば、中には「百真一偽」の人もいた。また逆に「千偽一真」なんて人も出たかもしれません。その辺は個人差があったというべきでしょう。その社会的地位ですが、もと史は超エリートの大臣クラスでしたが、時代に沿って地位はだんだん下がっていきました。私たち中国学者も、明治初期にはすごく高かったのが、今は……、というような感じかもしれません（笑）。

司会（三浦國雄、大東文化大学）

まあ近世からは、蔑まれるのがはっきり見えてくるわけですけれども、すでに先秦からそうだったんですかね。近藤さんどうですか。

近藤浩之（北海道大学）

先秦時代に占術をやっていた人といいますと、具体的なことしか思いつかないものですが、卜筮祭禱記録に出てきた貞人の記録を見ますと、非常に専門的用具、決まった人が決まった用具を使って行うのです。(六)決まった人が何回か出てくるんですね。筮を使う人は筮ばかりをやるみたいですし、そうすると川原先生の言われたように、専門が決まっていて、しかも恐らく大臣クラスの人が占うときには、その人に頼むというような人が決まっていて、毎年の始めに占うとか、主人が病気になったときは、その治癒を占わせたりと、かなりしっかりした専門性と、ある程度の地位があったのではないかと。ただ、一つの占いだけで決めるということはしていないようで、三人とか五人とか、奇数の人数の占い師に頼んで占ってもらっています。

池田知久（大東文化大学）

時代を限定しないといけないと思うのですが、たとえば殷代の貞人がどの程度の地位だったのかということは、ある程度分析できるのではないかと思いますけれども。戦国から秦漢でいいですか。私の見解としては、はっきり言って地位は高くない、低いと思いますね。実際、文献資料の中で、占いをする人はしょっちゅう出てきて、それで、そのような低い評価を受けています。たとえば『論語』の中にも「巫」というのが出てきます。「巫医にもなれない」などと言われています(七)。あれなども、高い評価を得ていないからこういう表現があるわけで。その後も諸子百家に多く出てきて、概して低い評価なのです。

それとひっくり返すようなことをいいますが、当時、占いには各種各様の占いがあって、易も、日書もその一つであったわけです。庶民ももちろんそれを使いますし、かなり上の王侯貴族もそれを使う。すべての社会階層が、極端なことを言えば占い漬けの生活をしていたと思います。その中で易というものが、これは歴史的に考えないといけなくて、いつも時間を静止させて、同じものがずっとあるというわけではなくて、歴史的に形成されて、後になればなるほど高級で難しいものになっていって、さきほど辛賢先生が仰ったような、とても我々には理解できないような（笑）、高級な数学を使うものもあるわけですね。というわけで、歴史的に考えなければいけないと思います。とくに儒教の易というのはやはり、さまざまなものを付け加えられていったものです。

さきほど、三浦先生が質問された、『京氏易伝』の歴史観はどうなのかという問題。あの場合は経学の社会的存立条件を考えないといけない。あれはあれで完結した理論が作れれば、経学として成立している。占いも使っていますし、歴史観にもなっているのだけれど、そんなことを言わずに、立派に通用すると、そういう世界観ができあがってると思います。

話を戻しますと、時代によって社会的地位は違いますが、漢代くらいだと、末端から上までいると。で、馬王堆の易は、軑侯家が読んだり読ませたりしていた。これも必ずしも哲学だけじゃないですよね、占いにも使っている。そうなると、軑侯家という長沙国の中でナンバー二くらい、王を除くとトップの人が使っているわけですから、そうなると上のほうなんですが、そういう上もいるし、末端もいる。今の大学の先生と同じところがありますね。我々みたいな給料の安いのもいるし（笑）、川原先生みたいにたくさん貰ってる人もいると、こういうことです（笑）。

司会（三浦國雄、大東文化大学）

なんだか「百偽一真」の世界になってきましたが、このシンポジュウムを企画した側から言うと、実はここから佳境に入って行くところでした。時間がなくなったのでこれでお開きにせざるをえませんが、このまま終わってしまうと私の欲求不満が溜まってしまうので、少しガス抜きをさせてください。

川原さんは御発表の中で術数と方技を論じて、「いずれも真の知識が百偽一真の知識に埋没している」と言われました。それはその通りでしょうが、私としては術数や方技の中に「百偽一真」の詐術が含まれているとしても、それはそれで人間の「知」であり、二つの「知」を「真」と「偽」として価値的に弁別しない、という立場を取りたいのです。近代合理主義・科学主義の立場から見れば異質な「知」が同居する術数というものを丸ごと把えてみたい、というのがこの企画の出発点でした。その解明が漢という時代と社会の解明につながる、と考えたのは言うまでもありません。

このシンポジュウムでは、「術数」なるものがあらためて定義され、かなりクリアになってきましたし、術数の中から「真の知識」としての数理は「救出」できたように思います。これはこれで大きな収穫だと思いますが、「象」や「占」の問題、そしてそれらを包括する「術数の知」の全体は未解決のまま残された印象は否めません。初めの「趣旨説明」で掲げました、国家経営との関係についても論及できませんでした。それらはすべて主催者の力不足が原因です。しかし各報告者・発表者が力作を寄せて下さったおかげで、「ここまでは分かった、ここからは分からない」ということがはっきりしたように思います。どうも遅くまでありがとうございました。

（拍手）

≪注≫

（一）劉樂賢『睡虎地秦簡日書研究』（文津出版社、一九九四年）。

（二）卜筮祭禱記録簡については、陳偉『包山楚簡初探』（武漢大学出版社、一九九六年）を参照。

（三）李学勤「《日書》中的〈良山図〉」（『簡帛佚籍与学術史』時報文化、一九九四年）。

（四）例えば、『穆天子伝』巻之五に、「天子筮獵苹沢、其卦遇訟。逢公占之曰、訟之繇、藪沢蒼蒼、其中□、宜其正公。戎事則従、祭祀則熹、畋獵則獲」とあるが、『易』の訟の卦爻辞とは異なる。

（五）『史記』巻一百二十七 日者列伝に、司馬季主という楚の占い師が長安の東市で売卜をし、賈誼・宋忠に自説を展開する記述が見える。

（六）注（二）所掲陳偉著書。

（七）『論語』子路に、「子曰、南人有言曰、人而無恒、不可以作巫医。善夫。不恒其徳、或承之羞。子曰、不占而已矣」とある。

第二部　「両漢における三礼の展開」

第五一回国際東方学者会議　東京会議　シンポジウム
二〇〇六年五月一九日

趣旨と背景

池田　知久

これから行います「両漢における三礼の展開」というシンポジウムは、東方学会の第五十一回国際東方学者会議の一つであり、海外の方、海外よりの日本在住の方も来ておられる国際会議であります。昨年の第五十回でもシンポジウムをやらせていただいたのですが、そのときのタイトルは「両漢の儒教と政治権力」という大きなものでした。実際には、「儒教の国教化」の問題を中心に討論をしました。そもそもこの企画は、科学研究費で渡邉義浩さんを座長に四年計画で行っております「両漢儒教の新研究」を、東方学会に持ち込んでやらせていただいているものです。

「両漢儒教の新研究」という研究テーマをシンポジウムとして行う狙いは、とくに昨年度の「儒教の国教化」の問題が典型的ですが、従来、東洋史学畑と中国哲学畑の見解がかなり異なる、研究方法も、問題意識も異なる。実際の結論も相当異ったものになっております[一]。毎回こういうお話を前提とするのは、これくらいにいたしたいもので（笑）、お互いにうまく融和できればよいと思います。なかには両者の違いを本や論文に書かれ、批判以上のことをやられる方もいらっしゃって（笑）、これはあまり好ましいことではないと思うわけです。お互いに異なった問題・研究方法・研究内容を持った人々が、垣根を取り払い一堂に会して、フランクに議論する。時には激しい議論になってもよいでしょう。それにより共通認識を広げて、日本の研究レベルをあげていきたいと考えております。これが第一の狙いです。そして、思想哲学・文学芸術・歴史学、あいにく今回は文学芸術は入っておりませんが、いつかそれらをすべて含めた企画を掲げて、総合的なディスカッションを行いたいと思っております。

第二の狙いは、近年、戦国秦漢期の出土史料が多く発見されており、この側面から従来の前漢・後漢までの歴史・思想を見直す必要が生じておりますので、それを反映させたい、ということがあります。ただし、今回は出土資料に係わる発表はございませんが、底辺にはそうした趣旨があります。

またこの五年から十年の間に、前漢・後漢の思想に関する、重要かつ大部の著作が世に問われています。それらの著作をお書きになった方々にご発表・コメントいただいたり、論客として討論に加わっていただき、お互いの意見を表明しあう機会を持ちたい。これが第三の狙いであります。両漢に関する研究の蓄積が充分にありますので、中国に関する問題を日本で国際会議として行うことに、効果・意義があると考える次第でございます。

本日はあいにく雨が降りまして、五月晴れとはまいりませんが、さきほど開会式で池田温先生が、「東洋では晴耕雨読の習慣があり、雨の日は外に出ず、家の中で勉強するのが一番よろしい」と仰られましたとおり（笑）、本日は一日中勉強にぜひおつきあい下さい。

プログラムは、五つの報告とコメント、そして全体討論から成ります。一、礼を国家に適応する際に起こる摩擦を回避する方法としての「故事」（渡邉報告）、二、漢代の絶対的な「経」とそれに反する「権」との関係を整理しようとする議論の思想史（堀池報告）、三、前漢文帝期に成った『礼記』王制篇の国家法思想の内容とその後世に及ぼした影響（王報告）、四、服部宇之吉の『儀礼鄭注補正』の分析を通して得られる、『儀礼』鄭注の性格の一班（蜂屋報告）、五、後漢末において三礼を集大成した鄭玄の経学の特質の探究（池田報告）。以上の五本の報告および討論により、前漢・後漢における『儀礼』『周礼』『礼記』の三礼の内容はどのようなものであったのか、ということを把握することが基本となります。ただ、三礼の全容を把握するなどということは、至難の業でございまして（笑）、中身をいちいち細かくお話し下さらない発表者も多いと思います。しかし、礼が前漢・後漢を通じてどのようなものであったのかの大筋はおさえておきたいところです。そして、それを踏まえた上で、前漢・後漢およびその間の新といった国家、あるいは社会に対して、礼がどのような機能・意義を持っていたのか、ということを中心のテーマとしたいと考えております。前者の礼の理念、後者を礼の現実と言い換えることもできると思います。哲学と歴史の双方の研究者が、両者をどう捉えるのか、その間の対話を求めたいわけです。

なお、礼という言葉は非常に広い範囲を示すものです。礼に関する書物も、その注もたくさんあります。今日的な分析視座からいきますと、内容には宗教儀礼も国家制度もありますし、エチケット・マナー・民間習俗といったものまで、様々なものを持っています。そのため討論の際に、発言者が何をイメージしながら喋っているのか、混乱してすれ違いになる可能性もございます。「これこれを中心に発言する」と言っていただけると、分かりやすくなると思います。

以上のような趣旨と背景により、主催者の一人として、中国文化のなかで最大のテーマの一つである礼をあえて掲げました。アジア研究・東洋史研究にとって必ずプラスになるであろうと信じて、提起した次第であります。どうぞ一日活発な議論をよろしくお願い申し上げます。

《注》

（一）中国哲学で定説とされていた「儒教の国教化」を前漢の武帝期に求める説に、中国史研究者から疑義が提出されていたことについては、昨年度の第五十回国際東方学者会議の成果をまとめた渡邉義浩（編）『両漢の儒教と政治権力』（汲古書院、二〇〇五年）を参照。

一、後漢における礼と故事

渡邉 義浩

はじめに

後漢に成立した「儒教国家」（一）は、国家の体制のすべてを儒教により規定するには至らなかった。周制を理想とする儒教の理念型と、秦・前漢の中央集権国家を継承する後漢国家の現実とには、接合し得ない溝が存在したのである。前漢末に生じた郡国廟の是非をめぐる論争は、「儒教国家」成立以前に存在した大きな隙間の端的な現れと考えてよい。儒教の礼制に基づき郡国廟が廃止されたこと（二）は、古代国家が儒教を自己の体制の正統化に用いようとする動きの嚆矢であり、後漢「儒教国家」成立への動きを加速させた。なんとなれば、国家祭祀の中心である天帝の祭祀と帝室の祖先を祭る宗廟儀礼は、古代の儒教が国家宗教として存立するために欠くことのできないものだからである。郡国廟の廃止は、宗廟儀礼の儒教化にとって大きな進展となった。また、天帝の祭祀を儒教の礼制に基づき行うために大きな役割を果たした者は王莽である。王莽が定めた郊天儀礼は、「元始の故事」と呼ばれ、後漢「儒教国家」に継承された。

それでも後漢「儒教国家」は、国家のすべての礼制を儒教により規定していたわけではない。「漢家の故事」を掲げることにより、儒教の経義とは異なる礼制を並存させていたのである。それだけではない。儒教経義に基づき王莽が定めた郊天儀礼もまた「元始の故事」、すなわち故事として継承していた。本報告は、後漢における故事の役割を明らかにすることにより、「儒教国家」の初発形態である後漢の儒教、なかんずく礼制のあり方の特徴を考えていくものである。

一、前漢における故事と法制

漢代において行政文書は、規模こそ異なれ、それぞれの官府の書府に納められ、案件ごとに札を付け案巻として保存された(三)。それらの中でも、故事として残すべき章表・奏議は、尚書に保管された(四)。その内容については、『後漢書』列伝十六 侯覇伝(五)に、

> 建武四年、光武(侯)覇を徴す。車駕と寿春に会して、尚書令を拝す。時に故典無く、朝廷に又 旧臣少なし。覇は故事を明習し、遺文を収録して、前世の善政・法度の時に益有る者を条奏し、皆 之を施行す。

とある。後漢初の春秋穀梁学者である侯覇の収録した故事が、前漢の「善政と法度」であったように、官僚制度上の慣例や国政運用の結果の記録が、故事には多い(六)。国政の運用において、尚書臺に保管される故事を参照することは多く、非嫡出子を立てる故事や、皇帝を廃位する故事を参照した記録が残されている(七)。

したがって、故事に習熟することは、官僚にとって重要であった。『漢書』巻八十一 孔光伝(八)に、

> (孔)光 高第を以て尚書と為る。故事・品式を観、数歳にして漢制及び法令に明習す。上(成帝)甚だ之を信任し、転じて僕射・尚書令と為す。……凡そ枢機を典ること十余年、法度を守り故事を修む。上 問ふ所有らば、経法に拠りて心 安ずる所を以てして対へ、苟合を希指せず。……光 久しく尚書を典り、法令に練し、号し

て詳平と称せらる。

とある。孔光は枢機にあって国政を運用する際に、故事と法度を規範とした。むろん儒者であるから、経に基づくこともあったが、それは法と共に論拠を考え、下問に答えた。孔光がその結果「法令に練」したように、前漢において経義は、いまだ国政運用の規範とはされていなかったのである。

これに対して、『漢書』巻九十三 佞幸 石顕伝に、(九)

宣帝の時 中書官に任ぜられ、(弘)恭は法令・故事に明習す。善く請奏を為し、能く其の職に称ふ。

とあり、『漢書』巻六十 杜欽伝に、(一〇)

(王)鳳は自ら法度を立つる能はず、故事に循ふのみ。

とあるように、前漢において法令と並称されるものは、多く故事であった。前掲のように、成帝の博士となった孔子の十四世孫の儒者である孔光ですら、故事と法令を共に学び、それに基づいて国政に携わっている。前漢における国政運用の規範は、儒教ではなく、故事と法令だったのである。

一方、後漢に至ると、故事と並称されるものは、法令ではなく経典となる。『後漢書』列伝二十四 梁統伝附梁松伝に、(一一)

(梁)松 経書に博通し、故事に明習す。諸儒と与に明堂・辟雍・郊祀・封禅の礼儀を脩め、常に論議に与《あづか》りて、寵幸せらるること比《たぐひ》莫し。

とあり、後漢の礼制の基礎を定めた梁松が、経書に博通すると共に故事を学んだことが伝えられている。具体的な国政の運用例も挙げておこう。後漢末の太尉である楊秉が宦官の侯覧と具瑗を弾劾したとき、宦官側に立つ尚書は、楊秉の掾属を召して、外職の三公が近官の宦官を弾劾できる典拠を、経典と漢制の故事で答えよと詰問している。『後

漢書』列伝四十四 楊震伝附楊秉伝[一二]に、

尚書（楊）秉の掾属を召対して曰く、「公府は外職なるに、而るに近官を奏劾す。経典漢制に故事有るか」と。秉 対へしめて曰く、「春秋に、『趙鞅は晉陽の甲を以て、君側の悪を逐ふ』と。伝に曰く、『君の悪を除くは、唯だ力 是れ視る』と。鄧通の懈慢するや、申屠嘉は通を召して詰責し、文帝は従ひて之を請ふ。漢世の故事に、三公の職は統べざる所無し」と。尚書 詰する能はず。

とあるように、尚書の詰問に対して楊秉側が、『春秋公羊伝』の事例と『春秋左氏伝』の言葉を挙げ、前漢文帝期の申屠嘉が鄧通を詰責した故事を掲げて反論したため、尚書はそれ以上詰問できなかった。楊秉の宦官弾劾という国政の運用は、経典の記述と漢家の故事により、正当化されているのである。

このような後漢における故事と経典の並用による国政の運用は、前漢における故事と法制の並用によるそれと、鮮やかな違いをみせる。ここにも後漢における「儒教国家」の成立を確認することができる。それとともに、かかる変化の要因を探ることにより、後漢の礼制の特徴を追究していこう。

二、古制の臺頭と「周公の故事」

後漢における経義の優越は、前漢末から開始された儒教理念に基づく古制による国制の整備の結果である。古典とされた経典は、『礼記』王制篇と『周礼』および緯書であり、それによってなされた祭天儀礼を中心とする諸装置・礼法の成立を、渡辺信一郎は中国における「古典的国制」の成立と呼んだ[一三]。『漢書』巻七十五 翼奉伝[一四]に、

（翼）奉 以為へらく、天地を雲陽・汾陰に祭り、及び諸々の寢廟 親疏を以て迭毀せざるは、皆 費を煩し古

制に違へり。……漢家の郊兆・寝廟・祭祀の礼は、多く古に応ぜず。臣奉 誠に亶居して改作するを難しとす。故に陛下 都を遷し本を正すを願ふ。

とある、元帝の初元三（前四六）年の翼奉の上奏がその始まりであり、議論の中心となった郡国廟の廃止は、永光四（前四〇）年に定まった。そののち、何回かの揺れ戻しを経て、平帝の元始五（五）年に最も重要な長安の南北郊祀が確定して、古典的国制は完成したのである。ただし、注（一三）所掲渡辺論文も指摘するように、この時期の国制整備は、郊祀祭天儀礼など礼制を中心とするものであり、具体的な国政の運用は、なお故事と法令に依拠していた。

こうした前漢末の国政運用の状況を保科季子は、「故事」派と「古制」派の対立として把握する。[一五] 前漢後半期に続けられた儒家礼制の受容は、漢の皇帝を現実世界のただ一人の統治者として権威づける目的をもっていた。しかし、儒家礼制が受容されて「皇帝」の権威は確立されたが、「漢家故事」の権威は低下するという結果を生んだ。儒家礼制が受容されることにより、漢の皇帝は普遍化され、抽象化された「受命天子」へと変質し、皇帝を中心とした儒教的な支配体制の枠組みが成立する。王莽ら「古制」派官僚の完全な勝利は、対立する「漢家故事」派の完全な敗北を意味し、漢家の伝統は否定され、劉氏の支配さえくつがえされるという結末をもたらした、とするのである。

かかる保科の分析では、前漢が滅びゆく論理は説明し得ても、なぜそれが王莽により禅譲されるべきであるのかは明らかにならない。漢の皇帝が「受命天子」として抽象化されるだけでは、漢の支配を王莽が簒奪してよいという正当性は生まれないからである。そこに持ち出されたものが、「周公の故事」なのであった。『漢書』巻九十九上 王莽伝上に、[一六]

元始元年 正月、（王）莽 太后に白して詔を下し、白雉を以て宗廟に薦む。群臣 因りて太后に奏言し、「（太后）大司馬の莽に委任し、定策して宗廟を安んず。故の大司馬の霍光 宗廟を安んずるの功有りて、封を益すこと三万戸、其の爵邑を疇《ひと》しくし、蕭相国に比《なぞら》ふ。莽 宜しく光の故事が如くすべし」と。……是に於て群臣乃ち盛んに陳べ、「莽の功徳、周・成の白雉の瑞を致し、千載に符を同じくす。聖王の法、臣に大功有らば則ち生に美号有り。故に周公 身在るに及びて号を周に託す。莽 国を定め漢家を安んずるの大功有り。宜しく号を賜ひて安漢公と曰ひ、戸を益し、爵邑を疇しくして、上は古制に応じ、下は行事に準ひて、以て天心に順ふべし」と。

とある。王先謙が『漢書補注』の当該条に、「行事は猶ほ故事と言ふがごとし。古制は周公の故事を謂ふ」と指摘するように[一七]、王莽は益州に示唆して白雉を献上させ、それにより、まず「霍光の故事」を賜うよう群臣に上奏させ、さらに周公が生きながら周の国号を冠して周公と呼ばれたのと同じように、安漢公を賜わり、「古制」である「周公の故事」を受けたのである。ここでは、王莽の「古制」は「周公の故事」と一致している。王莽は「周公の故事」を踏まえることにより、「古制」により正統化された国制へと改革する主体となることができ、それを発条に讖緯思想を利用して[一八]、漢に代わって新を建国する正統性を得たのである。

『漢書』には、「周公の故事」は五例記録される。『漢書』における冠名故事の二十九例中、六例の「武帝の故事」に次ぐ第二位の多さである（注（六）所掲好並論文）。それらは、いずれも王莽との係わりで使用されており、他者の使用例はない。また、『後漢書』には、「周公の故事」は見えない。さらに、『後漢書』に見える周公は、比較してはならない者として引用されることが多い[一九]。「周公の故事」は、それを利用した王莽が前漢を簒奪したため、後漢においてはタブーとされたのである[二〇]。

「周公の故事」が提案される前に、王莽に示されていた「霍光の故事」は、後漢に継承された。ただしそれは、葬礼の際の「殊礼」としてであり[二一]、生前において霍光に準えることは、周公と同様、危険なことであった。

後漢において故事と経典が国政運用の規範となったのは、前漢末において王莽が儒教の古制に基づく礼制の整備を進めたためであった。この動きのなかで「故事」派に対する「古制」派と、従来の研究では位置づけられている王莽自身もまた、「霍光の故事」「周公の故事」に依拠して自らの地位を高めたことに注目したい。ここに漢代における故事の重要性を指摘し得るためである。

古制は、王莽の簒奪を正当化し得なかったのであり、そこに王莽が故事を利用し、讖緯思想を必要とした理由があった。王莽が利用した故事のうち、後漢は「霍光の故事」を死後に賜与する「殊礼」と位置づけた。「周公の故事」ほどではないが、危険な故事だからである。これらは国政運用の故事としては、継承されなかった。それでは、後漢が経典と並んで国政運用の規範とした故事は、どのように受け継がれたものなのであろうか。後漢の礼制の基本となった王莽の「元始の故事」の受容方法から検討しよう。

三、後漢における故事の役割

後漢における経義を定めた章帝期の白虎観会議は、古文学の長所を採用しながらも、今文学を官学とした。(二二)それは、王莽が尊重し、前漢の簒奪に利用した古文学を退けるためであった。しかし、王莽が定めた郊天祭祀における礼の基本は、利用せざるを得なかった。そこでこれは「王莽の故事」とは呼ばず、前漢平帝の元号から「元始の故事」と呼んだ。『続漢書』祭祀志には、天子にとって最も重要な天の祭祀である郊祭のほか、迎気の儀礼も「元始の故事」により行われたことが明記されている。(二三)王莽の定めた礼制は、前漢平帝の「元始の故事」として後漢に継承されたのである。しかも単に故事のまま継承されたわけではない。

かかる「元始の故事」を中心とする古典的国制は、章帝期の白虎観会議により経義に取り込まれたのである。危険な故事を「殊礼」として弾く一方で、経義により正統化して後漢の礼制に取り込んだ故事もあるのである。具体的には「元始の故事」を中核に定められた①洛陽遷都・②畿内制度・③三公設置・④十二州牧設置・⑤南北郊祀・⑥迎気（五郊）・⑦七廟合祀・⑧官稷（社稷）・⑨辟雍（明堂・霊臺）・⑩学官・⑪二王後・⑫孔子子孫・⑬楽制改革・⑭天下之号（王朝名）のほとんどが、白虎観会議において、経義により正統化された[二四]。こうして、王莽が定めた「元始の故事」は、『白虎通』にまとめられた後漢の礼制に取り込まれ、中国の古典的国制として、大きな影響力を持つに至るのである。

事例を挙げて検証しよう。順帝が寵愛する四人の貴人から誰を皇后に立てるかを悩み、籌策により定めようとしたとき、胡広は諫めて、『後漢書』列伝三十四 胡広伝[二五]に、

（胡広）上疏し諫めて曰く、「窃かに詔書を見るに、后を立つるは事大なるを以て、謙して自ら専らにせず、之を籌策に仮り、疑を霊神に決せんと欲すと。篇籍の記す所・祖宗の典故、未だ嘗て有らざるなり。……」と。

と述べている。胡広が反対の論拠とした「篇籍の記す所」とは儒教経典の記述を指し、「祖宗の典故」とは「漢家の故事」を指す。胡広もまた故事を経典と並ぶ政策決定の重要な根拠としていることを確認したい[二六]。この問題は、結局、『後漢書』本紀十下 梁皇后紀[二七]に、

陽嘉元年の春、有司 奏すらく、「長秋宮を立てん。以《おも》ふに乗氏侯の（梁）商は、先帝の外戚なり。春秋の義に、『娶るには大国を先にす』と。梁小貴人は、宜しく天祚に配し、位を坤極に正すべし」と。（順）帝 之に従ひ、乃ち寿安殿に於て貴人を立てて皇后と為す。

とあるように、『春秋公羊伝』の「娶るには大国を先にす」という義例により決着をみた。その経義は、『白虎通』巻

十　嫁娶[二八]に、

王者の娶るや、必ず先づ大国の女の礼儀備はり見る所多きより選ぶ。

とあることに基づく。白虎観会議で定められた後漢の経義が現実に対して大きな規制力を有していたことを理解できよう。

しかし、漢のすべての現実が白虎観会議により経義に基づき規範を定められたわけではない。古文学の長所や「元始の故事」などを取り入れても、秦・前漢の制度を継承している後漢の政治システムを、周制を理想とする経典がすべて正統化することは難しい。そうしたとき、現実と経義の狭間を埋めるものとして故事が利用された。一に掲げ、胡広も発言するように、「漢家の故事」と経書を並用して、後漢の国政運用の規範としていた所以である。

そのため、故事は経義よりもフレキシブルで、悪くいえば無原則であった。それだけ経義に比べて、現実に即応していたと言い換えてもよい。一つの事柄について是否の双方に故事があり、都合のよい方が選択される、という使用方法も取られた。さらには「漢家の故事」そのものについても、尊重すべきか否かについては、これを因循すべきであるとの見解[二九]と、因循すべきでないとする見解[三〇]とが並存していた。

後漢の政治史上、大きな問題となった宦官についても、宦官は省内に給事するだけであるとする「建武・永平の故事」を論拠に宦官を抑黜すべきとの主張[三一]がなされるときもあれば、「漢家の故事」では宦官を宮中で使用してきたので廃絶すべきではないと、宦官の擁護に故事を掲げること[三二]もあった。

これらの事例は、一つの事柄の両面で故事を論拠としているが、経義に対して故事で対抗する事例、あるいはその逆の事例もある。外戚の梁冀を『詩経』を典拠に周公に準えようとする動き[三三]に対して、黄瓊は蕭何・霍光の故事を掲げ、梁冀への殊礼を鄧禹の故事と同等に抑えることに成功している[三四]。これは、故事により経義を抑えた事例と言えよう。逆もある。明帝の「永平の故事」では法律を重視する「吏政」を尊重していたが、これに対して陳寵は、『尚書』を典拠に「寛」治を主張している[三五]。また、光武帝の「建武の故事」で定められた大臣奪服の制には、陳忠が『孝経』を論拠に批判している[三六]。

このように故事は、後漢「儒教国家」が定めた経義には必ずしも適合しない現実のさまざまな事例を、判断していくための論拠となっていた。そのため、後漢の国政に携わるものは、経義とともに故事を学ぶ必要があったのである。それでは、後漢の天子にとって最も重要な天の郊祀と祖先の祭祀のうち、後者の儀礼に関わる故事と経義との関係を考えていこう。

後漢の祖先祭祀は、儒教の定める礼制とは異なっていた。明帝が光武帝の原陵に登って墓祭を行い、この上陵の礼を「漢家の故事」として継承してきたからである[三七]。後漢末の蔡邕は、平生から経義と異なる「漢家の故事」に疑問を抱いていたが、上陵の礼に参加した時の感慨を次のように述べている。『続漢書』志四 礼儀志上注引謝承『後漢書』[三八]に、

> 建寧五年 正月、車駕 原陵に上るに、蔡邕 司徒掾為り、公に従ひて行く。陵に到り、其の儀を見、愾然として同坐の者に謂ひて曰く、「聞くならく、古は墓祭せずと。朝廷に上陵の礼有るも、始め謂へらく、損す可しと。今 其の儀を見、其の本意を察するに、乃ち孝明皇帝の至孝惻隠を知れば、旧に易ふ可からず」と。……邕 太傅の胡広に見へて曰く、「国家の礼に煩有れども省く可からざる者は、知らず 先帝 心を用ふること周密の此に至ればなり」と。広曰く、「然り。子 宜しく之を載して、以て学者に示すべし」と。邕 退きて焉を記す。

とある。「古は墓祭せず」との儒教の経義とは異なっていても、明帝の光武帝を思う孝心の現れである「上陵の礼」は行われるべきである。蔡邕がこの思いを胡広に報告すると、胡広はこれを書き留め学者に示すべきだと答えた。

「漢家の故事」を経義に優越させているのである。後漢「儒教国家」は、天子にとって最も重要な祖先祭祀を儒教の礼制に合わせていない。それを可能としたものが、故事であった。逆に言えば、故事が介在することにより、現実に適応できない礼制も、その存在を許容されるのである。

非現実的な三年喪という礼制が存在し、三年とは二十五ヵ月か二十七ヵ月かという経学上の論争が許容されたのも、理念とは別に「漢家の故事」により喪礼の現実的な運用がされていたためであった。後漢における喪礼の経義は、『白虎通』により三年喪を二十五ヵ月と定めていた。『白虎通』喪服に、[三九]

三年の喪、何ぞ二十五月なるや。……父は至尊、母は至親なり。故に加隆を為して、以て孝子の恩を尽すなり。恩愛は至深にして、之に加ふること則ち倍なり。故に再期すること二十五月なり。

とある。とは言っても、天子はもとより官僚が、実際に三年喪に服することは、政務の停滞を招く。現実としては、この礼制は破綻していると言ってよい。このとき、三年喪を短縮する論拠を提供したものが、「文帝の故事」である。『漢書』巻四 文帝紀に、[四〇]

遺詔に曰く、「朕 之を聞く、蓋し天下の万物の萌生せしものに、死有らざるは靡しと。死なる者は天地の理、物の自然にして、奚ぞ甚だ哀れむ可きものや。当今の世、咸 生を嘉みして死を悪み、厚葬して以て業を破り、重服して以て生を傷つくるは、吾 甚だ取らざるなり。……其れ天下の吏民に令す。令 到らば出で臨すること三日にして、皆 釈服せよ。婦を取り女を嫁し祀を祠り酒を飲み肉を食らふを禁ずること無かれ。自ら当に喪事に給し服臨すべき者は、皆 践すること無かれ。経帯は三寸を過ぐること無かれ。車及び兵器を布すること無かれ。民を発し宮殿の中に哭臨せしむこと無かれ。殿中に当に臨すべき者は、皆 旦夕を以て各々十五たび音を挙げ、礼 畢はらば罷せよ。旦夕の臨する時に非ざれば、禁じて擅に哭するを得ること無からしめよ。以て下せば、大紅を服すること十五日、小紅を十四日、繊を七日にして、釈服せよ」と。

とある。文帝は本来、斬衰《ざんさい》三年（二十五ヵ月間）服すべき喪を、大紅（大功）の服を十五日間、小紅（小功）の服を十四日間、繊服を七日間の計三十六日間だけ服すればよいと遺詔をし、一般の「吏民」に至っては、三日で「釈服」せよと命じている。

後漢「儒教国家」は、この「文帝の故事」を典拠として、礼制上の経義である二十五ヵ月の喪礼と現実社会での生活をうまくすり合わせていた。故事は、このように後漢「儒教国家」の経義が現実と合わないところをすり合わせる役割を果たしていたのである。換言すれば、始めて国家の宗教となった後漢の儒教は、その経義に、なかでも礼制において、いまだ現実とは乖離した理想論を含む原初的な形態を留めていた。故事の存在は、こうした後漢「儒教国家」の礼制の特徴を明らかにしているのである。

おわりに

儒教を正統性の中核に置く後漢「儒教国家」は、儒教の理想とする理念型と後漢の現実との隙間を「漢家の故事」により埋めようとした。そこに中国史上最初の「儒教国家」として成立した後漢の礼制の特徴がある。いまだ現実への適応に欠ける部分が多く見られるのである。

後漢「儒教国家」の崩壊後、三国を経て、「儒教国家」の再編を目指す西晉に生きた杜預は諒闇心喪の制により「文帝の故事」を経義に組み込んだ[四一]。儒教は、「儒教国家」の再編のたびに故事を吸収して時代の変化に対応しているのである。むろん、それによってすべての現実に対応できたわけではない。故事は集成され、規定化されて胡広の

『漢制度』、蔡邕の『独断』、応劭の『漢官礼儀故事』といった書籍にもまとめられた。(四二) やがて、故事の一部は、西晉の法として律・令と並称され、格の源流となっていく。(四三) 儒教の礼制がどのように律令の法源になっていくのか、という問題を含め改めて論ずることにしたい。

《注》

(一) 後漢の章帝期に、①政治思想として国家を正統化する「儒教」が、国家の支配理念として承認され、②こうした儒教が官僚層に浸潤するばかりでなく、③支配の具体的な場にも出現し、④そうした支配を歓迎する在地勢力によって受容される「儒教国家」が成立する、と考えることについては、渡邉義浩『後漢国家の支配と儒教』(雄山閣出版、一九九五年) を参照。

(二) 郡国廟およびその廃止については、守屋美都雄「前漢時代の郡国廟に就いて」(『地理歴史研究』一五—四、一九三八年)、津田左右吉「漢代政治思想の一面」(『儒教の研究』第二、岩波書店、一九五〇年)、板野長八「前漢末に於ける宗廟・郊祀の改革運動」(『中国古代における人間観の展開』岩波書店、一九七二年)、北村良和「前漢末の改礼について」(『日本中国学会報』三三、一九八一年)、金子修一「中国——郊祀と宗廟と明堂及び封禅」(『東アジアにおける日本古代史講座』九、学生社、一九八二年、『中国古代皇帝祭祀の研究』岩波書店、二〇〇六年に改訂増補のうえ所収) を参照。

(三) 井上亘「漢代の書府——中国古代における情報管理技術」(『東洋学報』八七—一、二〇〇五年)。

(四)『資治通鑑』巻五十一 漢紀四十三 順帝陽嘉二年条の胡三省注に、「漢故事、皆尚書主之」とある。章表・奏議が尚書で故事とされたことは、左雄伝に、「(左) 雄 納言を掌りてより、匡粛する所多し。章表・奏議有る毎に、臺閣は以て故事と為す (自 (左) 雄掌納言、多所匡粛。毎有章表奏議、臺閣以為故事)」(『後漢書』列伝五十一 左雄伝) とあり、鄭弘伝に、「(尚書令の鄭) 弘の前後陳ぶる所にして王政に補益有る者は、皆 之を南宮に著して、以て故事と為す (尚書令鄭) 弘前後所陳有補益王政者、皆著之南宮、以為故事)」(『後漢書』列伝二十三 鄭弘伝) とある。それが皇帝により参照されたことは、楊賜伝に、「後に (霊) 帝 南宮に徙り、故事を閲録す。(楊) 賜の上りし所の張角の奏及び前に侍講せし注籍を得、乃ち感悟し、詔を下して賜を臨晉侯・邑千五百戸に封ず (後 (霊) 帝徙南宮、閲録故事。得賜所上張角奏及前侍講注

籍、乃感悟、下詔封賜臨晉侯・邑千五百戸）」（『後漢書』列伝四十四　楊震伝附楊賜伝）とある。

（五）建武四年、光武徴（侯）霸。与車駕会寿春、拝尚書令。時無故典、朝廷又少旧臣。霸明習故事、収録遺文、条奏前世善政・法度有益於時者、皆施行之（『後漢書』列伝十六　侯霸伝）。

（六）前漢の故事については、好並隆司「前漢後半期の古制・故事をめぐる政治展開」（『別府大学大学院紀要』三、二〇〇一年、『前漢政治史研究』研文出版、二〇〇四年に所収）がある。好並は、前漢の故事は、武帝期の内朝に由来して展開する政策を指す場合が比較的多く、それを専制的政治体制を希求する官僚が依るべき規範として利用し、これに反対する官人が儒家的色彩の濃い古制を以て批判した、とする。また、故事を広く捉え、「如故事」を「便宜従事」と同様の日常行政の一環として考察した邢義田「漢代『故事』考述」（『労貞一先生八秩栄慶論文集』一九八六年、『秦漢史論稿』東大図書公司、一九八七年）も参照。

（七）非嫡出子を立てる故事については、「（元帝）数々尚書に問ふに、景帝の時　膠東王を立てしの故事を以てす（（元帝）数問尚書、以景帝時立膠東王故事）」（『漢書』巻八十二　史丹伝）とあり、皇帝を廃位する故事については、「（宮人）因りて（鄧）悝・（鄧）弘・（鄧）閭は、先に尚書の鄧訪より廃帝の故事を取り、平原王の得を立つを謀ると誣告す（（宮人）因誣告（鄧）悝・（鄧）弘・（鄧）閭、先従尚書鄧訪取廃帝故事、謀立平原王得）」（『後漢書』列伝六　鄧禹伝附鄧騭伝）とある。

（八）（孔）光以高第為尚書。観故事・品式、数歳明習漢制及法令。上（成帝）甚信任之、転為僕射・尚書令。……凡典枢機十余年、守法度修故事。上有所問、拠経法以心所安而対、不希指苟合。……久典尚書、練法令、号称詳平（『漢書』巻八十一　孔光伝）。

（九）宣帝時任中書官、（弘）恭明習法令・故事。善為請奏、能称其職（『漢書』巻九十三　佞幸　石顕伝）。

（一〇）（王）鳳不能自立法度、循故事而已（『漢書』巻六十　杜欽伝）。ちなみに、故事に基づいて政治を行うことは「比」と呼ぶ。『礼記正義』巻十三　王制の注疏に、「已に故事を行ふを、比と曰ふ。……当に必ず旧法の軽重の例を察按して、以て事を成すべし（已行故事、曰比。……当必察按旧法軽重之例、以成於事）」とある。

（一一）（梁）松博通経書、明習故事。与諸儒脩明堂・辟廱・郊祀・封禅礼儀、常与論議、寵幸莫比（『後漢書』列伝二十四　梁統伝附梁松伝）。

（一二）尚書召対（楊）秉掾属曰、公府外職、而奏劾近官。経典漢制有故事乎。秉使対曰、春秋、趙鞅以晉陽之甲、逐君側之悪。

伝曰、除君之悪、唯力是視。鄧通懈慢、申屠嘉召通詰責、文帝従而請之。漢世故事、三公之職無所不統。尚書不能詰（『後漢書』列伝四十四 楊震伝附楊秉伝）。

（一三）渡辺信一郎「中国における古典的国制」（『中国の歴史世界』東京都立大学出版会、二〇〇二年、『中国古代の王権と天下秩序――日中比較史の視点から』校倉書房、二〇〇三年に所収）。

（一四）奉以為、祭天地於雲陽・汾陰、及諸寝廟不以親疏迭毀、皆煩費違古制。……漢家郊兆・寝廟・祭祀之礼、多不応古。臣奉誠難亶居而改作。故願陛下遷都正本（『漢書』巻七十五 翼奉伝）。

（一五）保科季子「前漢後期における儒家礼制の受容――漢的伝統との対立と皇帝観の変貌」（『歴史と方法 五――方法としての丸山真男』青木書店、一九九八年）。なお注（六）所掲好並論文は、保科論文を注記しないが、同様の把握をしている。

（一六）元始元年正月、（王）莽白太后下詔、以白雉薦宗廟。群臣因奏言太后、（太后）委任大司馬莽、定策安宗廟。故大司馬霍光有安宗廟之功、益封三万戸、疇其爵邑、比蕭相国。莽宜如光故事。……於是群臣乃盛陳、莽功徳、致周・成白雉之瑞、千載同符。聖王之法、臣有大功則生有美号。故周公及身在而託号於周。莽有定国安漢家之大功。宜賜号曰安漢公、益戸、疇爵邑、上応古制、下準行事、以順天心（『漢書』巻九十九上 王莽伝上）。

（一七）先謙曰、「行事猶言故事。古制謂周公故事」（王先謙『漢書補注』）。

（一八）王莽による讖緯思想の利用については、安居香山「王莽と符命」（『漢魏文化』四、一九六三年、『緯書の基礎的研究』漢魏文化研究会、一九六六年に所収）、板野長八「図讖と儒教の成立（一）（二）」（『史学雑誌』八四―二、三、一九七五年、『儒教成立史の研究』岩波書店、一九九五年に所収）がある。また、保科季子「受命の書――漢受命伝説の形成」（『史林』八八―五、二〇〇五年）を参照。

（一九）後漢の外戚のなかで最も専横を極めた梁冀に諂う宰宣は、梁冀を周公に準えたが、「周公の故事」を賜うべきとは言えず、妻を封ずるべきとの主張に止まっている。「弘農の人 宰宣、素より性 佞邪なり。媚を冀に取らんと欲し、乃ち上言すらく、「大将軍は周公の功有り。今 既に諸子を封じたれば、則ち其の妻をば宜しく邑君と為すべし」と。（弘農人宰宣、素性佞邪。欲取媚於冀、乃上言、大将軍有周公之功。今既封諸子、則其妻宜為邑君）」（『後漢書』列伝二十四 梁統伝附梁冀伝）。

（二〇）後漢を簒奪する準備を整えた曹操は、「短歌行 其の一」で周公の故事を歌うなど、一時自らを周公に準えた時期があった。のち、曹操は周の文公に自らを準え、息子の曹丕のときに漢を禅譲させた。曹操が「魏武輔漢の故事」と呼ばれる禅譲マニュアルを作り上げたことは、石井仁『曹操 魏の武帝』（新人物往来社、二〇〇〇年）を参照。

（二一）石井仁「虎賁班剣考——漢六朝の恩賜・殊礼と故事」（『東洋史研究』五九—四、二〇〇一年）。

（二二）日原利国「白虎観論議の思想史的位置づけ」（『漢魏文化』六、一九六七年、『漢代思想の研究』研文出版、一九八六年に所収）。

（二三）『続漢書』志七 祭祀上 郊に、「二年正月、初めて郊兆を雒陽城の南七里に制し、鄗に依る。元始中の故事を采る（二年正月、初制郊兆於雒陽城南七里、依鄗。采元始中故事）」とあり、志八 祭祀中 迎気に、「時気を五郊の兆に迎ふ。永平中より礼讖及び月令に五郊迎気の服色有るを以て、因りて元始中の故事を采り、五郊を雒陽の四方に兆す（迎時気、五郊之兆。自永平中、以礼讖及月令有五郊迎気服色、因采元始中故事、兆五郊于雒陽四方）」とある。

（二四）渡邉義浩「後漢儒教の固有性——『白虎通』を中心として」（『両漢の儒教と政治権力』汲古書院、二〇〇五年）。

（二五）（胡広）上疏諫曰、竊見詔書、以立后事大、謙不自専、欲仮之籌策、決疑霊神。篇籍所記・祖宗典故、未嘗有也（『後漢書』列伝三十四 胡広伝）。

（二六）「漢家の故事」を重んじた胡広は、やがてそれを『漢制度』にまとめ、王隆が撰した『漢官』に解詁を附した。また、胡広から故事の知識を伝授された蔡邕が『独断』を著したことは、福井重雅「蔡邕と独断」（『史観』一〇七、一九八三年、『陸賈『新語』の研究』汲古書院、二〇〇二年に所収）を参照。

（二七）陽嘉元年春、有司奏、立長秋宮。以乗氏侯商、先帝外戚。春秋之義、娶先大国。梁小貴人、宜配天祚、正位坤極。帝従之、乃於寿安殿立貴人為皇后（『後漢書』本紀十下 梁皇后紀）。

（二八）王者之娶、必先選於大国之女礼儀備所見多（『白虎通』巻十 嫁娶）。

（二九）「祖宗の故事」を因循すべきとの見解は、「明年、大いに郊祀の制を議す。多くのもの以為へらく、周は后稷を郊したれば、漢は当に堯を祀るべしと。詔して復た公卿の議に下すに、議者も僉 同じく、帝も亦た之を然りとす。林 独り以為へらく、周室の興ること、祚は后稷に由るも、漢の業は特《ひと》り起り、功は堯に縁らず。祖宗の故事は、宜しく因循すべき所なりと。定めて林の議に従ふ（明年、大議郊祀制、多以為周郊后稷、漢当祀堯。詔復下公卿議、議者僉同、帝亦然之。林独以為周室之興、祚由后稷、漢業特起、功不縁堯。祖宗故事、所宜因循。定従林議）」（『後漢書』列伝十七 杜林伝）とある。

（三〇）故事に因循することなく新たなる礼楽を立てよとの章帝の詔は、「（章帝 詔を下して曰く、）漢は秦の余りに遭ひ、礼は壊れ楽は崩るるも、且《しばら》く故事に因循し、未だ観省す可からず。其の説を知る者有らば、各々能くする所を尽くせと（（章

帝下詔曰）漢遭秦余、礼壊楽崩、且因循故事、未可観省、有知其説者、各尽所能）」（『後漢書』列伝二十五 曹褒伝）とある。

(三一) 宦官を抑黜すべきとの主張は、「（竇）武 乃ち太后に白《まう》して曰く、『故事に、黄門・常侍は但だ当に省内に給事し、門戸を典り、近署の財物を主るべきのみ。今 乃ち政事に与からしめて権の重きに任じ、子弟は布列して、専ら貪暴を為す。天下の匈匈たるは、正に此の故を以てなり。宜しく悉く誅廃して、以て朝廷を清むべし』と（（竇）武乃白太后曰、故事、黄門・常侍但当給事省内、典門戸、主近署財物耳。今乃使与政事而任権重、子弟布列、専為貪暴。天下匈匈、正以此故。宜悉誅廃、以清朝廷）」（『後漢書』列伝五十九 竇武伝）とある。

(三二) 宦官を廃絶すべきではないとする主張は、「（何）太后 聴かずして曰く、中官の禁省を統領すること、古より今に及ぶ。漢家の故事、廃す可からざるなり（（何）太后不聴曰、中官統領禁省、自古及今、漢家故事、不可廃也）」（『後漢書』列伝五十九 何進伝）とある。

(三三) 梁冀を周公に比す動きは、「元嘉元年、（黄瓊）司空に遷る。桓帝 大将軍の梁冀を褒崇せんと欲し、中朝の二千石より以上をして其の礼を会議せしむ。特進の胡広・太常の羊溥・司隷校尉の祝恬・太中大夫の辺韶ら、咸 冀の勲徳を称へ、其の制度賚賞は、以て宜しく周公に比し、之に山川・土田・附庸を錫ふべしとす（元嘉元年、（黄瓊）遷司空。桓帝欲褒崇大将軍梁冀、使中朝二千石以上会議其礼。特進胡広・太常羊溥・司隷校尉祝恬、太中大夫辺韶等、咸称冀之勲徳、其制度賚賞、以宜比周公、錫之山川・土田・附庸）」（『後漢書』列伝五十一 黄瓊伝）とある。

(三四) 梁冀を周公に比す動きを故事により止めたことは、「瓊 独り建議して曰く、『冀 前に親迎の労を以て、邑を増すこと三千、又 其の子の胤も亦た封賞を加へらる。昔 周公は成王を輔相し、礼を制し楽を作り、化は太平を致す。是を以て大いに土宇を啓き、地を開くこと七百。今 諸侯は戸邑を以て制と為し、里数を以て限と為さず。蕭何は高祖を泗水に識り、霍光は傾危を定めて以て国を興し、皆 戸を益し封を増して、以て其の功を顕す。冀は鄧禹に比して、合はせて四県を食ましむ可く、賞賜の差は、霍光に同じくし、天下をして賞は必ず功に当たり、爵は徳に越へざるを知らしめん』と。朝廷 之に従ふ（瓊独建議曰、冀前以親迎之労、増邑三千、又其子胤亦加封賞。昔周公輔相成王、制礼作楽、化致太平。是以大啓土宇、開地七百。今諸侯以戸邑為制、不以里数為限。蕭何識高祖於泗水、霍光定傾危以興国、皆益戸増封、以顕其功。冀可比鄧禹、合食四県、賞賜之差、同於霍光、使天下知賞必当功、爵不越徳。朝廷従之）」（『後漢書』列伝五十一 黄瓊伝）とある。

（三五）「永平の故事」に対して「寛」治を主張したことは、「三たび遷りて、粛宗の初に、尚書と為る。是の時 永平の故事を承け、吏政は厳切を尚び、尚書の事を決すること率ね重きに近し。寵 以《おも》へらく、帝 新たに即位したれば、宜しく前世の苛俗を改むべしと。乃ち上疏して曰く、『臣 聞くならく、先王の政、賞は僭ならず、刑は濫ならず、其の已むことを得ざらん与《より》は、寧ろ僭なるとも濫ならずと。故に唐堯は典を著し、『眚災は肆赦す』と。周公は戒を作り、『庶々《もろもろ》の獄を誤ること勿かれ』と。伯夷の典に、『惟れ五刑を敬みて、以て三徳を成せ』と。……宜しく先王の道を隆んにし、煩苛の法を蕩滌し、箠楚を軽くし薄くして以て群生を済ひ、至徳を全くし広くして以て天の心を奉ずべし（陳寵）三遷、粛宗初、為尚書。是時承永平故事、吏政尚厳切、尚書決事率近於重。寵以帝新即位、宜改前世苛俗。乃上疏曰、臣聞先王之政、賞不僭、刑不濫、与其不得已、寧僭不濫。故唐堯著典、眚災肆赦。周公作戒、勿誤庶獄。伯夷之典、惟敬五刑、以成三徳。……宜隆先王之道、蕩滌煩苛之法、軽薄箠楚以済群生、全広至徳以奉天心）」（『後漢書』列伝三十六 陳寵伝）とある。また、「寛」治については、渡邉義浩「「寛」治から「猛」政へ」（『東方学』一〇二、二〇〇一年、『三国政権の構造と「名士」』汲古書院、二〇〇四年に所収）を参照。

（三六）大臣奪服の制を『孝経』を論拠に批判したことは、「元初三年に詔有りて、大臣 三年の喪を行ふことを得、服 闋けて職に還れと。忠 此に因りて上言するに、『孝宣皇帝の旧令に、人の軍屯に従ふ及び県官に給事する者は、大父母 死して未だ三月に満たざれば、皆 徭することを勿く、葬送することを得しむと。此の制に依らんことを請ふ』と。太后 之に従ふ。建光中に至りて、尚書令の祝諷・尚書の孟布ら奏して以《い》為《へ》らく、『孝文皇帝は約礼の制を定め、光武皇帝は告寧の典を絶ち、則を万世に貽す。誠に改む可からず。宜しく建武の故事に復すべし』と。忠 上疏して曰く、『臣 之を孝経に聞くに、親を愛するに始まり、哀戚に終はると。上は天子より、下は庶人に至るまで、尊卑貴賤、其の義は一なり……。』と。宦豎 之を便とせざれば、竟に忠の奏を寝めて諷・布の議に従ひ、遂に令に著す。（元初三年有詔、大臣得行三年喪、服闋還職。（陳）忠因此上言、孝宣皇帝旧令、人従軍屯及給事県官者、大父母死未満三月、皆勿徭、令得葬送。請依此制。太后従之。至建光中、尚書令祝諷・尚書孟布等奏、以為、孝文皇帝定約礼之制、光武皇帝絶告寧之典、貽則万世、誠不可改。宜復建武故事。忠上疏曰、臣聞之孝経、始於愛親、終於哀戚。上自天子、下至庶人、尊卑貴賤、其義一也……。宦豎不便之、竟寝忠奏而従諷・布議、遂著于令）」（『後漢書』列伝三十六 陳寵伝附陳忠伝）とある。また、大臣奪服の制については、藤川正数「大臣奪服の制について」（『漢代における礼学の研究』増訂版、風間書房、一九八五年）を参照。

（三七）明帝の上陵の礼については、藤田忠「上陵の礼よりみた明帝の礼制改革について」（『國士館史学』一、一九九三年）を参照。

(三八) 建寧五年正月、車駕上原陵、蔡邕為司徒掾、従公行。到陵、見其儀、愾然謂同坐者曰、聞、古不墓祭。朝廷有上陵之礼、始謂、可損。今見其儀、察其本意、乃知孝明皇帝至孝惻隠、不可易旧。……邕見太傅胡広曰、国家礼有煩而不可省者、不知先帝用心周密之至於此也。広曰、然。子宜載之、以示学者。邕退而記焉(『続漢書』志四 礼儀志上注引謝承『後漢書』)。

(三九) 三年之喪、何二十五月。……父至尊、母至親。故為加隆、以尽孝子之恩。恩愛至深、加之則倍。故再期二十五月也。(『白虎通』喪服)。

(四〇) 遺詔曰、朕聞之、蓋天下万物之萌生、靡不有死。死者天地之理、物之自然、奚可甚哀。当今之世、咸嘉生而悪死、厚葬以破業、重服以傷生、吾甚不取。……其令天下吏民。令到出臨三日、皆釈服。無禁取婦嫁女祠祀飲酒食肉。自当給喪事服臨者、皆無践。経帯無過三寸。無布車及兵器。無発民哭臨宮殿中。殿中当臨者、皆以旦夕各十五挙音、礼畢罷。非旦夕臨時、禁無得擅哭。以下、服大紅十五日、小紅十四日、繊七日、釈服(『漢書』巻四 文帝紀)。

(四一) 渡邉義浩「杜預の諒闇制と皇位継承問題」(『大東文化大学漢学会誌』四四、二〇〇五年)。

(四二) 司馬彪の『続漢書』の志が、その延長上に「漢家の故事」をまとめたものであることについては、渡邉義浩「司馬彪の修史」(『大東文化大学漢学会誌』四五、二〇〇六年)を参照。

(四三) 故事を唐における格の源流と考えるのは、『大唐六典』である(巻六 刑部郎中員外郎注)。守屋美都雄「晉故事について」(『和田博士古稀記念 東洋史論叢』一九五〇年、『中国古代の家族と国家』東洋史研究会、一九六八年に所収)を参照。

渡邉報告へのコメント

田中　麻紗巳

初めに使われる用語の異なる両漢の資料を挙げ、前漢では法令が故事と併称されるが、後漢では経典が併称されるとして、後漢の故事を取り上げる意味を述べ、発表者の視点を示す。その上で後漢での故事重用の事例を挙げつつ論を展開する。

まず「周公の故事」が王莽への安漢公の号の下賜に利用され、そのため後漢ではタブーとされたが、王莽の定めた郊天祭祀の礼制は、「元始の故事」として白虎観会議で経義に取り込まれたこと、更に梁冀を周公に擬えようとする動きを前漢の故事で抑えたことなどを挙げ、詳細に分析する。最後に三年喪が「文帝の故事」、つまり前漢文帝が遺詔で説いたことを根拠に短縮したまま行われたことを挙げ、「儒教国家」の後漢の礼制は現実への適応に欠ける部分が多かったので、それを補完する役割を「漢家の故事」が果たしたのであり、そこに故事の存在意義があると結論する。

尚、「文帝の故事」が後に晉の杜預により経義に組み込まれたこと、故事は故事として集成されもしたことなどが、最後に付記される。

論述のなかで故事は「フレキシブル」「無原則」「現実に即応」という。「漢家の故事」が因循すべきとも、すべきでないともされるともいう。故事はわれわれの用いる前例に近いと考えられる。前例は当面の案件を処理する有力な根拠とされることもあるが、悪しき前例として否定される場合もある。故事も同様であろう。故事は個別の状況への適応性で判断されるというのがその特色で、礼とは本質的に異なる。

「儒教国家」においても、さまざまな異なる状況での個々の事例に、規範性を特質とし、一般的な原則でもある礼が、全てには適応できないのは当然であろうから、その際、その事例に適用するのに相応しい故事が、その特色から、援用されるのも自然なことであろう。その場合、故事は礼制の不十分な部分を補う機能を発揮したことになり、従って当発表の指摘はまさしく妥当であるといえる。

だが「儒教国家」における故事の必然的な役割を説くには、礼と故事の関係を合理的に説明する必要があろう。故事使用に法則性を見出し、後漢の礼制に一定の不備のあった点を指摘するなど、礼と故事との間になんらかの整合性の存在を主張するなどが求められよう。

もちろん思想研究として礼に反する場合を取り上げても、それは求められる。例えば、「文帝の故事」には、『論語』の宰我の質問の「三年之喪、期已久矣。君子三年不為礼、礼必壊、……」（陽貨）の「礼必壊」を、文帝の遺詔の「絶鬼神之祭祀」は踏まえることが考えられ、すると儒学内部にも「文帝の故事」の正当性を支える一つとして、三年喪の礼への疑問・異説の、以前からの存在が想像できるなど、思想研究の面からの考察が可能で、それを更に進めるとともに、その結果を史学の豊富な故事研究と有機的に結びつける作業が必要になるであろう。

元来、三年喪に限らず儒学でも礼に合致しない事態の承認が問題で、漢代の春秋学でも『春秋繁露』に「経」「常」に対する「変」、「経礼」「常礼」に対する「変礼」が説かれる（竹林・玉英）。もともと『公羊』では「権」が

主張されるが、（一）『穀梁』では「変之正」が説かれる。（二）

しかしこの『繁露』などは、礼には合わないが状況に最適である点をもっぱら強調するに止まるようである。これらに関しても合理的な理解が求められるのは当然である。少なくとも別の観点からの分析や解釈を要求されるに違いない。思想分野の研究の課題である。

当発表ではその他、「(後漢の儒教は)礼制において、いまだ現実とは乖離した理想論を含む原初的な形態を留めていた」とか「(後漢の礼制は)いまだ現実への適応に欠ける部分が多く見られる」という。だが後漢は「儒教国家」であるとする。「現実とは乖離した」「いまだ現実への適応に欠ける部分が多」い礼制の後漢を、「儒教国家」と呼ぶことに違和感を覚えるが、発表者は統治機構における礼制の合理的な解釈・実施などが前代との比較では整っている点も一要因して、そう称するようだから、その意味では納得できる。

当発表は、後漢儒教の研究においては、故事の持つ重要性が無視できないことを明確に示した、意義深い内容であった。史学分野の研究視点の明晰さに教えられた。後漢儒教の認識を少し新たにした発表であるといえよう。

≪ 注 ≫

（一）本書所収、堀池信夫「漢代の『権』について」を参照。

（二）『公羊』の「権」は一箇所だけだが、『穀梁』の「変之正」は四箇所に見えることから、少なくとも『穀梁』のこれらには、著述の新しさが考えられよう。

渡邉報告への質疑応答

司会（池澤優、東京大学）

報告のあとの討論は、コメントにお答えいただくことを中心とします。むろん、報告に係わる質疑応答はいたしますが、大きな問題につきましては、総合討論にまわしたいと思います。それでは、コメントにお答えください。

渡邉義浩（大東文化大学）

三点にわたり、コメントをいただきました。

第一に、礼と故事の関係から、故事使用の法則性を見出すべき、とのご指摘であります。原則としては、礼が周制をモデルとするあまり、現実から大きく離れたときに、故事は発動されます。三年喪に対する「文帝の故事」は、その典型です。ただし、礼とは無関係な故事の使用には、法則性を見出すことはできません。その時々の政治的判断や使用者の都合に応じて、故事が使われております。全体としては、礼と係わりのない故事を多く掲げましたので、一見無原則に見えたかもしれませんが、礼と係わった場合には、礼が現実と離れたときに故事が発動される、という法則性を認めてよいと思います。

第二に、儒教でも礼に合致しない事態を承認するために、「変礼」「権」「変之正」といった解釈が行われる、との指摘であります。三年喪への故事である「文帝の故事」は「漢家の故事」でありますので、漢が終わると当然、次の王朝である魏、あるいは晉にとって、これは故事ではなくなるわけです。そうしたとき、晉の司馬孚は、「文帝の故事」のことを「漢の権制」と呼んでおります[一]。故事のことを「権」と考え、儒教の論理に置き換えて考えていく、そういう議論をしております。したがって、「文帝の故事」を経学の中に取り入れていこうという動きは常に存在しておりました。具体的には、杜預が短喪を経義により正当化したことは、報告の最後に述べたとおりであります。

第三に、いまだ現実への適応に欠ける部分が多い礼制を持つ後漢を「儒教国家」と呼ぶことへの違和感のご指摘であります。私は、この不適応さこそが「儒教国家」の初発形態である後漢の儒教の特徴である、と考えております。「儒教国家」は国家が支配理念として儒教を利用したということで、社会全体に儒教が浸透したことを示す概念としては使用しておりません。儒教が社会の隅々まで、民衆レベルにまで浸透していくのは、明清を待たなければならないと考えております。「儒教国家」は、国家の限られた支配層のレベルにおいて、儒教にもとづいた政治が目指された国家のことを言っているわけであります。それが始めて成立したのが後漢ですから、後漢の礼制は現実への適応に欠ける部分が多いのです。

司会（池澤優、東京大学）

ほかに質問ございませんか。

堀池信夫（筑波大学）

本日のご発表ですと、祖先祭祀と礼学とは全然別のものだという立場で、経と故事が挙げられていたわけですが、もう少し根本的に考えると、祖先祭祀とは礼そのものではないか、という考え方もあるわけです。そうであれば、そこに、現実と理念を対立させることも分からないではないが、根底においては実はそんなにぶつかりあうものではないのではないかとも思うわけですが、いかがでしょうか。

渡邉義浩（大東文化大学）

その通りだと思います。が、この話は、礼とは何かという根本的問題に係わってくるのではなかろうか、とも思います。「祖先を祭るのは礼である」と。確かに礼であると思いますが、それをどう規定していくのか、という点は、それこそ本日のテーマである三礼によってすべて異なるわけです。そうした微細な違いを追っていくことが礼学の本質ではないか、と私は思っております。ちなみに、歴史学でも「歴史の神は細部に宿る」と申しまして、細かい違いの中から、大きな歴史的変遷・意義を見出していきます。経学においても、微小な違いは、非常に重要でしょうし、国政の運用において議論となるところであろうと考えております。ですから、祖先祭祀は礼であると思いますが、礼学と故事とは異なるものであり、その違いに理念と現実の狭間を見ていけるのではないか、と私は考えております。

≪注≫

（一）『晉書』巻二十　礼志中に、「(司馬) 孚等重奏曰、臣聞、上古喪期無数、後世乃有年月之漸。漢文帝随時之義、制為短喪、伝之于後。陛下社稷宗廟之重、万方億兆之故、既従権制、釈除衰麻、群臣百姓吉服、今者謁陵、以叙哀慕、若加衰絰、進退無当、不敢奉詔」とある。

二、漢代の「権」について

堀池　信夫

はじめに

『春秋公羊伝』桓公十一年の条に、「権とは経に反し、然る後に善有る者なり」とある。この文は『公羊伝』資料の文脈に沿うならば、それなりに合理的解釈ができるものなのだが、[一]ここでの文言をそのままにみるなら、「権」とは「経」に違反しても善であるもの、ということになる。そして歴史的にみるならこの文言は、『公羊伝』の一解釈文というよりも、むしろ文言どおり「経に違反しても善なるもの」が「権」であるという、いわば「権」の概念、「権」の論理・思想を示すものと理解されてきた。[二]

そうしてみると、「経に違反しても善である」ということが、「経」たる『春秋公羊伝』に記されているということは、儒教にとっては大問題だということになる。儒教の核心である「経」や「礼」に与えられている絶対的な意味や価値付けが相対化されてしまうことになるからである。あるいはそれが経典に記されているという事実は、儒教理論はもともと「経」「礼」の絶対性を相対化してしまうような、ないしその絶対性に亀裂をもたらすようなファクターを、経典内部に懐胎していたということを示すものということにもなる。もう少し強くいえば、これは儒教自体が自家撞着的思想であり、儒教そのものが本来的に整合的思想たりうるものではなかった、そういう可能性を顕在化させるものであったということにもなる。(三) これは儒教を中心理念に置く中華帝国体制にあっては、きわめて危険なことであった。したがってこれは歴代の儒教学者にとって、かなり大きな問題であったし、これをめぐってはさまざまな思索が行われてきたのである。

一般的にいうと、「権」とは「手段が常道に反しても、結果が道に合う」(『大漢和辞典』) ものと理解されている。典型例は、つぎの北宋の范祖禹の言である。

天下の道に、正有り、権有り。正とは万世の常なり。権とは一時の用なり。常の道は、人、皆守るべし。権は、道を体する者に非ざれば用うべからざるなり。蓋し、権は已むを得ざるに出づればなり。(『孟子集注』離婁上、引)

ここで范祖禹が端的に述べているように、いくら結果が道にかなったものだとしても常道に反するものである以上、「権」の適用は臨機・臨時的なものにとどまるものであり、しかもさらにそれは特異的にすぐれた人物(道を体する者)でなければ行使してはならないという風に、全面的・無条件的肯定ではなく、一定の条件・制限のもとにようやく規範たりうるものとされていた。というのは、むやみやたらな「権」の適用は結局は原則の否定につながるわけであり、それは無秩序をもたらし、結局は儒教体系の崩壊に直結する可能性があるからである。(四) それでもそれは、「已むを得ざるに出」づるものとされつつ、(「経」に明文が存在する以上) 一つの規範的概念として扱われてはいたのである。このような范祖禹の理解は、六朝―唐以来の最大公約数的なものであった。以下に六朝期以降の言説を記す。

此の詩〔逸詩「唐棣之華」〕を賦する者、以て権道は、反して後、大循に至るを言うなり。(何晏『論語集解』「子罕」)

権とは道の変なり。変に常態なし。神にしてこれを明らかにするは其の人に存す。豫《あら》かじめ設くるべからず。尤も難なる者なり。（王弼『論語釈義』）

権は経に反して道に合す。必ず巽順に合して後、以て権を行うべきなり。（韓康伯『周易』「繫辞伝下」注）

范寧曰く、詭道なるも権に合するは、隠れて彰らかならず。故に民は得て称する無し。乃ち大徳なり。（皇侃『論語義疏』「泰伯」）

此の章、権道の難を明らかにするなり。夫れ、正道は行い易く、権事は達し難し。（皇侃『論語義疏』「子罕」）

権とは常に反して道に合する者なり。自ら通変達理に非ざれば則ち能くせざる所なり。（皇侃『論語義疏』「子罕」）

理に循い、常を守るを道と曰い、危に臨みて変を制するを権と曰う。（劉勰『新論』「明権」）

権とは経に反して道に合する者なり。義に反して後に善有るなり。（劉勰『新論』「明権」）

勢の已むを得ざる、権の設くる所なり。……権の義なるや、夫れ道有れば則ち権無く、道失わるれば権作《おこ》る。（劉勰『新論』「明権」）

夫れ、権の道たるや、変事を済《すく》う所以なり。時に有りては然り、時に有りては然らず。経に反するも善なるもの、是れを権道と謂うなり。（孫奭『孟子正義』「離婁上」）

以上のように、「権」はこの間、既定の一つの規範として受容継承されており、またその間に積極的な論理的解決が図られてきたわけでもなかった。「権」の困難性は、六朝期以来、引きずられつづけていたといってよいし、范祖禹が提示している条件・制限等はその困難性をそのまま示すものであった。

一、宋儒の「権」

ところで、宋代になると「権」についてあらためて発言するものが若干目につくようになる。まず范祖禹とほぼ同時代の欧陽脩と王安石の発言である。

【欧陽脩】権にして宜に適する者は、宜の制なり。（欧陽脩「為後或問」（『欧陽脩全集』巻五））

【欧陽脩】権とは非常の時に必ず非常の変有るなり。（欧陽脩「易童子問」）

【王安石】聖賢の道の如きは、皆一より出づ。而るに権時の変無ければ則ち又何ぞ聖賢の称するに足らんや。聖とは権を知るの大なるものなり。賢とは権を知るの小なるものなり。（王安石『臨川集』巻六十九、「祿隠」）

欧陽脩が比較的それまでの伝統にしたがった理解を示しているのに対し、王安石は「権」をより根本的・重要なものと位置づけていることが見てとれる。欧陽脩も王安石もいわゆる「新法党」であるが、既成規範の改革にあたって、既成規範を越えることの正当化理由として（すなわち、改革を断行するための専権の根拠として）とくに王安石が「権」を積極的に用いようとしていたことがうかがわれる。

このように王安石によって「権」が具体的な政治的文脈の中に持ち込まれることになったのであるが、そのことは、かなり知識人の注目を引いたらしい。時代的に王安石に続く二程や朱子も、しばしば「権」について発言を行っているからである。だが、程朱が発言したということは、一方で「権」が道学の視点の前にもたらされたということを意味するものでもあった。それゆえ、「権」は王安石によって一端現実的政治的文脈に持ち込まれたものの、程朱によってふたたび哲学的文脈に置き直されることになったといえよう。(五)

程伊川はつぎのようにいっている。(六)

世の学者、未だ嘗て権の義を知らず。理において可ならざる所を則ち姑《しばら》く権に従うと曰う。是を以て変詐の術と為すのみなり。夫れ、事に臨むの際に、軽重を称りて之に処して以て義に合する、是れを之れ権と謂うなり。豈に経に払《もと》るの道ならんや。(『二程粋言』「論道」)

事を論ずるに、須《すべか》らく著《あき》らかに権を用うべし。古今、多く権の字を錯用す。纔《わず》かに権を説くに、便ち是れ変詐或いは権術なり、と。権は只だ是れ経の及ばざる所の者にして、軽重を権量し、之をして義に合せしむるのみなるを知らざるなり。纔《わず》かにも義に合すれば便ち是れ経なり。今人、権を説きて是れ経ならずとするも、便《すなわ》ち是れ経なり。(『程氏遺書』巻十八)

これらによって程伊川が「権」を重視していることがまず分かる。ただ、彼の考える「権」は従来的「権」とは内容を異にするものであった。そして「権」が伊川自身の考えるようなものであったならば、それは「権」というよりもむしろ「経」であるとしているのである。ちょっとややこしいのだが、伊川は「権」を六朝—唐以来の従来的、あるいは一般的意味とは違う意味においてとらえ、さらに「権」を「権」として独立した概念とは見ずに、むしろ本質的に「経」に包摂されるもの、あるいは「経」の一端を形成しているものと考えたのである。やや適切を欠くかもしれないが、ここには王安石の「権」論を「経」義としてオーソライズしようとする方向性があるかもしれない。程伊川の論述は学問的・論理的なものといってよいが、そこには王安石が提起した政治的意味合いが、ある程度尾を引いていた可能性はある。

一方、朱子の意見はこうである。(七)

愚按ずるに、先儒……故に経に反して義に合するの説有り。程子、之を非とするは是なり。然かるに……権と経とは亦た当に辨有るべし。(『論語集注』「子罕」)

伊川の、権は即ち経なりと言うは、何ぞや。曰く、某《われ》、常に必ずしも此の説の如からざるを謂う。孟子は分明に、男女の授受の親ならざるは礼なり、嫂の溺るるに之を援くるに手を以てするは権なり、と説けり。権と経とは、豈に辨無かるべけんや。但だ伊川、漢儒の只管《ひたすら》経に反するは是れ権なりと言うを見て、後世の忌憚無き者、皆、権に借りてもって自ら飾るを得んことを恐れ、因りて此の論有るのみならん。然らば、経は畢竟是れ常なり。権は畢竟是れ変なり。(『朱子語類』巻三十七)

権は自ずから権、経は自ずから経なるも、相干渉せずと説くが若きは固より可ならず。事に須《すべから》く権を用うべく、経、権を須《ま》ちて行うと説くが若きは、権は只だ是れ経なれば、則ち権と経と又全く分別無し。孔子の、与に立つべきも未だ権を与にすべからずと曰うと、孟子の、嫂、溺るるに之を援くるに手を以てすと曰うとを観るに、則ち権と経とは須く異処有るべし。(『朱子語類』巻三十七)

朱子の立場が程伊川と異なっているのは明確である。伊川が「権」を「経」に包摂してしまったことは誤りである、「経」と「権」とは弁別されなければならない、『論語』や『孟子』の古典的記述から見ても弁別は必須である、というのである。そして注目すべき一点は、ここで朱子がなぜ伊川が誤った主張をしたのかについての憶測をして、伊川は「後世の忌憚無き者、皆、権に借りて以て自ら飾るを得んことを恐」れていたからであろうとしていることである。つまり朱子は、「権」は濫用される可能性があると見ていたのである。朱子の立場は、規範・原則としての「経」と、原則逸脱を本質とする「権」とは区別しなければならないということである。伊川のように、もし原則逸脱を「経」と同等視してしまったなら、規範・原則、あるいはそれにもとづく秩序などは成立しえない。加えて原則逸脱を本質とする「権」が濫用されれば、規範・原則(すなわち儒教)が崩壊の危機に直面するのである。

しかしだからといって、朱子が以上のような議論によって、「権」の問題を論理的に解決できていたかというと、必ずしもそうではない。

伊川の「権は只だ是れ経」と説くは、恐らくは也た未《ま》だ尽くさざるなり。……蓋し、経とは只だ是れ大法を存し得て、正に道理に当たるのみ。蓋し、精微曲折の処は固より経の能く尽くす所に非ざるなり。いわゆる権とは、精微曲折の処において其の宜を曲《ことごと》く尽くし、以て経の及ばざる所を済《すく》うのみ。……権とは即ち是れ経の要妙処なり。(『朱子語類』巻三十七)

権とは実に経を離れざるなり。(『朱子語類』巻三十七)

このように先に見た主張とは異なり、朱子は実際には「権」と「経」とを完全に切り離しきれていない。「経」は「大法を存」するもの、「権」はむしろ「経の要妙処」であるとし、「権」を「経」カテゴリー中の特殊的に高度な問題と位置づけるのである。すなわち彼は、「権」が儒教にとってのアキレス腱であることを認識しつつ、一種の問題の囲い込みによって、「経」と「権」との間について正面切っての論理的・整合的解決を行わなかった(行えなかった)のである。

朱子という大儒が、この問題の意義を認識しつつも、それにケリをつけられなかったということは重大なことであった。「権」が儒教にとってのアキレス腱であり、この問題が解決しなければ儒教はその存立基盤からして怪しげなことになることがはっきりと知られることになったからである。かくて宋儒以後、「権」の問題は喧々囂々と展開することになるのである。(八)

ところでここにもう一つ問題がある。それは、朱子が「権」の問題は漢儒に淵源すると見ていた点である。先に見たとおり、朱子は「但だ伊川、漢儒の只管《ひたすら》経に反するは是れ権なりと言うを見て」と述べているのだが、程伊川自身は「漢儒」とはいっておらず、「世の学者、未だ嘗て権の義を知らず。理において可ならざる所を則ち姑《しばら》く権に従うと曰う」と述べていただけであった。したがって、「権」の問題についてことさらに「漢儒」を意識したのは、むしろ朱子であったといえる。朱子にはまたつぎのような発言もある。

権と経とは、是れ一件の物事なりと謂うべからず。畢竟、権は自ずから是れ権、経は自ずから是れ経なり。但だ、漢儒のいわゆる権変・権術の説に非ず。（『朱子語類』巻三十七）

朱子がこれらで問題としている漢儒の説には二つの面がある。一つは「経に反するは是れ権」、すなわち公羊説の「権とは経に反し、然る後に善有る者なり」であり、もう一つは「権」の内容を権変・権術ととらえるものである。ただし前者の内容は後者によって充当できるところもあるから、これらはことさらに「二つの面」といわなくてもよいのかもしれないが、いずれにしても、「権」の問題のルーツは漢代にあると朱子は見ていた。いいかえれば彼は、この弱点は漢代以降、儒教にずっと懐胎され続けていたものであったと認識していたのである。

二、「権」に対置されるもの

漢代はいわゆる儒教国教化、あるいは儒教官学化と呼ばれる儒教の一尊体制、すなわち、儒教理念が国家理念として確立されていった時期である。言葉を換えるなら、儒教の種々の理念・概念が国家経営を支えるに足るものに整備されていった時期である。儒教によるそれらの理念・概念、すなわち「経」「礼」などは、したがって社会・政治・倫理的規範として、あるいはさらに普遍的で絶対的なものとして構築・定位されなければならなかったし、また漢代の学問はその絶対性、あるいは真理性を弁証するものとして営まれた。公羊学の文脈では儒教の一尊は「大一統」という語によって示される。董仲舒の「春秋の大一統とは、天地の常経、古今の通誼なり」（『漢書』「董仲舒伝」）という指摘は、まさに彼がそういった意識を持っていたことを示している。『孝経』「三才」の「それ、孝は天の経なり、地の誼なり、民の行なり」（『漢書』「芸文志」にも同文を引く）もそれに通底する。西漢期の石渠閣・東漢期の白虎観、そして今古文の争論から熹平石経、鄭玄の三礼に至るまで、すべては、儒教経学の絶対性・真理性を弁証・確立しようとする一連の動きとしてとらえることができる。

このような漢代を通じての儒教の「経」「礼」の確立、それはすなわち「経学」「経書」の確立という事態にほかならなかったのだが、その事態を前提にした上で指摘しなければならないことは、『公羊伝』の「権とは経に反し、然る後に善有る者なり」の「経」は、『公羊伝』そのものの文脈からすると、漢―六朝以降の諸解釈が当然視していたところの、絶対化された儒教・儒教経典という意味ではなかったという点である。

「経」字の濫觴的用例としてふつう『荘子』「天運」の「孔子、老聃に謂いて曰く、丘、詩書礼楽易春秋の六経を治めること、自ら以て久しと為す」が指摘されるが、それが儒教の典籍であるのは間違いないとしても、「経」字に国家的権威によってオーソライズされた、あるいは批判を超越した絶対的原理「経」の意味が込められているとはいえない。『荀子』にも「学は悪《いずこ》より始まり、悪に終わるや。曰く、其の数は則ち経を誦するに始まり、礼を読むに終わる」（「勧学」）とあり、それが儒教の基本典籍を指しているのは確かであるが、だからといってやはり絶対的なものとして位置づけられているとは考えられない。出土資料中にもいわゆる五経（六経）の書名が並列されて現れるところがあるが、[九] 当然漢代以降的な「経」のような意義をになっているわけではない。

漢代における「経」字の用例は実は武帝期ごろから目立ってくる。[一〇] それらの場合とても、いわゆる「五経博士」の場合のように、すでに国家的権威によってオーソライズされている原理的な「経」として確立した用法であるのか否かは微妙であるが、しかし「五経博士」の「経」の場合と非常に接近した用例になっているとは思われる。以上のように見てくると、『公羊伝』の「経」を漢代（武帝期）以降の「経」と同じ意味にとらえてしまってよいかは問題があるといえるだろう。

そしてそのことは、「経」に対置されている「権」にも反映波及してくる。それは、そもそも「権」は先秦—漢初において、どのような文脈において用いられていたのかという問題でもある。じつは先秦期の文献において、「権」に対置して「経」があげられるのは『公羊伝』以外にはない。では『公羊伝』以外の場合、「権」に対置されて何があげられているかというと、「道」（『論語』「子罕」）であったり、「礼」（『孟子』「離婁」）であったりである。「道」も「礼」も儒教において決して重要ならざるものではないが、漢代以降に絶対的・原理的なものと位置づけられることになった「経」のような意義は当然担っていない。そしてこれら『論語』にしろ、『孟子』にしろ、「権」はそうした「道」「礼」を越える高次のものとして位置づけられている。形式的にいえば、論孟における高次の「権」という位置づけを、『公羊伝』の「権」に代入するならば、結果として漢代以降の「権」が現れてくる。これは見やすいことである。だが、そのことは適正なことであるか。むしろ単純化しすぎの誤謬に近いことではないのか。そこが問題である。

当然ながら、漢代初期以来、思想家たちはこの問題に気付いていた。そしてその解決に向けてさまざまな努力を始めていた。だが結論的にいえばその努力は、まだ気付いたばかりで、それがもつ深い意味の洞察までに至っていたかは問題があった。そしてついには、ある意味での混乱に向かってしまい、その後は未解決のままに既定の規範と受けられてしまうことになった。その実情は先に示した六朝—唐間の言説に明らかである。そのようになった原因はこの時代が、儒教を原理として絶対的なものとして確立しようとする方向に急であり、その思索の多くが儒教はなぜ真理であるのかということの弁証に向かっていたことにあった。「権」はそれとは表裏の関係にあるものであった。

問題の兆しはすでに先秦期にあった。同じ「権」といっても、その内容はさまざまであったからである。一つは先に指摘した論孟等における通常日常の規範・原則を越えるさらに高次の、あるいは根源的な規範が存在しているという考えである。資料を示しつつ述べよう。まず、『論語』の場合である。

子曰く、共に学ぶべきも、未だ与に道に適くべからず。与に道に適くべきも、未だ与に立つべきも、未だ権を与にすべからず。（子罕）

これは、日常的に規範としている規範よりもさらに高次でより原理的・根源的な規範が存在している、それが「権」であると、孔子が考えていたことを示している。『孟子』の場合は、よりはっきりする。つぎの話柄は非常に有名なものである。

淳于髠曰く、男女、授受するに親《てわた》しせざるは礼なるか。孟子曰く、礼なり。（淳于髠）曰く、嫂、溺るれば則ち之を援くるに手を以てするや。（孟子）曰く、嫂、溺るるに援けざるは、是れ豺狼なり。男女、授受するに親しせざるは、礼なり。嫂、溺るるに之を援くるに手を以てするは、権なり。（『孟子』「離婁上」）

これは日常的・常識的な規範よりも本質的で高次の「権」という規範（われわれからみれば、この場合は「生命の重要性」という人類にとっての普遍的規範、ということになるだろう）が存在していることを語る。『論語』にしろ『孟子』にしろ、一般的に重要と位置づけられている規範（「道」「礼」）は、それ自体必ずしも至高・絶対的なものではないということが理解されていたということである。

もう一つは、『公羊伝』の「経に反するも善」であるという場合である。それは「権」が通常よりも必ずしも高次の規範ということではない場合である。引用は省略するが、[一一]ある一つの規範において不善だと認められることが、じつは後になると事態が変わり結局よい結果をもたらすということがある。『公羊伝』の場合はそうした事態を「権」

と呼ぶ。時間の経過によって、一見否定的なものが肯定的なものに転化する。この場合は、「権」は通常の規範を越えるものではなく、通常の規範が時間差(一二)によって異なる意味をもってくるものである。だが、この時間差によって結果的に良好な結果が出た場合、さかのぼって当初の時点でとった手段を善と評価するのは後付け理屈である。当初の時点においては、結果は不明のはずであるから、その時点での判断はギャンブルである。その判断をその時点で是とするためには、経験その他による蓋然的判断の妥当性に依拠するほかはない、そのようなものである（したがってその判断行使の主体は「聖人」等の超人的不可能存在に限定されるわけである）(一三)。客観性を根拠とする規範にはなりにくいものであった。

では通常の規範同士が時間差なくぶつかり合い、またそれを越える高次の規範によっても解決され得ない場合はどうか。『孟子』「万章上」に載る舜の結婚話がそれである。

舜は両親に憎まれていた。舜が結婚しようとしたとき、親はこれを喜ばなかった。そこで、舜は親に告げずに結婚した。この「万章上」の話柄に対して、『孟子』は「離婁上」でつぎのようにいっている。

孟子曰く、不孝に三有り。後無きを大と為す。舜、告げずして娶る。後無きが為なり。君子、以為えらく、猶お告ぐるがごときなり、と。（『孟子』「離婁上」）

結婚を告げないのは非礼である。一方、結婚せず、子孫を残さないことも非礼である。同じレベルの規範のぶつかり合いである。さらに舜は聖人であって、非礼なことをやるわけがない。結局、孟子は完全な合理的解決ができず、「猶お告ぐるがごとし」という、いわば曖昧な場所に入り込まざるをえなくなっている。

先秦期においては、「権」とは、通常の規範を越える高次の規範を想定する場合があり、あるいは通常の規範に反することを時間差によって解決する場合があった。そしてそれらも、舜の結婚に見たように、解決が難しい場合も生じていた。つまり、先秦期における「権」は原則的規範・原理的規範とするには無理のある概念であった。したがって全体として「権」は、臨機・臨時あるいは緊急のやむを得ない措置というようなアドホックな理解のもとに置かれ、原則外のものと了解されるより仕方がないものであった。(一四)

三、漢代の「権」

それでは、「経」典に記載されてしまっている「権」は、「経」を絶対化普遍化せんと進展してゆく動向の中でどのように考えられていったのか。それが漢代において大きな問題として立ち現れてくるのは、いわば必然的事態であった。高次的「権」と時間差的「権」とが、「経」との関係において、何らかの形で整合されなければならない。その思索はどのように進んだか。

まずは当然ながら漢代の「権」は先秦期の認識を継続するところから始まった。漢代初期、必ずしも儒教の陣営に入らない『淮南子』の例を見てみる。

是の故に聖人、事の〔局の〕曲直を論ずるに、屈伸と偃仰と、常の儀表無し。時に屈し、時に伸び、卑弱にして柔なること蒲葦の如し。摂奪に非ず。剛彊猛志、青雲を厲ますは本矜なり。以て時に乗り、変に応ずるなり。夫れ君臣の接するに、膝を屈し、卑拝して以て相尊ぶは、礼なり。其の患に迫られるに至るや、則ち足を挙げて其の体を蹴るも、天下能く非とするもの莫し。是の故に忠の在る所は、礼として以て之を難ずるに足らず。孝子の親に事うるや、和顔卑体し、帯を奉げ、履《くつ》を運ぶ。其の溺るるに至るや則ち其の髪を粋きて拯う。敢えて驕侮するに非ず、以て其の死を救うなり。故に溺るれば則ち父を粋き、祝いには則ち君を名よぶ。勢の然らざるを得ざるなり。此れ、権の設けらる所なり。故に孔子曰く、以て共に学ぶべきも、未だ与に道に適くべからず。与に道に適くべきも、未だ以て立つべからず。以て立つべきも、未だ権を与にすべからず、と。権とは聖人の独見する所なり。故に、忤りて後、合する者、之を権を知ると謂う。合して後、舛する者、之を権を知らざると謂う。権を知らざれば、善は反って醜なり。故に礼は賓の華にして偽の文なり。卒に迫窮せらるに方りて遽に之に中るも則ち用うる所無し。是の故に、聖人は文を以て世に交わり、実を以て事に従うに宜しきに於いてす。一迹の塗の凝滞して化せざるに結ぼらず。是の故に敗事少なくして成事多し。号令、天下に行われて、是れを能く非とする者無し。(氾論訓)

これは「権」に対して「礼」を挙げ、しかもその「礼」(つまり儒教が採用する規範)を批判的にとらえている。緊急・臨機的措置の場合も含めて、すべての起こりうる可能性に対処することこそが本筋であるとして、固定的規範を立てること(「礼」=儒教的立場の伸張のことである)を批判しているのである。また同じ文脈において、公羊の時間差的「権」を採用して、敵の武器をもって敵を討つがごとく、儒教的文脈を批判している。ここには『淮南子』の思想的立場がうかがわれるのであるが、ただ『淮南子』とても無批判に儒教批判のための武器としてのみ「権」をみていたわけではない。それは「権」の行使が聖人に限定されている点に見てとれる。このことはまた、「権」自体のもつ性格として、既述したようにそのままであっては無秩序が招来されるということが、非儒教陣営においても認識されていたことを示す。

『淮南子』にほぼならぶ時代、西漢随一の鴻儒董仲舒においては、「経」の意識は高まっていたが、その一方、彼は「権」には問題があると見て、解決の努力がはじまっていた。

まず、『公羊伝』に記されていることであるから当然のことだろうが、董仲舒は、「権」を一つの既定の規範として認識していた。

逢丑父は其の身を殺して以て其の君を生かす。何を以て権を知ると謂うを得ざるや。……凡そ人の為す有るや、前に枉にして後に義なるもの、之を権に中ると謂う。成ること能わずと雖も、春秋は之を善とす。……前に正しくして後に枉有る者は之を邪道と謂う。能く之を成すと雖も、春秋は愛さず。斉の頃公・逢丑父、是れなり。

（『春秋繁露』「竹林」）

文中の頃公・逢丑父の話柄は成公十一年の『公羊伝』に見え、また『春秋繁露』「竹林」のこの引用文の直前にも見えるものであるが、その詳細は省略に従う。ただここで見るべきは董仲舒が「権」を「春秋は之を善とす」るものとして、そのこと自体は肯定されるものとしている点と、あわせて彼がその「権」をまずは「前枉後善」、つまり時間差的なものとしてとらえている点である。そして董仲舒はこうした「権」のある意味での相対性を「経」ないし「礼」の絶対性に解消しようと試みていたと思われる。すなわちつぎの「玉英」の文である。

春秋に経礼有り、変礼有り。為如《なし》て性に安んじ、心に平らかなるものは経礼なり。性に於いて安んぜざると雖も、心に於いて平らかならずと雖も、道に於いて以て之に易うる無き有るに至るは、此れ変礼なり。是の故に、昏礼に主人を称さざるは経礼なり。辞、窮まりて称する無く、主人を称するは変礼なり。天子、三年にして然る後に王を称するは経礼なり。故有らば則ち未だ三年ならずして王を称するは変礼なり。婦人、境を出づるの事無きは経礼なり。母、子の為に婦《つま》を娶り、父母に奔喪するは、変礼なり。経・変の事に明らかにして然る後に軽重の分を知り、与に権に適くべきなり。（『春秋繁露』「玉英」）

董仲舒は、常則的と見る規範を経礼とし、例外的・変則的ではあるが規範に外れてはしまわないものを変礼とし、そうした常と非常とにともに通ずることを「権」と見ている。つまり、「経礼」を称揚する一方、その「経礼」に反するものを「変礼」とするが、しかし「経」も「変」も「礼」のうち、と見ているのである。そこには「礼」以上の高次規範の存在の許容を回避しようとの意識が見てとれる。先に董仲舒は「権」を時間差論的にとらえていたことを指摘したが、高次規範を回避するという面において、それに対応する方向性がここにはあると見られよう。

このように董仲舒は、「変」は決定的に「礼」にはずれるものではないと見なすのであるが、この場合、『公羊伝』における「権」の「反経」的な意味合いは「変」の方に込められている。そして董仲舒自身はその「経」と「変」との両方の「礼」に通ずることを「権」と規定して、「反経」＝「権」を越えようとしているのである。ここにはやはり「礼」以上の高次の規範の存在の許容を避けようという意識がある。「礼」の一元的絶対化の意識である。そしてそれがまさに時代の向かう大一統の「経」「経学」の方向に舵を取っているのは見やすい。だがしかし、そこにはじつは思わず知らずか、無意識的にか、「権」は規範を越える価値を持つ（この場合は「経礼」と「変礼」を越える）という、従来的（＝孔子的）「権」観が引きずられているのである。論理的にいえば、これは屋上屋を重ねるような、また因果的論理の繰り返しのようなものである。完全な解決にはなっていない。したがって、『春秋繁露』においてはこの文の後に「難者」というものの批判が提示され、それに対する董仲舒の対応が載っており、一応表面的には答えになっているものの、その実、孟子と似た様相を呈してきてもいる。

難者曰く、春秋は事同じければ辞同じきなり。此の四者（昏礼・称王・娶婦・奔喪）、倶に変礼と為すに、或いは経に達《み》え、或いは経に達えざるは何ぞや。曰く、春秋は、百物を理め、品類を弁ち、嫌微を別ち、本末を修むるものなり。……今、四者は、倶に変礼と為すこと同じきなり。或いは男より発し、或いは女より発す。其の辞、同じくすべからざるなり。是れ、或いは常に達し、或いは変に達するなり（玉英）

つぎの文は詳細はともかく、董仲舒が、高次の規範を求めず、「権」をある一定の規範の内に込めてしまおうと考えている例である。

権の端は察せざるべからざるなり。夫れ、権は経に反すると雖も、亦た必ず以て然るべきの域に在り。以て然るべきの域に在らざれば、故より死亡すと雖も為さ弗るなり。……故に諸侯、以て然るべからざるの域に在る者、之を大徳と謂う。大徳は閑《のり》を踰ゆること無き者にして正経と謂う。諸侯、以て然るべきの域に在る者、之を小徳と謂う。小徳は出入するも可なり。権譎なるも尚お之に帰し、以て鉅経を奉ずるのみ。故に春秋の道は、博なれども要、詳なれども一に反るなり。（『春秋繁露』「玉英」）

「権」が「経」に反するものという『公羊伝』の記載にもかかわらず、「権」はある一定の規範以上に出てはならない（つまり「反」するようでありつつも実際は「経」内に定位されなければならない）、「権」譎という場合であっても、死んでも規範以上に越え出てはならないという、かなり強い論調である。「難者」への対応を考慮すると、この論が成功しているのかどうかは微妙であるが、董仲舒が強くこの方向を考えていたのは確かだったといえるだろう。

さて、董仲舒とほぼ同時代、司馬遷も『史記』において一か所、「経権」を論じている。

諸呂、従《ほし》いままを為して、京師を弱《おか》すを謀る。而るに〔周〕勃は経に反して権に合す。……絳侯世家第二十七を作る。（『史記』「太史公自序」）

これは『史記』「絳侯周勃世家」の記事に関する司馬遷自身の解釈である。高祖没後、呂氏一族が権勢を振るっていたときに、周勃は陳平と諮って呂氏を倒し文帝を立てたが、その方法は反乱に近いものであった。だがそれは結局は漢室を擁護する結果になった、ということである。これは一種の時間差的「権」論であり、この場合、司馬遷は董仲舒と認識の一端を等しくしていたといえるが、司馬遷においては「権」はそれについて疑問を持って追求すべき概念というよりも、すでに一つの既定の規範としてとらえられているものであったことも、同時に知られる。

劉向『説苑』にも孔子を引用した「権」論がみえる。

孔子曰く、与に道に適くべきも、未だ権を与にすべからず、と。夫れ、命を知り、事を知る者に非ざれば、孰れか能く権謀の術を行わんや。権謀には正有り、邪有り。君子の権謀は正なり。小人の権謀は邪なり。夫の正なる者は其の権謀、公なり。故に其の百姓の為に心を尽くすや、誠なり。彼の邪なる者は私を好み利を貴び、故に其の百姓の為にするや詐なり。(『説苑』「権謀」)

ここでの「権」は「経」に匹敵するとか、それを越えようとか、上来述べてきたような「権」とはやや異なり、「権謀」の意味になっている。そしてその意味において、孔子の論を引用しているのである。「権謀」的な「権」の用例は『荀子』や『韓非子』に多数見られるが、だがその意味でならば、孔子の「権」論を引くのはむしろ誤解的であろう。(一五) とはいうものの、権謀論に孔子の「権」論を引いているのは、漢代の「権」論が、その自家撞着を脱却して一つの解決策を探る苦し紛れの方向であったといえるかもしれない。そしてその後の歴史においては、このような意味において「権」が用いられる場面も多かったであろう。朱子の、「漢儒のいわゆる権変・権術の説」とはその面を指摘するものでもあった。

このように西漢期においては、「権」と「経」との関係を何とか整序させようという指向はうかがいうるものであったが、また司馬遷に見たように「権」は一定の意義をもった既成の規範として使用されてもいた。だがそれはついには解決に至っておらず、ある意味ではかえって混乱に向かっていたともいえるだろう。

以上が西漢期の見通しであるが、ついで東漢末における二人の学者の意見を見ておきたい。

一人は鄭玄である。彼の議論は以下のように断片的なものでしかないが、非常にすっきりしている。

能く権を知る者、経に反して義に合すとは、尤も知り難きなり。（『論語』「子罕」鄭玄注）(一六)

鄭玄は「権」の議論に解決案を提示しているわけではない。その問題がどうしようもないものだということを端的にいっているのである。まさにそのとおりだ、というしかないだろう。

一方、鄭玄と同時代の趙岐の場合は、やや混乱している。『孟子』「離婁上」の舜の嫁娶の話柄への注である。

舜、後無きを懼るるが故に告げずして娶る。君子は、舜告ぐれば娶るを得ず、娶るに父母に告ぐるは礼なれば、舜、以て告げざるは権なるを知れり。猶お告ぐるがごとしと告ぐるとは同じきなり。（『孟子』「離婁上」趙岐注）

問題の所在は『孟子』と等しい。注目点は趙岐が「告げざるは権」であるとし、「猶お告ぐるがごとし」が「告ぐ」と同じであるとしている点である。これにはもちろん、舜は「聖人」であるという前提条件があるのであるが、とはいえ「告げない」が「告げる」と同じというのは、論理的には無理である。ただ「聖人」という特異的条件にしがみつくことによって、どうにか決定的破綻を免れているだけである。ついでにいえば『孟子正義』において孫奭は、

其の礼に反して義に合するを以ての故に、君子以為らく、告げざるは猶お告ぐるがごときなり、と。（孫奭『孟子正義』「離婁上」）

と述べている。舜の行為は「権」という規範に合致しているのだから、それが不当のはずがない（義に合する）、だからこの場合は「告げない」ことは「告げる」ことと同じだ、という主張である。「権」のもつ問題点を論ずるのではなく、「聖人」の行為であるという点と、「権」という概念が既成の従うべきものであるという認識によって、「告げない」と「告げる」が同じだという、逆転した主張になっているのである。(一七)そしてこのことは、先に指摘したよう

に、六朝―唐における「権」観を通底する一つの方向性でもあったといえるだろう。

おわりに

宋代以後、「権」論が活発になってくるのは、王安石を契機として、漢以降の「権」の混乱がはっきりと自覚されてきたからである。その理由の一つは、宋儒以降の合「理」的思惟の形が、混乱した問題の所在を明晰に把握することができるようになったからである。その問題の根底にあったのは、一つは論理的な問題であったが、しかしそれに引き続き予感されていたのが、その問題が引き起こすであろう儒教思想体系の整合性の崩壊、そしてそれにともなう儒教の絶対性崩壊の可能性、すなわち儒教的中華帝国体制崩壊の可能性であったろう。そして、明清期を通じて学者たちはその問題解決への営為を行い続けてきたが、結局儒教内部においては、この問題は解決しきれなかった(一八)。儒教という思想にとって、それが無欠の体系として維持されるために、これはのどに刺さった骨であり続けたのである。そしてこの問題が、儒教史においてこれほど手こずるものとなってしまったのは、「経」が漢代に確立されていったということと裏腹な関係にあった。戦国期の「権」は漢代のような絶対的規範たる「経」を前提にしていなかったこと、そして漢代における学問の趨勢はそのことへの反省よりも、むしろ絶対的規範として儒教＝「経」を確立することに急だったからである。確かに、漢代においては「権」の重大性は気付かれ、それを整序しようとの動きは芽生えていた。だがそれは深められることはなかったし、場合によってはむしろ混迷の方向に歩を進めるようなものになってしまっていた。「経」を確立するに急な動向が、一方で「権」のもつ大きな罠に気付くまでの認識をもたらさなかったのである。そしてそれが漢代以来清末に至るまで、儒教がその内部に一つの爆弾を抱え込み続ける契機となったといえるだろう。

《注》

（一）『春秋公羊伝』および漢代公羊学における学問的解釈に関しては、日原利国『春秋公羊伝の研究』（創文社、一九七六、一九七頁以下）参照。

（二）森三樹三郎「原理主義と現実主義――経と権」（『中国文化と日本文化』人文書院、一九八八）、および串田久治「儒教的「思考のためのモデル」試論」（『国際文化論集』（桃山学院大学）第三一号、二〇〇四）参照。なお、とくに戦国期の「権」思想の展開については、谷中信一「権と応変思想――淮南子氾論訓の思想をめぐって」（『早稲田大学大学院文学研究科紀要別冊』五、一九七九年）参照。

（三）儒教が本来的に整合的・体系的なものとして作られたものではないのは当然である。だが後世、儒教を完全無欠な体系にし、またそうであるべしと考えた（考えようとした）人々にとって、この問題が悩ましいものであったことは容易に想像がつくだろう。

（四）「権」を、特異的にすぐれた人でなければ行使してはならないという条件・制限は、歴史的に見て儒教秩序の崩壊を防止するための、いわばセーフティバルブとして重要な条件であった。そして、この「権」を特異的な人（聖人）にしか任せられないという論理は、伝統的な「性」の三品・九品論や、聖人論（聖人可学不可学論）のもつ意味が、道徳的修養論とか倫理的陶冶論といったような緊張を欠き弛緩した些末な問題ではなく、秩序の維持＝中華帝国の維持という視点における、かなり切羽詰まった根源的・喫緊の問題としてあったことが了解される。

（五）というよりも、程朱によって議論されたことによって、この問題はその後の思想史における一つの重要項目となったのであり、それがさかのぼって実は漢代以後の儒教に懐胎され続けていた一つの重要なアポリアであったことがはっきりしてきたといえる。

（六）程伊川の「経権」観については、市川安司『程伊川哲学の研究』（東京大学出版会、一九六四）、近藤正則『程伊川の『孟子』の受容と衍義』（汲古書院、一九九六）を参照。

（七）朱子の「経権」観については、橋本高勝「戴震の経権観とその思想史的位置」（『京都産業大学論集』第十八巻四号、一

九八八、のち橋本高勝『朱子学体系の組み換え』（啓文社、一九九一）所収）、水上雅晴「焦循の思想的特質の一端――「経」と「権」をめぐって」（『中国哲学』（北海道大学）第二四号、一九九五）、伊東貴之「呂留良の「礼」説と「経権」観――その思想史的意味」（『東洋の思想と宗教』第十四号、一九九七）、成賢昌「朱熹の「権」について」（『東洋の思想と宗教』第十七号、二〇〇〇）等を参照。

（八）朱子のスクールでこの問題が非常にホットな問題として議論されていたことは『朱子語類』巻三七の記事によってうかがい知ることができる。なお、朱子以後の歴史的展開を簡単にスケッチしておきたい。陳北渓は朱子とは考えを違えて、むしろ「変」に対応する「権」をむしろ肯定的に評価する。明末清初に生きた呂留良は逆に「権」を否定的に見て、それを「経」「礼」の側に込めようとした。一方、戴震は逆に「権」を積極的に肯定したが、彼の特異性は原則である「経」「礼」（さらには朱子学の「理」すら）をも疑ってみることを「権」としたことである。この視点は、儒教の本質に関わる懐疑という点で重大な意義があった。いわば、儒教が儒教を脱却する契機（儒教を越える契機を儒教自身が内在的にもった）がそこにあったのであるが、結果的に宋学に対する批判という面に急で、儒教自体を批判するにまで至らなかった。戴震の影響を受けた焦循もやはり「権」を肯定し、その理論化を積極的に進めた。そして彼は「経典」に記されたことがらについてもその絶対性を疑うまでに至ったが、しかし「経」＝儒教そのものの限界を突破するまでには至らなかった。この時期、儒教のセーフティバルブであった「聖人」の概念の相対化（「満街聖人」）はすでに経験されていたのであるから、「事件」の起こりうる条件はほぼ成立していたといえる。だが、その「事件」は結局一九一二年までには起こらず、儒教内部において結果を出すことはできなかった。以上については、橋本高勝「戴震の経権観とその思想史的位置」、水上雅晴「焦循の思想的特質の一端――「経」と「権」をめぐって」、伊東貴之「呂留良の「礼」説と「経権」観――その思想史的意味」を参照。なお、儒教の外側（中国伝統文化の外部）においては、この問題が破綻しているものであることは、すでに明末から認識されていた。中国イスラーム哲学者王岱輿は「権」の代表的事例である舜が親に告げずに結婚したことについて、儒教の立場からの解釈はすべて「正論に非ず」と指摘している（『正教真詮』「至孝」）。

（九）郭店楚簡『六徳』。

（一〇）『史記』「楽書」に、「今上即位に至りて、……一経に通ずるの士は独り其の辞を知る能わざれば、皆五経の家を集会し、相与に共に講習して之を読み、乃ち能く其の意に通知す」、また「太史公自序」に「夫れ儒者は経芸を以て法と為す。六芸の経伝、累世其の学に通ずる能わず、当年其の礼を究むる能わず。故に曰く、博にして要寡く、労して功少なし、と」と。

その他、『史記』において「経」字の用例が目立ってくる。

(一一)『春秋公羊伝』桓公十一年九月の条。大夫祭仲が、国を救うために国君を追放した例である。

(一二)「時間差」の語は橋本高勝「戴震の経権観とその思想的位置」(一七頁)による。

(一三)これは范祖禹の典型例にも見たとおりである。

(一四)そしてこの「仕方なさ」(つまり范祖禹のいう「已むを得ざるに出づ」ること)は、結局儒教体制が続くかぎり、続いてしまったのである。

(一五)通常の規範と通常の規範とがぶつかりあった時、それに対する「高次の判断」としての「権謀」、ということからすれば孔子の言を引くことを一概に誤解的とするのは単純すぎるかもしれない。ただ、『説苑』は見てのとおり、「権謀」をその目的の合理性の度合いによって正と邪とに区別しており(ということは、結果が正となるか邪となるかの違いはあっても、「権謀」は君子も小人も行使できるのである)、高次の普遍的規範を予測する孔子の「権」や孟子の「嫂溺の権」とはやはり意味のレベルが異なるだろう。

(一六)金谷治『唐抄本鄭氏注論語集成』平凡社、一九七八。

(一七)当然ここにはいろいろな条件を導入・勘案して、「筋を通す」作業を行うことは不可能ではない。だがそういうことが、「告げない」と「告げる」と同じである、という非論理的結果の招来を救うことにはならないと思う。なお、漢語には反訓という機能があるが、この場合にはそれは考ええないだろう。

(一八)前注(八)参照。

堀池報告へのコメント

影山　輝國

堀池氏の報告に関して三点ほど思うところを述べたい。

一、報告者は、「権」なるものが「経」「礼」の絶対的な意味や価値付けを相対化してしまう、ないしその絶対性に亀裂をもたらしてしまうものであり、「権」の存在により、儒教自体が自家撞着的思想であって、儒教そのものが本来的に整合的思想たりうるものではなかった可能性が出てくると指摘し、これは儒教を中心理念に置く、中華帝国体制にあってはきわめて危険なことであった、と「権」のもつ負の面を強調されている。

しかし視点を換えて、「権」は儒教原理のもつ硬直性を回避し、柔軟な思考や行動をとることを許すものであるというプラスの方向の捉え方ができないであろうか。言い換えれば、緊急の場合、「経」や「礼」の規定にこだわらず、より現実的対応をとることを認めたものであり、儒教は「権」によってこそ、ひとまわり大きな教学へと変貌したのであり、「権」の容認こそが、儒教を中心理念に置く中華帝国体制をより安定させたとはいえまいか。

二、「権」は、溺れた嫂の手を摑んで救う（『孟子』離婁上）といった日常卑近なことがらや、国家の存亡に関わる重大事（『公羊伝』桓公十一年）にまで幅広く応用される。ただし、「溺れた嫂を救う」というような、日常卑近な

「権」に関する議論は中国においては深化・発展しなかった。それを象徴するのが、宋学の「権、非体道者、不能用也。」(『孟子』離婁上、朱子集注引范祖禹語)、「至於権、則非聖賢不能行也」(『朱子語類』巻第三十七、論語十九、子罕下。呂燾録)であり、これらはみな国家的重大事を念頭において述べられたものである。もし日常卑近な事柄に関しても、聖賢のみが「権」を行なえるとしたら、溺れた嫂は救われないであろう。

漢代までの文献でも「権」を知る、あるいは「権」を行なったとされた具体的人物は、舜(『孟子』離婁上)、伊尹(『公羊伝』桓公十一年、何休注)、孔子(『淮南子』汜論訓など)、孟子(『中論』智行など)、鄭祭仲(『公羊伝』桓公十一年)、周勃(『史記』太史公自序)などで、宋学ほど、聖人に限定されてはいないが、おおむね聖人や賢者たちであり、既に、『淮南子』汜論訓にみえるように「唯聖人為能知権。」、「権者、聖人之所独見也。」、「聖人……論世而為之事、権事而為之謀。」というように、「権」と「聖人」とを結びつける思考の萌芽があり、宋学への道を開いていたのである。

三、もし日常卑近な「権」に関する議論が深化・発展したとすれば、近代刑法上の所謂「緊急避難」即ち「自己または他人の生命・身体・自由・財産に対するさしせまった危難を避けるために、他に方法がなくやむをえず行なった行為。」を認めるような議論が生まれたかもしれない。これについては各時代の法律を精査しなければならないが、哲学的思惟としては公羊伝の「権之所設、舍死亡無所設。行権有道、自貶損以行権、不害人以行権。殺人以自生、亡人以自存、君子不為也。」(桓公十一年)以上には深化しなかったのではあるまいか。

堀池報告への質疑応答

司会（三浦國雄、大東文化大学） それでは、コメントにお答えいただきたいと思います。

堀池信夫（筑波大学） 第一に、（権という思想の存在が）中華帝国安定の要因であったのではないか、というご指摘ですが、事実としては、まさにその通りです。ただ私が問題としているのは、論理でありまして、この論理的問題を抱え込んでいることが、論理的弱点になるのではないか、ということです。実際には、渡邉さんの報告にもありましたが、今でも政治的判断は、結果が分かってするわけではない。必ず未知のうちにやるものですから、臨機応変な対応をすることは、ある意味で日常的に当然のことでしょう。ただ、そのときに、そういう判断は、規範化されるのではなく、もっと他の枠にいく。第三のご指摘とも重なるのですが、緊急避難はすべての規範をなかったことにする。緊急避難は規範の中に入っていないというのが非常に重要なのですが、「権」は、規範として機能させてしまおうとする。言ってみれば、本来的に機能できないよう、すべての規範を全部なかったことにした上で、改めて機能しなければいけないものを、規範として使ってしまう。話の中で王安石の例を挙げましたが、これは恐らく逆に、臨時的に、その時の判断だけでやっているものを、権によって正当化しようというものです。

第二に、日常的問題と国家的問題ということについてですが、孟子が言っているような日常的問題というのは、実はその背後に本質的問題がある。表面的には嫂を助ける話ですが、実はそこには、ある種の絶対的規範への思考というものがある。日常的なことと国家的なことというのは、そう離れてはいないと私は考えます。国家的なことであろうとも、考えようによっては日常的論理の絞られた形であろうと思います。

一番大きな問題は、中華帝国では権という思想があったから安定したのではないかということですが、これはまさに歴史事実としてその通りで、そういう機能が強く働いていたわけです。ただそこにはやはり、論理的問題がある。なぜそういうことを言うかといいますと、儒教の中にこういうものを抱え込んでいるということは、少し話が大げさになるのですが、最近では儒教復活ということが説かれております。私は儒教復活には反対ではありません。しかし、儒教が自らに持っている弱点を克服せず、それに目をつぶって復活を叫んでも、たぶん全然問題にはならないだろうと思うのです。むしろ、こういう弱点を持っていた、と強く言うことによって、もし二十一世紀以降に儒教が何らかの機能を持つならば、こうした点にこそ強く視線を注ぐべきであろう、と最近考えております。

司会（三浦國雄、大東文化大学）

ほかに、ご質問ありますか。

谷中信一（日本女子大学）

権という問題は、私も三十年位前に少し考えたことがございます。[一] それ以来考えている問題の一つなのですが、とくに先秦の権について考えております。

一つは、『墨子』の中で権について触れていますが、[二] あれによれば、権とは結局は相対判断でしょう。権というのはもともと「はかり」、分銅ですから、絶対的に重いとか軽いとかということは無く、比較した上で、どちらかが重いということをはかる。それが権ですね。ですから、権は独権、権力の権です。最高権力者は、権をともにすべからずと、二人で権を共有することはできない。最高権力を持つものが権を行使しうる。となると、それはやはり聖人でなければならないと、そういう論理です。

もう一つは縦横家に注目しました。彼らは「権時制宜」、「時を権《はか》って宜しきを制《さだ》める」と言っています。固定的な善悪ではない。利害損得は常に流動的である。その中で、より良い善、より少ない損を取る。ですから、権謀といった概念は、儒家ではなく、縦横家・法家のものではないかと思われます。『韓非子』にも出ておりますね。さきほど出てきました『孟子』の嫂を救う話ですが、あれは孟子と淳于髠との対話の前半でありまして、実はその後に来るのは、「今の乱れた世の中を救うのに、貴方はあくまでも王道を以てするのか。権を以てすれば良いではないか」というものです。つまり、王道を現実に適用させるのは、現実には無意味であるという淳于髠の批判の言葉であります。

私の結論としては、孟子は、あくまでも王道論者であって、それに対して淳于髠は、「嫂が溺れているのに、貴方はまさか礼を主張して見殺しにはすまい」と言った、そういう文脈だと思います。

先秦のことに関しては、補足したい点がいくつかございましたので、述べさせていただきました。

堀池信夫（筑波大学）

今回の報告では、起点を宋代以降に展開してくる権論に置き、そこからどういうことが問題になったのかという論理を展開しました。先秦における権を問題にいたしますと、どちらかというと、権謀術数的な権の用例が多くあるわけですが、今回それらに触れなかったことは、お許し下さい。

《注》

（一）谷中信一「権と応変思想――『淮南子』氾論訓の思想をめぐって」（『早稲田大学大学院文学研究科紀要別冊』五、一九七九年）。

（二）『墨子』第四十四　大取篇。

三、『礼記』王制篇と古代国家法思想

王 啓 発（著）
李 承 律（訳）

文明が始まって以来、国家政治は一種の王権政治として顕著に現れたが、それは国王や皇帝を最高政治権力の核心として国民全体に対する統治を実施するものであった。その設立・実施された各々の制度は「王制」と称され、その制定・実行された法は「王法」と称される。これらの「王制」・「王法」は、多くの場合、執政者が詔令という形で出したり、成文という形で公布・施行することによって、国家政治として実践する法的根拠となった。これら法の意味を持つ制度―あるいは法そのもの―の確立や継続・変革には、往々にして歴史上の政治家の実践と思想家の思考が含まれている。それゆえ、後世の人々のために、様々な制度関連の文献や思想関係の文献を残しており、我々が今日において古代中国人の社会生活や政治生活を把握・考察するのに史料的根拠を提供している。

一、『礼記』王制篇の出現とその背景

『礼記』王制篇は、王権国家の多方面にわたる制度の設置及び規定の法制化を含む法令集である。法の思想と精神

から言えば、『礼記』月令篇は古代の自然法思想との関係を、『礼記』王制篇は古代国家法思想との関係を集中的に表している。『礼記』王制篇は、同様に古代の礼と法との関係も反映している。『礼記』王制篇は『尚書』洪範篇とも思想的に関係がある。従って、『礼記』王制篇は中国古代国家法の原則と制度を広く集めたものであり、さらには綱領としての意味をも持っていると言えよう。

『礼記』王制篇の淵源については、従来より意見が分かれている。唐代の孔穎達の『礼記正義』は、後漢の盧植の説を引いて、「漢の孝文帝 博士・諸生をして此の王制の書を作らしむ」とし、また盧植の後に鄭玄の『駁五経異義』を引いて、「王制は是れ孔子の後の大賢 先王の事を記す所なり」という。(一) さらに鄭玄が弟子の臨碩に答えた言葉を引いて、「孟子 赧王の際に当たり、王制の作られしは、復た其の後に在り」という。(二) とすると、鄭玄は（『礼記』王制篇を）孔孟の後の賢者の作であると見なしていたことが分かる。孔穎達自身は「王制の作られしは、蓋し秦漢の際に在り」と明確に述べている。(三) その上、王制篇の本文及び鄭玄の注の中に、漢代の官職や制度の形跡があることにより、この説を証明している。これもまた従来最も代表的な説であり、例えば、明末の王夫之も漢代の官職や制度により、盧植の言が信頼できることを説明している。(四) 実際のところ、『史記』巻二十八 封禅書および『漢書』巻二十五上郊祀志の中に、すでに漢の文帝が「博士・諸生をして六経の中を刺《と》りて、王制を作らしめ、巡守・封禅の事を謀議す」という記事があり、それゆえに後世の学者たちの多くは、盧植の説はここに依拠していると考えてきた。となれば、『史記』・『漢書』を原始の記録として、王制篇が漢の文帝期に作られたとする説は、ほぼ確定的のようである。

ところが、清代になると、少なからぬ学者たちがこの説に異議を唱えることになる。孫志祖・臧庸・陳寿祺・皮錫瑞などがその代表的な例である。彼らは、盧植の説の根拠は、もともと『史記』封禅書に文帝が「博士・諸生をして六経を刺りて、王制を作らしめ、巡守・封禅の事を謀議」したという一節にあるが、今本『礼記』王制篇から見ると、「一語として封禅に及び巡守を言ふ者無し」と考えた。また『史記』封禅書の司馬貞『索隠』所引の劉向『別録』に、「文帝の造らせし所の書に本制・兵制・服制篇有り」とあることに基づいて、あるいは、「文帝の王制は礼記の王制に非ざるなり」とし、「盧植は其の書名偶々同じなるを以てして之を牽合せしのみ」と直言し、(六)あるいは「礼記・王制に班爵・祭祀・養老の文有るも、并びに兵制・服制を言ふ者無し、則ち此れ漢の文書に非ざること審らかなり」と指摘する。(七)あるいは、「今の王制を以て参検せしも、絶へて相合はず」という。(八)しかも鄭玄が弟子の臨碩に答えたところに、「孟子 赧王の際に当たり、王制の作られしは、復た其の後に在り」とある言葉や、「王制は是れ孔子の後の大賢、先王の事を記す所なり」とある一句に基づいて、あるいは鄭玄も、「亦た漢文の時の王制を以て之に当てざるなり」と認識する。(九)あるいは、「是れ王制は孔孟の後、六国の時に在るを知る可し。……蓋し秦 猶ほ未だ焚書せず、故に先王の制 尚ほ梗概を存す、必ず漢人の公孫臣の輩の為す所に非ず」と明言する。(一〇)さらには、「此れ則ち博士の作る所の王制は、或いは芸文志の礼家古封禅群祀二十二篇中に在り、礼記の王制に非ざるなり」と推測する説もある。(一一)これらの諸説によって、古来の旧説は確かに動揺しているようである。

現存する史料から見れば、成立可能なのは、孟子の後学の作とする説、秦漢の際とする説、漢の文帝期とする説であるが、これらの説は、新しい材料の発見を待ってはじめて最終的に確定することができよう。清代の学者が提起した異議についても、我々は重視しなければならない。比較して言うならば、やはり漢の文帝期説が若干有力なようである。まず、王制篇の全篇を総括的に見てみると、文章の構成ははっきりしておらず、目立つのは六経から制度と関係のあるものを採取した痕跡である。上述の劉向の言う本制・兵制・服制篇の内容と『史記』・『漢書』の言う封禅の内容とが、なぜ今本の王制篇に見えないかについては、以下のような推測をしてみたい。(一)劉向の言葉を分析してみると、漢の文帝のときに博士・諸生に書を作らせたというのは、王制篇だけでなく、本制・兵制・服制篇もあり、これらの四篇は本来各々独立した篇章であるため、当然ながら王制篇の中に含まれていない。その上、小戴は『礼記』の編纂時に取捨選択をしたため、本制・兵制・服制の三篇はいずれも今本『礼記』には収録されず、その内容が如何なるものであったかも知ることはできない。(二) 上述の『史記』封禅書、『漢書』郊祀志の記す「王制を作る」と「巡守・封禅の事を謀議す」のくだりは、本来は漢の文帝が博士・諸生に命じて行った二つの事であり、ここではただ並記されているに過ぎない。となれば、博士・諸生の作った王制篇の中に封禅の内容がないのもおかしなことではない。さらに、孔穎達の『礼記正義』に引用され、清代の論者が重視する鄭玄の言葉は、実際のところ、ただ鄭玄が『礼記』王制篇の「先王の事を記す所」の内容と孔孟のような先賢の「述べて作らず」の伝統の淵源関係や継承関係を説明したものに過ぎず、「漢の文帝の時に博士」が作ったと明言していないのは、史書にすでに記載があって当時の学界の共通認識となっており、しかも彼に先んじて盧植もすでに明記していたからである。また鄭玄の言う「孔子の後の大賢」とは、すなわち漢初の先儒に対する尊称と見なすこともできる。従って、やはり『史記』・『漢書』の記事や盧植の説を是とすべきである。

そのほか、前漢初期の礼儀制度の回復と整備の状況もまた我々にいくらかの証左を与えてくれる。『漢書』礼楽志によれば、「漢興こるや、乱を撥《おさ》めて正に反し、日々に暇給あらず、猶《な》ほ叔孫通に命じて礼儀を制せしめて、以て君臣の位を正す。高祖 説びて嘆じて曰く、吾乃ち今日 天子の貴為るを知れり、と。通を以て奉常と為し、遂に儀法を定め、未だ尽く備はらずして通終はる」とある。漢の文帝の時に至ってまた賈誼が現れ、当時の朝野の無礼無法な混乱の局面を痛切に感じ、礼法制度を再建することを極力主張した。賈誼は、「夫れ君臣を立て、上下を等《わか》ち、綱紀をして序有らしめ、六親和睦す。此れ天の為す所に非ず、人の設くる所なり。人の設くる所は、為さざれば立たず、修めざれば則ち壊る。漢興りて今に至るまで二十余年、宜しく制度を定め、礼楽を興すべし。然る後 諸侯は道に軌い百姓は素朴にして、獄訟 衰へ息まん」と言っている。賈誼自身「其の儀を草具」したところ、漢の文帝に高く評価された。しかし、大臣の周勃・灌嬰らの迫害により、「故に其の議 遂に寝」んでしまった。賈誼は、『史記』巻八十四 屈原賈生列伝によれば、「能く詩を誦し書を属《つづ》」り「頗る諸子百家の書に通」じていたことによって有名となり、二十余歳の時に文帝に召されて博士となった。天子の詔議に対し言を善くしたことから文帝に抜擢され、「超遷し、一歳の中に太中大夫に至」った。のち、賈誼は遂に文帝を助けて礼を立て法を定めることに尽力し、文帝も彼をさらに昇格させて「公卿の位に任」じようとしていた。周勃ら多くの大臣が賈誼について、「年少くして初学なり、専ら権を擅にし、諸事を紛乱せんと欲す」と述べると、漢の文帝も「亦た之を疏んじ、其の議を用ひな」くなり、その官位を落として長沙王の太傅とし、のちにまた転任させて梁懐王の太傅とした。賈誼は三十三歳の時、梁懐王が落馬死すると自責して、悲憤の余り死んでしまった。漢の文帝十二（前一六八）年のことである。そして漢の文帝が「博士・諸生をして六経の中を刺りて、王制を作らしめ、巡守・封禅の事を謀議」したのは十四（前一六六）年のことである。つまり、賈誼が尽力して文帝を助けて礼を立て法を定めた事は、文帝に召された時であり、最終的にそれは、他の博士によって続けられ完成されたのである。賈誼の「君臣を立て、上下を等ち、綱紀をして序有らしめ、六親和睦」し「服色を易へ、制度を法《かぎ》り、官名を定め、礼楽を興す」という政治主張と思想は、今本『礼記』王制篇の中に体現されていると言えよう。

漢初の政治は、秦が二代にして滅んだという歴史的背景の下で打ち立てられたものであり、政治的実践の中で絶えず歴史的経験を総括していくのも、漢初の政治の大きな特色の一つである。まさにこのような前提の下で、王制篇の成立も歴史を総括する意味がある。実際、どの時代においても、絶えず前の時代の政治上の成敗得失を総括することによって、その政治目標と制度の整備を確立するものである。漢の武帝の前にすでに秦の制度を踏襲したり、あるいは西周の旧制を踏襲したりした。そのため、王制篇が漢の文帝の時に作られたとしても、その内容が旧典にもとづいて成立したという性質に何ら影響するものではないし、その思想の本源は、いわゆる「六経の中を刺」れという指示の中にあるのである。王制篇が採択している制度を見てみると、それは前代から継承されたものであり、先秦時代に生まれた理論学説に依拠している。よって古代国家法思想を考察するのに重要な史料的根拠と言える。それはまさに宋儒の葉適が『礼記』について論ずる際、「王制一篇は、当時 蓋し施用せんと欲するも、博士・諸生の考論の成所、各々見聞を以て記録せし者に異なれり。故に諸篇に比して頗る斟酌を為し、亦た次第有り」といったことばの通りである。[一二]

注目に値するのは、王制篇の中の多くの制度は、『孟子』万章下・梁恵王下・公孫丑上の諸篇の中に述べられている先王の制度と一致している点である。また『荀子』の中にも王制篇があり、そこでも制度的な内容が多く論じられている。このことは、『礼記』王制篇の作者の視点が先儒のそれと一致するところがあることを示すものである。台湾の高明氏は、『荀子』の中の王制篇は「ただ王者の制度の理論を述べたもの」で、『礼記』の王制篇は荀子の思想を具体化することを考えて書かれた理想の制度であろうと指摘している。[一三] しかし、漢初の人物、例えば賈誼のような人が、先王の制度を述懐したものを借りて論じた政治思想こそ、王制篇に最も近く、最も直接的な思想的根源なのである。

二、『礼記』王制篇の国家法思想の基本的内容[一四]

(一) 土地の配分と封建体制

国土を整然と画一的に分配する画一的な行政システムによって、等級制の秩序が強調される。また、封建制度は一種のピラミッド式政治権力支配システムである。各諸侯国はその大小によらず、それぞれがその政治義務を以て天子に対し責務を負う。封国の中では、国君は封国に対する全権を有する。

（二）朝聘と巡守制度

中央の地方に対する制御と統治を保証するため、諸侯の朝聘と天子の巡守という制度がある。諸侯は天子に政務業績を報告し、天子はその功罪に基づいて車服により褒賞を示す。また、天子の巡守は政治観察活動であり、目的は地方官の行政の監督と、民衆の実情の視察であった。天子は地方諸侯国の巡視をすることにより、諸侯の政治上の得失を発見し、天子の尊きを以て褒賞あるいは処罰を下すことができた。これらのことはいずれも、法的意義を十分に体現している。

（三）官吏制度

官吏は王権の意志の遂行者であり、国家政治の実施者である。ゆえに、官吏制度は、国家政治の重要な制度となる。中央朝廷および各諸侯国の各級官吏は、最終的には必ず天子あるいは国君の認可を得なければならなかった。

（四）食祿制度

食祿制度は封田および官吏と直接の関係があり、天子以下の大小の諸侯・国君の食祿は、封建を受けた田地から得た。『王制』の述べるところの食祿標準は、百畝の田の農夫の収穫を基本的根拠とする。それは、漢代における糧食の多寡である「石」を官吏の俸祿規準とするのと同じである。

（五）養老制度

養老礼は、一種の養老意識の法的象徴である。政府から国民の中の老年人口に対し統計調査を行って、各種養老措ら始めている。

置の根拠とすることで、養老意識を国家法の中に体現している。王制では、養老に関する各種規定の多くを五十歳か

（六）安民、治民、教民と社会保障

王制篇の示す王権国家体制では、国民とは士以下の庶民を指し、これが王権統治下の人口の大多数を占める。庶民を落ち着かせ、統治教化することは、国家政治の重要な点であった。国民の居住・生産・生活の安定と管理には、中央官僚である司空が責を負い、国民の教化には、中央官僚である司徒が責を負うこととされている。また、孤児・子や妻のいない高齢男性・寡婦といった、援助を受けられない者の救済と生存を保証することも規定されている。

（七）礼儀制度

天子より庶人に到るすべてが、王権国家全体における基本的社会身分等級を構成しており、これと相応する礼儀制度は、こうした等級上の尊卑を体現したものである。王制篇は、宗廟・祭祀・殯葬・田猟といった、もっとも代表的な礼儀制度を列挙しており、これによりその等級意義は十分に明らかにされ、またこれらの制度そのものが法的規定の対象とされている。

（八）国家財用保障、市場統制と税収制度

経済生活に対する管理と制御は、国家の財用保障、市場統制と税収制度などの幾つかの重要な側面を含んでいる。王制篇によれば、中央官僚により、年末ごとに国家財政運用の企画と総括が行われる。具体的には、一年の収入に基づいて未来の支出が計算され、三十年を一周期として総決算が行われるのである。

市場統制は、官府が経済生活に関与する一つの重要な手段であり、中国古代国家による商業独占の状況を反映している。王制篇が規定する器物市場売買の原則は、交換および売買の許可・不許可という点に集中している。

王制篇の税収制度は、いずれも古制の追述・肯定であり、このことは、孟子・荀子の学説との関係を示している。王制篇の作者は古制を尊んだため、理想を現実と歴史発展に代える傾向があったのである。

（九）司法制度と刑法の原則

王制篇の司法制度は、訴訟・上訴・罪の確定・刑罰などの司法順序と原則を含み、全体としては刑法の範囲に属する。刑法における王制篇の具体的な規定は、以下の原則に帰納できる。

一、天理・天意に合致し、公正無私で、事実に依拠するというもので、ここには自然法的意識が含まれる。

二、「厳刑厳罰」の意識があり、孔子の「小さな過ちは赦す」という主張とは異なる。

三、厳罰は濫罰とは異なる。ゆえに「刑」の解釈には「慎罰」の意識もまた強調される。いわゆる「刑者、侀也。侀者、成也。一成而不可変、故君子尽心焉」である。

四、刑事訴訟は、審理過程において、多くの考慮を要する要素があり、処罰の減免に関係する。

五、疑問の持たれる獄訴は、多くの人による討論を行い、疑問を持つ者が多ければ赦免する。罪の大小は法律に依拠して判決される。

六、国家政治に危害が及ぶ重大事件に関しては、いったん罪名が確定すれば、刑罰処置の面において赦免は許されない。この目的は社会秩序の安定を維持することにあった。

三、『礼記』王制篇の国家法思想の基本的特徴

王制篇の国家法思想の内容について考察した結果、我々はその基本的特徴を以下のようにまとめることができる。

（二）封建制を樹立・擁護する王権中心の体制

『礼記』王制篇に見える王権体制は、邦国を封建し多くの諸侯を建てるという基礎の上に成り立っているが、そのような王権体制には長い歴史がある。歴史的に言えば、中国の上古時代には異族の部落を「邦国」と称し、またその多さを形容して「万邦」・「万国」と称した。例えば、『尚書』堯典篇で帝堯について語るところに「百姓を昭明し、万邦を協和す」とあり、『春秋左氏伝』哀公七年の条の子服景伯の言に「禹 諸侯を塗山に合はすとき、玉帛を執る者万国」とあり、『戦国策』斉策四に「大禹の時、諸侯万国あり。……湯の時に及びて、諸侯三千」とあり、『史記』殷本紀で周の武王が商を滅ぼす時、「諸侯の殷に叛きて周に会する者八百」とある。これらの例から、当時において部落邦国は依然として非常に多かったことが分かる。中国の上古時代に結成された氏族部落の軍事同盟は、往々にしてそのように人口が多く、広大な領地を持ち、経済力の強い氏族部落が中心となる。このような部落同盟の首領が最高核心権力を持ちながら「王」を称する時、核心部落の外にある他の部落は臣属の地位に置かれることになる。これらの部落の首領も最高権力機構の中で一席を有しているにしても、それはむしろその部落の核心部落に対する臣従と忠誠を対価としている。王権国家の初期においては、まさにこれらの部落同盟の中から核心部落が発展して中央朝廷を構成したのである。国家の初期政治の現れとして、朝廷官吏の設置が部落同盟の議事会に取って代わり、「分封」や「爵命」を受けた宗族・方国・侯伯が部落同盟の議事会に参加する氏族部落の首領に取って代わるようになる。これらの方国は朝廷に対し一定の政治的経済的義務を負い、それによって家族世襲王朝を中心とし、同姓・異姓侯伯を蕃屏とする政治同盟が形成される。夏王朝より始まる三代王侯の政治がまさにこのようであった（一五）。ただ王朝の交替とともに、朝廷の勢力範囲がますます拡大するにつれ、邦国の数はいよいよ減少していった。周初に至ると、周公は「天下を兼制し、七十一国を立て、姫姓のみ独り五十三人に居」たのである（一六）。このことから同姓諸侯と異姓諸侯の割合が絶対多数を占め、天下を一家とする王権国家体制が現れたことがわかる。

秦が六国を滅ぼして秦朝を樹立した後、封建を廃し、郡県を設置して、天下を三十六郡に分け、「諸侯を以て郡県と為し、子弟を匹夫と為」した。(一七)漢が秦に代わって立つと、「秦の枉を矯め、周の制を復し、海内を剖きて宗子を立て、功臣を封」じた。(一八)

言うまでもなく、『礼記』王制篇は、虞夏以来、邦国を封建した歴史に対して作られた総括である。それは王制篇の作者が先王の伝統を継承しようとする意図の現れであり、漢初において分封制を復活しようとする政治的情勢の反映でもある。

(二) 天子を中心とする大一統政治

古代人の観念の中では、天下は天子の天下であり、国家は王者の国家であったが、それは王制篇の中に十分に現れている。いわゆる王制とは、王者の制であり、王者の法である。王者とは何か。小さい場合は一国の君となり、大きい場合は天下の君となることができるものである。それだからこそ、王制篇ははじめて政治思想上普遍的な意味を持つことになるのである。史書の記載によれば、西周時代に実行されたのは、分封制と宗法制の結合した国家体制であり、周の天子は天下という広大な地域と人口を統治するという未曾有の君主地位を獲得していた。いわゆる「普天の下、王土に非ざるは莫く、率土の浜、王臣に非ざるは莫し」とは、周の天子が大きな政治権力を持っていたことを如実に示す描写である。

王制篇は過去に存在した一統王権政治を認めることによって、王や天子を中心とする国家政治権力の支配体制を確立したものである。天子は国家政治権力の核心であり、天子だけが尊く、一切のものは天子に対し責任を負う。それを制度設置の上で示すためには、まず、邦国を封建する場合は必ず王畿を中心とし、祿爵の命は天子から出るようにする。天子は巡守し、諸侯は朝聘し、「天子 其の大夫をして三監と為し、方伯の国を監せし」め、それによって天子の全国の政治に対する支配を保証する。次に、天子・諸侯・卿大夫・士から庶人に至るまでの身分の等級序列の中で必ず天子を最高の地位とし、ピラミッドのような宗法等級制の頂点に立ち、宗廟の数は天子が最も多く、出棺と埋葬の期間は天子が最も長く、祭祀用の供犠は天子が最も重くする。さらに国を挙げての大事は必ず王が自ら臨んで視察をし、自ら決裁を下す。だからこそ、天子の至尊の地位が顕現されるのである。

(三) 国家政治と社会生活の制度化

王制篇は制度化という形で国家政治と社会生活の様々な面を規定している。まさに清代の学者の孫希旦が、王制篇の「封建・授田・巡守・朝覲・喪祭・田猟・学校・刑政の言ふは、皆 王者の大経・大法なり、……漢人 古制を采輯するは、蓋し将に自ら一代の典と為さんとすればなり、其の采る所は周制を以て主と為すと、而れども亦た或いは前代の法を雑有し、又 其の自ら損益を為す所有り、古法を純用せざる者なり」といった通りである。[一九] 近代の学者の廖平も、「王制一篇は、後世の書志から推測するに、爵祿についていうのは、職官志であり、封建九州についていうのは、地理志であり、命官・興学についていうのは、選挙志であり、巡狩・吉凶・軍賓についていうのは、礼楽志であり、国用についていうのは、食貨志であり、司馬の掌るところについていうのは、兵志であり、司寇についていうのは、刑法志であり、四夷についていうのは、外夷諸伝である。おおよその綱領は、みなすでにそこに備わっており、一王の大法たるに相応しい」という。[二〇] 従って、歴代史書の「書」・「志」は古代社会制度に関する記録であり、古代の政治生活と社会生活に関する様々な面も国家政治の及ぶ範囲であることがわかる。実際、王制篇に見える内容は、

『尚書』洪範篇の中の「八政」、すなわち「食・貨・祀・司空・司徒・司寇・賓・師」などを含んでいる。今のことばでいうと、生産財用・商業貿易・宗教生活・民生教化・司法事務・礼儀・軍事などの面である。王制篇はまさに制度という形で、国家の政治・経済・宗教・礼儀・社会保障などに関する様々な面に対し、法という意味において設置し規定したものであり、その制度化、すなわち法制化の特徴を十分に体現している。それは我々が中国古代の王権国家の政治生活と社会生活を考察する上で重要な文献となっている。もし章学誠の「六経は皆 史なり」という観点から見るならば、歴史上の制度は「経」や「法」とならないことがあるだろうか。また高明氏が、王制篇の作者は、「すでに儒家の理論を十分に聞き、また前代の遺制を参照し、さらに個人の理想を加え、ついに一代の大法を定めて、後世に施行されることを待とうとした。その思慮の及ぶところは、国家政事についてほとんど含まないものがなく、「広大を致した」ということができる。またどうして必ず「精微を尽くす」ことを期することができようか」とし、また「王制篇の本文には前後に矛盾があり、筋道に誤謬があり、文字にも誤りがある。しかしながら、些細な過失は大きな徳（功績）を覆えないがごとく、我々はこの類の疎漏があるからといって、その中国政治思想史上の価値を俄かに否定することはできない」という通りである(二二)。

四、『礼記』王制篇の国家法思想の歴史的地位と影響

中国の歴史上、夏殷から明清に至るまで、長い君主制の時代を経て、王権政治の伝統は数千年も延々と続いてきた。仮に中央集権の性質を持つ秦漢時代から数えるとしても、二千年の歴史がある。その間、春秋戦国時代に似たような王土の分裂・群雄の争い・地方の割据というような情勢が周期的に現れたが、統一した王権政治は一貫して歴史

の主流であった。このように歴史の初期において形成された王権政治体制は、一種の歴史の伝統として、後世の帝王によって継承されたが、時勢の移り変わりによって多少増減するところはあっても、総体的に見れば、むしろ先王の伝統を継承し、統一した天下を維持するという理念のもとで歴史の一章は書き続けられてきた。王制篇の国家法思想は、まさにこのような歴史的背景の下で、古代中国人の政治意識に影響を与えてきたものである。

古代の王権政治において、君臣が政治について意見を述べたり事をはかって国策を定めるのは、国家政治の主要な形態であり、一種の政治的伝統とも言える。秦漢時代の皇権政治はこのような伝統を踏襲したが、国家政治に関する施政の原則と方針は、常に皇帝と臣下が政事に関して議論したり策問したりする中で生まれたものである。その結果、皇帝の認可を得て、皇帝の思想や意図を代表する勅令・詔書あるいは他の文書形式によって公布される時、一つの立法の手順が完成されるのである。ここにおいて、一つの統一された思想・意志として、これらの勅令・詔書及び他の文書も権威ある法となる。その中で国家政治と制度に関する文書も国家法ということができる。『礼記』王制篇はまさにこのような文書なのである。

確かに、文書という意味から言えば、『礼記』王制篇は歴史上まだ独立した法典となったわけではなく、最後まで礼経中の一篇に過ぎなかった。しかし、このことはその中の制度化された思想や法の精神が、後世の皇権国家政治の中で役割を果たしたことに何ら影響はない。その性質は後に出た『塩鉄論』や『白虎通義』と非常に近いが、いずれも皇帝が命令を下し、群臣と儒生・博士が先王の経典を議論して、思想を統一し、国家政治の大経と大法を立てたものである。そこには明らかに国家法思想が含まれている。しかし、最も法の文書としての特徴を持つものとして、まず取り上げなければならないのは、王制篇である。あるいは、王制篇の編纂を先導として、漢代の、経をもって法を論じ、経をもって法となす思想の先駆けとなったと言えるかも知れない。先王の経典が後人のために豊富な思想的資源を提供し、後世に作られた経典が先王の経典の中の法の精神を融合すれば、十分に後世の法となりうるのである。

王制篇は先王の制度についての文献集として、礼制を歴史的に継承しているのみならず、礼の広範性を反映しており、法の規定性という意味をも持っている。王制篇に含まれている法の精神と制度化の内容は、皇帝の詔書や朝臣の上奏、国家の律令法規の中に現れており、「礼をもって法となし」、「礼をもって法に代える」という性質を一貫して表している。

まず、国家法の確立について論ずれば、漢代には、皇帝が直接参与する形で、伝統的な礼制関係の経典に対し、議論を積み重ねて法律を完成させる詔議活動を幾度も経験している。漢の武帝が百家を廃黜し儒術を一尊として金馬門待詔制度を創始してから、漢の宣帝甘露三（前五一）年に「諸儒に詔し五経の異同を講せしめ、蕭望之ら共に議を平奏し、上　親ら制して臨決し」た石渠閣会議まで、後漢の光武帝中元四（五六）年に図讖を天下に公布してから、漢の章帝建初四（七九）年の白虎観欽定会議が「国憲」と見なされるまでの歴史的過程を見てみると、漢の文帝期に王制篇が作られたことは、儒家経典を「国憲」に立てる先駆けになったと見るべきである。王制篇が国家法の性質を持つ根拠となるとき、その出現の過程は古代国家の立法手順の現れである。すなわち、まず群臣百官が先王や前代の制度関係の経典に対し内容を整合的にし、意味を明らかにして、統一した意志が表れるようにし、最後に皇帝自身が裁断を下し法を定めて天下に頒布し、それにもとづいて施行する。王制篇について言えば、実際のところ、後漢の章帝期の白虎観会議の進行過程から逆に見て対比することができる。それは、一方では、国家礼制の持つところの国家法の意味をはっきりと現しており、他方では、王制篇の、漢代において前を受けて後に伝えるというその歴史的地位及び漢代の礼制法律が絶え間なく強化されていく歴史的趨勢を明確に現している。

『後漢書』本紀三　章帝紀に記されている漢の章帝の詔書には、前漢以来「儒術を褒顕し、五経を建立し」たことと諸先帝が「諸儒をして共に経義を正しくせしめ」た経緯とが述懐されている。そこには章帝本人が先帝の遺志を継承するという旨が明示されている。まさに漢の章帝の主導の下で、群臣・博士・儒生が再度先王の経典に対する整理を進め、最終的に「白虎奏議」が完成されたのである。

表面的に見れば、白虎観会議は単なる官辺学術としての経学の伝承と発展に関する問題のようである。しかし、実際には、漢の武帝以来、先王の経典は、「漢のために法を制す」という政治的機能によって、経学が法典化していく過程の中で、早くも現実的な法律のキャリヤーになっていた。それゆえ、経学の整合性は、まさに国家法の整合性を意味するものであった。この点は、漢の章帝の時になって新たに最高潮に達した。それはまさに『中国思想通史』で、「白虎議奏」は「『国憲』としての経義は、大勢の儒生の奏議を集め、最後には皇帝によって裁決された法典であり、それが、経義が統一された後、「永えに後世の則と為」す統治階級の支配思想であったことは、もはや異議を挟む余地はない」と述べる通りである。（三二）

文章の内容から見れば、「白虎議奏」は班固による整理を経て今伝『白虎通義』となったのであるが、それは多くを王制篇から引いて説をなし、他の諸経と参照し合い、主に国家制度や礼儀の問題に言及している。実際、『白虎通義』で取り上げている問題の範囲は、王制篇より広く体系的である。しかし、「以て六経を刺る」という形式の面や思想的意図と主体的精神の面は一致している。以後、同様の意味を持つものとしては、唐代の孔穎達の『五経正義』、杜佑の『通典』がある。総じていうと、経学によって国を立て、経義によって法を治めさえすれば、経学の伝承は一つの礼制体系の伝承であるのみならず、一つの法制体系の伝承でもある。ある意味では、伝統的な経学の注疏学も国家法としての注疏学の性質を持っており、伝統的な歴史編纂学も同じく国家法としての編纂学の性質を持っている。歴代王朝の法制の整備は、その中から根拠を求めないものはなく、古代の国家法思想もそれによって継承・発展される。礼の持つ法の意味は、歴史が発展・変化していく中で常に現れる。

次に、王権国家の体制について論ずれば、王制篇の中には邦国のみが見え、郡県は見えず、王制篇の作者は郡県制ではなく、邦国を封建することを是としていたようである。このことは、王制篇の作者の、国家体制の選択における意向を反映している。秦の始皇帝が天下を統一して以来、王権国家体制について分封制の回復か郡県制の推進かは、常に政治論争の焦点であった。

『史記』秦始皇本紀によれば、秦の始皇帝が初めて即位したとき、丞相の王綰らは始皇帝に「諸侯初めて破れ、燕・斉・荊は地遠し。為に王を置かずんば、以て之を塡むる毋からん。請ふ諸子を立てん。唯だ上 幸ひにも許せ」と進言した。八年後の秦始皇三十四（前二一三）年、博士の斉人の淳于越は秦に「諸侯を以て郡県と為す」よう再度進言して同様の考えを表明し、「臣聞く、殷周の王たること千余歳、子弟・功臣を封じて、自づから枝輔と為せりと。今 陛下は海内を有ち、而して子弟は匹夫為り。卒《には》かに田常・六卿の臣有るに、輔払無くんば、何を以てか相救はんや。事、古を師とせずして而も能く長久なる者は、聞く所に非ざるなり」と述べた。王綰のみならず淳于越も「古を師とす」という観点から出発して、分封を実行することを主張したのである。それに対し、始皇帝はみな「其の議を群臣に下」し、方策を立てることを求めた。そこで李斯はまず「諸侯を置くは便ならず」と上奏し、後にまた儒生は「今を師とせずして古を師とし、以て当世を非る」と見なし、「周の文武王の子弟・同姓を封」じた結果は、子弟に「相攻撃すること仇讎の如く、諸侯 更に相 誅伐し」たが、郡県を行えば「天下に異意無」からしめることができ、それこそ「安寧の術」であると考えた。ここにおいて、始皇帝は李斯の建議を受け入れ、天下を分けて三十六郡とし、郡の下には県を設置して、地方の政治を朝廷に集中させることによって、中央集権的な専制政治のモデルを作り上げたのである。

漢初の政権が秦の後を受け継いだのは、皇権体制の回復と確立において、秦政の弊害を直そうとしてかえって行き過ぎるという意味があった。漢の高祖劉邦は、秦を滅ぼした諸侯・群王・将相から推戴されて皇帝を称して後、ついに功臣・子弟を分封して王侯とした。例えば、その詔書に「其れ功有る者は上は之を王に致し、次は列侯と為し、下は乃ち邑に食ましむ。而して重臣の親は、或いは列侯と為し、皆 自ら吏を置き、賦斂を得しむ」とある通りである。(二三) ここにおいて、「功臣の侯なる者は百有余邑、王の子弟を尊び、大いに九国を啓」いたが、(二四) その後、異姓の諸侯王は次々に廃黜され、劉姓の諸王をそれに代え、しかも「劉氏に非ずして王たれば、天下 共に之を撃て」と盟約したため、(二五)「孝文に訖り、異姓尽」きたのである。(二六) 同姓の諸侯王に対しても、文帝・景帝・武帝の三代を経る間に段々と削奪していった。(二七)

確かに、王制篇の作者は秦朝の王綰や淳于越と同じ認識を持っており、漢の高祖劉邦以来の「子弟・功臣を封ず」という事実により「古を師とす」る根拠としていた。また文帝・景帝期以後は、諸侯王の勢力が大きくて統制がとれないという情勢は、まだ現れていなかった。しかし、王制篇の作者は、その国家体制のよって立つところの基礎が、漢の文帝期以後の歴史において、それほど長く維持されずに次第に衰微していくということについては予測できなかった。封建体制は、ついに中央集権下の郡県制・州府制に取って代わるのである。「王侯」は後世の帝王が功臣・子弟を封賞する一種の爵位・称号となった。ところが、皇権を中心とする国家政治体制として、果たして邦国を封建し諸侯を分封するのが良いか、それとも郡県を行政区画とし任官分職するのが良いかという問題に関しては、漢代以降、唐宋に至るまで、長期にわたって当時の皇帝や臣下・士人・学者の脳裏につきまとい、観点には当然相違があり、少なからぬ論争を引き起こした。

『通典』によれば、唐の高祖の時、天下がまだ定まらないうちに、宗室を広く封じてみな郡王にした。唐の太宗が最初即位したとき、宗子を遍封しようと思い、侍臣たちにその是非を問うたところ、尚書右僕射の封徳彝は「便ならず」とし、その理由について「往古を歴観するに、王に封ずる者、今日 最も多し。両漢より以降、惟だ帝子及び親兄弟を封ず。宗室疏遠なる者の若きは、大功有ること周の郇・滕、漢の賈・沢の如くに非ずんば、并に濫に封ずるを得ざるは、親疏を別つ所以なり。先朝は九族を敦睦し、一切王に封じ、爵命は既に崇く、多く力役を給す。蓋し天下を以て私と為すは、殊に至公馭物の道に非ざるなり」といった。唐の太宗もそれを正しいと思い、「天下を理むるは、本もと百姓の為にし、百姓を労して以て己の親を養ふを欲するに非ざるなり」といって、ついに大いに王に封ずることはなかった。貞観二（六二八）年、唐の太宗は再び公卿に、帝業を長久にし社稷を長らく安定させようと思い、その道理について聞いた。尚書右僕射・宋国公の蕭瑀は、「臣観るに、前代の国祚の長久なる所以の者は、諸侯を封建して以て磐石の固と為さざる莫し。秦 六国を并せ、侯を罷め守を置き二代にして亡ぶ。漢の天下を有つや、藩屏を参建し、年は四百を踰ゆ。魏晋は之を廃し、長久なること能はず。封建の法は、実に遵行す可し」と答えた。蕭瑀のこのことばをきっかけに、多くの朝臣が参加して封建制について議論することになる。

まず礼部侍郎の李百薬は、「祚の短長は、必ず天の時に在り、政に盛衰或るは、人事に関る有り」とし、「百王の季を以て、三代の法を行ふを欲」し、「登封の礼云に畢はり、然る後に疆理の制を定め、山河の賞を議するも、未だ晩しと為さず」と上奏して、封建は急務ではないとした。後に中書侍郎の顔師古は、「当今の要は、其の遠近を量り、王国を分置し、其の戸邑を均しくし、強弱相済しくし、野を画し疆を分かち、過大なるを得ず、間にするに州県を以てし、雑錯して居り、互ひに相 維持し、永へに傾奪無からしむるに如くは莫し。各々をして其の境を守りて非を為すこと能はず、力を協せ心を同じくせしむれば、則ち京室を扶くるに足る」と述べた。また魏徴は再び上奏して、諸侯を封建することが国家百姓に不利であるとして「五不可」を列挙した。すなわち、民心が定まらないため、逃亡するものが発生すること、多く社廟文物を設けるため、礼楽が理を失うこと、俸禄をもらう者が多くなるため、賦斂がバランスを失うこと、財源が分流するため、府蔵が空っぽになること、内は空しく外は遠いため、変乱に対応することが難しいことがその例である。貞観六（六三二）年、監察御史の馬周も、封建を主張する者と同じように、「宜しく茅土を賦役するに、其の戸邑を疇《ひと》しくし、必ず材行有れば、器に随ひて方に授」け、「夫をして天恩を奉ぜしめるを得、而して子孫 其の福祿を終ふ」と主張した（二八）。

また『新唐書』宗室伝賛によれば、その後、劉秩・杜佑・柳宗元らが封建の施行をめぐって議論している。封建を主張する者として、劉秩は、「武氏の禍を目するに、則ち論を建てて以為へらく、爵を設くるも土無く、官に署するも職せざるは、古の道に非ず。故に権は外家に移り、宗廟 絶へて存を更《か》ふ」、「郡県は以て小寧をなす可きも、以て久安をなす可からず」と考えるに至った。杜佑と柳宗元は封建の廃止を主張する者であるが、杜佑は「国を建つるは一宗を利し、郡を列するは百姓を利」し、「国を建つるの制は、初めは磐石の若く、然れども敝るれば則ち鼎峙力争し、陵遅して而る後に已む。故に患為るや長し。郡を列すの制は、天下をして一軌たらしめ、敝るれば則ち世 崩潰するも、然れども戡定する者は功を為すこと易く、故に其れ患為るや短し」と述べ、また「三王より以来、未だ郡県の利を見ざるは、為さざるには非ざるなり。後世の諸儒 古に因りて泥みて強く之が為に説くは、非なり」とも述べた（二九）。柳宗元は後世まで伝わる名篇「封建論」を著した。その中で秦漢及び唐の郡県を設置することと封国を立てることの得失を一々論述したが、天下に戦乱が起きた時、秦は「叛民はあっても叛吏はな」く、漢は「叛国はあっても叛郡はな」く、唐は「叛将はあっても叛州はな」かったことから、郡県制の安定的な機能は証明するに十分であるという。さらに天下の公私について議論して、「湯の興るや、諸侯の帰する者三千、以て夏に勝つを資く。武王の興るや、会する者八百、以て商を滅ぼすを資く。之に徇ふを安と為す、故に仍ほ以て俗と為すは、是れ湯武の已むを得ざるなり。已むを得ざるは、公の大なるに非ざるなり、其の力を己に私するなり。秦の之を革むるは、其れ公の大なる者を制するが為なり、其の情は、私なり。然れども天下を公にするの端は秦より始まる」と述べた。(三〇)

以上のような議論に対し、『新唐書』の作者の欧陽脩・宋祁は、「諸儒の言を観るに、誠に然り。然れども侯を建て守を置くこと、質文逆救の如きは、亦た一概に之を責むる可からず。土崩の難を救ふには、諸侯を建くに如くは莫し。尾大の勢を削るには、守宰を置くに如くは莫し。唐には鎮帥有り、古の諸侯の比なり。故に王者は救ふ所に之を為すを視、敝に及ぶこと勿ければ則ち善し。乃ち百薬の天命を推し、郡県は百姓を利し胙促を主ると佑言するの若きは、乃ち臆論なり」と論評している。(三一)これは宋代の人の代表的な論の一つである。

宋代になると、「封建の制は以て復古す可からず」という議論はあるものの、封建の論は依然としてやまなかった。『宋史』宗室列伝には、「宋は唐制を承け、宗王は襁褓にして即ち土を裂きて之に爵し、然して名は存するも実は亡び、事に補する無し。……靖康の乱に、諸王 首を駢べて以て金人の虐に斃れ、論者 其の封建の実無く、故に維城の助を獲ずと咎む」とある。北宋の王安石は『周秦本末論』を作り、「周は末を強くし本を弱くして以て亡び、秦は本を強くし末を弱くして以て亡ぶ。本末は惟だ其の称なり」と論じている。(三二)このような観点は、上引の欧陽脩・宋祁の論と大体一致している。その後、胡宏にも邦国を封建する制度についての議論があるが、彼は唐太宗の復古の思いに心を打たれ、唐の中後期の藩鎮割据の禍を嘆き、国家をたもつ者は封建を実行することを是とすべきであると考えた。(三三)

確かに、封建体制と中央集権とは矛盾・衝突するものである。しかし、歴史上、王朝が交替するたびごとに、自ら封じたものであれ擁立されたものであれ、常に多くの王侯たちが現れて新王朝を樹立した。そして新王朝が樹立した初期には、一方では、多くの「子弟・功臣を封」じて王侯としたが、他方では、いかにして中央集権を強化するかを考えないわけにはいかなかった。しかし、王権政治はその初期の段階から天下を家とする性質を持っていたため、王室公侯・皇親国戚・宗室貴族は勿論、功臣将相に至るまで、国家政治において、彼らの一挙手一投足が全局面に影響を及ぼしていたので、それに相応しい政治的地位も持っていた。王制篇には中央集権を強化するという思想は見えないが、それがまさにその時代性を表すものである。しかし、そのことは後代の皇帝が王権を強化し、中央集権的な統治を実行するのに何ら影響するものではなかった。

最後に、王制篇の国家法思想の古典的な表現形式は、王権政治の衰微とともに、その支配思想としての地位を失っていった。しかし、どちらかといえば、我々が古代の国家政権の存在と変容を考察する際の制度的手本または思想的手本である。このような意味でいうと、王制篇は『周礼』及び他の総体的な思想が備わっている古代の制度典章と同様、我々に中国古代の王権国家の存続モデルや存続理念、法制化の形態を認識し理解させてくれる。実際のところ、多方面にわたって古代人が関心を持っていた問題について、我々のような現代人が関心を持たないことはない。古代の国家と現代の国家とは当然大きな違いがあり、人類の生活の法制化の過程も、概略から細部へと細分化が進み、社会政治生活の様々な面にまで関わることになった。しかし、人類の歴史の過程には終わりがなく、人類の生活の法制化の過程にも終わりはない。遠く千百年前の古代人の法制化された生活は、そのような歴史的過程の一段階に過ぎない、たとえそのような段階が長く続くにしても。

《注》

（一）『礼記正義』（標点簡体本、上冊）三三〇、四二四頁。
（二）『礼記正義』（標点簡体本、上冊）三三〇頁。
（三）『礼記正義』（標点簡体本、上冊）三三〇頁。

(四)『礼記章句』(『船山全書』第四冊、二二九頁、長沙、岳麓書社、一九九一年)を参照。
(五)陳寿祺『左海経弁』(皇清経解本)「論王制月令楽記非秦漢之書」条。
(六)孫志祖『読書脞録』(嘉慶四年刊本)巻二、「王制」条。
(七)臧庸『拝経日記』(武進臧氏釈経堂嘉慶二十四年刊本)第七、「王制」条。
(八)『左海経弁』「論王制月令楽記非秦漢之書」条。
(九)『読書脞録』巻二、「王制」条。
(一〇)『拝経日記』第七、「王制」条。
(一一)『左海経弁』「論王制月令楽記非秦漢之書」条。また、皮錫瑞『経学通論』三礼 同条。
(一二)『習学記言序目』上冊、一〇〇頁(北京、中華書局、一九七七年)。
(一三)『礼学新探』三四頁。
(一四)紙幅の都合により、ここでは内容の概略のみを列挙し、具体的な内容と論述は省略する。王啓発『礼学思想体系探源』(中州古籍出版社、二〇〇五年)、一七二~一八九頁を参照。
(一五)李学勤(主編)『中国古代文明与国家形成研究』三六〇頁(昆明、雲南人民出版社、一九九七年)。
(一六)『荀子』儒效。
(一七)『史記』秦始皇本紀。(中華書局本、第二冊、三九五頁)。
(一八)柳宗元「封建論」(『柳宗元集』中華書局、一九七九年)第一冊、七二頁。
(一九)『礼記集解』上冊、三〇九頁。
(二〇)廖平「今古学考」、李耀仙(主編)『廖平学術論著選集〈一〉』(成都、巴蜀書社、一九八九年)一〇六頁。
(二一)『礼学新探』二一七頁。
(二二)侯外盧・杜国庠・趙紀彬・邱漢生『中国思想通史』第二巻、二二七頁。
(二三)『漢書』高帝紀(中華書局本、第一冊)七八頁。
(二四)『漢書』諸侯王表(中華書局本、第二冊)三九三頁。
(二五)『史記』呂太后本紀(中華書局本、第二冊)四〇〇頁。
(二六)『漢書』異姓王表(中華書局本、第二冊)三六四頁。

(二七)『漢書』諸侯王表に、「文帝采賈生之議分斉・趙、景帝用晁錯之計削呉・楚、武帝施主父之冊、下推恩之令、使諸侯王得分戸邑以封子弟、不行黜陟、而藩国自析」とある(第二冊)三九五頁。

(二八)『通典』職官十三(中華書局本、第一冊)八六七〜八六八頁。

(二九)『新唐書』(中華書局本、第一一冊)三五三七頁。

(三〇)『新唐書』(中華書局本、第一一冊)三五三八頁。

(三一)『新唐書』(中華書局本、第一一冊)三五三八頁。

(三二)『王文公文集』(上海、上海人民出版社、一九七四年)上冊、三五三頁。

(三三)胡宏は感嘆して、「嗚呼。井田封国、仁民之要法也。唐太宗嘗慨然有復古之心、惜其諸臣識不足以知三代之道也。使太宗有其臣、力能行之、則唐世終無藩鎮跋扈簒弑之禍、而末流終無卒徒扶立強臣制命之事矣。噫。有国家者、欲如三代保守中国以天年終、必井田封建而后可」と言っている(『皇王大紀論・建国井田』〈『胡宏集』、二六七頁、中華書局、一九八七年〉所収)。

王報告へのコメント

李　承律

今回の報告は、漢代に成立したとされる『礼記』王制篇を中心に、そこに見られる中国古代の国家法思想について論じたものである。実はこの報告は、昨年報告者が出された大著（『礼学思想体系探源』、中州古籍出版社、二〇〇五年）の中でより詳細かつ丁寧に論じられている。今回はそれを要約した形での報告となったため、少々わかりにくかったところもあるかも知れない。しかし、全体的には論理整然としており、従ってここで評者が改めてその論旨をまとめるまでもないと思うので、早速コメントに入らせていただきたい。

第一に、王制篇の出現とその背景の問題について。報告はまず王制篇がいつ頃、どのような政治社会的背景のもとで作成されたかを議論している。すなわち、従来この問題については、孟子後学の作とする説、秦漢の際とする説、漢の文帝期とする説の三説があるが、報告者はそのうち文帝期説を採用する。文帝期説の最大の根拠は、博士や諸生に命じ六経の中から文を採取して王制を作らせたとある『史記』封禅書と『漢書』郊祀志の記事や、漢の孝文帝は博士や諸生に命じて王制という書を作らせたという後漢の盧植の言にある。前二者の説より文帝期説を是とする報告者の論証には一理があり、読み手をして肯かせる一定の説得力はあると思う。

しかし、そこには一つ看過できない重要な問題が意識されていないように思われる。それは文帝十三（前一六七）年に起きた中国法制史上の大きな事件、すなわち文帝十三年の刑法改革のことである。周知のように、この改革の最大のポイントは「肉刑の廃止」にある。文帝が王制という書を作るように命じたのは、この改革が行われた翌年の文帝十四（前一六六）年のことである。ところで、今の王制篇には「刑者侀也。侀者成也。一成而不可変。故君子尽心焉。」（刑は侀なり。侀は成すなり。一成して変ず可からず。故に君子は心を尽くす。）とあって、そこには容貌を変形する刑、つまり肉体を変える刑について、心を尽くすとは言っても、廃止するとは言っていないのである。もし王制篇が中国法制史上の一つの画期と言われる刑法改革の後、しかも文帝が直接命じて書かれたものだとすると、果たしてこのような書き方になったのだろうか、甚だ疑問である。では、これは一体どう理解すればいいのか。王制篇の刑法制度や刑法体系は文帝十三年の刑法改革のそれとは別個のものとして扱うべきなのか。それとも王制篇はその改革の前に出来たものと考えるべきなのか。このように考えると、文帝期に成書されたとされる王制篇は、どれほどその当時の現実を反映するものなのか、一考を要する問題である。

そしてもう一つ、もし先の『史記』や『漢書』の記事を歴史的事実とすると、そこには「六経の中から文を採取して王制を作らせた」とある。とすると、現在の王制篇は、具体的に六経の中のどのような文献から直接文を採取したのか、当然究明されなければならない重要な問題の一つである。報告は『礼記』月令篇や『尚書』洪範篇、あるいは『孟子』梁恵王下篇・公孫丑上篇・万章下篇、あるいは『荀子』王制篇と一定の関連性があることについてはふれている。ただし、『礼記』や『尚書』はともかく、関係の深いとされる『孟子』や『荀子』が六経ではないことは言うまでもない。あるいは王制篇と同様、国制の問題を論ずる『周礼』とは、制度上あるいは思想上どれほど密接な関係があると認められるのか、報告者の意見を聞かせていただきたい。

第二に、王制篇の資料的性格と礼法の関係の問題について。王制篇は、鄭目録には先王の班爵・授祿・祭祀・養老の法度を記したものであるから王制と名付けられたとあり、また別録においては制度に属すとあるように、王者の制度を論じたものであるということについては、評者も異論はない。ところで、報告は王制篇に含まれている法の精神と制度化の内容は、「礼をもって法と為」し、「礼をもって法に代え」る性質を一貫して表していると意義づけておられる。王制篇は、今は『礼記』という礼関係の経典の中に一篇として含まれており、礼の制度的な面が書かれているとすると、このような見方も必ずしも不可能ではないかも知れない。しかし、王制篇は本当に礼をもって法となし、礼をもって法に代えるものとして見ているのだろうか。

それと同時に問題になるのは、今回の報告のタイトルにもなっている「国家法」という概念を、報告者がどのように規定しているかという問題である。国家法というと、往々にして礼という社会倫理に対する概念として用いられたり、あるいは現代的には国際法や自治法などに対する概念として用いられたりする場合が多い。そのため、そのような使われ方と混同されてしまう恐れがある。従って、この概念についてもう少し丁寧に説明する必要があったのではなかろうか。あるいは国家法は果たしてそのまま礼に置き換え可能な概念かという疑念さえ感じる。そのような意味で、礼をもって法となすとか、礼をもって法に代えるという場合の、礼のありかたや法のありかたとは一体どのようなものなのか、国家法との関連においてより立ち入った議論が必要であると思う。また礼は宗教・道徳・法律の三つの属性を合わせもっているというのが、実は報告者の持論であるが、そのような作業仮説が礼関係のすべての文献に当てはまるかどうかという問題も、王制篇を事例に説明していただきたい。

伝統中国における礼のありかたや法のありかた、ひいては礼と法の関係を考える際、例えば、『礼記』曲礼上篇に「礼不下庶人、刑不上大夫。」（礼は庶人に下らず、刑は大夫に上らず。）とある文章や『史記』太史公自序・『漢書』司馬遷伝に「夫礼禁未然之前、法施已然之後。」（夫れ礼は未然の前に禁じ、法は已然の後に施す。）とある文章はよく引用されることばである。これは礼と法とが国家・社会においてその機能の場を異にすること、あるいは礼と法とが国家や社会において相互補完的な役割を果たすことを意味するものである。礼をもって法となすとか、礼をもって法に代えるというと、あたかも礼による礼・法の一本化を意味するようだが、果たしてそのような考え方を王制篇で見いだすことはできるのだろうか。

なお、せっかくの機会であるので、もう一つ、もし王制篇が文帝に命じられて成書されたとすると、王制篇の制度論は当時、現実性や実効性があったと認められるのかどうかについても、報告者の意見を聞かせていただきたい。

王報告への質疑応答

司会（池澤優、東京大学）

それでは、コメントにお答えください。

王啓発（中国社会科学院）

李先生のご質問は、三つに分類できますが、いずれも相当細部に関わる問題でして、綿密に回答を準備しました結果、本編よりも長くなってしまいました（笑）。そこで、ここで全部読むわけには参りません。簡単に要旨をお答えしたいと思います。

まず、文帝十三年の肉刑の廃止が、文帝十四年に作られた王制篇の刑法思想にどう関わってくるのかについてですが、李先生の挙げられた「刑者侀也。侀者成也。一成而不可変。故君子尽心焉」という文にこそ、王制篇の「慎法」の精神が反映されていると思います。ひとたび刑の執行が決定されれば、それを覆すことはできない。

よってこれは、「刑の決定・執行は慎重を要する」という態度の表れです。また、文帝の肉刑廃止についても、具体的には、鼻削ぎ、足切りなどは廃止されましたが、例えば宮刑は廃止されていないわけです。しかも、文帝の肉刑廃止は、ある具体的な事件があり、それによってこういう話が出た、という経緯があります。つまり、これは文帝による「徳治」を表明するための姿勢であったわけです。そういうわけで、文帝は言わば、儒家的思想の実践をしたのであり、ここにある王制篇の「慎法」の思想と文帝の肉刑廃止の実情とは、決して思想的に矛盾するものではないでしょう。これがまず一つめの回答です。

二つめに、『礼記』王制篇と六経との具体的な関係ですが、『史記』『漢書』の「刺六経」というのは、具体的な意義ではなく、広義なものであると理解しています。現在の王制篇には、『尚書』や『孟子』など諸子百家のものが非常に多い。清代学者の王懋竑の説を引用してみたいと思います。彼は、

「王制」乃漢文帝令博士諸生作、其時去先秦未遠、老師宿儒猶有一二存者、皆採取六経、諸子之言、如班爵禄取之『孟子』、巡守取之『虞書』、歳三田及大司徒・大司馬・大司空三官、取之『公羊』、諸侯朝聘取之『左氏』。古書今不可尽見、蓋皆有所本也。惟『周官』未出、故所言絶不同。注家多以『周礼』証之、宜其乖戻而不合也」（朱彬『礼記訓纂』巻五『王制』篇首所引）。

と言っています。

一つ問題となるのは、『周礼』と『礼記』王制篇の関係です。簡単に申しますと、両者は、制度化の理想という性質を持った文章であると考えています。『周礼』の制作は王制篇より早いでしょう。ですが漢代における登場は王制篇より遅れました。大胆な仮説となりますが、『周礼』がもし、王制篇制作の前に発見されていれば、王制篇を作る必要は無かったことでしょう。『周礼』の内容は、王制篇よりも遙かに勝っており、内容も豊富で、より周到に行き渡ったものとなっているからです。

また、国家法の概念についてお尋ねがありましたが、私が用いる国家法という表現は、国家の政治・制度方面における基本法・根本法という意味です。我々が今日用いる言葉であえて言うならば、「憲法」という言葉と似ていると言えます。しかし、「古代憲法」という表現を使うのは宜しくないと考え、かような表現を便宜上用いました。報告の中でたびたび用いている「以礼為法」「以礼代法」という表現ですが、これは、後世において、制度に関する議論において、皇帝の勅書や臣下の上奏の中で、王制篇が参考として引かれることが多いわけですが、それらは王制篇の語句を典拠にして法を制定するという内容になっています。ですから、ここで言っているのは、後世の人が王制篇を「以礼為法」「以礼代法」という性質のものと見なして引用する傾向があった、と言っているのであり、王制篇そのものに「以礼為法」「以礼代法」という性質が含まれているかどうかは、また別のことでありましょう。清代の学者・孫希旦は、王制のことを言封建・授田・巡守・朝覲・喪祭・田猟・学校・刑政、皆王者之大経大法、……漢人採輯古制、蓋将自為一代之典、其所採以周制為主、而亦或雑有前代之法、又有其所自為損益、不純用古法者（『礼記集解』中華書局、一九八九年）。

と言っています。これは王制篇の国家法思想の性質に正確な位置付けを与えているものと言えるでしょう。

またお尋ねのあった、『礼記』曲礼上篇の「礼不下庶人、刑不上大夫」、「刑人不在君側」の句について、私の考えを述べさせていただきます。まず、庶人には経済的制限があるので、必ずしも規定通りに実行できるとは限らない。また刑を受ける人は、執行前は大夫であったとしても、いったん刑を受けてしまえば、二度と大夫の位を持つことはできない。「刑人不在君側」とは、刑を受けた人は二度と君主の側に仕えることはできない、という意味です。例えば戦国楚の屈原は、元は三閭大夫であったわけですが、放逐されてしまい二度と王に仕えることはできなかったわけです。

四、『儀礼』鄭玄注と服部宇之吉の『儀礼鄭注補正』

蜂屋　邦夫

はじめに

『儀礼』十七篇に附された鄭玄注の校勘・研究については、阮元の『儀礼校勘記』を代表として、張爾岐『儀礼鄭注句読』、盧文弨『儀礼注疏校正』・『儀礼注疏詳校』、程瑤田『儀礼経注疑直』、金日追『儀礼経注疏正譌』など、清朝考証学の成果があるが、日本にも服部宇之吉（一八六七年四月〜一九三九年七月）が、その晩年、六十二歳から六十六歳にかけて発表した『儀礼鄭注補正』（以下『補正』と表記）がある。

『支那学研究』第一編（斯文会、一九二九年四月）
　…士冠礼第一・士昏礼第二
『支那学研究』第二編（斯文会、一九三二年一月）
　…郷飲酒礼第四・郷射礼第五
『支那学研究』第三編（斯文会、一九三三年六月）
　…士喪礼第十二

これは、篇数から言えば『儀礼』十七篇の三分の一にも満たないが、経注に即して『補正』の特色を分析することにより、鄭玄注の性格の一面も、より一層明確に把握できるのではあるまいか。ただし、準備の関係で、ここに発表できるのは、その一部、士冠礼第一・士昏礼第二・郷飲酒礼第四の三篇についてのみである。

『補正』は経文・注文を標出し、鄭注について「補正」したものであり、鄭注を正したものを「正」の項目下にまとめ、そのほかを「補」の項目下に繋けている。ほとんどが「補」であり、「正」は少ない。しかし「補」であっても、賈疏や考証学者の説を批判したものも含まれており、鄭注を単純に「補」ったものではない。

これらの五篇の『補正』に立てられた経文・注文の項目数と、そのうちに占める「正」の項目を数えれば、次のようである。

士冠礼第一	一二五項目中	一三項目
士昏礼第二	一四七項目中	一六項目
郷飲酒礼第四	一四〇項目中	一一項目
郷射礼第五	二三〇項目中	二七項目
士喪礼第十二	二〇三項目中	八項目

「正」は合計六五項目

参照資料は二十種ほどであるが、主なものは、元・敖継公『儀礼集説』や、清・盛世佐『儀礼集編』などである。ただし、人名は記してあるが、原則として書名は記してない。引用資料の一覧も、注記もない。従って、『補正』の文章だけでは引用書が特定できない場合もある。

一、「士冠礼第一」について

「士冠礼第一」には一二五項目が立てられている。これは経文の九割以上であり、おおむね、以下の篇も同様である。一二五項目中、「正」は一三項目である。いま、その主なものについて検討する。

1　冒頭、「士冠礼第一」下の賈疏に引かれた『鄭目録』について。

鄭玄は「童子、職に任じ、士位に居り、年二十にして冠す。……古者、四民は事を世《よよ》にし、士の子は恒に士と為る」と言う。賈疏は、士の身分の者が二十歳で加冠されたことと解するが、『補正』は、まず朱子の「鄭意を詳かにするに、士の子未だ仕えずと雖も、亦た此の礼を用うることを得ると謂うに似たり」を引き、次いで敖継公の「此の篇、主に士の其の適子に冠するの礼を言う」を引いて「其の説従う可し」と賛成する。

鄭注を形式的に解すれば、士の子として生まれても士として任官していなければ加冠儀礼は行なわれないことになり、不合理である。『補正』は、その点を突いて妥当なものと言えよう。

また、賈疏には天子や諸侯にも特有の加冠儀礼があったとしているが、『補正』は「君死して子嗣げば則ち未だ二十ならずにして冠す。故に当に天子諸侯の身に加冠の礼有るべし。子に冠するの礼に於いては則ち一に士礼に拠る歟」と批判しているが、これは鄭注の「正」というより賈疏の「正」というべきもの。ただ、それならば『大戴礼』「公冠篇」の「公としての冠は四回かぶせる」や「士冠礼」の「記」の「公侯に加冠儀礼があるのは、夏の末に造られたのである」等の記述との整合性が問題になろう。これは『補正』説の安易な点である。

2「主人玄冠」の鄭注「主人は、将に冠する者の父兄なり」について。

賈疏は『論語』子罕の「出づれば則ち公卿に事え、入れば則ち父兄に事う」と、孤子（父がいない者）の加冠の場合を根拠として注を疏釈しているが、『補正』は「此の経は、士の、其の適子に冠するの礼を記し、主人は当に将に冠せんとする者の父を斥《さ》すべく、将に冠せんとする者の兄を連言するに当たらず」と注を破している。孤子の場合とは、下文に「若し孤子なれば、則ち父兄戒《つ》げ宿《すす》む」とあり、注に「父兄は諸父諸兄」とある場合を指す。孤子の場合は賓を迎えて儀礼を行なうのは孤子自身であり、通常の場合に「主人（冠主）」が行なうのとは違っている。そこで、わざわざ経に「父兄戒《つ》げ宿《すす》む」とあるのは、ただ「戒《つ》げ宿《すす》」めるだけで他の儀礼は行なわず、通常の「主人」ではないから、「諸父諸兄」なのだ、というのが鄭玄が注した理由であろう。

これについて『補正』は、「此れは、孤子の当室者（後継ぎの場合）は、諸父諸兄が戒《つ》げ宿《すす》めることを謂い、其の余は則ち孤子自《み》ずから之を主《つかさど》り、其の兄は主人と為るを容れず」と述べる。確かに孤子の「父兄」が「諸父諸兄」なら、通常の場合の「主人」に兄（適兄）が含まれる根拠とはならない。したがって『補正』は、賈疏が孤子の場合を出して注を疏釈した点は破したが、鄭注そのものの批判としては、ただ自説を当てただけである。

そこでまた『補正』は、「又た下の経に庶子の冠礼有り。庶子は、父没して適兄の礼を主る者を容るる可し。鄭の意、或いは之を斥《さ》す歟」と譲歩している。

なお、下文の「若し孤子なれば」に続く「冠の日」の鄭注に「冠主は、冠者の親父若しくは宗兄なり」とある「若宗兄」の三字も『補正』は削るべしとしている。

3「筮《うらな》い卒《おわ》り」の鄭注「卦を書く者は、筮人、方を以て所得の卦を写す」について。

筮日の儀節では、筮人が主人の命を受けて筮《うらな》い、卦者がその爻を地面に画す。ここまでは、鄭注にも、そうある。鄭注は、経文「筮い卒り、卦を書き、執りて以て主人に示す」について、爻を方板に写し取るのを筮人としているが、『補正』は胡培翬『正義』の「卦を写すは自《おの》ずから是れ卦者の事、卦を示すは自ずから是れ筮人の事」を引き、胡説に賛成している。その点は盛世佐も同じである。「特牲饋食礼」や「士喪礼」も卦者が卦を写し取るが、賈疏は鄭注を疏釈して、加冠儀礼はそれらの祭礼や吉礼と違うのだ、とする。つまり礼の性格の違いを重く見る考え方である。しかし、行事の流れから言えば筮いと記録は担当者が別の方が自然であり、鄭注・賈疏の経学的発想に対して、盛説・胡説は、そして『補正』もまた、そうした自然さを尊重した説である。

4「夙に興き」の鄭注「周制は、卿大夫より以下、其の室は夏屋と為す」について。

夏屋とは切妻のことである。これを破して『補正』は「今案ずるに天子より士に至るまで、屋は皆四下、但だ一阿四阿の別有るのみ。士大夫の屋は一阿四下と為し、天子諸侯の屋は四阿四下と為す」とする。ただし典拠は示されない。四下とは寄棟のことであろう。通常は四阿と呼ばれ、それに鄭玄は「四注屋」と注している。とすれば、四下は四阿と同じことで、一阿の意味が分からない。『補正』では阿を屋根の重なりの意味で使っているのであろうが、根拠が示されず、『補正』説の不分明な例である。

5「玄端、玄裳・黄裳・雑裳、可なり」の鄭注「上士は玄裳、中士は黄裳、下士は雑裳」について。

『補正』は、「恐らく貧者は服を備うる能わず、此れ以て之を通じて可と云うなり。必ずしも拘らざるを言うのみ。注疏、三等の士を以て之に当つ、臆説にして拠無し」という『儀礼義疏』の説を引く。これも儀礼の実情に即した判断であろう。

6「爵弁、皮弁」を持って待機する文の鄭注「爵弁とは、制は冕の如し」について。

『補正』は、呉廷華の「爵弁は冕と制異なり、皮弁と制同じ」を引き、「案ずるに『釈名』に『弁は両手の相合する如きなり』と云う。冕とは上に板有りて延と曰い、前に俛《かたむ》く。故に冕の名を得たり。冕・弁、制異なり、鄭注誤る」と述べる。所引の『釈名』は「釈首飾第十五」で、正しくは「弁は両手の相合して時を抃《う》（音はベン）つ如きなり」であり、続けて、爵韋で造れば爵弁、鹿皮が皮弁、韎《まい》韋が韋弁、という説明がある。

鄭注の当否は俄には断じがたいが、弁は合掌するような形を言うという説が有力なようである。

7「主人が升り、序の端に立ち」の鄭注「主人と賓は、倶に升り」について。

『補正』は「礼の通例は、賓主敵するは、主人先に升りて賓を導き、賓等を降れば則ち主人先に升り、賓尊ければ則ち賓先に升る。賓主倶に升るの法なし」と言う。これは「補」の項目に引用した敖継公の説明と同じで、敖氏の説も「正」に組み込むべきであろう。礼の通例は、どうやら敖説のようである。ただ、鄭玄が「倶に」と言ったのは、経文に主人については「升り、序の端に立ち」とあるが、賓については「西序に東面す」とあるだけで「升る」と言っていないので、必ずしも厳密に同時にということでなく、賓も升るのだということを示しただけとも考えられる。

8「賛者、房中で洗い」の鄭注「側《ひと》り酌むとは、之が為に薦むる者無きを言う」について。

これは加冠が終わって冠者に醴を与える儀節のことであるが、経文には、賛者が房で手と爵を洗い、一人で醴を酌むとある。鄭玄は「側」に、脯醢を薦める者が別にいるわけではないという解釈をしたが、『補正』は「側《ひと》り醴を酌むは、之を佐《たす》けて酌む者無きを言う。脯醢と相渉らず。鄭説未だ安からず」と破する。しかし、醴を酌むこと自体に佐けが要るとも思えない。従って経文の「側」に醴を酌むこと以外の意味を認めた鄭注には、それなりの根拠があろう。『補正』の「未だ安からず」という歯切れの悪さは、自説にあまり自信がなかった現われかもしれない。

9「賓に醴せんことを請う」の鄭注「此の醴、当に礼に作るべし」について。

『補正』に「鄭玄、醴字に於いて必ず字を破して礼と為す。今案ずるに、当に字の如く読むべく、破するを必とせず」とある。たしかに鄭玄は、飲み物としての醴の場合は別として、醴を用いる儀節においては、醴を破して礼に作るべきだと言っている。ただしそれは、賈疏にあるように上位者が下位者に対して行なう儀礼であって、『周礼』秋官・司儀「賓亦如之」の鄭注に「上の下に於けるを礼と曰い、敵者を儐と曰う」とある如くである。賈疏は、天子が諸侯に醴を用いて礼する場合、「賓に醴する」とは言わず、「賓に礼する」と言うのと同じだとして、鄭玄の意見を疏釈している。

問題は、上位者が下位者に儀礼を行なう場合、鄭玄の言うように厳密に「礼」字のみを使ったかどうかという点にある。それが徹底していれば、この経文のような表現はなされなかったはずで、醴を用いて礼すれば「醴する」と言うことは十分に考えられる。すなわち、鄭注・賈疏は極めて経学的であるのに対し、『補正』は礼の現実に着目していると言えよう。

10「洗に篚《ひ》有り」の鄭注「篚は亦た以て勺と觶《し》を盛る」について。

これは夏殷の儀礼として、酒を用いて醮の礼を行なう儀節であるが、『補正』は『儀礼義疏』の説、「醮は爵を用い、此の篚に觶有るに宜しからず。醴は勺を尊に加えず、故に併せて篚に在り。此《ここ》の勺は尊上に加えれば、則ち篚中に更に勺有るに宜しからず。注誤る」を引用する。爵と觶、礼と醮の関係については『義疏』にある通りである。鄭玄は、先の醴を用いて礼する場合に、経文に明文がなくとも「爵を洗う」等の注をつけており、賈疏は個別に言えば爵と觶は違うが、通じて言えば爵と言ってよいと疏釈している。爵が一般名詞だとすれば、なおさらここで觶と言うのはおかしく、「注誤る」と言われても仕方がない。なお、『義疏』の説は、盧文弨『儀礼注疏詳校』も引用している。

二、「士昏礼第二」について

「士昏礼第二」には一四七項目が立てられ、その中、「正」は一六項目である。

1「賓、鴈を執り、問名を請う」の鄭注「問名とは」について。

記の問名の辞に「敢えて女は誰氏為るかを問う」とあり、鄭玄はそこに「誰氏とは謙なり。其の主人の女なるを必とせず」と注している。また『礼記』昏儀の「昏礼とは、将に二姓の好を合し」の孔疏には「其の女を生む所の母の姓名を問う」とあるが、『補正』は、これらを皆非とし、生まれて三ヶ月たった時に父がつける名だとする。この誰氏については名説、字説、伯仲説など様々な説があるが、『補正』の、婦人の三ヶ月の名は外部の人は知らないから問うのだとする説は、もっとも常識的な判断だと言えよう。

2「姆は……其の右に在り」の鄭注「姆は、婦人の年五十にして、子無く、出されて復た嫁さず、能く婦道を以て人に教うる者」について。

これは婿が嫁の家に親迎に行く儀節である。『補正』は「注の姆云云は拘亦た甚だし、従う可からず」とするが、その根拠は示されない。

3「女の従者は……其の後ろに在り」の鄭注「女の従者は姪娣《てってい》なり」について。

『補正』は「姪娣《てってい》の従者は諸侯の礼。此の女の従者は、即ち下経に謂う所の婦人の送者なり」という盛世佐『儀礼集編』の説をそのまま引く。しかし、下文には媵《よう》（姪や娣のこと）という表現もあり、盛説は説得力がない。『補正』の判断に疑問がある。

4「婦至り、主人婦に揖して」の鄭注「媵は婿に沃して南洗に盥させ、御《が》は婦に沃して北洗に盥さす」について。

これから同牢になる儀節である。『補正』は「夫婦已に室に入れば、再び室を出で南洗又た北洗に就きて盥す可からず」とし、江筠『儀礼記』の「婦は尊の西に在りて南面し、媵は盤を奉じ、御《が》は匜《い》を執る。夫は其の賛に酳《いん》を拝受する処に当たり、御は盤を奉じ、媵は匜を執る。是れ『媵御沃盥を交《こもごも》す』為り」を引用し、「婦の為に御沃し、夫の為に媵沃すなり。鄭注誤る」とする。南北二洗を夫婦に配当する鄭注に対し、反対の意見は多いが、両者北洗に就くとするものが多い。ただ、いったん「夫は室に入り、席に即き、婦は尊の西に南面し」（経文）、そこで「媵御沃盥を交す」（経文）るのであるから、北洗まで行くというのは、いかにも不自然である。『補正』説は、もっとも自然と思われる。

5「甒《もたい》の醴を房中に側《ひと》つ尊《お》く。婦は……疑立し」の鄭注「疑は正立自定の貌」について。婦が舅姑に見え、賛が婦に醴の礼を行なう儀節である。『補正』は孔広森『礼学卮言』の「疑、当に士相見篇の『君に疑《なな》めにせず』の疑の如く読むべし。疑立とは斜めに舅姑に向かいて立つなり」を引き、「其の説長ず。今、之に従う。蓋し面は舅姑に向かうなり」と言う。舅と姑は立つ場所と向きが異なるから、どちらかに正面すれば、どちらかに背く。その中間をとれば斜めに立つことになる。従って「面は舅姑に向かう」というのも、些か疑わしい。いずれにせよ、鄭注の精神面の強調に比べて『補正』は実際的である。

6「特豚を合わせ升《い》れ、側《ひと》つ載せる」の鄭注「側載とは、右胖を……」について。婦が舅姑に食を進める儀節である。鄭玄は、右胖を舅の俎に、左胖を姑の俎に載せるとしているが、『補正』は「合升は左右の胖を合わせ、鼎に盛るを謂うなり。側載は独《た》だ右胖を載するを謂うなり」とし、「盛世佐等以為らく、舅姑俎を共にすと。その説従う可し。則ち左胖は載せず」と言う。舅姑は席を共にしており、俎も共にすることが自然であろう。ここでも、鄭玄の、舅姑について格の上下の区別をするという経学的な思考に対して、『補正』は実際的な思考をしていると言うべきか。

7 記「腊《せき》は必ず鮮を用い」の鄭注「殺全きとは、餒敗《だいはい》せず」について。これは同牢についての「記」の問題である。『補正』は「鄭注、**「必ず殺全き」**を以て専ら魚を謂うと為す。然らば則ち此の記は止だ腊《せき》と魚を言いて牲に及ばざるなり」とし、盛世佐『儀礼集編』の、豚一体の完全なもの、という説を引く。ただ、これについては、魚と取る説も牲体と取る説もあり、両説とも、それなりの根拠はある。

8 記「祖廟未だ毀たざれば、公宮に教うること三月」の鄭注「祖廟は女の高祖の君と為る者の廟なり」について。

嫁を教育する場所についての問題である。『補正』は「鄭注、未だ安からず。今、意を以て之を正す」として自説を展開している。それは、父の祖父の廟で、父が死ねば祖父の廟は毀ち、存命ならば「祖廟未だ毀たず」なのだというもの。「公宮とは父の室なり」と言う。「意を以て」であるから、根拠は示されていない。ただ、『補正』説に立つとすれば、記の文は「父いませば」で済むこと、わざわざ「祖廟未だ毀たざれば」のような回りくどい言い方は必要ない。鄭玄説の当否は別として、『補正』説は安易である。

9 記「賓、命を致し、外足を釈ち」の鄭注「士は中士・下士・不命の者の若きを謂う」について。

婿側の賓が納徴の鹿皮を嫁側の主人に渡すとき、主人の「士」がそれを受け取るが、その士とは何かという問題である。『補正』は鄭注を「非」とし、「蓋し士は主人の属吏等を謂うなり」と言う。『補正』には言及されていないが、これは敖継公『儀礼集説』の説に拠ったもののようである。だが、褚寅亮『儀礼管見』によれば鄭注の「指す所、原甚だ広」いのであって、『集説』は「偏」だという批判がある。もし、『補正』が敖説を採るなら、『管見』説に言及あって然るべきである。

10 記「請期に曰く、吾子命を賜う有り」の鄭注「三族は、父の昆弟・己の昆弟・子の昆弟を謂う」について。

ここの「己」は女家の当主、女の父である。婿側が嫁側の一族に不幸の有無を訊ねた口上の問題であるが、『補正』には「三族に異姓を含むと異姓を含まざるとの二説有り。後説従う可し。即ち、三族は、従父・従祖・従曾祖の族を謂う」とある。これは、実は敖継公の説で、『集説』に「三族は、従父・従祖・従曾祖の親を謂う。……或ひと曰く、三族は、父・母・妻の族を謂う」とあるのに拠っている。そのことは明記すべきであろう。敖説については、盛世佐『集編』に「三族の説、当に註疏に従うべし。敖及び或説、倶に未だ是ならず」とあり、『管見』も従父・従祖・従曾祖を破し、その規定では嫁取りに時期を失する場合が多かろうと言うが、その通りであろう。『補正』の説は安易である。

11 記「勗《つと》め帥《みちび》き以て先妣の嗣を敬え」の鄭注「勉め帥き、婦を道《みちび》き、以て其の先妣の嗣為るを敬う」について。

注疏は「記」の八字を一句と解しているが、『補正』は、敖継公の「敬」で切って二句とする説を引き、敖説を「言うこころは、女《なんじ》は当に之を勉め帥くに敬を以てし、彼の能く敬すれば則ち婦道を尽くし、以て我が先妣の事を嗣続す可し」と纏めている。要するに、敬ということを婦に教え、婦が敬を修得するのが婦道である、という意味である。ところが、宋・張淳『儀礼識誤』に注の「勉帥婦道」は上文の『釈文』によって「勉帥道婦」にすべきだという指摘があり、『挍勘記』その他、それに賛成する説が多い。『挍勘記』は『通典（巻五十八礼十八「公侯大夫士婚礼」）』の「勉め導き、以て其の先妣の嗣為るを敬う」を引き、「蓋し其の先妣の嗣為るを敬う、即ち是れ婦道。若し婦道を勉め導くと云わば、則ち通ず可からず」と言う。これらの説の方が論理は通るようで、敖継公、および、それに拠った『補正』の説は「婦道」に引きずられた曲解のように思われる。

三、「郷飲酒礼第四」について

「郷飲酒礼第四」には一四〇項目が立てられ、その中、「正」は一一項目である。

1「乃ち主人・賓・介に席しく」の鄭注「席は敷席なり」について。

『補正』は「注、戒と同日と為すは非。呉廷華曰く、当に戒と日を異にすべしと」とする。早朝に賓・介に戒《つ》げ、その日の中に儀式を行なうか、日を改めるかの違いであるが、「士冠礼」の場合は戒賓の次に宿賓があった。ここは戒賓のみで宿賓はない。また経文には戒賓・戒介に続いて「乃」とある。すなおに読めば同日と解される。

2「衆賓の席は、皆属《つづ》けず」の鄭注「衆賓に賓席の西に席しく」について。

上経文からの続きを示せば「乃席賓主人介衆賓之席皆不属焉」である。鄭玄は「介」で区切ってそれぞれ附注した。『補正』は「注**「皆属《つづ》けず」**句に拠れば、専ら衆賓の席を言う。其の実、賓・主人・介の席、亦た属けず」として、盛世佐、敖継公その他、複数の説を引く。席の並べ方と離し方については諸説があるが、『補正』の説に妥当性があろう。

3「賓坐り、……坐して弗繚《ふつりょう》し」の鄭注「繚は猶お紾《しん》のごときなり」について。

これは主人が賓に献ずる儀節である。「弗繚」は賓が肺を取っての動作であるが、それをめぐって議論があり、鄭玄は「弗」に注をつけないで「繚」にだけ「紾《しん》（もとる、ねじる）」の語釈をつけた。『補正』は『周礼』大祝と李如圭・呉廷華の説により、「弗」を「不」の意味にとって、ねじらないで、と解する。『周礼』大祝には繚祭と絶祭があり、繚祭の場合は肉をねじって絶つが、絶祭の場合は絶つが必ずしもねじらない。大夫の場合は威儀が多いのでねじって絶つが、ここの賓は士の立場だから繚せず、ただ絶つだけだ、という理屈である。これに対して「弗」を衍字とする説、「弗」に「繚」と同じような意味（あるいは挙の意味）だとする説などがある。賓が行なうのは大夫の礼か士の礼かについては、ここの鄭注に「大夫以上は威儀多し」とあり、必ずしも士礼に限定する必要はない。要するに『補正』説は、あまり説得力がないようである。

4「大師あれば則ち之が為に洗う。……工、洗うことを辞せず」の鄭注「工は大師なり」について。

これは楽人が堂で唱い、終わって、主人が献酒する儀節である。大師とは鄭注に「大夫は、若し君之に楽を賜わば、之を大師と謂う」とある。『補正』には「大師は楽工の長なり。天子諸侯は皆之有り。凡そ工は皆公家の吏、君特に賜えば則ち大師をして来たら使む。上経の、一人先ず献を受く者は、大師在れば則ち大師先に献を受けるなり」とある。これは「正」の項目であるが、鄭注を破しているわけではなく、「補」に繋けるべきであろう。

5「笙入り、堂下の磬の南に」の鄭注「笙は笙を吹く者なり」について。

これは堂の下で笙者が奏する儀節である。ここで南陔・白華・華黍を奏するが、その楽に歌が有ったかどうかが問題にされる。『補正』は、ここでは「楽」、「燕礼」では「奏」とあり、「歌」とは言っていないので「声有りて辞無きこと明らけし」と言い、鄭注の「大師或いは瑟し、或いは歌う」を正している。ただし、その鄭注は前の経文のもので、その時は「鹿鳴」等を歌っている。従って、『補正』の説は不分明である。

6「主人、席を降《くだ》るに南方自りす」の鄭注「北方に由らざるは便に由る」について。
これは司正が帰ろうとする賓を止まらせる儀節である。『補正』は「記に拠るに、此れ降席の正なり。注、誤る。且つ、上文「主人、酢を受け、将に阼《そ》階上に適かんとして席を降るに北方自りす」に便に由ると言い、此も亦た便に由ると言うは、其れ自《み》ずから矛盾せり」とする。「記」には「主人・介は、凡そ席に升るに北方自りし、降るに南方よりす」とあり、そこの鄭注に「席は南を上とす。升るに下由りし、降るに上由りするは、便に由る」とある。すなわち、鄭玄は下から升って上から降ること自体を「便に由る」と言っているのである。また、『補正』の引く「上文」は見あたらない。何か勘違いがあったものと思われる。

7「二人（主人の吏）をして觶《し》を賓・介に挙げ使む」の鄭注「若し大夫有れば則ち觶《し》を賓と大夫に挙げる」について。
これは、無算爵（杯の数を決めずに飲む）が始まる儀節である。鄭玄は大夫がいる場合は賓・介でなく賓と大夫に挙げると言うが、『補正』は「郷射は介無し、故に二人をして觶《し》を賓と大夫に挙げ使む。且つ郷飲酒は賢を尊ぶを主とす。大夫有りと雖も猶お宜しく介を先んずべし」と破する。この説は賛同者が多い。

8「賓は……坐して觶《し》を取りて以て興《た》つ。介は……坐して受けて以て興つ」の鄭注「賓は取と言い、介は受と言う。尊卑、文を異にす」について。
先の文に続く無算爵の儀節である。『補正』は「敖継公曰く、経文錯綜して以て其の同じきを見《しめ》すなり、と。盛世佐曰く、取・受二字、経、往往互用す。案ずるに取は其の実を指し、受は其の意を原《たず》ぬるなり、と」と言う。尊卑を重視する鄭注に対し、敖・盛説を引く『補正』は実際を重んじたものと言うべきか。

9「爵を算うる無く」の鄭注「算は数なり。……郷射礼曰く……」について。

『補正』は「郷射礼は大夫有り、介無く、郷飲酒礼は介あり、大夫無く、同じからず。鄭玄、直だ郷射礼を引くは誤る」と言う。その理屈は**7**と同じであるが、鄭玄は「無算爵」の例を挙げただけであろう。

10 記「郷、朝服して賓・介を謀る」の鄭注「郷は郷人、郷大夫を謂うなり」について。

『補正』は曹元弼『礼経校釈』の説「郷は此の礼に目するなり。此の礼は是れ郷大夫郷に行なうの礼、故に之を郷と謂う」を引く。鄭注を駁した同様の説は多い。ただ「謀る」主体は郷大夫であるから、鄭玄の解釈が成り立たない訳ではない。

結論

準備の関係で『補正』全体を詳細に検討することはできなかったが、おおよその特色は明らかになったと思われる。

まず、鄭玄の経学的（当然であるが）あるいは精神主義的な発想に対して、『補正』では、儀式の流れに即した実際的な見解が目立つ。

筮日の儀節で、爻を方板に写し取るのが筮人か卦者かについて、鄭注（および賈疏）は冠礼と祭礼・吉礼との違いを重視するが、『補正』に見える卦者説の方が、行事の流れから言えば自然であろう。冠礼を助ける士の服装について、鄭玄は「玄裳・黄裳・雑裳」を「上士・中士・下士」に配当して格付けしているが、『儀礼義疏』に拠る『補正』の「恐らく貧者は服を備うる能わず云々」は、当時の実情を配慮したものであろう。鄭玄が、「醴」の字を破して「礼」に作るべし、と言うのは、上位者が下位者に対して行なう儀礼であることを示したものであるが、果たしてその等差意識が徹底したものであったかどうか。醴を用いるから「醴する」と言うことは十分に考えられ、『補正』説はその現実を重視している。

士昏礼で、婦が舅姑に見えるときに、婦が「疑立」することを、鄭玄は「正立自定の貌」と緊張感を示すが、『補正』は「斜めに舅姑に向かいて立つ」説に賛成している。

婦が舅姑に食を進める儀節で、鄭玄は、格の上下を区別し、舅姑で俎に載せる胖を区別しているが、舅姑は席を共にしているから俎も共にすると考える方が自然であろう。

郷飲酒礼で、無算爵が始まるとき、鄭玄は、大夫がいれば賓と大夫に杯を挙げると言い、大夫の身分を尊重しているが、『補正』は郷飲酒は賢者を尊ぶのが主眼だから、賓と介を尊重すべきだと言い、階級差よりも儀節の主旨を考えている。賓と介の杯の受けとり方について、鄭玄が取・受の区別を尊卑の区別としているのに対し、『補正』は、同じ事とする説を引いているのも、実際を重んじたものであろう。

これらの検討を通じて、逆に鄭玄の等差重視の考え方の一部が窺える。

鄭注を破して、もっともだと思われる論法には、儀節の実際性とか自然さに拠った点が認められる。加冠は士の身分の者が二十歳で行なうという鄭説は、厳密に言えば不合理であるから、敖説に拠ってその点を突いた『補正』は妥当だと言えよう。

問名について、誕生三ヶ月目に父がつけた名を外部の人は知らないから問うのだとする『補正』説は常識的な判断をしている。媵《よう》と御《が》が沃盥を交錯させる儀節についての考察も、『補正』説はもっとも自然である。郷飲酒礼において、始めの席の並べ方についての考察も、『補正』説が自然で、妥当性があろう。

なお、冠礼で醮の礼を行なう場合に觶は用いないのに、篚に觶があるとする鄭注を破した点は、『儀礼義疏』に拠ったものであるが、爵と觶の使われ方から見て、『補正』説は妥当であろう。

しかし『補正』には、的はずれな鄭注批判も認められる。あるいは、鄭注が批判されるべきなのか判然としないものもある。「補」まで含めて言えば、『補正』は主に清朝考証学に拠って説を立てているが、また、元の敖継公『儀礼集説』に拠ることも多い。しかし、無批判的に拠っている箇所もある。

廟や寝が寄棟か切妻かに関連して、『補正』は鄭注を破するが、根拠不明である。主人と賓が階を升る場合の、鄭注の「倶に升り」を破して、『補正』は、敵すれば主人が先、賓が尊なら賓が先と言うが、これは敖説に拠ったものである。ただし、鄭注の「倶に」にどれだけ厳密な意味があるかには問題が残る。「賛者が房中で洗う」儀節の鄭注は「側《ひと》り酌む」の「側」に厳密な意味を読み取っている、『補正』は逆にそこに重い意味を認めない。だが鄭注には、それなりの根拠があろう。

嫁の従者に姪娣《てってい》を認めない説は、文脈から言って説得力が無いし、記の、祖廟が毀たれない場合は父の室で婦を教育するという説は、記の表現について考察が足りないように思われる。記の、女家に納徴するとき、主人側の士を中士・下士・不命の者とする鄭注を、『補正』は『集説』の説に拠って「非」とするが、『集説』の名を明示すべきであり、敖説自体にも問題がある。記の請期の辞に出る三族についても、『補正』は敖説を引きながら明記せず、敖説自体にも、やはり問題がある。記の「勗《つと》め帥《みちび》き云々」の婦道か道婦かの問題でも『補正』は敖説に拠るが、これもまた問題があるようだ。

郷飲酒礼で、賓と介の席を敷くのを戒と同日と見る鄭注を、『補正』は「非」とするが、文脈上は鄭注に分があろう。「弗繚《ふつりょう》」についても、『補正』は鄭注を破するほどの根拠を示していない。「笙を吹く者」の問題では、『補正』が正したのは前の経文の鄭注で、破したことにはならない。「席を降《くだ》る」方向については、『補正』に勘違いがあるようだ。「無算爵」について鄭玄が郷射礼を引いたのは例を挙げたまでで、「誤る」とまでは言えなかろう。記の冒頭の「郷」を「郷人、郷大夫」とする鄭注は、その解釈が成り立たない訳ではない。

以上、『補正』の特色を瞥見し、それを通して鄭注の性格の一斑も考えた。日本において、『儀礼』についての地道な研究が乏しい情況を考えれば、『補正』の試みは評価されて然るべきであろう。

蜂屋報告へのコメント

辛　賢

これまで鄭玄の礼学については、その礼解釈が『周礼』を基準とする「三礼」相互の有機的体系を形成しており、極めて経学的・理念的な性格であるということなど、さまざまな方面から論じられてきたが、今回のように『儀礼』鄭注の具体的・個別の内容を基本に取り上げたものは、これまであまりなかったのではないかと思われる。

ご発表内容は、服部宇之吉の『儀礼鄭注補正』における「補正」の内容を検討することによって、鄭玄の『儀礼』解釈の思想的特徴を浮き彫りにしたものである。服部の「補正」は必ずしも適切ではない批評も多々あるが、ご指摘の通り、説得力の高いものも見られる。それは儀礼の流れや実情に即した「実際性」を考慮したものであるというご指摘であったが、士の加冠儀礼や士婚礼の「問名」をめぐる背景、または觶を用いない醮の礼において篚に觶があるのはおかしいといった服部の指摘は、儀礼の論理的・現実的矛盾点を突いたものである。

服部が儀礼の実際性を重視していることは、昭和十（一九三五）年に岩波講座『東洋思潮』に発表した論文「礼の思想 附実際」のなかからも窺われる。その一例を紹介すると（これは『補正』士婚礼の冒頭にも見られる）、婚姻の時期を春（仲春）とするか秋（仲秋）とするかという問題について、鄭玄は『周礼』の「仲春の月、男女を会す」を引き、春を婚姻の正しい時期とする。これについて服部は、次のように述べている。

儀礼士婚礼にある婚姻の六礼は納徴の一礼を除くの外、他の五礼は皆鴈を用いて居る。その点から見ると、仲春の月では鴈があり得ない。秋冬、殊に冬でなければならぬことになる。農民の生活からいうと、秋の穫りいれも済んで農事がやや手すきになつた時期に於て結婚するのが便利であるに相違ない。もう一つ進んで考えると、結婚の時期よりも子の生れる時期を考える方が必要であって、舊穀は已に尽き、新穀は未だ登らざる時に、子が生れるのは余り便利でないかも知れない。さやうなわけで農民には結婚の時期に関して便不便があるであろうが、士大夫以上の人には格段の関係もないと思われるので、結婚の正時ということは余り問題にならないのではないかと思う。鴈は近人の解釈に従えば鵞である。鵞ならば一年中何時でも用いることが出来る。朝鮮では現在木鴈を用いて居るそうであるが、それは別問題として、自分は鴈を鵞とする説に従いたいと思う。春秋は褒貶を以て説くのが普通であるが、春秋に見えて居る婚姻には一向褒貶がない。婚姻の時は何時でも一向褒貶に関係がないとされて居る。此等の点から考えても、婚姻に正時ありとする説は信ずるに足らないと思う。

以上も、実際性重視の服部の解釈の特徴がよく見られるものであろう。

しかしながら、ここには実際性というものをどこまで認めてよいものかという問題があるように思われる。たとえば、ご発表のなかで、筮日の儀礼において爻を方板に写し取るのが筮人か卦者かの問題、または冠礼を助ける士の服装について、鄭玄は厳格な格付け（玄裳・黄裳・雑裳に対する上士・中士・下士）を行っているのに対し、『補正』は「恐らく貧者は服を備うる能わず」と述べ、実情に配慮している。儀礼の基本精神が等差意識を定式化するところにあると考えれば、現実に合わせようとする合理性と、等差意識にもとづく理念性・精神性との間をどのように摺り合わせて考えるべきか、その解釈や判断において難しいところがあるように思われる。このような点について、蜂屋先生がどのようにお考えになっておられるのかお伺いしたい。

また、服部はおもに参考資料として胡培翬・盛世佐等の清朝考証学や元の敖継公の『儀礼集説』を用いており、とりわけ敖継公の説によって自説を立てている例が多いが、敖継公については、鄭玄の礼学に対して批判的な立場を取っており、批判のための批判とまで言われている。そこで、こういう点を踏まえた場合、服部の、鄭玄の礼学に対する基本的なスタンスはどのようなものであったのか、それについて教えていただきたい。

最後にご発表の主旨から若干離れるもので恐縮であるが、服部の履歴を見ると、明治三十二（一八九九）年に東京帝大の助教授となり、同時に文部大臣の命令により、研究のため中国とドイツへの留学。そして大正四（一九一五）年にはアメリカのハーバード大学で中国哲学を講義、帰国後は東京帝大の総長を務め、さらには京城帝国大学（現ソウル大学）の創設に携わり、一九二六年には初代の京城帝国大学の総長となるなど、服部はまさに明治から大正にかけての日本の国家教育政策の中枢として活動していた人物であったことがよく分かる。そこで、服部の、礼学を中心とする漢学精神は、当時の教育政策や国家の在り方についてどのようにリンクしていたのか、この点について、もしお教えいただければ、ありがたい。

蜂屋報告への質疑応答

司会（三浦國雄、大東文化大学）　それでは、コメントにお答えください。

蜂屋邦夫（大東文化大学）　三点のご質問をいただきました。これは、分ければ三つ、まとめれば通底して一つの問題になるかもしれません。これらの問題は、服部の学問の姿勢に帰着するからです。やはり、純然たる学者というよりは、官僚的方面にかなり関心がある、あるいは、そういう羽目になったということかもしれません。官僚となっております。とすれば、行政に携わったときの発想と、こうした資料をこつこつ読んでいるときの発想は、おそらく違うのでありましょう。やはり現実を相手にする場合は、余り細かいことに拘っていては大局を見失いますから、どうしてもおおまかな発想になる。

『鄭注補正』を見ましても、細かい点には拘っておりません。良く言えば自由なのですが、悪く言えば『礼記正義』を引用しても、どこからどこまでが正義なのか、分からないのですね。途中から自分の言葉を入れてしまっている箇所もあります。自分自身がそういった事柄に従事した、ということがあったのかもしれませんが、やはり現実を常に意識しています。したがって、鄭玄が持っているような経学の世界には最初から馴染んでいない。

ゆえに、いま辛さんがご指摘された「現実的合理性と等差意識との関係」ですが、服部自身は等差意識などというものは、念頭に無い。現実的合理性から推し進め、その結果、等差意識にぶつかって、それに納得できなければ、それを批判した、という形になるのであろうと思います。したがって、基本的スタンスは、鄭注を批判するために批判する、というものではなく、実事求是と言いますか、現実に即して考えていく、というものだったのではないかと思います。

また、それが自分の生涯のあり方と関係しております。東京大学文学部長をやったのであって、総長をやったわけではないようですね。これを一言で言えば、権力あるいは、行政に携わっていると、こうした考証学めいたものを考えていく頭とは、少し違ってきて、それが良い面にも悪い面にも出てるいるのではないか。服部の場合には、『鄭注補正』を読んでいて、そのように感じました。純然たる書斎の中の学者というよりは、良く言えば現実に直面したこともあって、学問自体が現実の影響を受けている、ということを申し上げたいわけです。

司会（三浦國雄、大東文化大学）

ありがとうございました。辛さんの三つの質問は、一つに収斂しうるのではないかと。すなわち、服部の『鄭注補正』の立場は、「現実」という問題と絡んでいるということです。これは我々がやっているプロジェクト「両漢儒教の新研究」において、儒教が現実とどう関わるかという、それと同じことが日本近世にも起こっているという問題にも展開する大事なご指摘であると思います。では、会場に戻したいと思います。

内山俊彦

服部は、同時代の中国の現実社会を相当よく見ておりますす。もっとも優れた著作に『清国通考』がありますが、これは現実の中国社会について、おそらくヨーロッパの社会学を取り入れた見方をしていると思います。辛さんの言われたような現実重視の姿勢とは、一つには、同時代の中国社会への関心があったと思います。もう一つは、国家政策という面で服部の考え方を代表しているものが、『孔子及孔子教』です。この著書では、例えば、礼についての解説を見ましても、同時代の他の学者と比べて、中国の社会風俗習慣に対する関心が強くでております。それが『鄭注補正』にも表れているのではないかと思います。

また、服部を弁護するわけではありませんが、注釈の際に、「誰それ曰く」とか、「何々に曰く」とか、そうした典拠を挙げていないのは、服部だけではありません。例えば、『左氏会箋』などは、この点では最も悪質な本ということになります。今では考えられないような、出典を明記しないものもあります。逆に、中国の学者で、日本の学者の説を利用しながら、それを明記しないこともあるのではないかと思いますが。以上、ついでに申し上げました。

司会（三浦國雄、大東文化大学）

いかがでしょうか。

蜂屋邦夫（大東文化大学）

ありがとうございます。服部が、中国とか朝鮮とか、当時の外国に対して関心を持っていたということは、当然ありうることです。また、『鄭注補正』の典拠の記し方も批判しているわけではなく、「今ではこれは通らないだろう」ということで、当時の学風が今とは違うものだと感じた、ということです。それからもちろん『鄭注補正』を論ずるには、私の読んだ範囲だけでは不十分であり、ほかのところも全部読まなければならないのですが、今日は、見通しを申し上げたとご理解いただければと思います。

五、鄭学の特質

池田　秀三

一

「聚訟」という形容語がついてまわるほど、礼学はややこしくて繁雑なものだと思われている。確かにそれはそのとおりで、私もその繁雑さに長らく悩まされているのであるが、ただその聚訟というのは、実はほとんどの場合、鄭玄の学説が是か非かということに他ならないのである。つまり、礼学というのは、極言すれば、鄭玄の学説をめぐっての議論ということなのである。それほどに、礼学における鄭玄の地位は重い。「礼是鄭学」との孔穎達の言は虚言ではない。

　しからば、なぜ礼学において鄭玄の学説がかくも重大な意義を担い得たのかと言えば、それはその壮大にして緻密な体系性の故であること、いまさら言うまでもない。鄭玄の後につづく礼学者たちは、その学説の綻びを指摘ないし彌縫したり、あるいは個々の問題について異議を唱えることはできたが、自身が鄭玄をこえる体系性を獲得することはついにできなかった。

　鄭玄に対して果敢に体系的な反論を試みた王粛も、その中の一人である。王粛は『孔子家語』を偽作したりして[一]、ことさらに鄭説に反論したことでとかくその人格を云々されるが、それは鄭玄を尊崇した清朝漢学の偏見に由来するところも少なくないので、必ずしも公正な批判とは言えない。後漢古文学の伝統に忠実たらんとすれば、鄭玄に対する非難はいずれ避けがたきことであった。[二] また当時の礼制に即していたのもむしろ王粛の学説であって、鄭玄の学説は実際の制度とはかなり遊離したものであったのである。[三] しかし、このような有利な条件を有していたにもかかわらず、また個々の学説においても、たとえば禘祭にせよ、圜丘にせよ、三年喪の期間にせよ、いずれも理論的には王粛説のほうが勝っていると思われるにもかかわらず、結局は勝利の栄冠は鄭玄学派の手に帰することとなった。[四] とすれば、その勝因はひとえにその体系性にあったと言う他はない。よって、もし鄭玄の学問の特質(「本質」という語のほうが本当はよいのかもしれないが、昨今はやりの本質論に胡散臭さを感じる私としてはあまりその語は用いたくないし、何よりいまの私は鄭学の「本質」を云々するレベルにないので、今回は「特質」という言い方をさせていただく)を云々するとすれば、それはこの体系性以外にはあり得まい。

では、鄭玄の礼学の体系性とは何か。一言以てこれを蔽えば、『周礼』を経礼として三礼を総合的に有機的に統一し、さらには五経全体をその体系の中に統合することである。別の言い方を用いて言うなれば、完璧円満なる経学世界を『周礼』を基幹とした礼教国家として現出させることであった。が、この体系性の発見は私の功績ではない。その定義の仕方と称謂はそれぞれ異なってはいるが、鄭玄研究者の誰もが語っていることなのである。[五] ただ、誰もが語っているということは、体系性の発見自体は決して困難なことではないということでもある。実際、鄭玄のことを少し勉強すれば、それは誰にでもすぐに気づかれることがらなのである。その意味では、鄭玄の礼学について語ることはさほど困難なことではない。のみならず、個々の礼学説については、郊祀・禘祫・明堂・社稷など礼学上の主要な問題における鄭玄の立場はおおむね明白であり、また鄭玄の訓詁や注釈方法に関してもおおよそのことはすでに知られている。[六] さらに鄭玄の学術一般——師承・年譜・著作等——に関しても、後述のごとく、なおいくつか論争中のことがらを残してはいるものの、かなりの部分については定論に近いものがすでに出ている(七)。したがって、概説的に記述するだけなら、鄭玄の礼学はさして厄介な対象ではない。しかし、一歩踏み込んで内実を探ろうとすると、ことは途端に極めて難渋な課題となる。それは、鄭玄がこのような体系性を何故に構築せねばならなかったのかがよくつかめないからである。

鄭玄は経学の最高峰であるから、鄭玄の学問の特質がそのまま経学の特質であるかのごとく理解されている。実は私もずっとそう思いこんできた。いや、むしろ、そのことを無条件の前提として、礼学ないし経学というものの性格を考察しようとしてきた。が、果たして本当にそうなのであろうか。いまの私は、いささか懐疑的である。鄭学が経学の模範として権威をもった六朝期以後はともかくとして、少なくとも鄭玄の先人、同時代人に彼のような学問を作り上げた学者はいなかった。誰も三礼全部に注を書こうとしなかったし、また三礼相互の矛盾を根底から解決しようとはしなかった。五経全体を一つの体系にまとめ上げようとする者はさらなり(八)。なぜ、鄭玄だけがあのような壮大な礼学体系を必要としたのか、それがわからないのである。単に鄭玄の個人的性格・資質に帰してよいのだろうか。それとも鄭玄の礼学は時代の要請、歴史の必然だったのであろうか。

私にももちろんその答えは見えていない。ただ、この問題の解決には、単なる学説の理解を超えた、鄭玄の思考方法も含めての鄭学全体の再検討が必要であることは疑いない。今回は、その再検討を始める手掛かりとして、鄭玄はなぜ『周礼』を経礼としたのかについて改めてその意味と問題点を探ってみたい。が、その前に、さきほど触れた鄭玄の学術に関する論争中の問題二三について鄙見を申し述べておこう。ただ、本格的な考証をしだすと手間がかかるので、いまはその概略だけを陳ずるにとどめる。

二

鄭玄の学問に関して意見の分かれている最大の問題は、彼の学説は今文学か古文学かということである。鄭玄が今古文折衷であるのは周知のとおりであって、したがって純然たる今文学あるいは古文学でないことはもとより知れたことである。ここで問われているのは、古文・今文のいずれが主たるものかということであるが、通説となっているのは古文学とみる見方である。(九) そうみる理由には二あり、礼では『周礼』を経礼として「王制」を斥け、何休の『公羊墨守』『穀梁廃疾』『左氏膏肓』を駁正して公羊説に批判を加えて左氏学に左祖するなど、その基本的立場が古文学に立脚している（ように見える）ことが一つ。もう一つは、『周易』は費氏易を承け、『尚書』は古文を用い、『論語』も古論によって魯論を校訂しているなど、テキストとしては古文に拠ることが多いからであり、とくに晩年、三家詩を捨てて毛詩を採ったことが大きい根拠となっている。

私もかつては鄭玄の根幹は古文学にあることを疑わなかったが、十数年前、その見方に不信を抱くようになった。いまの私は、もし強いて今文か古文かを選べというなら、むしろ今文学だろうと考えている（ただ、それはあくまでも二者択一せねばならぬとしたらの話である。鄭学の学術史上の意義は今古文の枠組みをほぼ完全に壊したことにあるのであって、従ってかかる問題設定の仕方自体にそれほど意味があるようには思えないというのが本心である。さらに言えば、漢代思想研究における今文学・古文学というフレームワーク自体の有効性に若干の疑念さえ持ち始めているのであるが、いまはこれ以上は控えておく）。

鄭玄の学説の大半が今文学に属することは、『駁五経異義』を見ればすぐにわかることである。『五経異義』における許慎の判定は古文説を支持するものがほとんどだが、その判定を駁することがこの書物の目的であるとすれば、鄭玄が今文説に左祖することが大半となるのは必然の結果であるからである。(一〇) ただ人は、『駁五経異義』は初期の作で、晩年は古文学に傾いたのだと言うかもしれない。が、それは表面しか見ていない見方である。晩年の作であることが確実な『周易注』で駆使されている爻辰の理論は今文京房易の手法を継承するものである。また、同じく晩期に成る『毛詩箋』においても、毛伝に反駁して感生帝を唱えていることは周知のことがらに属するであろう。すなわち、晩年においても鄭玄の基本的立場は変っておらず、かつその主要学説は今文説に属するものが主を占めていたのである。鄭玄の用いたテキストが古文系のものであったことは事実であるが、解釈も必ず古文説に拠ったというわけではない。どちらかと言えば、むしろ今文説が主である。すなわち、テキストは古文、解釈は今文というのが鄭玄の基本スタイルである。

鄭玄は基本的には古文学というのには無理があること、以上で了解されたことと思う。そもそも、六天説がその初期から晩期に至るまで一貫して鄭学の中核となっており、しかも中・晩期により本格化した事実一つだけでも、(一一) 鄭学全体を古文学に帰属せしめることは不可能なのである。しかし、それでもなお、では『発公羊墨守』等はどうなのかという反論があるかもしれない。が、『発公羊墨守』等を公羊学を批判して左氏学を支援したものとみること自体が誤っているように私には思われる。あれは公羊学説を攻撃することに主眼があったのではない。公羊説を墨守して左氏・穀梁説を一切認めようとしない頑なな何休の学問態度を批判しているのである。(一二) つまり、三伝の中の一つに固執せず、それぞれの場合において最も妥当な説を採ればよいというのが鄭玄の基本的スタンスであり、そしてそれは、さらには「左氏は礼に善く、公羊は讖に善く、穀梁は経に善し」(『穀梁伝』序疏引く『六芸論』)という三伝の長所を並立させ総合しようという願望の実践でもあったのではあるまいか。

鄭玄の学問全般に関するもう一つの問題は、年代による変化があったかどうかということであるが、これまでの議論で、その答はすでに察しがついておられるであろう。然り、変化なしがその答である。もちろん、一切変っていないということではない。いくつかの学説は入れ替わりがある。また、内山俊彦氏が指摘されているように、関心の対象や重点の置き方などに微妙な違いもある。[一三]だが、その根幹部分においては、学説上でもまた方法論的にも変化していないと私はみる。最初期の著作である『六芸論』に最晩年、手を入れたらしいが、[一四]根本的変更をしていないことからも、その不変性はうかがえるであろう。

鄭玄の学問全般に関してもう一つ残されているのは、それがどこまで後漢の現実の制度を反映しているかということである。私の答は、あまり反映していない、である。換言すれば、鄭玄の礼説は現実に即した現実指向型ではなく、理念優先の観念的産物だということである。それはまた、鄭玄が現実の政治の場に足を踏み入れなかったことと通底していることは言うまでもない。これは私の年来の持論であるが、あまり賛同者がいなかった、と言うよりほとんど無視されていた。ただ、最近、同様の議論が少し出始めてきてもいるが、[一五]いずれにしても、今後の鄭玄研究において深めていくべき課題であろう。

文献学上の問題は、現在それほど議論の対象となっていない。ただ、仔細にみるとなお多くの問題が残されているのである。先に「テキストは古文」と言ったが、テキストについてもわかっていないことは多いのである。たとえば、『儀礼注』に云う「古文」「今文」は具体的にはどのようなものであったのか、またもとは誰氏の本であったのかということは明確には知られないのである。また、鄭玄の編次が劉向『別録』本と一致することは周知のとおりだが、ただちに鄭玄定本を『別録』本とみなしてよいかどうかも問題の残るところである。『礼記』は「盧（植）・馬（融）の本に依った」（『経伝釈文』序録・『礼記』大題疏）と伝えられるが、その「盧・馬の本」とはどのようなものであったのかは分明ではないし、そもそもそれが事実かどうかさえ大いに疑わしい。

三礼注に引く旧説に関しても不明なことだらけである。佚書についてはいかんともしがたいが、現存のものについても考え出すと切りがなくなる。たとえば『説文』は三礼注にそれぞれ一箇所引かれているのだが[一六]、鄭玄は『説文』を常に座右に置いていたのか、また置いていたとしたら、それは全巻であったのか、それとも断片的なものだったのか。もっとも、これらの問題は資料的にみて明確な結論を出すことは極めて困難であり、残念ながら、このまま放置せざるを得ないものがほとんどである。ただ、我々は、実はそういった本来わきまえておくべきことがらを欠いたままで鄭学を云々する危険を冒しているのだということは念頭に置いておく必要があろう。

鄭玄の著作の範囲と成書年代についても、なお不明なことは少なくない。が、これもその考究には資料的限界がつきまとう。現存の資料で言えるだけのことはおおむねすでに結論が出ているので、それ以上の詮索はむしろ控えるべきであろう。ただ、この方面でいまも議論の続いている問題に一言しないわけにはいかないであろう。それは、周知の『孝経鄭注』の真偽問題である。これは今日でも両説相半ばしており[一七]、当分なお決着を見そうにない。お前はどちらの陣営につくのかと問われれば、私は否定派の側に立つ。ただ、これもどうしても二者択一をせよと迫られればのことであって、本当は中立に近い。双方に一定の根拠はあるものの、それが絶対的なものでない以上、簡単に結論が出ないことはやむを得ない。そうであればこそ、唐代よりこのかた議論がつづいてきたのである。結論が出ないことは出ないままでいいのではあるまいか、結論を出さないことも、また学問としてのあり方ではないか、というのが私の本音なのである。

以上、鄭玄の学術一般に関して現在の状況と私見を申し述べた。以下、本題に入りたい。

三

鄭玄がなぜ『周礼』を礼の根本教典として据えたか、いま改めてそんなわかりきったことをどうして問題とするのか、訝しく感じられる方もおられよう。が、『周礼』を経礼として立てつつ三礼を統合し体系化するということは、そう簡単に承認できることがらではないはずである。と言うのは、『周礼』を経礼として立てることと、三礼を統合し体系化することとは本来まったく別のことがらのはずだからである。いや、むしろ相反することがらと言うべきであろう。前者は排除、後者は総合をその論理とするからである。したがって、鄭玄がそれを成し遂げたことは稀有な事例なのである。かく顧みれば、なぜ鄭玄が『周礼』を礼の根本教典として据えたかを改めて問い直すこともあながち無駄な作業ではあるまい。

さて、この問題を考えるにあたってまず問われるべきは、なぜ官制の書を礼とみなしたか、あるいは本来、容儀である礼を文献学の内に閉じこめたかということであろう。が、これは中国人の礼観念そのものを問うことと同値であるから、いまは深入りしないでおきたい。ただ、一言だけ述べておくならば、三礼注を概観するに、鄭玄は細々した儀節にそれほど興味をもっていたようには感じられない。ある礼制や礼儀について、作法や儀節を具体的に説明することはかえって少なく、その関心はもっぱらどういう理由でそのような礼儀・制度が定められたかに注がれているように見える。そして、その理由説明として多用されるのが、尊卑の差異である。(一八)「礼なる者は、尊卑の制を序し、敬譲の節を崇ぶなり」(『北堂書鈔』芸文部一引く『六芸論』)と定義するように、鄭玄にとって礼とは、儀節の範囲にとどまるものではもとよりないし、また単なる精神的なものでもなく、尊卑の差等を明確に区別する制度として具現化されたものであったのである(念のために注意しておくと、その制度が現実にあるかいなかは問題ではない)。その制度として最もふさわしいものとみなされたのが『周礼』であったということなのであろう。たとえば、「壹命受職」より「九命作伯」にいたる「九儀之命」（大宗伯）などは、彼にとってまさに尊卑の差等の極致に思えたであろう。中でも鄭玄が『周礼』に惹かれたのは、それが天神・地祇・人鬼の祭祀のグレードを見事に差別化していることにあったことは疑いない。祭祀の対象となる神々の等級に応じて祭る人の等級が定められ、また祭祀の日時・場所から始まって様式・犠牲・配祭、さらには衣服・装飾・用具・籩豆の実と数・献数に及ぶまで全てにわたって祭祀に等級がつけられる。もとより、いかなる礼典にもそのような等級づけは多かれ少なかれ見られるのだが、『周礼』ほど包括的かつ体系的にそれをなしとげているものは他にない（『儀礼』はしょせんは士礼にすぎず、「王制」は制の大綱を記すのみ）。

鄭玄の礼学の究極の目的は祭祀の等級づけにあったと私は考えている。最終目標というのはいささか言い過ぎかもしれないが、少なくともそれが鄭学のコアであることは断言してよいと思う。とすれば、『周礼』を経礼として据えること以外に選択の余地はなかったはずである。ただ、そのように、祭祀の等級づけが目的であるならば、一つ重大な疑問が湧いてくるであろう。それは、ならば、鄭玄はなぜ六天説を唱えたかということである。天神の等級づけを図るならば、上帝は一つのほうがやりやすいはずではないか。一天にしておけば、例の郊祀と圜丘をめぐってのややこしい話も出てこなかったはずだし、客観的にみても、昊天上帝と太微五帝の使い分けにかなり無理がある印象はいなめない。鄭玄にも、そのことはわかっていたに違いない。しかるに、なぜ敢えて六天の採用に踏み切ったのか。その解明もまた鄭学の特質を考察する上で欠かせぬ課題であろう。

では、その答はということになるが、いまの私が思いつくのは、平凡ながら、鄭玄に特有の一種の複合的思考法しかない。複合的思考法というのが的確な表現かどうか自信はないが、要するに、ある問題を論ずる際、それにかかわる諸要素をできるだけ多く取り込んで、それらを並存させる論理を構築しようという立場である。その反対、すなわち、できるだけ要件をしぼりこみ、議論を単純化しようとする立場を単一化思考と呼ぶならば、その代表は間違いなく許慎であるが、何休も単一化思考に近いし、さらに王粛も分けるとすれば単一化思考型に属するであろう。鄭玄の許慎・何休に対する反駁と王粛の鄭玄批判、それを行わしめた真の動機はこの思考傾向の相違であったのではないか、と私はひそかに考えている。残りの諸学者はみな両思考法の中間に配されるであろう。馬融などには複合的思考が見られぬではないが、鄭玄に及ぶものではない。いずれにしても、漢魏の経学者で鄭玄ほど複合的思考を貫徹した者は見当たらない。敢て「鄭玄に特有の」と称した所以である。

鄭玄の複合的思考は『駁五経異義』や『発墨守』等にもふんだんに現れているが、最も見やすいのは「王制」の取り扱いであろう。鄭玄によれば、「王制」は孟子以後の作で、それゆえに『周礼』と合わないところが多い。であれば、それを誤伝僻説として捨ててしまうのが一番わかりやすい。ところが、鄭玄はそうはしない。『周礼』と合わない箇所は「夏殷の制」や「晉文の制」などとして矛盾を解消してしまうのである。これは一方では『周礼』の経礼としての権威を高めるための手段であるが、一方ではまた「王制」に一定の価値を認めるための措置でもある。とくに「虞夏の制」や「夏殷の制」とするのはそのためで、堯舜や二代の制とされる限り、無意義なものではあり得ない。「周礼は是れ周公の制、王制は是れ孔子の後の大賢の記す所の先王の事」（『礼記』王制疏引く『駁異義』）と云い、大賢でなければ著し得ないとしているのも、「王制」に価値を付加するためである。「王制」をこのように高く評価するのは、恐らくその「一・三・五・七」あるいは「一・三・九・二十七」といった整然たる図式に捨てるには惜しい魅力を感じたからであろうが（鄭玄とは限らず、礼学者にはかかる整然とした形式への志向性が普遍的に見られる）、そこにかの複合的思考が作用していたことも疑いを容れない（「月令」を呂不韋の作としながら、なお『周礼』

と疏通させようと図っているのも同様である）。

この複合的思考がその礼学説形成にもあずかって力があったのではないだろうか。たとえば、社稷の場合。鄭玄は社を土祇、稷を原隰の神（その象徴は五穀の長たる稷。なおこれは今文《孝経緯援神契》説である）として、社を句龍、稷を柱あるいは棄（后稷）とする古文左氏説を斥ける。[一九] 例によって鄭玄は、『周礼』や『詩』を駆使してそれを証明しており、そのこと自体が複合的思考の一例となっているのだが、彼が社稷を句龍、柱・棄とするのに反対するのは、まず何よりも社稷は地祇という基本分類にはずれるからである。地祇の祭祀に人鬼を祭ることはできない。鄭玄の礼学体系の基幹は祭祀の厳格な分類と等級づけにある。したがって天神・地祇・人鬼の区分は極めて重要であって、それを乱すことは許されない。[二〇] では、社稷を句龍、柱・棄とする説を全否定しているかというと、そうではなく、句龍と柱・棄を社稷の配食とするのである。彼らを配食とするのは、第一には「禘郊祖宗」（『礼記』祭法）で上帝を祭るとき始祖や先祖の有徳をもって配祀することと形式を統一するための措置であるが、私には、同時に句龍と柱・棄を社稷の神とする説を何とか取り込みたいという鄭玄の意識が――あるいは無意識のうちにかもしれないが――働いていたように思えるのである。もし然りとせば、六天説についても同様のことを想定してもよいのではあるまいか。すなわち、太微五帝と昊天上帝、二種の上帝の共存である。

太微五帝は、鄭玄の礼学体系にとってどうしても必要な神であった。それは、明堂に祭る上帝は太微五帝であったからである。周知のとおり、鄭玄は明堂五室を主張している。その理由は、「周人の明堂は五室、是れ帝ごとに各おの一室有るなり、五行の数に合ふ」（『魏書』巻七二賈思伯伝引く「鄭玄云」。また巻六九袁翻伝にほぼ同文あり）というものだが、実際の思考経路は逆であったかもしれない。つまり、こうである。明堂が「月令」の施政場所であり、また「月令」が五行説によって組み立てられているとすれば、明堂も五行説に副う建物でなければならない。よって明堂は五室でなければならない。明堂が五室とすれば、そこで祭られる天は五なければならないから、太微五帝以外あり得ない、と。いずれにしても、明堂五室が動かせないとすれば、「数に依りて以て之が室を為る」（同上）としている『周礼』を採択するほかはない。かくして太微五帝の祭祀が祀天儀礼の基本に定められることとなったが、五行説は三統説とともに鄭玄の礼学体系構築のための理論的支柱であったから、その点からも太微五帝の枠組みは都合のよいものであったはずである。ただ、祀天の対象を太微五帝としてしまうと、当然、郊祀も太微五帝（の中の一帝）を祭ることになるから、昊天上帝の祭祀を別に用意しなくてはならない。しかして幸いなことに、『周礼』には冬至圜丘の祭祀がある（春官・大司楽）（二一）。こうして圜丘と郊祀が二つに分けられることとなった。複合的思考により、昊天上帝と太微五帝の両方を天神として並存させたい鄭玄にとって、それを可能にする礼典は『周礼』しかなかったのである。六天説をとったから『周礼』を経礼としたのか、それとも『周礼』を経礼としたから六天説をとったのかは、鶏と卵の関係で判然とはしないが、『易緯通卦験』の注に『周礼』の圜丘祭天を記載していることからして（二二）、圜丘と郊祀の並立を構想していたことは確実である。

このように、一見、『周礼』を経礼とすることと矛盾するかのごとき複合的思考は、鄭玄においてはむしろ相補い合うものでこそあれ、決して相容れないものではなかったのである。

四

鄭玄が『周礼』を経礼としたもう一つの理由として、周公に対する崇敬の念を見落としてはなるまい。儒学者で周公を尊崇しない者などいるわけはないが、鄭玄のそれはとりわけ篤かったように見える。三礼注や『毛詩箋』『詩譜』には周公が礼楽を制作し、太平を致したことを繰り返し記し、その功績を称えている。また、周公はあくまで摂政で摂位ではないと主張するのも、周公の聖性を損なうまいとしての気遣いである。(一三) 鄭玄が『周礼』を経礼とした最大の理由が、その「周礼なる者は乃ち周公太平を致すの迹」(「序周礼廃興」)という『周礼』観であったこと、改めて言うまでもない。周公の権威がそのまま『周礼』の権威となったのである。

鄭玄の周公崇拝がいつ、どのようにして形成されたか、はっきりしたことはわからないが、その『尚書』学が大きく影響していることは確実であり、とくに『尚書大伝』に注したことが決定的であったのではないかと推察している。『尚書大伝』には周公賛美の色合いが濃厚なこと、また『周礼』の周公制作説を根拠づけるものとして鄭注で常用される「周公摂政、六年制礼作楽」が本書に出ることなどから、そう考えている。(一四) ただ、私の『尚書大伝』『尚書』鄭注についての研究はなお未熟で、鄭玄の周公観の形成をそれらに即して語る準備ができていないので、今回は発言は控えさせていただきたい。(一五)

最後に、鄭玄の『春秋』観に関していま私の抱えている一つの問題を提示して、この報告を終えることとしたい。いきなり『春秋』学の話に跳ぶのかと驚かれるかもしれないが、鄭玄に在っては礼学と『春秋』学は極めて緊密な関係を有している。三礼注に大量の『春秋伝』(『左氏伝』と『公羊伝』)が引用されていることからもそれは明らかである。鄭玄は明らかに三礼の体系の中に『春秋伝』を取り込もうと企図している。それが可能なのは、「魯は周公の故を以て上帝を郊祀するを得たり、周と同じ」(『礼記』礼器注)、「魯は周公の故を以て、正月日至の後を以て天を郊するを得、亦た始祖后稷を以て之に配す」(『礼記』郊特牲注)とあるように、魯は周公の故をもって天子と同等の特別待遇があたえられている、すなわち、魯には周礼が本来に近い形で伝えられているからである。それ故に、『周礼』に見えない禘祫を魯礼から推定復元できるのである。

鄭玄はとくに『周礼』と『左伝』の疏通に意を用いているように見えるが、それは必ずしも荒唐無稽なことではない。客観的にみても、『周礼』と『左伝』には相通ずるところが多いことは事実である。『周礼』と『左伝』が古文学の主要経典として定立されたのもまったく故なきことではない。しかし、そこに『公羊伝』も組み込むとすれば、話は違ってくる。問題は、公羊学は今文学だから学説上の齟齬が生じるということだけではない。実はそれは大した問題ではない、そのような齟齬を解決するのは鄭玄のお得意であるから。より深刻なのは、公羊学が『春秋』を改制の書ととらえていることである。と言うのは、鄭玄の礼学においては『周礼』は時を超越した百王の礼典でなければならないはずだからである。しかるに、『春秋』が改制の書であるならば、孔子は周制を改めようとしたことになる。それでは自らの尊崇する二人の先聖（『礼記』文王世子注「先聖とは周公若しくは孔子」）の道が一致しない事態を招いてしまう。その事態を避けるには、『春秋』を改制の書としなければよいのだが、鄭玄もまた、『駁五経異義』に「孔子の時、周道衰亡し、己に聖徳有れども、施用する所無し。春秋を作り以て志を見し、其の従ひて以て天下の法と為すべきを言ふ。故に天応ずるに金獣性仁の瑞を以てせるに、賤しき者之を獲たれば、則ち将に庶人の受命して之を行動するもの有らんとするを知る」（『礼記』礼運疏等引く。今は皮錫瑞『駁五経異義疏証』の校訂文に拠る）とあるように、『春秋』を素王孔子が漢のために制作した改制の書という漢代春秋学の論法の所有者であった。また、これは孔子を緯書の制作者とする文脈での発言だが、『尚書考霊曜』「卯金出軫、握命孔符」の注に「卯金は劉字の別。軫は楚の分野の星。符は図書、劉の天命を握る所。孔子図書を制す」（『太平御覧』巻八七引く）と云い、『釈廃疾』に「孔子聖徳有りと雖も、敢て顕然として先王の法を改め、以て世に教授せず。其の改めんと欲する所の若きは、其れ陰かに緯に書して之を蔵し、以て後王に伝ふ」（「王制」疏）とあるように、孔子を改制者とみなしている。内山氏は、中後期の鄭玄にとって「漢王朝はすでに、希望を繋いで積極的に支持するに足りるものではなくなっていたのであり」、よってこの時期の鄭玄には、「改制を通じて王朝の受命を協力に主張するという発想、従って、漢王朝を積極的に正当化し権威づけようとする姿勢が、明瞭には認めがたい」（二六）と云う。氏の見解にほぼ全面的に同意するが、ただ、孔子を改制者とみる孔子観は最後まで保持しつづけたように思える。したがって、孔子が不刊の典制たる周制を改めようとしたことの説明は結局つかなかったのではあるまいか。あるいは『春秋伝』に注を書かなかった遠因はそこにあるのかもしれない。

《注》

（一）上海楚簡『民之父母』の発表以来、『孔子家語』真作説の声が急激に高まっているようである。私もかねてより、「非今所有家語」という顔師古のことばが王粛偽作を意味しているかどうか疑問に思っているのだが、ただ、昨今の真作説に対しては性急の感を禁じ得ない。王粛が『孔子家語』を偽作したというのは、全てをデッチあげたということではもとよりない。故事説話の材料自体は古い伝承を伝えていることはわかりきったことであり、そのことがただちに偽作説を覆す理由にはなり得ない。

（二）拙稿「盧植とその『礼記解詁』（下）」（『京都大学文学部研究紀要』三〇、一九九〇年）参照。

（三）鄭玄説より王粛説のほうが漢魏の制度に合致するところが多かったことについては古橋紀宏『魏晋時代における礼学の研究』（東京大学博士学位論文、二〇〇六年）に詳しい。

（四）黄侃「礼学略説」（『黄侃論学雑著』、中華書局、一九六四年、所収）に「由晉及唐、諸経所主、或有不同。至于詩共宗毛、礼同遵鄭。即王粛・李譔之倫、有心異鄭、学終未昌」とあり、また呉承仕『経伝釈文序録疏証』（中華書局、一九八三年。初出は一九三三年）に「逮魏晉之際、三礼之学、有鄭王二家。此後則鄭学専行、無間南北」と云う。ただ、『晉書』『宋書』『南斉書』の礼志や『通典』礼典をみると、鄭説を批判して王粛の説を祖述する者がかなりおり、王学が全面的に不振だったというわけではない。

（五）たとえば間嶋潤一「『尚書中候』における太平神話と太平国家」（『日本中国学会報』四五、一九九三年）は「鄭玄の経書解釈学の特質について……かれは、『周礼』を中心・根本の規準とし、『儀礼』『礼記』とをあわせて、それらを緊密に関連づけ有機的に交錯させて体系だてた。そしてこのような礼体系のなかに、すべての経書を位置づけ総合する。かれは、全経書をその構成に参与せしめる大統一国家の世界を構想したのである」と述べている（なお間嶋氏は「鄭玄の『曰若稽古帝堯』解釈をめぐる問題と『周礼国家』」（『中国文化—大塚漢文学会報』四二、一九八四年）以下の一連の鄭玄研究の論考において、その統一国家を「『周礼』国家」と表現している）。同様の記述は、藤堂明保「鄭玄研究」（蜂屋邦夫編『儀礼士昏疏』所収、汲古書院、一九八六年）、加賀栄治『中国古典解釈史　魏晉篇』（勁草書房、一九六四年）、堀池信夫『漢魏思想史研究』（明治書院、一九八八年）など、鄭玄研究の代表作にも等しく見える。

（六）鄭玄の訓詁注釈の義例については、月洞譲「鄭玄の古典解釈の態度」（『漢文教室』三七、一九六三年）、李雲光『三礼鄭氏学発凡』（嘉新水泥公司文化基金会研究論文第二種、一九六六年）、張舜徽『鄭学叢書』（斉魯書社、一九八四年）などに詳しい。

（七）鄭玄の年譜や著作に関する考察は鄭珍『鄭学録』をはじめとして多数著されているが、王利器『鄭康成年譜』（斉魯書社、一九八三年）はその集大成と言えるもの。また最近、『鄭玄志』（山東人民出版社、二〇〇〇年）が出たが、これも概略を知るには便利。

（八）周知のごとく、「三礼」の名称は鄭玄に始まる。もっとも、鄭玄以前あるいは同時期に三礼ないし経学の総合化の動きが皆無であったわけではない。馬融は三礼を含む多くの経書に注を書いたし（ただし『儀礼』は喪服のみ。『儀礼』全体に注したとする説もあるが、にわかには従いがたい）、盧植の『礼記解詁』は『周礼』諸経を以て『礼記』の誤謬を正そうとしたものであった。また蔡邕も「月令問答」において「（前儒特為章句者）亦不知月令徴験布在諸経、周官・左伝皆実与礼記通等、而不為徴験」と云い、諸経の疏通が必要なことを説いている。しかし、それらはいまだ部分的なものにとどまり、質量ともに鄭玄のレベルにはなお至っていないように思われる。なお佐川繭子「東漢における三礼の生成について」（『二松』一五、二〇〇一年）を参照。

（九）たとえば武内義雄氏の、「このように彼（鄭玄）は今古文を折中して一家をなしてはいるがその主としたところが古文にあったことは、彼と同時の今文学者何休が公羊墨守・左氏膏肓・穀梁廃疾の三書をかいて左氏・穀梁の二家を排して公羊を称揚したのに反対して発墨守・箴膏肓・起廃疾の書をかいて公羊を斥け特に左氏を重視しているのによっても判る」（『中国思想史』岩波書店、一九三六年。いまは『武内義雄全集』第八巻所収に拠る）というのはその代表的見方。

（一〇）ただし、全て今文説というわけではもちろんない。「許慎按」に駁していないところもかなりある。それは、反駁の主眼が今古文の折中総合にあるからである。ここで言うのは、今古文説いずれが多いかと言えば、それは明らかに今文だということである。なお、田中麻紗巳「『五経異義』の周礼説について」（小南一郎編『中国古代礼制研究』京都大学人文科学研究所、一九九五年。のち『後漢思想の研究』所収、研文出版、二〇〇三年、に収録）を参照。

（一一）内山俊彦「鄭玄における歴史意識の問題」（『中国―社会と文化』二〇、二〇〇四年）参照。

（一二）田中麻紗巳「「発墨守」等三篇に見える鄭玄の論法」（『舞鶴工業高等専門学校紀要』一三。のちに田中氏前掲書に収録）参照。

（一三）内山氏前掲論文を参照。

（一四）『六芸論』の成立については初期と晩期の両説があるが、私は基本的には初期の作で、晩年それに手を入れたとみている。拙稿「緯書鄭氏学研究序説」（『哲学研究』五四八、一九八三年）を参照。間嶋潤一「鄭玄の『六芸論』「詩論」について」（『北海道教育大学紀要』三三―一、一九八一年）は、『六芸論』に初期本と晩期本の二種ありとする。因みに、車行健『礼儀・讖緯与経義――鄭玄経学思想及其解経方法』（一九九六年、輔仁大学博士学位論文）は拙稿を論評し、緯書学を鄭玄の学問の根底とする鄙見は晩年の鄭玄には該当しないと批判し、池田は誤って『六芸論』を晩年の作と認定したため、晩年の鄭玄が古文学を主としていることを顧慮していない、と云うが、どこをどう読むとそんな理解になるのだろうか。全文を読んだ上での発言とはとても思えない。

（一五）たとえば、西川利文「『周礼』鄭注所引の「漢制」の意味――特に官僚制を中心として」（『中国古代礼制研究』所収）や古橋氏前掲書など。

（一六）『周礼』考工記・冶人「重三鋝」注「玄謂、許叔重説文解字云、鋝、鍰也。」『儀礼』既夕礼「遂匠納車于階間」注「許叔重説、有輻曰輪、無輻曰輇。」『礼記』雑記上「載以輲車」注「許氏説文解字曰、有輻曰輪、無輻曰輇。」ただ、『儀礼』と『礼記』の引用箇所は同一なので、実質的には二例ということになる。因みに三礼鄭注に引く「董仲舒説」も同じく三例であるが（『周礼』大祝・大司楽および『礼記』文王世子）、後二者の引用文はやはり同一である。

（一七）近年では、陳鐵凡『孝経鄭注校証』（国立編訳館、一九八七年）や庄兵「孝経鄭注新弁」（『名古屋大学中国哲学論集』三、二〇〇四年）は真筆を主張し、間嶋潤一『孝経鄭氏注』の真偽に就いて――果たして鄭玄の注なのか」（『香川大学教

育学部研究告　第一部』七三、一九八八年）は偽の立場を取る。
（一八）高橋忠彦「「三礼注」より見た鄭玄の礼思想」（『日本中国学会報』三二、一九八〇年）参照。また日原利國氏は「鄭玄の経書解釈には、支配階級のイデオロギーが色こくただよう」と指摘している（「中世（前期）の思想」〔『中国文化叢書3思想史』大修館書店、一九六七年〕。のちに『漢代思想の研究』研文出版、一九八六年、に収録）。
（一九）間嶋潤一「鄭玄の社稷解釈について」（『中国文化―大塚漢文学会報』四八、一九九〇年）、佐川繭子「後漢時代における社稷祭祀をめぐって――経学史観の造成」（『後漢経学研究会論集』一、二〇〇二年）参照。
（二〇）六宗を、天宗三（日・月・北辰）地宗三（河・海・岱山）とする古尚書説を採らず、日・月・星・辰・司命・風師・雨師と天神の属で固める独自の説を立てるのも同様で、天地の混用を避けんがためである。
（二一）ただ、『周礼』には圜丘はこの一例しかない。実を言えば、『周礼』には「郊祀」の語も一例しか見えない（夏官・節服氏。恐らく『周礼』の作者は冬至圜丘を郊祀とみなしていたのであろう）。しかし、鄭玄にとってはそれで十分で、要するに圜丘と郊祀とを別祭にできさえすればよかったのである。
（二二）拙稿「読易緯通卦験鄭注札記――周礼との関連を中心に」（『緯学研究論叢』平河出版社、一九九三年）参照。
（二三）『礼記』明堂位疏引く『発墨守』「隠為摂位、周公為摂政、雖俱相幼君、摂位与摂政異也。」明堂位注「周公摂王位、以明堂之礼儀朝諸侯也。不於宗廟、辟王也。」
（二四）『尚書中候』は「七年制礼作楽」に作る（『初学記』巻三〇引く）。なお、このことからみて、『尚書大伝注』は三礼注よりは前の作で、恐らくは緯書注とそれほど隔たらない時期に著されたものとみる。
（二五）鄭玄の『尚書』学、とくに周公説話に関する鄭玄の説については間嶋潤一氏の独壇場で、「『尚書中候』における周の受命神話について」（『香川大学教育学部研究報告』第一部 九九、一九九七年）、「鄭玄『尚書注』と『尚書大伝』――周公居摂の解釈をめぐって」（『東洋史研究』六〇―四、二〇〇二年）、「『尚書中候』と鄭玄――周公の太平神話をめぐって」（『大久保隆郎教授退官紀念論集　漢意とは何か』所収、東方書店、二〇〇一年）をはじめ、多数の論考がある。
（二六）内山氏前掲論文、七四・七六頁。

池田報告へのコメント

間嶋　潤一

池田先生の報告を詳細に検討する時間的な余裕がなく、その論旨を十分に汲めているのか、少し不安ですが、まずは二点ほどのべさせていただきます。

第一点はこうです。『周礼』を「経礼」に立て「三礼」を有機的に統一した礼体系を構築し、さらには「五経」全体をその礼体系に総合したことは鄭玄独自なものといえ、このような体系性を志向した理由についてはよくわからない、と先生はのべられています。確かに、あの広範にして緻密な礼体系の組成は鄭玄ならではできないことであったとはいえるでしょう。ただしわたしは、鄭玄の礼体系組成はもともと、『周礼』をはじめて「周公の太平を致すの迹」と認めた劉歆の『周礼』解釈が意図・志向していたものではなかったのかと考えています（このことはあとでふれます）。

第二点はこうです。鄭学研究において最も大きな問題となるのは鄭玄が経書解釈として最初に『周礼』をとりあげた理由とわたしは考えています。先生もこの疑問をお持ちでほかの論考で提示されていたはずです。『周礼』を「経礼」に立てたことによって、鄭玄は経書解釈としては『周礼』から着手したと今回の報告を理解してよろしいのでしようか。

先生は今回、礼体系を構築した理由の究明には鄭学の再検討が必要と考え、その手がかりとして、鄭玄が『周礼』を「経礼」に立てた理由を特に論じられています。鄭玄にとって、礼は尊卑の差等を明確に区別する制度として具現されたものであり、その制度として最もふさわしいものとみなされたのが『周礼』であったこと、鄭玄には周公に対する尊崇の念、『周礼』を「周公の太平を致すの迹」とする『周礼』観があったことの二点をそれとしてあげています。前者においては、鄭玄の複合的思考法を指摘・詳論しています。この二点の個々についてはその通りであり、異議を差し挟む余地はありません。

ただし、『周礼』を「経礼」に立てることと、「三礼」を総合・体系化とすることとは相反することがらであり、鄭玄が両者を成立させたのは稀有な事例とする指摘についてはどのように理解すればよろしいのでしょうか。「三礼」を体系化するためには基準を設けて「三礼」全体の連関をつくる必要がもとよりあったはずです。鄭玄の解釈を稀有な事例とする指摘はどのようことを意味しているのでしょうか。

また先生は今回、『三礼注』以後の鄭玄の著述にはほとんど言及してはいません。わたしは鄭玄の「三礼」解釈を考えるには、それだけに焦点をあてるのではなく、以前の緯書の注解（先生にはそれについての論考があり、また今回もふれている）はもとより、以後の経書解釈の著述も十分に視野に入れる必要があると考えています。鄭玄は経書解釈に先立って、その設計図にあたる『六芸論』を著していることに注目すると、計画的に著述をおこなっていると推測できるからです。

そこでつぎに、鄭学研究についてのわたし自身の考えをのべさせていただきます。

まず「三礼」解釈に組成する礼体系について。その論理操作の全貌が加賀栄治先生の『中国古典解釈史―魏晋篇』（勁草書房、一九六四年）によってほぼあきらかとなっている状況において、なお論ずべきものがあるとしたならば、鄭衆（?〜八三年）の解釈との比較があると思われます。鄭玄は『周礼注』の「序」において鄭衆『周官解詁』を「典籍に明理し、ほぼ皇祖の大経の周官の義を識る」ものと高く評価して「今、讃じてこれを弁じ、此の家の世々訓ずる所を成さんことを庶《こいねが》う」（賈公彦序周礼廃興引）とのべています[一]。鄭衆『周官解詁』を顕彰するために自らの注と弁別して引き、鄭衆の家に伝えられてきた解釈を完成したいとの鄭玄のこのことばは、自身の解釈が鄭衆の解釈を模範としていることとの宣言と認めることができます。

つまりこの宣言を鄭衆の解釈に確認することは、鄭玄の「三礼」解釈の特異性をあきらかにすることにつながり、これが鄭学の本質（特質）を俎上に載せる契機となると考えるわけです。

そこで鄭衆の解釈を少し検討することにします。

鄭玄『周礼注』には七百三十二条の鄭衆の注が引かれている。これは「寡にして且つ約なり」（同上）と鄭玄の「序」に指摘されている鄭衆『周官解詁』の全体を網羅しているものと思われます。『周礼』の礼制にかかわる『儀礼』『礼記』の引用に限ると、その解釈はつぎのようにかいつまむことができます。

鄭衆は『儀礼』を『周礼』と同じく「周公の太平を致す迹」と認め、『周礼』の委曲を記しているものとみなす。これは「夏官・射人」が職掌とする「大射」の儀礼における王の動作についての、鄭衆の師にあたる杜子春の所説に対する鄭衆の批判にうかがうことができます。また『儀礼』の援引の仕方は多くのばあい、同一注内に篇を異にする複数の経文を引いている（たとえば「春官・大祝」の「九祭」注）。これは『儀礼』を『周礼』の委曲として『周礼』に包摂しようとする鄭衆の態度といえます。『礼記』の引用については『周礼』を基準として資料的整備をはかっている。これは「春官・大司楽」の「成均」を解するのに、『礼記』「文王世子」にある周の大学の通称としての「成均」にしたがっていないところにうかがうことができます。

こうして鄭衆が『儀礼』を二十余条、『礼記』を四十余条も『周礼』の礼制を説明するのに引いていることは、『周礼』を基準として『周礼』『儀礼』『礼記』を関連づける礼体系を組成しようとしたことを示しているといえます。

鄭衆はさらに、『易』『詩』『書』『春秋左氏伝』[二]なども引いて『周礼』の礼制を説明している。ここには、「五経」全体を「三礼」の礼体系に総合しようとした鄭衆の態度を認めることができます。

このような解釈は鄭玄の「三礼」解釈につながってゆきます。つまり鄭玄は鄭衆の解釈をいっそう整備・充実させて、意図したとおりかれの解釈を完成させたといえることになります。

ただし鄭衆の解釈の原型は、杜子春の注に認められる。鄭玄『周礼注』には百八十七条の杜子春の注が引かれており[三]、その大方は本文批判・訓詁といえるものですが、『周礼』の礼制にかかわって『儀礼』『礼記』を引く注もさほど多くはないが確認でき、それらよりつぎのような杜子春の解釈態度をあきらかにすることができるからです。『周礼』の礼制は『儀礼』によって説明することができ（「春官・鍾師」の「九夏」注）、そうした『儀礼』を補足する必要があるときは『礼記』を引く（「春官・小祝」の「大喪」注）、と。また『詩』『春秋左氏伝』『爾雅』の引用を以て『周礼』の礼制の説明とする注も確認できることも加えておかなければなりません。

ここで想起すべきは、劉歆の『周礼』解釈の方面を特に伝授された弟子のなかで、後漢初まで生きながらえたのは唯一、杜子春だけであったことです。これは杜子春の解釈が劉歆の解釈そのものであったことを推測させます。加えて、劉歆が『周礼』を「礼経」とみなしてその博士の設置を王莽に上奏したという歴史事実（荀悦『漢紀』）にも注目する必要があるでしょう。これは『周礼』を礼制上の信頼すべき典拠であるとすることです。ここには、「経礼」の『周礼』に対して、『儀礼』を「曲礼」に、『礼記』を「礼の記」に位置づけていた劉歆の考えをうかがうことができます。

とすると鄭玄の「三礼」解釈はまさしく劉歆の意図・志向していたものといえることになります。また杜子春の注を引いていたからには、鄭玄はこのことを自覚していたと思われます。

では鄭玄は「三礼」解釈のどこに独自性を発揮したといえるのでしょうか。それはいわゆる六天説の援用にあると考えられます。

鄭玄は周公の『周礼』制作に対する瑞祥として、六天の首位に位置する昊天上帝の神使の龍と、それが含んでくる、昊天上帝の啓示といえる「図書」とを装置する（『周礼注』「序」）。これによって、周公自身と『周礼』制作とを昊天上帝の神意にかかわらせる。

また鄭玄は『周礼』に記されている、王の独占になる天地の祭祀の主神に昊天上帝（圜丘祀天）、昊天上帝の神性に結びつく崑崙山（方丘祀地）を設定する。これによって、『周礼』を昊天上帝を最高権威とする神聖国家とする。こうして、『周礼』を基準として組成された礼体系の根源・中核には昊天上帝が据えられることになります。

これは『周礼注』のまえに著された、緯書の注解・『六芸論』の内容をうけている。しかし鄭玄の「三礼」解釈はそれだけで十全に完結した解釈体系ではなく、『尚書注』『毛詩箋』の解釈へとつながってゆく。これらの著述において鄭玄は、文王・武王による周王朝の開統、摂政就任・太平の実現・『周礼』制作などの周公の事迹を、太微五帝のなかで、殷を誅伐して王朝をひらけとの天命を周にくだす蒼帝霊威仰と、昊天上帝との神意にかかわらせて詳しく説いているからです。

つまり鄭玄の「三礼」解釈は『尚書注』『毛詩箋』の解釈を視野に入れることによって、あらたな展望をひらくことができる、とわたしは考えているわけです。

さらに、鄭玄の「三礼」解釈の考察はこれまでも、末期症状にあえいでいた後漢王朝の現実が考慮されていたが、これに加えて、黄巾太平道の思想との比較が必要であると考えています。『尚書注』『毛詩箋』に展開されている周公の事迹は周公説話としてはすぐれて特異なものといえ、それは黄巾太平道の思想の強い刺激をうけていると思われるからです。

このように「三礼」解釈をいくつかの方面から照射し、それらを総合することによって鄭学の本質（特質）はあぶりだされることになる、とわたしは考えています。つまりそのとき、鄭玄が経書解釈として最初に『周礼』をとりあげて「経礼」に立てた理由も判然となるはずです。

《注》

(一)「序」の記述は鄭衆だけではなく、「二鄭」—鄭衆とその父の鄭興の解釈についてふれるものである。しかし鄭玄は『周礼注』に鄭興『周官解詁』の注を僅か十五条しか引いておらず、しかもそれらをほとんど採用してはいない。鄭衆の父ということで鄭興の注を引き、「序」でもかれを含めて「二鄭」といっていると考えられる。つまり「序」の記述は鄭衆の解釈に絞る評価であると認めてもよいのである。

(二)『春秋左氏伝』の引用は八十余条もある。これは『周礼』と『春秋左氏伝』との関係に対する左氏家鄭衆の考えにもとづいている。またあとでふれる杜子春の注においても『春秋左氏伝』は重視されている。ただしここでは、これらについて詳論する紙幅はない。

(三)杜子春は『周礼』の注釈書を著していない。鄭玄が引く杜子春の注はかれの講筵に列していた鄭衆の『周官解詁』にもとづき記されていたものと考えられている。

池田報告への質疑応答

司会（池澤優、東京大学）
それでは、コメントにお答えください。

池田秀三（京都大学）
詳しいコメントありがとうございます。今回は問題をかなり単純化して申しあげたので、ご不満もおありかと思います。ただ今回は、最初に与えられましたテーマが「鄭玄の三礼研究」でありましたので、意識的に対象を三礼にしぼった点のあることもご諒解ください。が、私のやってきたことをご存知の方は、私が、鄭玄の学問の根底に緯書注があること、鄭玄は三礼だけでなく、あくまで最後には五経の総合を目指している、他の経書もその中に取り込もうという意識がある、と考えていることは、お分かりいただけているかと思います。また、『六芸論』を一番最初に書いて、経学全体の見取り図を示したことも、私はかつて書いております（一）。それから、鄭玄の学問が、鄭衆の学問を大きく引き継いだものであることも、むかし書いたことがございます（二）。そういうところを今回は「無い」と否定しているわけではございません（笑）。ここでは、これらを一種の前提として、お話し申し上げているわけです。

ですから、杜子春や鄭衆、とくに後者が三礼総合の方向に行っていることは否定いたしません。ただ劉歆にまで遡るとするのには抵抗を覚えますが。盧植の『礼記』注も明らかに三礼総合の方向が見えておりますし、馬融は、『儀礼』は喪服だけですけれども、三礼に注を書くという形で、三礼の総合化というものが、当時はっきりあるといえばあるのです。そのことを鄭玄が知らなかったわけではなくて、鄭玄にもその流れがある。ただ、鄭玄はそれまでのやり方とはちょっと違うのではないかということです。すなわち、本当の意味での三礼総合は―

この三礼という言葉も、鄭玄著の『三礼目録』から始まるから鄭玄のもの、というのがこれまでの通説でありますー鄭玄から始まると言われるんです。ただ、それ以前から動きがあったことは、私も注意はしておきました。注にも書いておいたつもりです。ただ、そのことにさらなる注意が必要だと言われれば、その通りでございます。

また、三礼注は中期に書いたということになっておりまして、「尚書中候に注してはじめて三礼に及ぶ」という記述が出てきますから、三礼注の前に緯書注を作ったことは、かつて私も考証したことがございますが[三]、なぜ三礼注から入ったのかという問題、あるいは、三礼注の中の順番もはっきりしません。黄以周によると『周礼』からできたとされているのですが、これはいわゆる鶏と卵でございまして、つまり、経礼だから『周礼』を中心としたのか、『周礼』をやっているうちに「これを経礼としよう」となったのかは、分かりません。ただ、『周礼』に目が行っていたことは、確かだと思います。『易緯』注の中で、『周礼』の円丘の祭というものに、わざわざ注をつけています。『尚書大伝』も『尚書緯注』と同じ時期に出したものであろうと私は考えていますが、その中にも出てくる。つまり鄭玄が、最も初期のころから『周礼』を横にらみしながら緯書注を書いていたことは事実なので、『周礼』を最初に取りあげるという意識は、かなり早くからあったと考えて良いのではないかと思っております。

《注》

(一) 池田秀三「緯書鄭氏学研究序説」(『哲学研究』五四八、一九八三年)。

(二) 池田秀三「馬融私論」(『東方学報』五二、一九八〇年)。

(三) 池田秀三「緯書鄭氏学研究序説」(前掲)。

討論

司会（三浦國雄、大東文化大学）

始めに議論の方向付けをさせていただきます。今回のシンポジウムは、去年の同じ時期に開催しました「両漢の儒教と政治権力」、それから去年十二月に東京大学で開催しました「易と術数の現段階」という二つ、とくに前者のシンポジウムを受けるものであります。私たちが検討しようとしているテーマは、「儒教が現実の世界や政治とどのように係わってきたのか」という問題であります。これが我々のメインテーマですので、総合討論では、関連する議論をしたいと思います。

はじめに、渡邉さんから、「儒教と現実との係わり」というテーマで議論の口火を切ってもらおうと思います。

渡邉義浩（大東文化大学）

私と堀池先生の午前中の報告は、礼が現実と係わったときに、どのような問題、あるいは変容が起きるのかを考えたものです。午後の三礼の報告は、総じて言いますと、礼の理念型としての展開を述べられたのではないか、と思います。そうなりますと、理念型としての礼ができあがるときに、現実といかに係わってきたのか。そうした議論をしていけるとよいと思います。

具体的には、池田報告のコメンテーターである間嶋先生が述べられたように、鄭玄の三礼解釈における黄巾、あるいは後漢末期の政治の状況との関わりの有無。こうした問題から、現実と礼との係わりを考えられるのではないかと思います。

そこで、私からも池田先生にお聞きしたいことがございます。『後漢書』鄭玄伝には、鄭玄は袁紹に迎えられたが、あまり優遇されない。単なる儒者と見なされ、吉川忠夫先生が注目されている[一]「通人」とは見なされなかった、という記述があります[二]。それに反しまして、現在、残されている鄭玄の三礼注などの経学の体系には、非常に「通」、全体として統合しよう、体系化しようという側面が強いように思われます。このような、鄭玄が実際に生きた時代と、残された経学解釈の係わりについて、先生はどのようにお考えでしょうか。

池田秀三（京都大学）

去年のシンポジウム「両漢の儒教と政治権力」の『白虎通』に関する議論のときもそうだったのですが[三]、私は理念型で押せるだけ押してみようということです（笑）。百パーセント理念のわけもないし、百パーセント現実のわけもないのが、礼学だと思いますが、私はどちらかといえば理念型を重視します。

鄭玄の注釈には、「今の～の如し」と書いてあるから、漢代との関係に気を遣っていることは、確かなのです。けれども、これは感覚の問題ですが、たまたま説明しやすいから、現代のことを引いてきているのであって、今の漢代の制度が、そのまま『周礼』の理念を漢帝国が現しているのだ、と言うこととは、ほとんど関係が無いと思っております。

また、例えば、五帝の祭祀が、五人帝なのか、五天帝なのか、議論が分かれております。『続漢書』祭祀志等に見える五帝を太微五帝とする説があるのですが、それは後世がそう解釈しているのであって、原文からは五人帝とも五天帝とも取れる状況なのです。けれども、全体として、鄭玄の礼体系は、現実から外れるところが多かった。といって、賈逵・馬融たちの説が全面的に後漢の体制に合っていたのか、というと、これもやはり合っていない。どちらも合っているところも、合っていないところもあった。けれども、少なくとも、現実の体系を考えて、その礼制に合わせて自分の説を立てようという意識がより強いのは、古文学のほうであって、鄭玄は、

『周礼』の体系があくまで優先する、という考えであろうと思います。これは私の変わらぬ観念でございます。

それから「通」の問題ですが、鄭玄はあれほど「通」儒でありながら、袁紹の賓客らからは「通」と認められなかった。これは応劭の『風俗通義』を扱ったときに、[四]少し触れたことですが、中でも応劭は鄭玄に対し非常に尊大な態度を取り、逆にやりこめられて恥をかいています。あれがおそらく当時の士大夫というものではないか。つまり、あくまで現実の場で政治・軍事に係わったりするのであり、鄭玄のようにひたすら経学世界を構築することは「通」と認められていないのではないか。

鄭玄は名声が高かったから、何千人という弟子が集まったけれども、一般には鄭玄の学問は、名前だけは高いが、実態はあまり知られていない。そういう状況がむしろあったのではないか、と考えております。

司会（**三浦國雄、大東文化大学**）

ほかに報告者間で、何かありますか。

堀池信夫（**筑波大学**）

王啓発さんに質問です。李さんのコメントと関連することです。王さんは報告集の中で、法制化という言葉を用いられていますが、そこで用いられる「法」というのは、我々が普通考える実定法なのか、それとも自然法なのか、明確に弁別されていないように感じました。そのために、論点の切れ味が悪くなっていると思われます。それが一点。王制篇の成立時期は、儒と法との整合が推進されていく時期である、というのはその通りであると思います。が、隋唐の律令格式に至るまでの展望を考えたとき、王制篇の段階における「法」という言葉が、どのような性格の「法」であったのか、を見極めておくことは、儒が法を包摂して、律令を形成していくという点において重要なことと思われますが、王さんのお考えはいかがですか。

王啓発（**中国社会科学院**）

私が報告に用いた「法」という概念は、実定法・自然法といった西欧の概念ではなく、中国古代の観念から申しております。宗教・道徳・法という三つの概念については、著書で定義をしております。[五]「法」の概念は、古語における用法で、法家の「法」であります。それでは「法」と「礼」とは、どのような関係があるかと申しますと、「法制化」あるいは「法の理念」という方面の法と、儒家の言う「礼」、道家の言う「道」とは、同じような性格を持っていると考えます。異なる思想家・学派がそれぞれ重視する概念は異なるのであって、儒家は「礼」、道家は「道」、そして法家は「法」を強調するのでしょうが、根底において同じような性格を持っていると思います。

「法」の理念は法家により、とくに強調されました。法家の中には、儒法家、道法家など新しい学派も出ました。私の理解では、とくに商鞅などの先秦の法家は、「法」の概念により、儒家の「礼」の概念に取って代わろうとしました。ここで言う「法」がとくに重きを置いているものが刑です。もちろん、法家の概念の中には、制度に関するものもありますから、全面的に法＝刑法と見なすことはできません。

広い意味では、古代の「礼」と我々の考える「法」とは、同じ性質を持つものではないかと考えている、ということです。

池田秀三（京都大学）

王さんの見解をうかがって、感じたことだけ申し上げておきます。肉刑云々と李さんが提起された件ですが、あれは、王さんの言われるほうが良いと思います。「成りて変ぜず」というのは、いったん体に傷つけられると二度と回復しない、だから慎重にしないといけない、としか読めない文章であると思います。

ただ、清朝以来の礼学者の大勢は、王制篇が漢の文帝期に作られた、という盧植の説に対して否定的な意見が主であると思っていました。礼の専門家である王さんが、盧植の説を肯定するというのは、やや驚きでありました（笑）。日本の学者でも、盧植説を支持する者は、ほとんどいないと思います。また、『史記』封禅書と『漢書』郊祀志に書いてあるとおっしゃいましたが、両者は二つで一つですから、一つの証拠にしかならないことも付け加えておきます。

司会（三浦國雄、大東文化大学）

我々のメインテーマである「儒教と現実との係わり」に関しまして、午前中の報告の「漢家の故事」と「権」とは、繋がるのか、繋がらないのか、どうなのですか。

渡邉義浩（大東文化大学）

「漢家の故事」だけではなく、政権を運用していくなかでは、王朝ごとに故事ができあがります。さきほどの質疑応答でも触れましたが、三年喪に関する「漢家の故事」は、西晉になると「権」という言葉により表現され、やがて杜預により経学に組み込まれました。もともと経学の内容では適応できなかった現実の事態に対して、経学はその解釈を変容させることにより、次第に現実に適応していく。だからこそ、「儒教国家」は何度も再編され、儒教が二千年の正統思想であり続けられたのであろうと思います。そうした現実への適応を経学のなかで可能にするための便法が、「権」という表現なのではないか、と考えております。

堀池信夫（筑波大学）

私が今日、「権」を取りあげたのは、渡邉さんが言うような、現実適応的と言いましょうか、これが中華帝国の実態を作ってきたことは間違いないと思うのですが、そうした、その場その場で最も相応しいものを選択していくという態度が、世界が拡大してくるにつれて対応しきれなくなっている、間に合わなくなっているのではないかと、そう考えたからです。これは比較的長いスパンで考えているわけです。一九一二年から現在までも含めています。すでに明末においては、中国のイスラム哲学者がこの問題を取り上げており、「従来の儒者の権に関する回答は、すべて破綻している」と明確に言い切っております。つまり、中国文化の外側の文化から見た場合、「権」は、はっきりと破綻した問題であるわけです。それは中華帝国がずっと抱え込んできたものであり、それが一九一二年あたりから抱え込みきれなくなっているのだと。

今後も儒教というものが東アジアにとって重要な思想

であることは間違いないのですが、こうしたある意味でのマイナス面を抱え込んでいることを、どんどん出してしまった方が良い。おそらく「権」だけではなく、そうしたものは多くあると思います。それぞれの段階では、その場その場で解決したことにはなるのですが、根底的には解決できていないものがたくさんあったのではないか。「権」というものは、その一つではないか。

資料的には、ほとんど研究し尽くされているものではありますが、一つだけ視点が違うのは、儒教内では解決しきれていなかったものが、儒教の外から見たときには、早い段階で破綻していると宣言されていたことが分かったものですから申し上げた、そういうわけであります。

池田知久（大東文化大学）

渡邉さんが報告された故事とか、堀池さんが報告された権などが、実際の社会なり国家なり、統治に必要で、それが実際に機能したものである。これはパーセンテージでは分かりませんが、故事とか権とかが大多数なのであって、逆の礼の方は、まったく別のもの、現実から乖離したもの、と理解したら話は面白くなるのではないかと思います。

礼だけではありません。例えば、前漢の武帝期に、儒教を持ち出すときに「縁飾」という言葉がよく使われます。儒教は飾りだ、という表現です。さきほど池田秀三さんが使われた言葉ですと、理念となるのだと思います。礼というものは、人間の様々な行動や国家・社会の制度を儒教的に意味づける体系というものがあって、それが一つの理念、イデオロギーとして機能する。理念は現実に何かを作り出すわけではないが、理念としての意味がある。そういう機能を持つのだと思います。

こうした礼と現実の故事とか権とかが、お互いに補完作用があると理解することは可能でしょうか。簡単に言いますと、実体は実体で動いているのだけれど、それを意味づけるものとして儒教の礼というものがあり、体系的な理念として、あるいは体系に向かう理念として意味を持つ、という考えはできるのか、できないのか。実体は実体で動いていて、故事なり権なりが直接必要とされるのではないか（笑）。そして、それなりの政治のロジックで理念と実体が機能すれば良いではないかと。

したがって、両者の間に大きな、あるいは小さな乖離があるかもしれません。こうした場合には彌縫しようとか、繋げようという考えが出てくるかもしれません。が、それでも、乖離した状態が、前漢・後漢の「儒教国家」の実態である（笑）、それでも良いのではないかと考えます。いかがなものでしょう。

司会（三浦國雄、大東文化大学）

どなたにご質問ですか。

池田知久（大東文化大学）

そうですね。こういう問題は、堀池さん、池田秀三さん、渡邉さんにお願いします（笑）。

堀池信夫（筑波大学）

実は、昨年も少し申し上げたのですが、私はある意味、理念が世界を規定していく、というふうに考えております。ですから、鄭玄の思想は、あの時期に一つの理念型として決定的なものとして現れた、そしてそれが少なくとも数百年にわたって中国の学問の中心にありつづけた、と考えております。ただ、そういう意味で、理念というものは、整合的でなければならない。

もう少し根本的に言うと、三礼も儒でありますので、それ自身が持っているある意味で整合化されていない部分というものを歴史的に正当化してきたというところがあると思うのです。「権」の思想などは、それが異文化、中国以外の文化と出会ったときに、マイナス面が見えてしまうもの、というふうに考えております。

理念が世界を規定するのは、確かなことだとは思いますが、ただ、理念が世界を規定する場合に、いつも現実は、理念とはすれ違うわけですから、そういう意味で、様々な方策が考えられてきた。中国の文化という枠組みの中では、「権」などは非常に現実的に機能していたのだろうと考えています。

池田秀三（京都大学）

なんとお答えしましょうか。渡邉さんの報告を聞いて感じたことは、有り体に言えば、経義・経書があって、該当するものがそこにあればそこから持ってきて、無ければ「漢家の故事」、「先帝のしきたり」と言って解決してしまう。今でも「先例がございません」という言葉がありますけれども、皇帝とか貴族制とかの権力が長く続くと、理屈も無しに先例が重んぜられることが出てくる。そしてその先例によって、階級の高貴さが保証されるのだと思います。冷泉さんとこみたいに（笑）。彼らは、あれを守り続けることが、アイデンティティになっておるのだろうと思います。

現実の政治世界では、うまく経義で説明できればするし、できなければ何か適当なものを持ってきてやろうとすることが第一です。災異思想もすべてそうですから。理論があって災異が出てくるのではなく、相手に罪をかぶせるために、何か適当なものが無いか、ということで作るものが災異思想ですから、基本的には同じようなものであろうと思っております。だから、二つを対立したものとは、僕にはどうしても思えない。つまり、周公の故事というのも、あれ自身が一つの経義に他ならないと考えております。

また、理念の問題ですが、私が鄭玄を特殊であると言ってるのは、なぜかと申しますと、他の学者も学者である限り、一種の体系性・体系化を求めることが普通です。ただ、普通の人間なら、ある程度のところで「まあこの程度のところでいいか」とする。現実に適当に合うような理論を作っておけばそれでいいのに、鄭玄はひたすら体系化を、体系性そのものを目的とした点が、他の経学者と違う、とそういうことを言いたいわけでございます。大半の場合は、自分たちの行動を正当化できる理論が、体系として出てくればそれでいい。経学の役目というのは、あくまでそういうものです。権力闘争、階級闘争、何というか分かりませんが（笑）、そうしたなかにおいて、大義名分を与えてくれるものを求める。はっきり言えば、経学とはそういうもの、いわゆる御用学であった、ということは否めないだろうと思います。

渡邉義浩（大東文化大学）

池田秀三先生が触れられた冷泉家などもそうですが、中国では両晉南北朝時代になりますと、琅邪の王氏という一流貴族が出てまいります。吉川忠夫先生のご著書に詳しいのですが、[六] 彼らは、「王氏青箱学」の名でよばれる有職故実の学を家学としております。そのような形で故事を独占することも、貴族の存立基盤の一つであったと思います。

また、昨年から、堀池先生と逆なことを言って顰蹙を買っているわけですけれども(笑)、堀池先生が「理念が現実を規定する」という側面を重視されるのに対し、私は「現実が理念を形成していく。そしてその理念が現実を正統化する」と考えております。

本日は三礼のシンポジウムですから鄭玄が中心となっておりますが、鄭玄は孔子よりも周公を尊びます。孔子は漢の正統性を支えたものですから、漢の滅亡とともに孔子の価値は下がり、代わって周公の価値が高まる。例えば王莽がそうですし、西晉の杜預の『春秋左氏経伝集解』でも、孔子の地位を低くして周公を高めております。[七] すなわち、漢が滅亡する、孔子が正統化していた王朝が潰れることによって、経学の解釈もまた、孔子を中心とするものから周公を中心とするものへと変わっていく。ここに現実の理念への反映を見ることができると考えております。

あるいは、蜂屋先生のご報告のなかで、鄭玄が厳格な階層づけを行っている、というご指摘がありましたが、鄭玄の生きた時代は、貴族制が形成されつつありました。例えば、西晉の国家としての教育機関は、貴族が入る国子学と、それ以外が入る太学の二学に分かれますが、二学を併存させる経学的根拠は、『礼記』楽記の鄭玄注なのです。[八] つまり、鄭玄が現実世界の階層性を受けて、それを礼学に反映させた、と考えられるのです。

堀池信夫(筑波大学)

一言だけ。現実が理念を規定していく、という渡邉さんのお話ですが、長い目で見たときはどうであろうかと思います。目先のことは、確かに現実が理念を規定すると思います。しかし、長い目で見たときには、理念の力というものは、相当あると私は考えます。

司会（三浦國雄、大東文化大学）

次第に、理念型の思想史的方法と、現実型の歴史的方法と、議論が少しずつ嚙み合ってきた気がいたします。ただ報告者の中で、蜂屋先生にご意見をいただいておりませんので（笑）、『儀礼』について、何かお考えがございましたら、お聞かせ願えますか。

蜂屋邦夫（大東文化大学）

『儀礼』は三礼の中で、それ自体は理念性が一番低いと思います。『礼記』はその中に、理念そのものがありますし、『周礼』は構造自体が理念的であります。それらと比べますと、『儀礼』は、式次第、むろんそればかりではないにしても、基本的には冠礼や婚礼をどうするのかという式次第であります。それらが形成されたむかしは意味があったのかもしれませんが、それが行なわれているのに即しますと、事実そのもののレベルでありま す。

ところが鄭玄は、そこに理念を盛り込んで、『礼記』『周礼』などと、さきほどからの言葉を使うのであれば「通」ですね、その他のものと通じて注釈をつけた。きわめて体系的にやっているわけです。賈公彦は、その枠組みから一歩も踏み出さず、あちこちの資料を引きながら、それを詳しく咀嚼していくわけです。今回、報告をして、鄭玄にしても賈公彦にしても、規範意識というものをとても強く持っていると改めて感じました。

報告に即して申しますと、結局、服部の行なったことは、鄭玄が附与した理念性をもう一回事実のほうに戻した、そういう意味があるのではないか、と思いました。もちろん、清朝その他の考証学者の説を傍証にしているわけですけれども、そして清朝考証学者の考察も、必ずしも理念を事実に戻したものではないことも確かですが、それすら服部の手にかかると理念から現実に戻って、『儀礼』本来の姿に戻そうとした、そうした感じがいたしました。

また、『儀礼』という経書ですが、始まる前に三浦さんから「解説しろ」というお話があって、答えずにいたら、嫌な顔をしたと言われました（笑）。これは嫌な顔をしたのではなくて、できないのです（笑）。解説については、私が二十年前に研究成果をまとめました『儀礼士冠疏』と『儀礼士昏疏』[九]の後ろに、戸川先生が解説を書いて下さいましたので、それをご覧いただければ一番良いと思います。今、この場で聞きたいのであれば、幸いにして戸川先生がいらっしゃるので（笑）、お話をいただければと思うのですが、いかがでしょうか。

戸川芳郎（東京大学名誉教授）

いまさら、ここで申しあげることもないと思います（笑）。よく二十年前のことを思い出しながら蜂屋先生がお喋りになったと、それが驚異でございます（笑）。

ただ、付け加えてこの機会に話させていただくならば、『儀礼』など三礼を含めて、鄭玄を理念の主人公だと、考えられているようですが、それならば、加えていただきたいことがございます。三礼注も素晴らしいでしょうが、鄭玄が一番最後に残した成果は、『毛詩鄭箋』であります。毛伝と鄭箋には、明らかな違いがあり、それが面白いのですが、それをフォローした研究は、あまりございません。『毛詩正義』は、その違いを克明に書いております。これを解釈することにより、鄭玄の理念がどこにあるのか最も明らかになると考えております。先程の郊祀のこととか少し読んだだけでも、特色が出てまいります。鄭玄の理念が、毛伝の解釈を覆すことにより、どのように主張されているのかということを、池田秀三さんに触れていただければ、さらに良かったのではないか、と思います（笑）。

司会（三浦國雄、大東文化大学）

ありがとうございました。そろそろ時間ですので、司会の一人である池澤さんに、これまでの議論を総括していただきたいと思います。

司会（池澤優、東京大学）

今日一日聞いておりまして、私の知らないことも多く、勉強させていただきました。さきほども理念重視派と現実重視派という話がでましたけれども、三礼についての見方も、今日の発表者で理念派と現実派に分かれるのかな、という印象を受けました。渡邉先生と堀池先生は現実派で、池田秀三先生と蜂屋先生は理念重視派、王啓発さんが「法」でその中間に入る、そういう印象を持ちました。だから、さきほど「法」とは何かという点に議論が集中したのではないかと思っております。

三礼という分野は、一方では、学問として体系性を持とうとする方向性がある。鄭玄という、今から見ると変な人というか、オタクみたいな人が、一生懸命に体系を作ろうとする。そしてその体系は、ややもすると現実から分離しかねない。その一方で、三礼というのは現実に行われた礼ではない、故事あるいは権というこじつけをして、現実に行われようとする。そういう方向性があるということが、今日の発表でよく分かったのではないかと思います。

とすると、二つの方向性は相互に関係していたのか。関係があるとすれば、どういう関係であったのか。つまり、現実に行われる儀礼が規定されるとき、鄭玄というオタクの見解が、現実にどのように影響したのか、ということが、個人的に知りたいところでございます。が、ちょうど今ベルが鳴っておりまして（笑）、時間延長は難しいという状況になっております。皆様もまだ、お話したいこと、質問したいことなどあるかと思いますが、本日のシンポジウムは以上で閉じさせていただきたいと思います。

今日一日ご静聴いただきましてありがとうございました。最後に、五人の発表者と五人のコメンテーターの方々に、もう一度盛大な拍手をお願いいたします。

（拍手）

《注》

（一）吉川忠夫「六朝士大夫の精神生活」（『岩波講座　世界歴史』四、一九七〇年、『六朝精神史研究』同朋舎出版、一九八四年に所収）。

（二）「（袁）紹客多豪俊、並有才説、見玄儒者、未以通人許之、競設異端、百家互起」（『後漢書』列伝二十五　鄭玄伝）。

（三）渡邉義浩（編）『両漢の儒教と政治権力』（汲古書院、二〇〇五年）の第一部　渡邉義浩「後漢儒教の固有性—

『白虎通』を中心として」に対する池田秀三のコメントおよび総合討論を参照。
(四)池田秀三「読風俗通義皇覇篇礼記」(『中国思想史研究』一六、一九九三年)、「風俗通義研究緒論」(『中国古典研究』三八、一九九三年)。
(五)王啓発『礼学思想体系探源』(中州古籍出版社、二〇〇五年)。
(六)吉川忠夫『六朝精神史研究』(前掲)。
(七)渡邉義浩「杜預の左伝癖と西晉の正統性」(『六朝学術学会報』六、二〇〇五年)。
(八)渡邉義浩「西晉における国子学の設立」(『東洋研究』一五九、二〇〇六年)。
(九)蜂屋邦夫(編)『儀礼士冠疏』(東京大学東洋文化研究所、一九八四年)、蜂屋邦夫(編)『儀礼士昏疏』(東京大学東洋文化研究所、一九八六年)。

第三部　両漢における易と三礼

一、『周易』研究の課題と方法

池田　知久

はじめに

この論文は、二〇〇六年七月に韓国成均館大学校で開催された国際学術会議「儒教経典研究方法論検討」に提出したものであるが、本書の研究テーマと関係がなくもないので、本書に収められることになったものである。

諸々の儒教経典、五経は、『詩』と『書』が比較的早い時期から高い位置を与えられていたのを除くと、他の『礼』『楽』『春秋』『易』はその後、戦国時代末期以後に「経」として取り扱われるようになったものである。前漢時代全体を通じて儒教が国教化されていく中で、以上の経典の価値・意味も次第に高くなっていったけれども、しかし前漢後期に至るまでは、五経は決して絶対的な価値・意味を持つものと認められてはいなかった。

したがって、以上の時期における経典研究の重要な課題の一つは、五経のもともとの姿はどういうものであり、それがいかなる理由・条件・背景によって経典と認められ、いかなる紆余曲折を経て五経に伸し上がっていったのかを、当該の経典・経学やその歴史的展開に即して内在的に、またその経典・経学を繞る周辺の文化や社会から外在的に、つまり内在と外在の両面から、科学的実証的に究明することである。そして、このような究明を行う場合には、以下の事情に注意しなければならない。――戦国末期以来進められた諸文献の経典化、前漢全期を通じて行われた儒教国教化、それ以後清代末期まで続いた儒教の正統化などに基づく、諸経典への度過ぎた讃美とそれに伴う神話・伝説とを極力排除して、諸経典の真実の姿を明らかにすべく努めなければならず、これらのことを通じて、中国古代社会の発展に基礎を置いた中国古代思想史・中国古代学術史の発展を正確に画くべく努めなければならない。

私の見るところ、漢代以前における五経などの儒教経典の真実を追究すべき研究は、二一世紀の今日に至っても、前漢時代に開始された経典への特別扱いに大きな変更が加えられておらず、諸経典への度過ぎた讃美とそれに伴う神話・伝説への信仰から依然として解放されていない。『詩』については、かつて一九一九年に Paul Marcel Granet が『中国古代の祭祀と歌謡』(Fêtes et chansons anciennes de la Chine) において、伝統的な経学的解釈からほぼ完全に解放された優れた模範例を示したが、同じような検討の試みがすべての経典に対して必要であると考える。そして、このような検討の試みは、出土資料が大量に発見されている今日では、比較的容易に行うことができるのである。

一、

まず、『易』という書物の戦国末期までの古い姿と、それが儒教化・経典化されたその後の姿とを比較・対照しながら、前者から後者への歴史的発展について、主として『周易』の内面にある表現や思想に即して内在的に究明してみよう。

『周易』というものは、早く戦国時代までは単に『易』と呼ばれるのが常であり、それが『周易』と呼ばれるようになるのは、前漢初期になってからのことである。さらに『易経』と呼ばれるようになるのは、前漢後期以降のことであろう。

その『易』は、もともと古くから民間に存在していた占いの書物および技術の体系であり、例えば、交友・就職・結婚・出産・病気・旅行・祭祀などといった、人々の日常生活上に発生する諸問題の吉凶・禍福を占うものであった。近年の中国においては、従来その存在が知られていなかったおびただしい数量の貴重な内容を有する資料が陸続と地下から出土しているが、それらの新出土資料の中に、以上の『易』と並んで『日書』『式法』（以前の『陰陽五行』を改称したもの）『五星占』『帰蔵』などの書物が相当多く含まれている。これらは『易』とほぼ同じ性質を有する広義の占いの書物であり、戦国～前漢の当時、下は庶民から上は王侯・貴族に至るまで、人々はこれら多種多様の占いを用いて日常生活を営んでいたのである。

したがって、戦国末期に至るまでの古い『易』は、卦画・卦名・卦辞・爻辞だけから成る簡単な『六十四卦』であったと考えられる。これは、一方で、それ以前の殷代・周代の甲骨卜辞が、王朝にとっての大事、すなわち異民族との戦争、年穀を左右する天候、王家の祖先の祭祀などの吉凶・禍福を占うのとは異なっていたし、また他方で、それ以後に次第に整備されていった『周易』や『易経』が、儒教化された高度な形而上学などの哲学、陰陽・五行の自然哲学、道徳思想、政治思想などを含むようになるのとは異なっていた。後者については、特に正しい理解が求められる。

後者の代表的な一例を挙げて、主として内在的な方法によって、『易』という占筮の儒教化・道徳化、広く言えば宗教の世俗化について考えてみよう。『周易』のいくつかの卦辞の中に、「元亨利貞」という文句がある。この文句は、戦国末期～前漢初期に成書された馬王堆漢墓帛書『周易』（以下、馬王堆帛書『周易』などと略称する。）の時代までは、訓読（日本語式の直訳）をすれば、「元《おお》いに亨《とお》る、貞《と》うに利《よろ》し。」と訓《よ》むことができ、「万事うまくゆく、卜問するのに有利である。」という意味になる。そして、馬王堆帛書『周易』などを検討した研究者たちにとって、これはすでに定説となっている。やや詳しく述べれば、「元」は副詞で、大いにの意。「亨」は動詞で、天・鬼神が卜問者の願いをかなえてくれるの意。「利」は、助動詞で、……するのに有利である、有利に……することができるの意。「貞」は、動詞で、卜問するの意である。

ところが、通行本『周易』の乾卦の文言伝はこの文句を、

元者、善之長也。亨者、嘉之会也。利者、義之和也。貞者、事之幹也。君子体仁足以長人、嘉会足以合礼、利物足以和義、貞固足以幹事。君子、行此四徳者。故曰、「乾、元亨利貞。」

と解釈している。この解釈は、「乾、元亨利貞。」の一文を、「乾は、元・亨・利・貞なり。」あるいは「乾に、元・亨・利・貞あり。」と訓んで、「乾の卦には、元・亨・利・貞の四徳がある。」という意味に取るものである。したがって、この解釈は、この文句にもともと固有であった占いとしての宗教的な内容から離れて、それを乾卦の「四徳」として実体化・儒教道徳化しているところに特徴がある、と言うことができる。特に「貞」の字を貞正の徳として儒教道徳的に解釈したのは、前漢初期までの占筮諸書が殷代の甲骨卜辞の「貞」の意味をそのまま受け継いで、占人が天・鬼神に吉凶を問いたずねるの意としてきたのと、決定的に異なっている。これこそ正しく『易』の儒教化・道徳化、また宗教的な『易』の世俗化の現れに他ならない。そして、これは文帝期後半〜武帝期の儒家が行った仕事と考えられる。

これと関連して思い起こされるのは、『春秋左氏伝』襄公九年に、

穆姜薨於東宮。始往而筮之、遇艮之八䷳。史曰、「是謂艮之随䷐。随、其出也。君必速出。」姜曰、「亡。是

於『周易』曰、『随、元・亨・利・貞、無咎。』元、体之長也。亨、嘉之会也。利、義之和也。貞、事之幹也。体仁足以長人、嘉徳足以合礼、利物足以和義、貞固足以幹事。然、故不可誣也、是以雖随無咎。今我婦人而与於乱。固在下位而有不仁、不可謂元。不靖国家、不可謂亨。作而害身、不可謂利。棄位而姣、不可謂貞。有四徳者、随而無咎。我皆無之、豈随也哉。我則取悪、能無咎乎。必死於此、弗得出矣。」

とある文章である。これは、随卦の「元亨利貞」に関する『春秋左氏伝』作者の解釈を示したものであるが、上述した通行本『周易』乾卦の文言伝の解釈と比較すると、占筮の儒教化・道徳化がさらに進んでいることが確認される。このような進歩した解釈は、春秋時代の襄公九年といった早い時期の思想の現れでありえないことは言うまでもなく、上述した乾卦の文言伝の成立した文帝期後半〜武帝期よりも、さらに後の時代の成立であろうと推測することができる。

ちなみに、戦国末期〜前漢初期に成書された馬王堆帛書『易伝』繆和篇に「元者、善之始也。吉者、百福之長。」(渙卦の六四の爻辞の解説)とあり、また「亨者、嘉好之会也。」(謙卦の卦辞の解説)とあり、同じく二咠(三)子問篇に「元、善之始也。」(坤卦の六五の爻辞の解説)とある。これらの文章は、先に見たように、その後、通行本『周易』乾卦の文言伝において乾卦の「四徳」として定式化されるに至るものの、未完成な試行錯誤の残滓であろう。言い換えれば、馬王堆帛書『易伝』において、「元」と「吉」と「亨」だけに限って個別的にではあるが、この「元亨利貞」という文句の、実体化・儒教道徳化の試行錯誤がすでに開始されており、その後、通行本『周易』乾卦の文言伝がこの個別的な試行錯誤を乾卦の「四徳」として総合して定式化し、さらにその後、『春秋左氏伝』の作者がこれを利用して穆姜説話の結末に儒教道徳的な深い内容を盛りこんだ、ということになる。

二、

通行本『周易』の経伝の中に、上述した「乾、元亨、利貞。」と文型が同じか、または類似する文は、相当に多い。その中の「利」という言葉は、もともと、その下に来る動詞または動詞句にかかる助動詞であり、……するのに有利である、有利に……することができる、という意味であった。「利」という助動詞は、また「利以」とも「利用」とも書くが、それらの意味には区別はない。その上、「利」「利以」「利用」は戦国末期～前漢初期の当時、大雑把に言うならば、「可」「可以」「可用」とも通用する助動詞であった。

このような事実は、通行本『周易』の経文だけによっても容易に確認することができる。以下、特に目立つ七個条（1～7）に関して、そのことを記しておく。なお、「十翼」には同様の例が非常に多いので、ここでは「十翼」からはその極く一部分だけを挙げるに止める。

1―(1)、観卦の六四の爻辞に「観国之光。利用賓于王。」とあり、姤卦の九二の爻辞に「包有魚、无咎、不利賓。」とあるのは、「利用」と「利」との間に区別がないことを示している。

2―(1)、蒙卦の上九の爻辞に「撃蒙、不利為寇、利禦寇。」とあり、益卦の初九の爻辞に「利用為大作、元吉、无咎。」とあり、同じく六四の爻辞に「中行告公従、利用為依遷国。」とあるのは、「利」と「利用」との間に区別がないことを示している。なお、乾卦の象伝には「象曰、……用九、天徳不可為首也。」という文がある。

3―(1)、漸卦の九三の爻辞に「鴻漸于陸。夫征不復、婦孕不育、凶。利禦寇。」とあり、その象伝に「象曰、夫征不復、離群醜也。婦孕不育、失其道也。利用禦寇、順相保也。」とある。また、蒙卦の上九の爻辞に「撃蒙、不利為寇、利禦寇。」とあり、その象伝に「象曰、利用禦寇、上下順也。」とある。以上の二条の象伝は、経文をそのまま引用したものであるので、ここから「利」と「利用」とに区別がないと認めることができる。

4―⑴、謙卦の上六の爻辞に「鳴謙、利用行師、征邑国。」とあり、その象伝に「象曰、鳴謙、志未得也。可用行師、征邑国也。」とあるのは、「利用」と「可用」とに区別がないことを示す。この象伝も経文をそのまま引用したものである。

5―⑴、損卦の卦辞に「損、有孚、元吉、无咎、可貞。利有攸往。曷之用、二簋可用享。」とあり、困卦の九二の爻辞に「困于酒食、朱紱方来。利用享祀。征、凶、无咎。」とあるのは、「可用」と「利用」とに区別がないことを示す。

6―⑴、需卦の卦辞に「需、有孚、光亨。貞、吉。利渉大川。」、訟卦の卦辞に「訟、有孚、窒惕、中吉、終凶。利見大人、不利渉大川。」、同人卦の卦辞に「同人于野、亨。利渉大川。利君子貞。」、蠱卦の卦辞に「蠱、元亨。利渉大川。先甲三日、後甲三日。」、大畜卦の卦辞に「大畜、利貞。不家食、吉。利渉大川。」、頤卦の六五の爻辞に「払経、居貞、吉。不可渉大川。」、同じく上九の爻辞に「由頤、厲、吉。利渉大川。」、益卦の卦辞に「益、利有攸往。利渉大川。」、渙卦の卦辞に「渙、亨。王仮有廟。利渉大川、利貞。」、中孚卦の卦辞に「中孚、豚魚、吉。利渉大川、利貞。」、未済卦の六三の爻辞に「未済、征凶。利渉大川。」などとある。以上の資料は、「利」と「可」とに区別がないことを示す。

7―⑴、乾卦の九二の爻辞に「見龍在田、利見大人。」、同じく九五の爻辞に「飛龍在天、利見大人。」、訟卦の卦辞に「訟、有孚、窒惕、中吉、終凶。利見大人、不利渉大川。」、蹇卦の卦辞に「蹇、利西南、不利東北。利見大人、貞吉。」、同じく上六の爻辞に「往蹇、来碩、吉。利見大人。」、萃卦の卦辞に「萃、亨。王仮有廟。利見大人。亨、利貞。用大牲、吉。利有攸往。」、升卦の卦辞に「升、元亨。〔利〕用見大人、勿恤。南征、吉。」、巽卦の卦辞に「巽、小亨。利有攸往、利見大人。」などとあり、升卦の卦辞の「〔利〕用見大人」の一例を除けば、他の八例はすべて「利見大人」である。升卦の卦辞の「〔利〕用大人」は、上海博物館蔵戦国楚竹書『周易』（以下、上海楚簡『周易』などと略称する。）と馬王堆帛書の訟卦の卦辞に基づいて、「利」の一字が脱していると考えて補うべきであり（7―⑵を参照）、それ故「利」と「利用」とに区別がないことになる。

以上は、通行本『周易』の経文だけによって、「利」という助動詞の用法について実証的に考証したものである。しかし、我々が今日利用することができる最古の『易』に、戦国末期～前漢初期に成書され、近年出土した『周易』、すなわち上海楚簡『周易』・馬王堆帛書『周易』・阜陽漢簡『周易』がある。この三種の『周易』にも目を通さなければならない。

1―⑵、観卦の六四の爻辞については、馬王堆帛書は「観国之光。□用賓于王。」に作り、阜陽漢簡は「……之光。利用□」に作る。また、姤卦の九二の爻辞については、上海楚簡は「橐（包）又（有）魚、亡咎、不利穷（賓）。」に作り、馬王堆帛書は「枹（包）有魚、无咎、不利賓。」に作る。これらにおける「利」の用法は、通行本と相異はないようである。

2―⑵、蒙卦の上九の爻辞については、上海楚簡は「毄（撃）尨（蒙）、不利為寇、利迎（禦）寇。」に作り、馬王堆帛書は「……利所寇。」に作る。また、益卦の初九の爻辞については、馬王堆帛書は「利用為大作、元吉、无咎。」に作る。また、益卦の六四の爻辞については、馬王堆帛書は「中行告公従、利用為家遷国。」に作る。これらにおける「利」の用法は、通行本と相異はない。

3―⑵、漸卦の九三の爻辞については、上海楚簡は「鳿（鴻）漸于陸。夫征不復（復）、婦孕而□、……」に作り、馬王堆帛書は「鳿（鴻）漸于陸。□□□復、婦繩（孕）不□、凶。利所寇。」に作る。これらにおける「利」の用法は、通行本と相異はない。

4—⑵、謙卦の上六の爻辞については、上海楚簡は「鳴壓（謙）、可用行帀（師）、征邦。」に作り、馬王堆帛書は「鳴□、……」に作る。これによって「利用」と「可用」とに区別のない例が一つ追加されたことになる。

5—⑵、損卦の卦辞については、馬王堆帛書は「損、有復（孚）、元吉、無咎、可貞。□有攸往。禽（曷）之用、二巧（簋）可用芳。」に作る。また、困卦の九二の爻辞については、馬王堆帛書は「困于酒食、絑（朱）発（紱）方來。利用芳祀。正（征）、凶、无咎。」に作り、阜陽漢簡は「□于酒食、……」に作る。これらにおける「利」の用法は、通行本と相異はない。

6—⑵、需卦の卦辞については、上海楚簡は「𦓎（需）、又（有）孚、光卿（亨）。貞、吉。利渉大川。」に作り、馬王堆帛書は「襦（需）、有復（孚）、光亨。貞、吉。利渉大川。」に作る。また、訟卦の卦辞については、上海楚簡は「訟、又（有）孚、懥（窒）悳（惕）、中吉、冬（終）凶。利用見大人、不利渉大川。」に作り、馬王堆帛書は「訟、有復（孚）、洫（窒）寧（惕）、克〈中〉吉、冬（終）兇（凶）。利用見大人、不利渉大川。」に作り、阜陽漢簡は「……不利渉大……。」に作る。また、同人卦の卦辞については、馬王堆帛書は「同人于野、亨。利渉大川。利君子貞。」に作り、阜陽漢簡は「同人于壄（野）、亨。……□君子之貞。」に作る。また、蠱卦の卦辞については、上海楚簡は「蛊（蠱）、元卿（亨）。利渉大川。迣（先）甲晶（三）日、遂（後）甲晶（三）日。」に作り、馬王堆帛書は「箇（蠱）、□吉、亨。利渉大川。先甲三日、後甲三日。」に作り、阜陽漢簡は「……日、後甲三日。」に作る。また、大畜卦の卦辞については、上海楚簡は「大竺（畜）、利貞。不𧰼（家）而飤（食）、吉。利渉大川。」に作り、馬王堆帛書は「泰（大）蓄（畜）、利貞。不家食、吉。利渉大川。」に作る。また、頤卦の六五の爻辞については、上海楚簡は「𩠐（払）経、凥（居）貞、吉。不可渉大川。」に作り、馬王堆帛書は「……居貞、吉。……川。」に作り、阜陽漢簡は「……不経、……」に作る。同じく上九の爻辞については、上海楚簡は「䌛（由）頤、礪（厲）、吉。利渉大川。」に作り、馬王堆帛書は「……渉大川。」に作る。また、益卦の卦辞については、馬王堆帛書は「益、利有攸往。利渉大川。」に作る。また、渙卦の卦辞については、上海楚簡は「䜌（渙）、卿（亨）。王叚（仮）于𡪞（廟）。利見大人、利渉大川。」に作り、馬王堆帛書は「渙、亨。王叚（仮）于廟。利渉大川、利貞。」に作る。また、中孚卦の卦辞については、馬王堆帛書は「中復（孚）、豚魚、吉。和〈利〉渉大川、利貞。」に作る。また、未済卦の六三の爻辞については、上海楚簡は「未凄（済）、征凶。利渉大川。」に作り、馬王堆帛書は「未済、正（征）凶。利渉大川。」に作る。以上によれば、出土資料の三種の『周易』における「利渉大川」は、通行本のそれとほとんど変わりがないことが分かる。

7—⑵、乾卦の九二の爻辞については、馬王堆帛書は「見龍在田、利見大人。」に作り、阜陽漢簡は「見……」に作る。同じく九五の爻辞については、馬王堆帛書は「𦐂（飛）龍在天、利見大人。」に作る。また、訟卦の卦辞については、上海楚簡は「訟、又（有）孚、懥（窒）悳（惕）、中吉、冬（終）凶。利用見大人、不利渉大川。」に作り、馬王堆帛書は「訟、有復（孚）、洫（窒）寧（惕）、克〈中〉吉、冬（終）兇（凶）。利用見大人、不利渉大川。」に作り、阜陽漢簡は「……不利渉大……。」に作る。蹇卦の卦辞については、上海楚簡は「訐（蹇）、利西南、不利東北。利見大人。」に作り、馬王堆帛書は「蹇（蹇）、利西南、不利東北。利見大人、貞吉。」に作り、阜陽漢簡は「……利西南、……利東北。利見……人、貞吉。」に作る。同じく上六の爻辞については、上海楚簡は「逹（往）訐（蹇）、𣥺（来）碩、吉。利見大人。」に作り、馬王堆帛書は「往蹇（蹇）、来石（碩）、吉。利見大人。」に作る。また、萃卦の卦辞については、上海楚簡は「啐（萃）、王畧（仮）于𡪞（廟）。利見大人。卿（亨）、利貞。用大牲、利又（有）卣（攸）逹（往）。」に作り、馬王堆帛書は「卒（萃）、王叚（仮）于廟。利見大人。亨、利貞。用大生（牲）、吉。利有攸往。」に作る。また、升卦の卦辞については、馬王堆帛書は「登（升）、元亨。利見大人、勿血（恤）。南正（征）、吉。」に作る。また、巽卦の卦辞については、馬王堆帛書は「……亨。利有攸往、利見大……」に作る。以上によって、「利」と「利用」とに区別のない例が一つ（訟卦の卦辞）追加されたわけである。

ちなみに、秦代・漢代の中国に、広範囲に大量に存在・流布していた『日書』という資料が、近年新たに出土して研究者の注目を集めている。それらはの『日書』は、『易』とほぼ同じ性質を有する広義の占いの書物と言ってよい。ここでは、それらの中から特に類似が顕著な「利」の用例を挙げて、若干の検討を行ってみる。

4―⑶、通行本『周易』謙卦の上六の爻辞は「鳴謙、利用行師、征邑国。」であり、これを上海楚簡が「鳴㢘（謙）、可用行帀（師）、征邦。」に作り、馬王堆帛書が「鳴□、……」に作っていることは、4―⑵に既述した。これと共通する文句が、睡虎地秦簡『日書』甲種「除」（七正貳）に「達日、利以行帥〈師〉、出正（征）、見人。以祭、上下皆吉。生子、男吉、女必出於邦。」とある。この前半部分は、「利以行帥〈師〉、利以出正（征）、利以見人。」という意味である。

睡虎地秦簡『日書』甲種の第一句は、君主などが軍隊を派遣して軍事行動を起こすことの可否を占う占いの中に現れる表現である。『周易』では通行本豫卦の卦辞に「豫、利建侯、行師。」とあり、上海楚簡は「余（豫）、利建矦（侯）、行帀（師）。」に作り、馬王堆帛書は「余（豫）、利建矦（侯）、行師。」に作る。また、通行本復卦の上六の爻辞に「迷復、凶。有災眚。用行師、終有大敗。以其国君、凶。至于十年、不克征。」とあり、上海楚簡は「迷……」に作り、馬王堆帛書は「迷復、兇（凶）。有茲（災）省（眚）。用行師、終有大敗。以亓（其）国君、凶。至十年、弗克正。」に作る。復卦の上六の爻辞の「用行師」は別として、睡虎地秦簡『日書』甲種と『周易』諸本における「利以」「利用」「利」「可用」の四種の助動詞には、区別がないと考えてよかろう。

　第二句も、やはり軍隊を派遣して他国を征服することの可否を占う占いである。「出征」という言葉は、『周易』では通行本離卦の上九の爻辞に「王用出征、有嘉折首。獲匪其醜、无咎。」とあり、馬王堆帛書は「王出正（征）、有嘉折首。獲不𢧐醜、无咎。」に作る。これらには「利」の字が登場しない。離卦の上九の爻辞は別にして、睡虎地秦簡『日書』甲種の「利以出正（征）」と『周易』通行本謙卦の上六の爻辞の「利用征邑国」とはほぼ同じ内容であるから、「利以」と「利用」との間には区別がないと考えられる。ちなみに、「行師、出征」は、『日書』においてしばしば占われる重要なテーマであって、例えば、睡虎地秦簡『日書』乙種「除」（一九壹）には「平達之日、利以行師徒、見人、入邦。罔（網）邋（獵）獲。作事、吉。」とあり、九店楚簡『日書』（三〇）には「未・栖（酉）・戌・亥・子・丑・寅・卯・唇（辰）・巳・午、是胃（謂）達日。𥝢（利）吕（以）行帀（師）徒、出正（征）、㝵（得）。吕（以）祭、少大吉。生子、男吉、女必出亓（其）邦。逃人不㝵（得）。𥝢（利）吕（以）於寇（寇）逃（盗）。」とある。それらの内容と意味も『周易』謙卦の上六の爻辞の内容と意味とほとんど同じである。したがって、『易』は大雑把に把えるならば、『日書』とほぼ同じ性質を有する広義の占いの書物であり、このように当時民間に大量に存在・流布していた『日書』『易』などの占いを背景にしてそれらの中から、戦国末期以降、儒家が特に『易』を取り上げてそれを精錬しつつ、『易伝』を著作することを通じて『易』を儒教化していったものと推測することができよう。

　第三句は、他人と会見することの可否を占う占いである。これは、『周易』諸本では7―⑴と7―⑵引用した「利見大人」「利用見大人」という句型で登場している。睡虎地秦簡『日書』甲種と『周易』諸本の比較によれば、「利以」と「利」と「利用」とが助動詞として同じ働きを持っていることになる。（7―⑶を参照。）

7―⑶、『周易』乾卦の九二の爻辞などの「利見大人」「利用見大人」と類似する文句が、諸種の『日書』に多く見えている。例えば、睡虎地秦簡『日書』甲種「除」（六正貳）に「陰日、利以家室、祭祀、家（嫁）子、取（娶）婦。入材（財）、大吉。以見君上、数達、毋咎。」とあり、睡虎地秦簡『日書』甲種「稷辰」（四四正）に「衡、是胃（謂）六甲相逆。利以戦伐、不可以見人、取（娶）婦、家（嫁）女、出入貨及生。不可祠祀、哥（歌）楽。以生子、子死。亡者、得。不得必死。毄（繫）、久不已。不可又（有）為也。……」、同じく乙種（六三）に「徹、大徹。利単（戦）伐、不可以見人、取（娶）妻、嫁女、出入人民・畜生。祠、必闘見血。以生子、死。亡者、得。以毄（繫）、久。……」とあり、睡虎地秦簡『日書』甲種「吏」（一六六陸）に「己丑、以見王公、必有拲（拝）也。」とあり、睡虎地秦簡『日書』乙種「入官」（二三六貳）に「甲寅・己丑・乙巳、皆可見人。」とあり、睡虎地秦簡『日書』乙種「除」（一五）に「嬴陽之日、利以見人、祭、作大事。取（娶）妻、吉。裚（製）、寇〈冠〉、帯、君子益事。」とあり、九店楚簡『日書』（四一・四二）に「凡不吉日、𥝢（利）㠯（以）見公王与貴人、𥝢（利）㠯（以）取貨於人之所、毋㠯（以）舎人貨於外。」とある。これらの『日書』諸本の内、睡虎地秦簡甲種「除」の「見君上」、睡虎地秦簡甲種「吏」の「見王公」、九店楚簡の「見公王与貴人」は、『周易』の「見大人」とほぼ同じ事実を表しており、君主・貴人と会見することを指している。また、諸『日書』の「見人」は、『周易』の「見大人」とはやや異なって、さらに広く一般に他人と会見することであろうが、参考にすることができる。これらの資料によるならば、『周易』諸本の「利」「利用」は、『日書』諸本の「可以」「利以」に相当していると見ることができよう。ちなみに、ここに引用した『日書』諸本が多大の関心を抱いているテーマは、『周易』においても占筮のテーマとなっているものが少なくない。例えば、「祭祀」は『周易』困卦の九五の爻辞に、「取（娶）婦」「取（娶）妻」は「取女」として蒙卦の六三の爻辞、咸卦の卦辞、姤卦の卦辞に、「亡者、得。」は「随有求、得。」として随卦の六三の爻辞、「随有獲」として随卦の六四の爻辞に、「作大事」は「為大作」として益卦の初九の爻辞に、それぞれ見えている。

助動詞としての「利」は、もともとは形容詞であったと考えられる。当時の民間の人々は、これを有利性を判断する助動詞として使用して、『易』や『日書』の中にその用例を残した。また、「用」「以」は介詞であって、上に述べたことがらを承ける役割を果たす言葉であり、実際、同じ構造を持つ「利用」「利以」「可以」「足以」「易以」「難以」などの助動詞の古い用例を調べてみると、「用」「以」に比較的明瞭な介詞の役割を感じ取ることができる。しかし、後代になって「利以」「可以」「足以」「易以」「難以」などが多用されればされるほど、「用」「以」の介詞の役割は減少していき、「利以」「可以」「足以」「易以」「難以」などが一つの助動詞として使用されるようになっていった。現代漢語の今日に至っても「可以」「足以」「難以」などは、助動詞としてまだ消滅せずに使用されている。言うまでもなく、これらの助動詞には意味や用法の相異があって、「利」「利用」「利以」が有利性を判断する助動詞であるのに対して、「可」「可以」は許可性を判断する助動詞である、等々。したがって、『易』や『日書』の中の「利」「利用」「利以」と「可」「可用」「可以」とは、厳密に言えばその意味・用法に、若干の相異があることは勿論であるが、ここでは大局を押さえることに主眼を置いた。時が経過するとともに、これらの中でも「利」「利以」「利用」は助動詞として生き延びることができず、やがて口語の世界からは言うに及ばず、文言の世界からも姿を消してしまった。「利」「利用」「利以」がこのような結果になった原因の一つは、以上の考察から判断して、ことによると、『易』の儒教化・道徳化にあったのかもしれない。

三、

次に、戦国時代~前漢時代の間、周辺にいた思想家たちが『易』という書物をどのように取り扱ってきたか、またほぼ同時代の書物が『易』に関してどのような記載を残しているかについて、主として外在的に究明してみよう。

さて、『易』という文献は、もともと占筮の書であり、戦国末期に至るまでは儒教の経典となっておらず、儒家とは何の関係もないものであった。儒家の重要な思想家たちは、開祖である春秋末期の孔子以来、戦国時代の孟子・荀子などに至るまで『易』に肯定的に言及したことがほとんどなかった。『易』の引用や『易』への言及の例としては、『荀子』の中にわずかに四条、すなわち、

凡言不合先王、不順礼義、謂之奸言。雖辯、君子不聴。法先王、順礼義、党学者、然而不好言、不楽言、則必非誠士也。故君子之於言也、志好之、行安之、楽言之。故君子必辯。凡人莫不好言其所善、而君子為甚。故贈人以言、重於金石珠玉。観人以言、美於黼黻文章。聴人以言、楽於鍾鼓琴瑟。故君子之言無厭。鄙夫反是、好其実、不恤其文。是以終身不免埤汙庸俗。故易曰、「括嚢、無咎無誉。」腐儒之謂也。(非相篇)

易之咸、見夫婦。夫婦之道、不可不正也、君臣父子之本也。咸、感也。以高下下、以男下女、柔上而剛下。(大略篇)

易曰、「復自道、何其咎。」春秋賢穆公、以為能変也。(大略篇)

不足於行者説過、不足於信者誠言。故春秋善胥命、而詩非屢盟、其心一也。善為詩者不説、善為易者不占、善為礼者不相、其心同也。(大略篇)

があるだけである。これら四条の内、三条の含まれている大略篇は、戦国最末期~前漢初期の荀子の門流の手に成る

雑録である（一）。

第一に、咸卦についての評論の文章は、儒家の『易』に対する研究（つまり『易伝』の著作）が道家の謙譲思想の影響を受けるようになった以後の思想であって、その成立は早くとも戦国末期以降である（二）。この文章の中には、通行本『周易』彖伝と同じ「咸、感也。」「柔上而剛下。」の両文が含まれている。しかし彖伝に固有の最も重要な思想、すなわち二元的原理の合一による万物生成論（三）がまだ含まれていない。これは彖伝その他に目立って多く現われる新しい思想であって、世界を構成する二元的原理として「天地」「剛柔」「男女」などを挙げて、その合一による「万物」の生成や展開を説く生成論哲学である。例えば、泰卦の彖伝に、

泰、小往大来、……則是天地交、而万物通也。上下交、而其志同也。内陽而外陰、内健而外順、内君子而外小人。君子道長、小人道消也。

とあり、咸卦の彖伝に、

咸、感也。柔上而剛下、二気感応以相与。……天地感、而万物化生。聖人感人心、而天下和平。観其所感、而天地万物之情可見矣。

とあり、**姤**卦の彖伝に、

姤、遇也。柔遇剛也。……天地相遇、品物咸章也。剛遇中正、天下大行也。

とあり（彖伝では他に否卦・恒卦・睽卦・帰妹卦などにもある）、繫辞下伝に、

天地絪縕、万物化醇。男女構精、万物化生。

とあり、序卦伝に、

有天地、然後万物生焉。……有天地、然後有万物。有万物、然後有男女。

とある。これらと思想を同じくするけれども、より古拙でその原型となったと見なしうる文章が、馬王堆帛書『易伝』要篇に、

天地（混）困、万勿（物）潤。男女購（構）請（精）、而万物成。

天地困（混）じて、万勿（物）潤う。男女請（精）を購（構）わせて、万物成る。

とある。以上の諸資料における「天地」「剛柔」「男女」は、咸卦の彖伝にも明言されているとおり「陰陽」の二気に等しく、その『周易』的あるいは文学的表現に他ならない。このような二元的原理としての「陰陽」の合一による万物生成の哲学は、戦国末期以後の『荘子』『呂氏春秋』『淮南子』などの道家や陰陽家の唱えたところであって、戦国儒家ではわずかに『荀子』礼論篇に、

性偽合、然後成聖人之名、一天下之功、於是就也。故曰、「天地合而万物生、陰陽接而変化起、性偽合而天下治。」

とある引用に見えるのみで、それも荀子特有の思想である「性偽合而天下治」を言うための行きがけの駄賃にすぎない。また前漢初期の儒家もこのような生成論哲学を論じていない。したがって、この哲学は、儒家にしてみればあくまで道家・陰陽家からの借り物であるが、戦国末期〜前漢初期に成書の馬王堆帛書『易伝』要篇の中で始めて思索を試み、それ以後、彖伝を著す文帝期後半〜成帝期に完備するようになったものではなかろうか。それ故、『荀子』大略篇のこの文章は、彖伝がまとまった形で成書される以前の、彖伝の形成のために素材を提供したものの一つであろう。

第二に、小畜卦の初九の爻辞の引用は、これを『春秋』の歴史解釈に使用しようとするのが戦国時代までの本来の占筮としての『易』からすでに離れてしまっている。その上、これは、『春秋』文公十二年の「秦伯使遂来聘。」に対す

る、『公羊伝』の「遂者何。秦大夫也。秦無大夫、此何以書。賢繆公也。何賢乎繆公。以為能変也。其為能変奈何。」と密切な関係がある。この小畜卦の引用は、『春秋』や『公羊伝』を始めとする儒教の経典を根底から支えることのできるものとして、『易』を位置づけていると把握しなければならないが、そのような『易』の位置づけは戦国末期以降になって初めて行われたことである。[四]

第三に、「善為易者不占」という句は、『易』を『春秋』『詩』『礼』とともに挙げているところからして、『易』が経典として取り扱われていることは明らかである。そして、この文は必ずしも単純に「占い」を否定しているのではないけれども、しかしここには道家流の逆説的論理あるいは弁証法的論理を援用しつつ、実際の具体的な「占い」を価値の低いものと見なしてそれを高く超越していこうという態度が認められる。このような態度は、道家思想が盛行した時代（戦国末期～前漢初期）の産物と考えるべきである。ちなみに、『荀子』天論篇に、

　雩而雨、何也。曰、無佗〈何〉也、猶不雩而雨也。日月食而救之、天旱而雩、卜筮然後決大事、非以為得求也、以文之也。故君子以為文、而百姓以為神。以為文則吉、以為神則凶也。

とある文章も参照される。荀子にあっては、雩祭・卜筮などはそれらを「神」と意味づける呪術・宗教としては否定され、「文」と意味づける儒教文化の枠内に入って初めて肯定されるのである。

残る非相篇の一条も、従来から荀子その人の作ではなくその後学の作であろうと疑われている。[五] この文章は、儒家の「君子」は「先王の礼義」を外に向かって積極的に「言う」べきだと主張したものであり、それに反して道家のように「不言」「無言」のままでいるのは「腐儒」に他ならないと批判する場面で、坤卦の六四の爻辞を引用している。「不言」「無言」の哲学は、改めて言うまでもなく、先秦以来の道家の唱えたところであり、例えば、王弼本『老子』第二章・第四十三章に「不言之教」、第五十六章に「知者不言」、第七十三章に「不言而善応」などとあり、『荘

子』斉物論篇に「大辯不言」「不言之辯」、徳充符篇に「不言之教」、天道篇に「知者不言」、田子方篇に「不言而信」、知北遊篇に「夫知者不言」「不言之教」「天地有大美而不言」、徐无鬼篇に「不言之言」「不言之辯」、外物篇に「得意而忘言」、寓言篇に「无言」、列御寇篇に「勿言難」「知而不言」などとあるとおりで、その資料は枚挙するに暇がないほどある。ところが、『老子』や『荘子』以後になると、儒教化された『易伝』も道家哲学の影響を被って「不言」「無言」を支持するように変わっていった。新出土資料の馬王堆帛書『易伝』には、坤卦の六四の爻辞を引用して注釈している個所が三つある。一つは、二吕（三）子問篇の、

●易曰、「聒（括）嚢、無咎無誉。」孔子曰、「此言箴（緘）小人之口也。小人多言多過、多事多患、□□□以衍矣、而不可以言箴（緘）之。亓（其）猷（猶）『聒（括）嚢』也。莫出莫入、故曰、『無咎無誉。』」二吕（三）子問曰、「獨無箴（緘）於聖〔人之口乎。孔子曰〕、「聖人之言也、徳之首也。聖人之有口也、猷（猶）地之有川浴（谷）也、財用所繇（由）出也。猷（猶）山林・陵沢也、衣食・家□〔所〕繇（由）生也。聖人壹言、万世用之。唯恐亓（其）不言也、有（又）何箴（緘）焉。」

●易に曰わく、「聒（括）嚢は、咎も無ければ誉れも無し。」と。孔子曰わく、「此れ小人の口を箴（緘）するを言うなり。小人は多言多過にして、多事多患なり、□□□以て衍るも、言を以て之れを箴（緘）する可からず。亓れ猷（猶）お聒（括）嚢のごときなり、出づるもの莫く入るもの莫し。故に曰わく、『咎も無ければ誉れも無し。』」と。二吕（三）子問うて曰わく、「獨り聖〔人の口〕を箴（緘）すること無き〔か〕。」と。〔孔子曰わく〕、「聖人の言や、徳の首なり。聖人の口を有するや、猷（猶）お地の川浴（谷）有るがごときなり、財用の繇（由）りて出づる所なり、猷（猶）お山林・陵沢のごときなり、衣食・家□の繇（由）りて生ずる〔所〕なり。聖人壹たび言えば、万世之れを用う。唯だ亓の言わざるを恐るるなり、有（又）た何ぞ箴（緘）せんや。」と。

であり、二つは、易之義篇の、

　「聒（括）嚢、无咎。」語无声也。

　「聒（括）嚢は、咎无し。」とは、声无きを語るなり。

であり、三つは、易之義篇の、

　易曰、「聒（括）嚢、无咎。」子曰、「不言之胃（謂）也。」□□□□〔何〕咎〔之〕又（有）。墨（黙）亦「毋誉」。君子美亓（其）慎而不自箸（著）也、淵深而内（納）亓（其）華。

　易に曰わく、「聒（括）嚢は、咎无し。」と。子曰わく、「不言の胃（謂）いなり。」と。□□□□〔何〕の咎か〔之れ〕又（有）らん。墨（黙）すれば亦た「誉れ毋し」。君子亓（其）の慎みて自ら箸（著）さず、淵深にして亓（其）の華を内（納）むるを美とするなり。

である。三者とも坤卦の六四の爻辞を「不言」の問題として注釈している点で、『荀子』非相篇と共通するものがあることが注目される。ただし、易之義篇の二例は「不言」を高く評価しているので、むしろ道家の「不言」「無言」の哲学に近い。上に引用した『荀子』非相篇の文章は、儒家内部に現れたこのような道家の影響を被った「腐儒」に対する批判と考えれば、話は甚だ分かり易くなる。それに引き替え、二厽子問篇の例は『荀子』非相篇の「君子」は「有言」であるべきだとする趣旨とほとんど同じではあるが、「口を箴（緘）する」べき相手を「小人」の場合と「聖人」の場合とに分けて分析するなど、『荀子』非相篇のそれよりも一層詳細な議論になっている。したがって、二厽子問篇の例は『荀子』非相篇をふまえてその後に書かれたのではなかろうか。大雑把に把えるならば、『荀子』非相篇のこの文章は、馬王堆帛書『易伝』二厽子問篇・易之義篇と大体同じ時代の作品と言うことができる。（六）そして、二厽子問篇・易之義篇を含む馬王堆帛書『易伝』六篇や後にそれを整理して成った通行本「十翼」は、基本的に荀子その人以後に世に現れた儒家の作品なのである（成書年代は戦国末期～前漢初期）。

『荀子』書の中では、経典を数え上げる場合、「詩書礼楽」に『春秋』を加えて「礼楽詩書春秋」あるいは「詩書礼楽春秋」と連称するケースもあるにはある（勧学篇・儒効篇）が、ただ「詩書礼楽」だけを挙げるケースもかなり多い（栄辱篇・儒効篇）。『春秋』の地位がこのように不安定であったのは、それが五経の中では最も新しく、荀子の時代に至って初めて経典となった書物であり、それ故、当時最も軽く取り扱われた経典だったからである。『春秋』の経典として地位の不安定なこのような状態は以後もしばらく続いたものと考えられるが(七)、この種の経学史あるいは経典形成史の研究は諸事実を正確に把握した上で、諸経典の歴史的な発展を冷静に追求しなければなるまい。ところが、『易』となると、その『荀子』もまだ全然経典と認めるには至っていない。したがって、『易』の儒教化が本格的に進行するのは、荀子以後の戦国末期～前漢初期と考えるべきであるし、また『易』を五経あるいは六経の中に含める文献が世に現れるのは、その後のことと考えるべきである。ちなみに、「詩書礼楽」という言葉は、『論語』でも『孟子』でも一度も使用されていない。それにもかかわらず、最近の研究者の中には、馬王堆帛書『易伝』要篇の「孔子」が話したとされる文章の中に「詩書礼楽」という言葉が登場していることなどを根拠にして、六経を以て世に伝えたのは孔子であり、孔子のころから「詩書礼楽易春秋」または「易書詩礼楽春秋」の六経は存在していた、と推測する者が増加しているが(八)、筆者はこの種の単純な研究態度に根本的な疑問を感ずる者である。

最後に、戦国時代が終焉した後、秦の始皇帝時代に『易』がどのように取り扱われたか、を検討しておきたい。『史記』秦始皇本紀に、

丞相李斯曰、「……臣請史官非秦記皆焼之。非博士官所職、天下敢有蔵詩書・百家語者、悉詣守尉雑焼之。有敢偶語詩書者弃市。以古非今者族。吏見知不挙者与同罪。令下三十日不焼、黥為城旦。所不去者、医薬・卜筮・種樹之書。若欲有学法令、以吏為師」。制曰、「可」。

という文章がある。これは、秦代に入って、始皇帝が天下統一の後、紀元前二一三年に法家の丞相李斯の献策を容れて挟書律を発布した際の経緯を記したものである。これによるならば、挟書律を発布する主なねらいは、知識人たちの『詩』『書』を語りあう形による政治批判を根絶することにあり、そのために『詩』『書』や諸子百家の書を民間で所蔵することをも禁止したわけであるが、仮にもしもこの時までにすでに、『易』の儒教化・経典化が進んでおり、儒家思想を盛りこんだ『易伝』の「十翼」が作られていたとすれば、『易』は「史官」や「詩書・百家の語」と並んで所蔵することが禁止されてしかるべきであろう。ところが、「卜筮」の書である『易』は禁止を免れたのであった。そうだとすれば、この時までに、『易』の経に当たる『六十四卦』は文献として成書されていたかもしれないけれども、『易』の儒教化・経典化はまだ進んでおらず、儒家思想を盛りこんだ『易伝』の「十翼」もまだ作られていなかったと考えなければならない。なお、少し後の文ではあるが、『漢書』芸文志「六芸略」の易家の総序に、

及秦燔書、而易為筮卜之事、伝者不絶。

とあるのによっても、秦代までの『易』がまだ儒教の経典にはなっておらず、卜筮の段階に止まるものであったことが証明される。

四、

さらに遡って、春秋末期の孔子や『論語』が『易』をどのように取り扱ったかを、調査・検討してみたい。

まず、孔子が「十翼」すなわち『易伝』の十篇（彖伝上下、象伝上下、繋辞伝上下、文言伝、説卦伝、序卦伝、雑卦伝）を作ったという話は、『史記』孔子世家の、

孔子晩而喜易、序彖繋象説卦文言。読易韋編三絶。曰、「仮我数年、若是、我於易則彬彬矣。」

あたりがその原型であろうが(九)、この種の証言は春秋末期〜前漢初期の約三〇〇年間、諸文献に全然現れておらず、前漢時代の武帝期の『史記』孔子世家に至って初めて竹帛に著されたものである。さらにその藍本がどこかにあるのではないかと、あちこちを探し求めてみると、馬王堆帛書『易伝』要篇に、

●夫子老而好易。居則在席、行則在橐。子贛曰、「夫子它（他）日教此弟子曰、『悳（徳）行亡者、神霊之趨。知謀遠者、卜筮之蘩（繁）。』賜以此為然矣、以此言取之。賜緍（敏）行之為也。夫子何以老而好之乎。」夫子曰、「君子言以榘（矩）方也。前羊（祥）而至者、弗羊（祥）而巧也。察亓（其）要者、不趣（詭）亓（其）雑。尚書多勿（物）矣、周易未失也、且又（有）古之遺言焉。予非安亓（其）用也、〔而楽亓（其）辞也。〕□□□必於□□。」

●夫子老いて易を好む。居れば則ち席に在り、行けば則ち橐に在り。子贛曰わく、「夫子它（他）日　此の弟子に教えて曰わく、『悳（徳）行の亡き者は、神霊を之れ趨《は》す。知謀に遠き者は、卜筮を之れ蘩（繁）くす。』と。賜は此れを以て然りと為せり、此の言を以て之れを取れり。賜は緍（敏）行を之れ為せるなり。夫子何を以て老いて之れを好むか。」と。夫子曰わく、「君子は言いて以て方に榘（矩）るなり。羊（祥）に前《さき》んじて至る者は、

羊（祥）せずして巧みなり。亓（其）の要を察する者は、亓（其）の雑に⿺走危（跪）づかず。尚書は勿（物）多きも、周易は未だ失あらざるなり、且つ古の遺言又（有）り。予れ亓（其）の用に安んずるに非ずして、〔亓（其）の辞を楽しむなり。」□□□必於□□。」と。

という文章がある。しかし、この文章と『史記』孔子世家との間には、まだ相当の距離があると言わなければならない。馬王堆帛書要篇の成書は戦国末期～前漢初期であろうから、孔子が晩年になって『易』を好んだとか「十翼」を作ったとかいう話は、春秋末期の孔子の活動していたころから伝えられた歴史的事実に基づく伝承ではなく、前漢初期における『易』の儒教化・経典化が産み出したフィクション（神話・伝説）と見なして差し支えない。[一〇]

その上、孔子が『易』を読んだと伝えられていることも、歴史的事実としては極めて疑わしい。[一一] これもまた『易』を儒教化・経典化するための必要から作られた孔子物語と考えるべきである。

そもそも孔子という人は、『論語』雍也篇に、

樊遅問知。子曰、「務民之義、敬鬼神而遠之、可謂知矣。」問仁。子曰、「仁者先難而後獲、可謂仁矣。」

とあり、同じく述而篇に、

子不語怪力乱神。

と証言されているとおり、呪術・宗教に対して基本的に批判する態度を取ったが、これが以後の原始儒家の思想的伝統となっていた。その孔子が『易』を読んだ証拠として挙げられるのは、『論語』述而篇の、

子曰、「加我数年、五十以学易、可以無大過矣。」

という文であるが、『経典釈文』はその「易」の文字を掲出して、

易。如字。魯読易為亦。今従古。

のように、『魯論語』が「亦」の意だとしていることを証言しており、それによるならば、

子曰、「加我数年、五十以学、亦可以無大過矣。」

と読むことができる。さらに、漢代の「外黄令高彪碑」の中に、

恬虚守約、五十以斅（学）。

とあるのは、明らかに『論語』述而篇をふまえて書かれているから、この文は本来、

五十以学易、可以無大過矣。

の意味ではなく、

五十以学、亦可以無大過矣。

の意味であったはずである。旧来の解釈は、この中の「易」の字を根遽の一つとして、春秋末期の孔子が『易』を読みかつ『易伝』を作ったと信じてきたわけである。これに対する批判的検討と新しい読み方の主張は、近代に入って李鏡池「易伝探源」などが始めたことであった。この主張は、単に本来「亦」の字に作るのが正しく、「易」の字に作るのは誤りもしくは仮借だ、といった一字の相異をめぐる本文批判（textual criticism）の問題であるに止まらない。それと同時にそれをふまえて、孔子が当時『易』を学んでいたという物語が、リアル・タイムに現出していた歴史的事実などではなく、戦国末期から開始された『易』の儒教化・経典化の所産として、『易』を孔子に無理に結びつけた附会の一つであると把握することができる、といった高等批判（higher criticism）の問題でもあるのである。そして、やがてこの主張の正しさの証明される日がやってきた。いわゆる『定州論語』（文物出版社、一九九七

年）の発掘と公刊である。一九七三年、河北省定県の『定県四十号漢墓竹簡』は、墓主人が前漢後期、宣帝の五鳳三年（紀元前五五年）に薨じた中山懐王劉脩であろうと推定される墳墓から出土したものであるが、この中に『論語』が含まれていた。言うまでもなく、これは現存する最古の『論語』である。その述而篇には、

〔子曰、加我数年、五十〕以学、亦可以毋大過矣。

とある。新出土資料によって李鏡池などの主張の正しさが証明されたのである。

ちなみに、『論語』の中から、「亦可以……矣」という語法を捜求してみると、雍也篇に、

子曰、「君子博学於文、約之以礼、亦可以不畔矣夫。」

とあり、顔淵篇に、

子曰、「博学於文、約之以礼、亦可以弗畔矣夫。」

とあり、子路篇に、

子曰、「善人為邦百年、亦可以勝残去殺矣。誠哉、是言也。」

とあり、子路篇に、

子貢問曰、「何如斯可謂之士矣。」子曰、「行己有恥、使於四方不辱君命、可謂士矣。」曰、「敢問其次。」曰、「宗族称孝焉、郷党称弟焉。」曰、「敢問其次。」曰、「言必信、行必果、硜硜然小人哉。抑亦可以為次矣。」曰、「今之従政者何如。」子曰、「噫、斗筲之人、何足算也。」

とあり、子路篇に、

子曰、「善人教民七年、亦可以即戎矣。」

とあり、憲問篇に、

子路問成人。子曰、「若臧武仲之知、公綽之不欲、卞荘子之勇、冉求之芸、文之以礼楽、亦可以為成人矣。」曰、「今之成人者、何必然。見利思義、見危授命、久要不忘平生之言、亦可以為成人矣。」

とある。語法上、「亦」の字を冠して「亦可以……矣」という言い方のほうが、「亦」の字を冠しない「可以……矣」の言い方よりも、明らかに穏当であり自然である。

孔子が『易』を読んだもう一つの証拠として挙げられる文章は、『論語』子路篇の、

子曰、「南人有言。曰、『人而無恒、不可以作巫医。』善矣。不恒其徳、或承之羞。」子曰、「不占而已矣。」

である。この中の「不恒其徳、或承之羞。」は、恒卦の九三の爻辞であり、それを孔子の言葉として引用している。しかし、問題は、子路篇のこの南人有言章が本当に春秋末期の当時、孔子が語った文章であるのか否か、実際にはいつごろ書かれたものであるのか、にある。

まず、『論語』子路篇の主旨を担う南人の言葉「人而無恒、不可以作巫医。」が、本来どういう意味を持っていたかを究明しなければならない。これには、従来より二通りの解釈が存在してきたが、そこには国教化された儒教の正統的経典である『易経』の重みが影を落として、誤解を生ぜしめてきた経緯がある。一つは、「人にして恒無きものには、以て巫医を作す可からず。」（巫医が治療や占筮を施すことができない）と読む解釈であって、これは鄭玄『論語注』などに由来する通説である。しかし、この通説は、上述の『易経』の重みに誤られて中国古代社会における巫医の地位を高いところに置きすぎている。二つは、「人にして恒無きものをば、以て巫医と作す可からず。」（巫医の仕事に就かせることができない）と読む解釈であって、皇侃『論語義疏』の引く一説や朱熹『論語集注』が唱えていた異説である。そして、後者が本来の正しい意味であることは、近年出土した馬王堆帛書『易伝』要篇の検討によっ

て、初めて判明した。その検討とは、以下のとおり。

周知のように、上引の『論語』子路篇と一部分重複する文章が、通行本『礼記』緇衣篇に、

子曰、「南人有言。曰、『人而無恒、不可以為卜筮。』古之遺言与。亀筮猶不能知也。而況於人乎。」詩云、「我亀既厭、不我告猶。」兌命曰、「爵無及悪徳、民立而正。事純而祭祀、是為不敬。事煩則乱、事神則難。」易曰、「不恒其徳、或承之羞。恒其徳偵、婦人吉、夫子凶。」

とある。この文章においては、「南人」の言った「人而無恒、不可以為卜筮。」という言葉を「古之遺言」と評価しているが、その同じ「古之遺言」という句が上引の馬王堆帛書『易伝』要篇の中にも、

尚書多勿（物）矣、周易未失也、且又（有）古之遺言焉。

尚書は勿（物）多きも、周易は未だ失あらず、且つ古の遺言又（有）り。

のように見えており、したがって、「古之遺言」の内容は、馬王堆帛書要篇でも「人而無恒、不可以為卜筮。」と同じか、またはこれに類するもののはずである。そして、馬王堆帛書要篇の下文では、これを前提とした上で、

子曰、「易我後亓（其）祝人矣、我観亓（其）徳義耳也。幽賛而達乎数、明数而達乎徳。又仁□□者而義行之耳。賛而不達於数、則亓（其）為之巫。数而不達於徳、則亓（其）為之史。史巫之筮、郷（向）之而未也、好之而非也。……吾求亓（其）徳而已。吾与史巫、同涂（途）而殊帰者也。君子徳行焉求福、故祭祀而寡也。仁義焉求吉、故卜筮而希也。祝巫卜筮亓（其）後乎。」

子曰わく、「易は我れ亓（其）の人を祝するを後にす、我れ亓（其）の徳義を観るのみなり。幽賛して数に達し、数に明らかにして徳に達す。仁又（有）る□□者にして義もて之れを行うのみ。賛すれども数に達せざれば、則ち亓（其）れ之れを巫と為す。数あれども徳に達せざれば、則ち亓（其）れ之れを史と為す。史巫の筮

は、之れに郷（向）かえども之れに郷（向）かえども未だしきなり、之れを好めども非なり。……吾れ亓（其）の徳を求むるのみ。吾れは史巫と、涂（途）を同じくして帰を殊にする者なり。君子は徳行ありて福を求む、故に祭祀すれども寡きなり。仁義ありて吉を求む、故に卜筮すれども希なり。祝巫の卜筮は亓（其）れ後なるか。」と。

などと論じている。後者においては、「筮」を行う「史巫」に「数・徳」（通行本『礼記』緇衣篇の「恒」もその一つ）のないことがテーマとなっており、「史巫」に「筮」をもって占ってもらうことがテーマとなっているのではない。以上から判断して、『論語』子路篇の南人の言葉「人而無恒、不可以作巫医。」も、「人にして恒無きものをば、以て巫医と作す可からず。」（巫医の仕事に就かせることはできない）という意味で読まなければならない。(一二)

次に、通行本『礼記』緇衣篇の南人有言章の原型となった資料が、今日では他に二つ出土・発見されており、『論語』子路篇とそれら三者との対照・比較を行って、子路篇の文章が実際にはいつごろ書かれたものであるか、を推測することが可能となっている。その一つは、郭店楚墓竹簡『茲（緇）衣』の、

子曰、「宋人又（有）言曰、『人而亡亙（恒）、不可為卜筶（筮）。』其古之遺言與（与）。亀筶（筮）猷（猶）弗智（知）、而皇（況）於人虖（乎）。」寺（詩）員（云）、「我亀既猒、不我告猷。」■

であり、二つは、上海博物館蔵戦国楚竹書『紂（緇）衣』の、

子曰、「宋人又（有）言曰、『人而亡丞（恒）、□員（云）、「我亀既猒、不我告猷。」■

である。上海楚簡『紂衣』には多数の欠字があるけれども、郭店楚簡『茲衣』とほとんど同じ文章と見て差し支えない。そして、これらの四者の対照・比較を行った結果、以下のように推測することができる。

第一に、郭店楚簡『茲衣』と上海楚簡『紂衣』の宋人有言章は、「子」（孔子）の言葉を掲げた後、章末に『詩』の

小雅、小旻篇だけを引用しており、四者の中でその文章構成が最も単純であり古樸である。

第二に、それに対して、通行本『礼記』緇衣篇の南人有言章は、「子」の言葉を掲げた後、章末に『詩』小雅、小旻篇を引用するだけに止まらず、『書』兌命篇と『易』恒卦の九三の爻辞・六五の爻辞をも引用しており、その文章構成が複雑となり経学的に精錬されてきている。これをも含めて、通行本『礼記』緇衣篇の諸章における経典の引用を調べてみると、

A—(a)タイプ：『詩』だけを一条引用する章が、計十一章（郭店楚簡『茲衣』の章番号で言えば、第一章・第二章・第六章・第九章・第十四章・第十五章・第十六章・第十九章・第二十章・第二十一章・第二十二章）。

A—(b)タイプ：『詩』を二条引用する章が、計一章（郭店楚簡『茲衣』の章番号で言えば、第四章）。

A—(c)タイプ：『詩』『書』を一条も引用しない章が、計一章。（郭店楚簡『茲衣』の章番号で言えば、第八章。ただし、郭店楚簡『茲衣』によれば、この一章はA—(a)タイプである。）Aタイプは合計十三章。

B—(a)タイプ：『書』だけを一条引用する章が、計二章。（郭店楚簡『茲衣』の章番号で言えば、第十一章・第十二章。ただし、郭店楚簡『茲衣』によれば、その内の第十二章はC—(a)タイプである。）

B—(b)タイプ：『書』を二条引用する章が、計一章（郭店楚簡『茲衣』の章番号で言えば、第十三章）。Bタイプは合計三章。

C—(a)タイプ：『詩』を一条引用した後に『書』を一条引用する章が、二章（郭店楚簡『茲衣』の章番号で言えば、第五章・第十章）。

C—(b)タイプ：『詩』を二条引用した後に『書』を一条引用する章が、計一章（郭店楚簡『茲衣』の章番号で言えば、第十七章）。

C—(c)タイプ：『詩』を一条引用した後に『書』を一条引用しその後また『詩』を一条引用する章が、計一章。（郭店楚簡『茲衣』の章番号で言えば、第七章。ただし、郭店楚簡『茲衣』によれば、この一章はC—(a)タイプである。）

C—(d)タイプ：『書』を一条引用した後に『詩』を一条引用する章が、合計二章。（郭店楚簡『茲衣』の章番号で言えば、第三章・第十八章。ただし、郭店楚簡『茲衣』によれば、この二章はともにC—(a)タイプである。）Cタイプは合計六章。

Dタイプ：『詩』を一条引用した後に『書』を一条引用しその後『易』を引用する章が、計一章（郭店楚簡『茲衣』の章番号で言えば、第二十三章。ただし、郭店楚簡『茲衣』によれば、この南人有言章はA—(a)タイプである。）。Dタイプは合計一章。

という結果が得られる。通行本『礼記』緇衣篇の南人有言章は、『詩』と『書』と『易』を引用するものであって、上記のA・B・Cのいずれのタイプにも属さない、Dタイプの特異な一章となっている。したがって、南人有言章は、通行本『礼記』緇衣篇の諸章の中でも、その文章構成が最も複雑で経学的に最も精錬されているという意味で、全二十三章の中では成書年代の最も遅い作品ではなかろうか。

第三に、郭店楚簡『茲衣』と上海楚簡『紂衣』の諸章における経典の引用は、

Aタイプ：『詩』だけを一条または二条引用する章が、合計十四章。

Bタイプ：『書』だけを一条または二条引用する章が、合計三章。

Cタイプ：『詩』を一条または二条引用した後に『書』を一条引用する章が、合計六章。

のように法則化・規範化されており、Aタイプの宋人有言章をも含めて、概して言えば単純で古樸ではあるが、各章

末の引用による文章構成には破綻・混乱が見られない。それ故、郭店楚簡『茲衣』と上海楚簡『紂衣』こそが、通行本『礼記』緇衣篇の藍本であって、後者は後代に至って前者に手を加えて、文章構成を複雑化し経学的に精錬して成書した文献であるにちがいない。ところで、この郭店楚墓竹簡と上海博物館蔵戦国楚竹書は、今日の中国の通説によれば、戦国中期の紀元前三〇〇年以前の抄写である見なされている。筆者はこの通説には賛成せず、紀元前二五〇年代以降の戦国末期~前漢初期の成書と考える者であるが、（一三）いずれにしても当時の郭店楚簡『茲衣』と上海楚簡『紂衣』の諸章は、『詩』『書』を頻繁に引用したけれども『易』は一条たりとも引用していない。その理由は、当時『易』がまだ儒教の経典となっておらず、儒家とは何の関係もないものであったからに他なるまい。それに対して、通行本緇衣篇の南人有言章が、初めて一章だけ『易』を引用したのは、当時（馬王堆帛書『易伝』六篇の成書の後、すなわち文帝期後半よりも後の時代）『易』が漸く儒教の経典となり、孔子の言葉を根底から支えることのできる権威を獲得しつつあったためと考えてよかろう。

第四に、『論語』子路篇の南人有言章は、通行本緇衣篇の南人有言章、郭店楚簡『茲衣』の宋人有言章、上海楚簡『紂衣』の宋人有言章と比較すると、『詩』『書』の引用がないので、一見最も単純・古樸に見える。しかしながら、一つには、その「南人」は通行本緇衣篇と同じであって、より古い郭店楚簡『茲衣』と上海楚簡『紂衣』の「宋人」とは異なっている。二つには、『易』を引用するという点でも、通行本緇衣篇とほぼ同じであって、より古い郭店楚簡『茲衣』と上海楚簡『紂衣』が引用しないのとは異なっている。三つには、『易』の恒卦九三の爻辞が「易曰」を冠しない形で、孔子の言葉の中に融解させられており、通行本緇衣篇の南人有言章が「詩云」「兌命曰」「易曰」を冠して経学的な精錬と権威を誇るかのような生硬さがあるのとは異なっている。以上の三点に基づいて、『論語』子路篇の南人有言章は、通行本緇衣篇の南人有言章にやや遅れて成書されたのではないかと推測したい。

こういうわけで、『論語』子路篇の南人有言章は、実際は春秋時代末期の当時、孔子が語った文章ではなく、前漢の文帝期後半よりも後の時代に書かれた文献であり、それ故、孔子が『易』を読んだ証拠の一つとして挙げることができるものではなかったのである。

おわりに

上述したように、戦国末期までの古い『易』は、卦画・卦名・卦辞・爻辞だけから成る簡単な『六十四卦』であったと考えられるが、それは以後の『易経』(特に『易伝』)とは異なって、高度な形而上学などの哲学、陰陽・五行の自然哲学、道徳思想、政治思想などをまだ含んではいなかった。民間の日常生活に関する占筮であった古い『易』に、高度な哲学・道徳思想・政治思想などが含まれていないのは、当然である。それらは、戦国末期以降の『易』の儒教化・経典化の進行過程において、儒家の思想家たちが『易』を認知して自らの経典として取り入れ、『易』の『六十四卦』を読んで研究し、またその注釈である『易伝』を書くことを通じて、経文である『六十四卦』それ自体の解釈や各種の『易伝』の中に、盛りこんでいったものである。

今日、通行本『易経』以外に、我々が見ることのできる新出土資料の『易』のテキストには、戦国末期～前漢初期成書の上海楚簡『周易』、前漢、高祖期～文帝期前半（前一六八年まで）成書の馬王堆帛書『周易』、高祖期～文帝期前半（前一六五年まで）成書の阜陽漢簡『周易』がある。これらは現在までのところ最古の『易』である。これらを検討することによって、『易』の経文『六十四卦』や注釈『易伝』の成立過程、『易伝』諸篇に含まれる儒家思想の内容と特徴、総じて『易』の儒教化・経典化の過程がより正確に把握できるようになっている。

『易』の儒教化・経典化の過程を正確に把握するという目的のために、これらの新旧資料の中で最も重要なものは、馬王堆帛書『周易』に含まれる二吅（三）子問・繋辞・易之義・要・繆和・昭力の六篇の『易伝』、および通行本『周易』に含まれる「十翼」すなわち十篇の『易伝』である。これらは、大局的に押さえるならば、いずれも戦国末期～前漢初期、またそれ以降の儒家の思想家たちが『易』の経文『六十四卦』に対して書き続けた注釈であり、そこには民間の純然たる占筮の書から儒教経学の思想書への『易』の脱皮・発展が鮮やかに現出している。この脱皮・発展がどのような過程をたどって進行していったのかを明らかにすることが、『周易』研究の最も重要な課題の一つである。

儒家の思想家たちが戦国末期以降、それまで伝統となっていた呪術・宗教に対する批判を捨てて、『易』を経典として取り入れ『六十四卦』を読んでその注釈『易伝』を書く、というように態度を一変させた理由は、一つには、上述した秦の始皇帝時代の知識人弾圧政策のために、『詩』『書』や諸子百家の書を所蔵することや『詩』『書』を語りあうことなどが許されなくなったという、政治状況に対する対応であったにちがいない。民間で所蔵することが許されたのはただ「医薬・卜筮・種樹の書」だけであったので、彼らは卜筮の書である『易』を経典として取り入れ『六十四卦』を読んでそれに注釈をつけることを隠れ蓑にして、自らの思想活動を続行したのである。しかし、このような政治上の理由の他に、儒教の思想内容を新しい時代状況にふさわしいものに改めるという、思想上の理由もあったと考えられる。

当時の儒家の思想家たちは、もともと無関係であった『易』に儒教的な意味を賦与しそれを儒教化・経典化するために、多方面にわたる種々様々の努力を行った。例えば、開祖である孔子が春秋末期から『易』を読んで好んでおり、かつ「十翼」の注釈を作ったなどといった、孔子と『易』とを結びつける物語を作ったり（一四）、孔子が模範として慕うという意味で儒教のシンボルとなった、周の文王や周の文化と『易』とを結びつける物語を作ったり（一五）（その名称が『易』から『周易』に改められたのは、こうした状況の変化を反映したものである（一六））、『易』に注釈をつける過程で「十翼」の中に、『六十四卦』にもともと具わっていなかった儒教の高度な哲学、道徳思想・政治思想などをふんだんに盛りこんだり、等々である。そして、以上に挙げた諸事項の背後にあると考えられる、思想上の理由とは、以下のとおりである。

第一に、従来から形而上学的な思索が不得手であった儒家が、『易』を経典として採用し、その『易伝』を作るという媒介項を設けることを通じて、自らの思想の内部に道家の「道」の形而上学を大量に導入し、その結果その思想体系の基礎づけにあった不安を払拭すること（一七）。第二に、儒家の開祖、孔子の言葉やその後の儒家の思想家たちの語った言葉、引いては儒家の思想体系全体をその根底から支えることのできる経典を獲得すること。すなわち次第に整備が進みつつあった他の五経、『詩』『書』『礼』『楽』『春秋』にも優る最高の経典を獲得すること（一八）。第三に、占筮の書としての『易』にもともと具わっている呪術性・宗教性を、基本的に批判する従来の伝統的な態度を改め、象数家の理法的哲学的な「数」や儒家の道徳的政治的な「徳」に達するための必要な基礎段階として、自己の内に包摂して儒家の思想世界を豊かにすること（一九）。もっとも、第三点は、前漢後期～後漢の、『易』と『春秋』に基づく儒教の災異説化・讖緯説化に先鞭をつける営みでもあった。

以上のような種々様々の努力の結果、『易』の儒教化・経典化は相当程度の成功を収めた、と見なすことができる。その中に儒教の高度な哲学・道徳思想・政治思想などが盛りこまれたために、前漢初期には、『周易』は孔子が読みかつ注釈をつけた儒教の正統的なテキストであり、儒教の信奉者であれば必ず学習しなければならない経典である、と認められるに至ったからである。やがて時の経過とともに、五経の中に占める『易経』の地位は次第に高まり、前漢時代も半ばを過ぎると、『易経』は五経の首座を占めるまでに伸し上がっていった。そして、これより以後、近代に至るまでの間、旧中国の支配的な思想としての儒教の中で、『易経』は長くこの首座の地位を保ってきたのであるが、その理由はこれが主として第一哲学として機能しうる点にあった。

《注》

(一)『荀子』の大略篇から堯問篇に至る六篇が、戦国最末期～前漢初期の荀子の門流の手に成る雑録であることについては、内山俊彦『中国古代思想史における自然認識』(創文社、一九八七年)の第四章、附「荀子後学」を参照。李学勤「帛書《周易》与荀子一系《易》学」は、荀子が『易』を善く研究していたとするが、そういう事実はない。確かに荀子は『易』を知ってはいたけれども、まだ経典として取り扱うには至っていなかった。『荀子』における『易』の位置づけという問題については、武内義雄『中国思想史』(『武内義雄全集』第八巻、角川書店、一九七八年)の上世期(上)諸子時代、第十章、二「易の儒教化」、戸田豊三郎『易経注釈史綱』(風間書房、一九六八年)の前編、一、二、二「易の儒教化」などを参照。

(二)『易伝』の中に頻繁に現れている「謙譲之徳」が、元来は道家の創始した思想であり、戦国末期になって儒家が『易』を研究する過程で道家から吸収したものであることについては、拙論「《周易》与〝謙譲之徳〟」(『池田知久簡帛研究論集』、中華書局、二〇〇六年)を参照。

(三)世界を構成する二元的原理として「天地」「剛柔」「男女」などを挙げて、その合一による「万物」の生成や展開を説くのが、通行本『易伝』では彖伝に目立って多く現われる生成論哲学であることについては、以下の両拙論を参照。池田知久「『馬王堆漢墓帛書周易』要篇の研究」(『東京大学東洋文化研究所紀要』第一二三冊、一九九四年)、二、(一)『馬王堆漢墓帛書周易』要篇釈文」、池田知久「『馬王堆漢墓帛書周易』要篇の思想」(『東京大学東洋文化研究所紀要』第一二六冊、一九九五年)、五、(三)「『帛書周易』要篇と通行本『易伝』との異同」。

(四)池田知久「『馬王堆漢墓帛書周易』要篇の思想」、五、(四)「世界の「要」を把握する『易』——『帛書周易』要篇の中心思想　その1」を参照。

(五) 戸田豊三郎『易経注釈史綱』の前編、一、二、二「易の儒教化」の分析を参照。

(六) 池田知久「『馬王堆漢墓帛書周易』要篇の思想」、五、(五)「『易』と孔子との関係づけ――『帛書周易』要篇の中心思想その2」を参照。

(七) 日原利国『春秋公羊伝の研究』(創文社、一九七六年)、一、一「春秋および春秋学」を参照。

(八) 廖名春「帛書《要》簡説」(『道家文化研究』第三輯、上海古籍出版社、一九九三年)を参照。

(九) 孔子が「十翼」を作ったという明文は、『易緯乾坤鑿度』巻下に、「五十究易、作十翼明也。明易幾教、若曰、「終日而作、思之於古聖、頤師於姫昌、法旦。」」とある。安居香山・中村璋八『重修緯書集成』巻一上(易上)(明徳出版社、一九八一年)を参照。

(一〇) 「十翼」が孔子の作ったものではないことについては、以下の論著を参照。内藤湖南「易疑」(全集本、第七巻『研幾小録 一名支那学叢考』所収、筑摩書房、一九七〇年)、銭穆「論十翼非孔子作」(『古史弁』第三冊所収、影印本、上海古籍出版社、一九八二年)、李鏡池「易伝探源」(『古史弁』第三冊所収、影印本)の上、二「易伝非孔子作底内証」、武内義雄『中国思想史』の第十章、二「易の儒教化」、郭沫若「周易之制作時代」(『青銅時代』所収、新一版、科学出版社、一九五七年)の四「孔子与易並無関係」、本田済『易学――成立と展開』(平楽寺書店、一九六〇年)の第一章、第一節「通説とその批判」。

(一一) 孔子を始めとする先秦時代の儒家の思想家たちが、早くとも戦国末期に至るまでは『易』を経典としていなかったことについては、以下の論著を参照。津田左右吉「易の研究」(『津田左右吉全集』第十六巻「儒教の研究 一」所収、岩波書店、一九六五年)、第一章「周易」、銭穆「論十翼非孔子作」、武内義雄『中国思想史』、第十章、二「易の儒教化」、金谷治『秦漢思想史研究』(日本学術振興会、一九六〇年)、第四章、第二節「『易伝』の思想」(三)、本田済『易学――成立と展開』、第一章、第一節「通説とその批判」、戸田豊三郎『易経注釈史綱』、前編、一、二「易の儒教化」

(一二) 『支那学文藪』(みすず書房、一九七三年)、第一部、「続説巫補遺」、池田知久「『馬王堆漢墓帛書周易』要篇の研究」、二、(一)「『馬王堆漢墓帛書周易』要篇釈文」、および池田知久「『馬王堆漢墓帛書周易』要篇の思想」、五、(一)「『帛書周易』要篇の成書年代」を参照。ちなみに、『論語』子路篇の「不占而已矣。」は、「人にして恒無きもの」は他者を占うことができない、という意味であろう。

(一三) 池田知久「郭店楚簡『窮達以時』の研究」(池田知久編『郭店楚簡儒教研究』、汲古書院、二〇〇三年)を参照。

(一四) その詳細については、池田知久「『馬王堆漢墓帛書周易』要篇の思想」、五、(五)『易』と孔子との関係づけ――『帛書周易』要篇の中心思想　その2」を参照。

(一五) その詳細については、池田知久「『馬王堆漢墓帛書周易』要篇の思想」、五、(五)『易』と孔子との関係づけ――『帛書周易』要篇の中心思想　その2」を参照。

(一六) その詳細については、池田知久「『馬王堆漢墓帛書周易』要篇の研究」、二、(一)『馬王堆漢墓帛書周易』要篇釈文」および拙論「『馬王堆漢墓帛書周易』要篇の思想」、五、(一)『帛書周易』要篇の成書年代」を参照。

(一七) その詳細については、池田知久『老荘思想』(放送大学教育振興会、一九九六年)、七、「『易伝』の道器論――帛書『易伝』繋辞篇と通行本『周易』繋辞上伝」、および池田知久「《荘子》――「道」的思想及其演変」(国立編訳館、二〇〇一年)、第六章、第三節「《易伝》的道器論――馬王堆漢墓帛書《易伝・繋辞篇》和通行本《周易・繋辞上伝》」を参照。

(一八) その詳細については、池田知久「『馬王堆漢墓帛書周易』要篇の思想」、五、(四)「世界の「要」を把握する『易』――『帛書周易』要篇の中心思想　その1」を参照。

(一九) その詳細については、池田知久「『馬王堆漢墓帛書周易』要篇の思想」、五、(六)『易』を媒介とする占筮の包摂――『帛書周易』要篇の中心思想　その3」を参照。

(二〇〇六年六月三〇日擱筆)

二、出土文献から見た楚と秦の選択術の異同と影響

——楚系選択術中の「危」字の解釈を兼ねて

劉　樂賢（著）
廣瀬　薫雄（訳）

はじめに

ここ数十年の考古調査によって、『日書』を代表とする選択類の文献がかつて戦国秦漢時期に非常に流行していたことが明らかになった（一）。これらの文献に記されている数術は、『漢書』芸文志においては「五行」類に属し、後世には多く「選択」と呼ばれた。当時選択術に精通し、常に社会において選択術を運用し広めていた専門家が『墨子』貴義篇に見える「日者」である。「日者」が人々に回答を提供する際に使用した書籍がおそらく今日我々が見ている『日書』という実用的なハンドブックなのであろう。『日書』のような選択文献が当時不断に書き写されていたということから、そして王充『論衡』の譏日、諏時などの篇に見える批判的な叙述から、「日者」（二）の術が戦国秦漢時期に流行し、巨大な影響力を有していたことは想像にかたくない。「日者」の術の流行は、史学家である司馬遷の注意をも引き、彼は『史記』を編纂した際に特に日者列伝一篇を著して、この現象を記述したのである。日者列伝を著した

意図について、司馬遷は太史公自序において「斉・楚・秦・趙為日者、各有俗所用。欲循観其大旨、作日者列伝第六十七」［斉・楚・秦・趙の日者為るや、各々俗の用いる所有り。其の大旨を循観せんと欲し、日者列伝第六十七を作る］と述べ、簡略な説明を行っている。この説明からすると、司馬遷が注目したのは各地の日者の術の相違とそれが体現している「大旨」である。この推測によれば、日者列伝は必ず各地の日者の術の相違について描写と評論を行っていたはずである。しかし意外なことに、我々が今日見ることのできる『史記』日者列伝[三]は、楚人である司馬季主の一連の議論しか記しておらず、「日者」の術の内容についてはほとんど言及がなく、ましてや斉・楚・秦・趙各地の「日者」の術の相違については言うまでもない。これについて、先人は『史記』を研究した際に早くから次のような解釈をしてきた。すなわち、今本日者列伝はすでに太史公が著したもとのすがたではない、と[四]。周知のとおり、古代の史籍では『史記』日者列伝以外に早期「日者」の術について専門的に記した文献はない[五]。従って、『史記』日者列伝原文の散佚は、早期選択術の概貌と斉・楚・秦・趙各地の選択術の異同はもはや探究するすべがないということを意味している。

幸運なことに、考古調査の発展にともなって、大量の戦国秦漢時期の簡帛選択文献が相次いで出土したために、早期選択術の概貌と各地の選択術の異同について検討する基本的な条件が整った。現在、学界では出土選択文献についてすでに非常に多くの方面から研究がなされ、早期選択術の概貌を把握するという課題についてはすでに大きな進展を見せている。しかし、各地の選択術の異同を探究するという方面では、これまで行われてきた研究はいまだ不十分の嫌いがある[六]。こうした情況にかんがみ、本稿ではこの方面で一つの試みを行おうと思う。本稿が今後さらに優れた研究の呼び水となることを希望する次第である。

一、楚と秦の選択術の研究材料

これまでの考古調査では、斉と趙の選択文献はまだ発見されていない。従って、ここでは楚と秦の両地の選択術の異同についてしか検討することができない。楚と秦の選択術の異同について検討するためには、まず楚と秦の選択術がそれぞれどのような内容を有しているかを明らかにする必要がある。今日見ることのできる簡帛選択文献の中では、湖北江陵九店五六号墓から出土した楚簡『日書』のみが楚国の『日書』である[七]。九店楚簡『日書』が楚系選択術を研究するための最もよいサンプルであることはまったく疑問の余地がないだろう。また楚国の故地である長沙馬王堆三号墓から出土した帛書『式法』（『篆書陰陽五行』）[八]は、その文字が濃厚な楚文字の風格を有しており、おそらく楚系選択術を主たる内容とする文献の一種であり、楚系選択術を研究するための参考資料にすることができるように思われる。しかし、その中には絶対に秦系数術の内容が含まれていないと断定することはできない。従ってこの資料を使用する際には注意深く弁別する必要がある。このほか、馬王堆帛書の全体的な風格から考えると[九]、『隷書陰陽五行』・『出行占』および『刑徳』等の五行類文献もおそらく楚系選択術と関係があり、これも楚系選択術を研究するための参考資料にすることができる。しかし、これも同様にこれら数種の文献の中に絶対に秦系数術の内容が含まれていないと断定することはできない。従って、これらの資料を使用する際には他の証拠を参考にして弁別を行わなければならない。秦系選択術の研究については、現在利用に資することができる資料として、戦国後期あるいは秦代の墓葬から出土しているいくつかの秦簡『日書』がある。そのうち秦国の故地である天水放馬灘一号墓から出土した秦簡『日書』[一〇]は、秦系選択術を研究するための信頼できる根拠とすることができる。楚国の故地である雲夢睡虎地一一号墓から出土した秦簡『日書』については[一一]、その中には明らかに秦系選択術の内容もあれば、楚系選択術の内容もある。すでに幾人かの研究者が睡虎地秦簡『日書』中の楚系『日書』と秦系『日書』を区分する研究を行っているが、しかしそれ自身が明らかな地域的標識を有している少数の数篇以外は、その他の各篇のいったいどれが楚系『日書』に属し、どれが秦系『日書』に属するのか、学界ではなお異なった見解が存在し[一二]、今後も議論を続けていく必要がある。

以上をまとめると、現在楚もしくは秦の選択文献であると確定することのできるものとしては、九店楚簡『日書』と放馬灘秦簡『日書』の二種しかない。このほか、睡虎地秦簡『日書』中の少数の篇はそれ自身が明確な地域的標識を有しているため、これもそれぞれ楚と秦の選択文献として確定することができる。しかし九店楚簡『日書』の篇幅は小さく、楚系選択術の全貌を完全には反映していないし、放馬灘秦簡『日書』の大部分の資料は今にいたるまでなお公表されておらず、現在すでに公表されている『日書』甲種も同様に秦系選択術の全貌を完全には反映してはいないということは認めなければならない。にもかかわらず、この二種の『日書』を主たる材料として、その他の地域を判定することのできる出土文献を補助材料とすれば、楚と秦の選択術の異同を比較する基本的な条件はすでに整っていると考えられる。このように判断するのは、九店楚簡『日書』と放馬灘秦簡『日書』甲種の篇幅には限りがあるといっても、その内容は楚と秦の選択文献において一定の代表的な性格を有していると考えられるからである。九店楚簡『日書』と放馬灘秦簡『日書』甲種の内容が一定の代表的な性格を有しているというのは、それらと睡虎地秦簡『日書』との比較から見てとることができる。すなわち、九店楚簡『日書』と放馬灘秦簡『日書』甲種の多くの内容はいずれもすでにそれぞれ睡虎地秦簡『日書』に見えているということに気づく[一三]。このことは、九店楚簡『日書』と放馬灘秦簡『日書』甲種の記載内容が楚と秦の選択文献によく見える選択方法であり、従って一定の代表的な性格を有しているということを物語っている。

二、楚と秦の選択術の異同

楚と秦の選択文献を見たとき、おそらく最初の印象はこの両者の差異は本当に大きすぎるということだろう。確かに、もし九店楚簡『日書』と放馬灘秦簡『日書』甲種の内容をおおまかに比較したら、両者の間にはほとんど一致する占いがないことに気づくだろう。逆に、少なからぬ占いがあるものは九店楚簡『日書』にしか見えず、またあるものは放馬灘秦簡『日書』甲種にしか見えない。こうした印象にもとづけば、楚地で使用されていた選択方法は秦地にはまったく見えず、秦地で使用されていた選択方法も楚地には見えない、つまり楚と秦の両地で流行していた選択方法は完全に異なっていて関係がない、という推測をしがちである。しかし、もう少しさらに考察と分析を進めれば、このような印象や推測はまったく信じがたいということに気づく。上文ですでに述べたように、九店楚簡『日書』と放馬灘秦簡『日書』甲種の篇幅には限りがあり、当時の楚と秦の選択術の全貌を完全に反映しているわけではないので、その中に一致する占いがないといっても、それは楚と秦の他の選択文献の中にも絶対に一致する占いがないということを意味しないのである。実際に、篇幅に限りのある九店楚簡『日書』と放馬灘秦簡『日書』甲種及びその他の数篇の地域を確定することのできる文献の中にも、楚と秦の両地の選択術がまったく関係がないわけではないことを説明することのできる証拠をいくつか見出すことができる。以下、三つの比較的明確な例を分析することによって、楚と秦の選択術の真の関係について探究してみよう。

1.「建除」

秦系「建除」の材料は、放馬灘秦簡『日書』甲種簡一—簡一一（篇題なし、以下「放簡建除」と称する）にも見えるし、睡虎地秦簡『日書』甲種簡一四正—簡二五正（「秦除」の篇題あり、以下「睡簡秦除」と称する）にも見える。楚系「建除」の材料は、九店楚簡『日書』簡一三―簡二四（篇題なし、以下「楚簡建除」と称する）にも見えるし、睡虎地秦簡『日書』甲種簡一正―簡一三正（「除」の篇題あり、以下「睡簡除甲」と称する）、乙種簡一―簡二五（篇題なし、以下「睡簡除乙」と称する）にも見える。これら「建除」の材料は、すべてまず建除十二直を十二箇月中における十二の地支と組み合わせた表を列挙しており、その後この十二直の行事の宜忌［してよいこととしてはいけないこと］を逐一羅列している。そのうち、「楚簡建除」の十二直組み合わせ表は、当時楚地に流行していた特殊な楚国の月名を用いている。楚の月名と我々になじみのある秦の月名との換算については、睡虎地秦簡『日書』甲種簡六四正―簡六七正の楚秦月名対照表を参照。しかし実際には、「睡簡除甲」と「睡簡除乙」が列挙している建除十二直組み合わせ表は、すでに楚の月名を秦の月名に書き換えている。ここでは、秦系建除十二直組み合わせ表（「放簡建除」による）と楚系建除十二直組み合わせ表（「楚簡建除」による）を合わせて一つの表にしてみた（排印の都合上、楚の月名は睡虎地秦簡『日書』「歳」篇によって記す）。

次頁の表からすると、秦系「建除」と楚系「建除」の違いをはっきりと見てとることができる。まず、秦系建除十二直と楚系建除十二直の名称がさほど一致していない。例えば、秦系十二直の「除」、「盈」、「開」等は楚系には見えず、楚系十二直の「竷」、「工」、「菀」等も秦系には見えない。次に、秦系建除十二直と楚系建除十二直の各月における該当日も一致しない。例えば、秦系建除十二直の「建」は正月は寅にあたるが、楚系建除十二直の「建」は正月は辰にあたる。時日の吉凶を選択するという角度から見ると、これらの相違は非常に大きいものであり、この二種の「建除」によって導き出された行事の宜忌も明らかに異なっていたはずで、甚だしきにいたってはおそらくまったく違った結論になっただろう。それにもかかわらず、もし選択術の原理から考察するならば、この二種の建除法のつながりも看過することはできない。もし十二直と月の組み合わせを考慮に入れず、ただ十二直そのものの系統から考察

表一　楚・秦建除十二直の比較その一

秦月	楚月	建除十二直の該当日											
正月	刑夷	寅	卯	辰	巳	午	未	申	酉	戌	亥	子	丑
二月	夏夷	卯	辰	巳	午	未	申	酉	戌	亥	子	丑	寅
三月	紡月	辰	巳	午	未	申	酉	戌	亥	子	丑	寅	卯
四月	七月	巳	午	未	申	酉	戌	亥	子	丑	寅	卯	辰
五月	八月	午	未	申	酉	戌	亥	子	丑	寅	卯	辰	巳
六月	九月	未	申	酉	戌	亥	子	丑	寅	卯	辰	巳	午
七月	十月	申	酉	戌	亥	子	丑	寅	卯	辰	巳	午	未
八月	爨月	酉	戌	亥	子	丑	寅	卯	辰	巳	午	未	申
九月	献馬	戌	亥	子	丑	寅	卯	辰	巳	午	未	申	酉
十月	中夕	亥	子	丑	寅	卯	辰	巳	午	未	申	酉	戌
十一月	屈夕	子	丑	寅	卯	辰	巳	午	未	申	酉	戌	亥
十二月	遠夕	丑	寅	卯	辰	巳	午	未	申	酉	戌	亥	子
秦系建除十二直		建	除	盈	平	定	執	彼	危	成	收	開	閉
楚系建除十二直		菀	散	建	竷	敫	坪	盜	工	坐	盍	城	復
後世建除十二直		建	除	満	平	定	執	破	危	成	收	開	閉

するならば、楚・秦「建除」の十二直は実はすこぶる共通するところがあるのである。以下に、上述の各篇に記載されている十二直の異文を楚・秦二系に分けて表に示す。

表二　楚・秦建除十二直の比較その二

楚系	楚簡建除	建	竷	敓	坪	寍	工	坐	盍	城	復	菀	散
	睡簡除甲	建	陷	彼	平	寧	空	坐	蓋	成	甬	湙	媚
	睡簡除乙	建	窞	作	平	成	空	髽	蓋	成	復	窓	羸
秦系	放簡建除	建	除	盈	平	定	執	彼	危	成	收	開	閉
	睡簡秦除	建	除	盈	平	定	摯	柀	危	成	收	開	閉
後世の呼称		建	除	満	平	定	執	破	危	成	收	開	閉

この表によれば、楚・秦二系の建除十二直のうち、「建」、「平」、「成」の三つは完全に一致し、「寧」と「定」、「媚」と「閉」は読音が近い[一四]。もし十二直の順序にこだわらなければ、楚系の「彼」（あるいは「敓」に作る）は明らかに秦系の「彼」（あるいは「柀」に作る）であり、楚系の「蓋」と秦系の「開」は読音が近い[一五]。このほか、楚文字の知識からすると、楚系十二直中の現在「坐」と解釈されている字も「危」と解釈することができる可能性があり（下文）、そうすると秦系の「危」と一致することになる。これより、楚系と秦系の十二直のうちほとんどのものがあるものは完全に一致し、あるものは読音が近いことが分かる。ここから、この二種の「建除」法の間に必ずかつて密接な関係が存在していたことは想像にかたくない。

2.「叢辰」

現在知られている情況からすると、放馬灘秦簡『日書』甲種には「叢辰」はなく、乙種にもおそらく「叢辰」は含まれていない。しかし、睡虎地秦簡『日書』の記載から、秦系選択術の中には確かに「叢辰」と名づけられた選択方法があったことが分かる。睡虎地秦簡『日書』甲種簡二六正—簡四六正には格式が「建除」と似ている占文が記載されており、「稷辰」という二字の篇題がある（以下「睡簡稷辰」と称する）。これについて饒宗頤氏が「稷辰」とはおそらく古書にいう「叢辰」であると最初に指摘し(一六)、のち多くの学者の研究によって、「稷辰」は「稯辰」の訛ったものであり、さらに「稯辰」は「叢辰」の仮借であることが現在ではすでに明らかにされている(一七)。最近、馬王堆帛書『五星占』の中に「黍稷」が訛って「黍稯」に作っている例のあることが確認されたが、これはちょうどここの「稯辰」が訛って「稷辰」に作ったことを裏付けるものであり、「稷」と「稯」の二字が確かに書法が近いために混同されやすかったことを説明してくれる。以上を要するに、「睡簡稷辰」の「稷辰」はもともと「稯（叢）辰」に作っていたはずである。睡虎地秦簡『日書』乙種簡四七—簡六三にも「睡簡稷辰」と内容がほぼ同じ占文があり、もともとの篇題は「秦」に作っている（以下「睡簡秦」と称する）。これによって「睡簡稷辰」と「睡簡秦」に記載されているのは秦系「叢辰」であることが分かる。それに対して楚系「叢辰」の材料は九店楚簡『日書』簡二五—簡三六に見える（篇題なし、以下「楚簡叢辰」と称する）。「楚簡叢辰」とほぼ一致する内容は上文ですでに触れた「睡簡除甲」と「睡簡除乙」にも見える。「睡簡除甲」と「睡簡除乙」中の「叢辰」の内容については、以前ははっきりと理解することができず、当時は「睡簡除甲」自身の篇題が「除」に作っていたことから、誤って叢辰十二直も「建除」に属する内容であると考えられてきた。しかし九店楚簡『日書』の出土によって、「叢辰」と「建除」の内容はまったく関係がなく、二種の異なる選択方法であることがすでに明らかにされている。この二種の占いはいずれも十二直を有し、月にもとづいて十二直と十二支とが組み合わされていたため、「睡簡除甲」と「睡簡除乙」はこの二種の十二直と日の組み合わせ関係を一つにまとめて記していたのである[一八]。これらを比較してみると、「睡簡除甲」と「睡簡除乙」における叢辰十二直と十二支との組み合わせは「楚簡叢辰」と完全に一致している。

表三　楚系「叢辰」十二直

十二直＼月	正月	二月	三月	四月	五月	六月	七月	八月	九月	十月	十一月	十二月
	楚系叢辰十二直の該当日											
結	寅	卯	辰	巳	午	未	申	酉	戌	亥	子	丑
陽	卯	辰	巳	午	未	申	酉	戌	亥	子	丑	寅
交	辰	巳	午	未	申	酉	戌	亥	子	丑	寅	卯
害	巳	午	未	申	酉	戌	亥	子	丑	寅	卯	辰
陰	午	未	申	酉	戌	亥	子	丑	寅	卯	辰	巳
達	未	申	酉	戌	亥	子	丑	寅	卯	辰	巳	午
外陽	申	酉	戌	亥	子	丑	寅	卯	辰	巳	午	未
外害	酉	戌	亥	子	丑	寅	卯	辰	巳	午	未	申
外陰	戌	亥	子	丑	寅	卯	辰	巳	午	未	申	酉
絶紀	亥	子	丑	寅	卯	辰	巳	午	未	申	酉	戌
夬光	子	丑	寅	卯	辰	巳	午	未	申	酉	戌	亥
秀	丑	寅	卯	辰	巳	午	未	申	酉	戌	亥	子

「建除」と同様に、「叢辰」もまず叢辰十二直（あるいは八直）と十二支の組み合わせを列挙し、その後で叢辰十二直（あるいは八直）の行事の宜忌を逐一羅列している。そのうち、「楚簡叢辰」には月が記されていないが、同じ組み合わせが「睡簡除甲」と「睡簡除乙」にも見えるため、これによって「楚簡叢辰」の月序を推測することができ

表四　秦系「叢辰」八直

月	秦系叢辰八直の該当日											
八直	危陽	敫	害	陰	勶	陰	害	危陽	正陽	結	秀	正陽
正月	寅	卯	辰	巳	午	未	申	酉	戌	亥	子	丑
二月	寅	卯	辰	巳	午	未	申	酉	戌	亥	子	丑
三月	辰	巳	午	未	申	酉	戌	亥	子	丑	寅	卯
四月	辰	巳	午	未	申	酉	戌	亥	子	丑	寅	卯
五月	午	未	申	酉	戌	亥	子	丑	寅	卯	辰	巳
六月	午	未	申	酉	戌	亥	子	丑	寅	卯	辰	巳
七月	申	酉	戌	亥	子	丑	寅	卯	辰	巳	午	未
八月	申	酉	戌	亥	子	丑	寅	卯	辰	巳	午	未
九月	戌	亥	子	丑	寅	卯	辰	巳	午	未	申	酉
十月	戌	亥	子	丑	寅	卯	辰	巳	午	未	申	酉
十一月	子	丑	寅	卯	辰	巳	午	未	申	酉	戌	亥
十二月	子	丑	寅	卯	辰	巳	午	未	申	酉	戌	亥

る。比較のため、ここで楚（「睡簡除甲」による、欠字は「睡簡除乙」によって補う）と秦（「睡簡稷辰」による）両系の叢辰の組み合わせをそれぞれ表にまとめておく。

この二つの表を見ると、楚・秦両地の「叢辰」の相違は非常に明らかである。まず、楚系叢辰は十二直あるが、秦系叢辰は八直しかない。次に、楚系の十二直は月ごとに運行の仕方が変わり、一直は一つの地支と組み合わされるが、秦系の八直は二箇月ごとに運行の仕方が変わり、「結」、「秀」、「敫」、「衡」の四直は一つの地支と組み合わされ、その他の四直は二つの地支と組み合わされる。これらの相違のために、両系の叢辰と十二支の組み合わせ関係を一つの表にまとめることすらできないのである。時日の吉凶を選択するという角度から見ると、楚系と秦系の「叢辰」は確かに大きく異なっている。しかし、もし選択術の原理から見るならば、楚系と秦系の「叢辰」の共通点も注目に値する。もし十二支との組み合わせを考慮に入れなければ、楚系「叢辰」十二直と秦系「叢辰」八直の間には明らかな対応関係が存在する。

表五　楚系「叢辰」十二直と秦系「叢辰」八直の比較

楚系			秦系	
楚簡叢辰	睡簡除甲	睡簡除乙	睡簡稷辰	睡簡秦
結	結	結	結	結
易	陽	陽	正陽	正陽
交	交	交	敫	敫
□	害	羅	离	[illegible]
吟	陰	陰	陰	陰
達	達	達	衡	徹
外易	外陽	外陽	危陽	危陽
外害	外害	外[illegible]		
外吟	外陰	外陰		
絶		絶紀		
光	夬光	決光		
秀	秀	秀	秀	采

この表に示されているとおり、秦系「叢辰」八直のうち「結」、「陰」、「秀」の三直は楚系と完全に一致する。「勶（徹）」は楚系の「達」と音義ともに近い。「麹」あるいは「𦥑」は楚系の「害」あるいは「羅」と読音が近い。「敫」は楚系の「交」と読音が近い。「危陽」は楚系の「外陽」と読音が近い（下文参照）。正陽は楚系の「陽」にほかならない。ここから、秦系八直は一つとして楚系十二直と関係のないものはないということが分かる。これより、楚・秦両系の「叢辰」の間には必ずかつて非常に密接な関係が存在していたことは想像にかたくない。

3．「咸池」

これについては、睡虎地秦簡『日書』の「歳」から説明する必要がある。「歳」は睡虎地秦簡『日書』甲種簡六四正—簡六七正に見え、そもそもは特殊な楚の月名が用いられていたのだが、もし我々になじみのある秦の月名になおすと、「歳」の運行過程は次のようになる。正月・五月・九月、歳は東方に在る。二月・六月・十月、歳は南方に在る。三月・七月・十一月、歳は西方に在る。四月・八月・十二月、歳は北方に在る。以前に睡虎地秦簡『日書』を研究した学者は、ある者はこの「歳」を歳星とし、またある者はこの「歳」を太歳（太陰）であるとした。のち胡文輝らの考証によって、「歳」とは実は『淮南子』天文篇に見える「太（大）歳」であることが明らかにされた[一九]。『淮南子』天文篇の「太（大）歳」の運行規則は「正月建卯、月従右行四仲」［正月卯を建し、月ごとに右に従いて四仲を行る］（原文には訛誤がある、胡氏論文所引の諸家の校正意見を参照）である。いわゆる「右行」とは「逆行」ともいい、今でいう逆時針回りのことである[二〇]。いわゆる「四仲」とは十二辰中の子・午・卯・酉の四仲辰のことである。もし四仲辰をその対応する四方によって表示すると、「太（大）歳」の運行の特徴は次のとおり。正月は東方に在り、二月は北方に在り、三月は西方に在り、四月は南方に在り、五月は東方に在り、六月は北方に在り、七月は西方に在り、八月は南方に在り、九月は東方に在り、十月は北方に在り、十一月は西方に在り、十二月は南方に在る。明らかに、この「太（大）歳」の運行の特徴は上に引いた睡虎地秦簡『日書』の「歳」と完全には一致しない。比較のため、それらの十二箇月中の方位と地支を下表に示す。

表六　『日書』「歳」と『淮南子』天文篇「太歳」の比較

	正	二	三	四	五	六	七	八	九	十	十一	十二
『日書』歳	卯	午	酉	子	卯	午	酉	子	卯	午	酉	子
	東	南	西	北	東	南	西	北	東	南	西	北
天文篇太歳	卯	子	酉	午	卯	子	酉	午	卯	子	酉	午
	東	北	西	南	東	北	西	南	東	北	西	南

この表から、『日書』の「歳」と天文篇の「太（大）歳」とはその起点が同じ（正月建卯）であり、運行の周期も一致するが、その運行方向はちょうど正反対になっていることがはっきりと見てとることができる。すなわち、「太（大）歳」は東北西南の方向に運行し、これは「右行」である。「歳」は東南西北の方向に運行し、これは「左行」である。それでは、左行の「歳」と右行の「太（大）歳」とはいったいどのような関係なのだろうか。

「歳」と「太（大）歳」の関係を判定するにおいては、馬王堆帛書『式法』祭篇が重要な手がかりを提供してくれる。祭篇の釈文は馬王堆漢墓帛書整理小組所撰「馬王堆帛書《式法》釈文摘要」に見える。[二一]『馬王堆帛書芸術』と『漢帛書陰陽五行甲篇』に掲載されている写真から見ると、[二二]該篇の内容は残欠が多い。馬王堆漢墓帛書整理小組が公表した釈文は、すでに残欠箇所について補釈を行っており、祭篇の大部分の内容を復原している。しかし仔細に分析してみると、馬王堆漢墓帛書整理小組の復原案にはなお妥当ではないところがあるように思われる。そのため、筆者は「馬王堆帛書《式法・祭》復原」を発表し、(二三) 新たな復原案を提示した。この新しい復原案によると、祭篇の「咸池」に関係する二条の占文すなわち第六条と第八条の占文の釈文はそれぞれ次のように校正することができる。

【卯】・午子・【酉】・子午・卯・午子・卯〈酉〉・子午・卯・午子・酉・子午、淪（咸）池・大錯、以祭二歳或死。（第六条）

【房・張去（虚）・矛（昴）】・去（虚）張・房・張去（虚）・房〈矛（昴）〉・去（虚）張・房・張去（虚）・矛（昴）・去（虚）張、大錯・淦池所居星、以祭二歳或死。（第八条）

第六条占文の「淪池」と第八条占文の「淦池」について、馬王堆漢墓帛書整理小組はいずれも「咸池」と読んでおり、この解釈は支持できる。この二条の占文はみな「咸池」の運行にもとづいて祭祀の吉凶を占うもので、第六条では「咸池」の十二個月における地支を列挙し、第八条では十二個月中における「咸池」のいる星の名を列挙している。もともと帛書では地支と星名を書き記す際に表の形式を用いているので、目で見て分かりやすくなっている。議論しやすいように、もともとの形式を参考にして二条の占文の地支と星名の部分を表にまとめてみよう。

表七　『式法』に見える「咸池」

【卯】	午子	【酉】	子午	卯	午子	卯〈酉〉	子午	卯	午子	酉	子午
【房】	【張】【去】	【矛】	去張	房	張去	房〈矛〉	去張	房	張去	矛	去張

注目されるのは、「咸池」の地支あるいは星名はあるときは一つしかなく、あるときには二つあることである。これはどういうことだろうか。第六条の占文を例にすると、帛書が言っているのは、「咸池」は正月には卯に在り、二月には午子に在り、三月には酉に在り、四月には子午に在り、あとはこれによって類推していくということだろうか。もしこのように理解すると、帛書「咸池」の運行規則ははなはだ混乱したものとなり、その他の出土文献あるいは伝世文献に記載されている「咸池」の運行の特徴とまったく対応させることができなくなる。実はこれは、帛書は二種の運行方向を異にする「咸池」を同時に記載しているのだと考えられる。議論の便宜上、ここではそれぞれ「咸池甲」、「咸池乙」とよぶことにする。第六条の占文を例にとると、「咸池甲」の地支は正月卯、二月午、三月酉、四月子、五月卯、六月午、七月卯〈酉〉、八月子、九月卯、十月午、十一月酉、十二月子であり、「咸池乙」の地支は正月卯、二月子、三月酉、四月午、五月卯、六月子、七月卯〈酉〉、八月午、九月卯、十月子、十一月酉、十二月午である。帛書はこの占いを書き記す際に、まず「咸池甲」の地支あるいは星名を記し、その後でその下にさらに「咸池乙」の地支あるいは星名を記したのである。つまり、「咸池甲」と「咸池乙」は正月・三月・五月・七月・九月・十一月の六箇月の地支がまったく一致しているため、帛書では書き記す際に省略してこの六箇月の地支を一つ書かなかったのである。上に引いた釈文を見ると、第六条の占文の神煞［凶悪神］は「湇（咸）池・大錯」となっているが、これは「咸池甲」が「咸池」であり、「咸池乙」が「大錯」と呼ぶということを意味しているように見える。しかし、第八条の占文で列挙されている星の名の式盤の上での位置はちょうど第六条の占文の地支と一つ一つ対応しているが[二四]、その神煞の名は「大錯・淦（咸）池所居星」に作っており、「淦（咸）池・大錯所居星」には作っていない。このことより、『式法』祭篇においては「咸池」と「大錯」はまったく区別がなく、「咸池」は「大錯」であり、「大錯」もまた「咸池」なのだということが分かる[二五]。つまり、『式法』の編者あるいは抄写者にとってみれば、「咸池甲」

と「咸池乙」は運行方向に違いがあるけれども、同時に「咸池」あるいは「大錯」と呼ぶことができるものなのである。以上を少しまとめると、上述の「咸池甲」の運行の特徴は「正月起卯、左行四仲」［正月は卯を起点とし、四仲を左行する］であり、「咸池乙」の運行の特徴は「正月起卯、右行四仲」［正月は卯を起点とし、四仲を右行する］である。『式法』祭篇は左行する「咸池甲」と右行する「咸池乙」をともに「咸池」の名のもとに同時に列挙しており、このことは当時の人の心の中では確かに左行と右行の二種の運行方向を異にする「咸池」が同時に存在したということを示している。運行の特徴から見ると、左行する「咸池甲」は『日書』の「歳」と完全に一致し、右行する「咸池乙」は『淮南子』天文篇の「太（大）歳」と完全に一致する。これより、『日書』の「歳」と『淮南子』天文篇の「太（大）歳」とはその運行方向に左行と右行の違いがあるけれども、このことはともに「咸池」という異名を持つことに何ら支障がなかったことが分かる。ゆえに、胡文輝などの学者が『日書』の「歳」を『淮南子』天文篇の「太（大）歳」であると解釈したのは理にかなっている。

現在見ることのできる簡帛文献のうち、楚国あるいは楚国の故地で出土した選択文献、例えば九店楚簡『日書』の「大歳」、睡虎地秦簡『日書』の「歳」、馬王堆帛書『胎産書』や『雑療方』の「大時」などは、その運行の特徴がいずれも左行であり、「咸池甲」と一致する。（二六）そして秦地で出土した『日書』、例えば放馬灘秦簡『日書』乙種の「咸池」は、その運行の特徴が「咸池乙」と一致する。（二七）『淮南子』天文篇によると、「太（大）歳」と「大時」はいずれも「咸池」の異名である。これより、左行する「咸池甲」はおそらく楚地の説であり、右行する「咸池乙」はおそらく秦地の説であり、馬王堆帛書『式法』はこの二種の説を一つにまとめたものだということは容易に推測がつく。（二八）時日の吉凶を選択するという角度から見ると、この二種の「咸池」の占いの結果ははなはだ懸け離れたものであり、ある時には完全に反対にさえなってしまう。これは、楚・秦両地の「咸池」が確かに異なっていたことを示すものである。しかし、もし選択術の原理からみると、この二種の「咸池」は全く関係がないというわけでもない。例えば、運行の周期は一致しているし、奇数月における運行の日あるいは運行の方位も一致している。まさにこのような共通点があるからこそ、馬王堆帛書『式法』はそれらを一緒に記して、同じ神煞として扱ったのである。

以上に列挙した材料とそれについて行った分析から見ると、戦国時期の楚・秦両地で使用されていた選択方法は確かに大きな差異が存在していた。秦地で流行していた選択方法のあるものはおそらく楚地ではまったく用いられず、楚地で流行していた選択方法のあるものもおそらく秦地ではまったく使用されなかっただろう。また「建除」、「叢辰」、「咸池」といったいくつかの選択方法は楚・秦の両地で同時に流行していたけれども、それらの楚・秦両地における具体的な使用方法には大きな差異が存在し、占いの結果も大きく異なっていた。このような角度から見ると、楚と秦の選択術の違いというのは十分に明らかである。これがおそらく司馬遷の言う「斉・楚・秦・趙の日者為るや、各々俗の用いる所有り」なのだろう。しかし、もし選択術の原理にしたがって「其の大旨を観る」ならば、楚・秦両地の選択術の共通点もいくつか見出すことができる。例えば上文で指摘した楚系「建除」十二直と秦系「建除」十二直のつながり、楚系「叢辰」十二直と秦系「叢辰」八直のつながり、楚系「咸池」と秦系「咸池」とのつながりなどはみなその明らかな例証である。これらのつながりから考えれば、楚・秦両地の「建除」、「叢辰」、「咸池」等の術がそれぞれ起源を異にし、たがいにまったく関係がないということは想像しがたい。逆に、これらは来源を同じくするという視点を持たなければ、これらのつながりを解釈することはできないのである。周知のとおり、「建除」と「叢辰」は古代選択術において重要な地位を有しており、『史記』日者列伝「褚先生曰」の一段では七種の占家について触れているが、その中に「建除家」と「叢辰家」がある。従って、「建除」と「叢辰」が反映している楚と秦の関係というのは、楚と秦の選択術の基本的な関係であるはずである。以上をまとめると、楚と秦の選択術はおそらく同じ起源から発しており、発展・演変をへて形成された二種の数術体系だということである。おそらく文字と同じように、最初の選択術はそもそもは同じものだったのが、後に長期にわたる諸侯分立とそれぞれの統治によって、各地の具体的な用法に変化が生じ、さらに長い時間を経て、「斉・楚・秦・趙の日者為るや、各々俗の用いる所有り」という局面が出現したのであろう。

三、楚と秦の選択術の歴史的な影響

以上の紹介と分析から、戦国時期の楚・秦両地で流行していた選択方法には大きな差異が存在していたことが明らかとなった。つまり、当時の選択術は少なくとも楚系と秦系の区別があったことになる。それでは、楚系選択術と秦系選択術は後世の選択術の発展に対してそれぞれどのような影響を与えたのだろうか。あるいは、この二種の選択術のそれぞれの歴史的運命はどのようなものだったのだろうか。ここではやはり上文で分析した三つの例を主要な根拠として検討を進めていくことにする。

まず「建除」について見てみよう。紹介によると、孔家坡漢簡『日書』の中には建除篇が含まれており、「内容は睡虎地『日書』甲種の秦除篇、放馬灘『日書』甲種建除篇とまったく同じ」であるという。[二九] これは秦系「建除」がすでに完全な形で漢代に伝わったことを示している。このほか、出土した漢代の暦日と『淮南子』天文篇に記載されている「建除」説も秦系「建除」と一致し、[三〇] やはり同様に漢代に流行した「建除」が秦系の「建除」であったことを示している。上文で列挙した建除十二直の比較表を見ても、後世に流行した「建除」は秦系「建除」である。これとは対照的に、孔家坡漢簡についての報道では楚系「建除」のことはまったく触れられておらず、出土した漢代の暦日と

『淮南子』天文篇にも楚系「建除」に関する記載は見られないし、後世の選択術の中にも楚系「建除」のいかなる痕迹も見あたらない。このことは、楚系「建除」は漢代にはすでに淘汰されたらしいことを説明している。これより、「建除」について言えば、秦系が楚系に勝利し、秦系が正統となったことは明らかである。

次に「叢辰」について見てみよう。系統的な「叢辰」説は、これまで後世の数術文献中では発見されていなかった。しかし、『史記』日者列伝「褚先生曰」の一段に「叢辰家」があることから、この術は漢代にはなお流行していたことが分かる。[三一]紹介によると、孔家坡漢簡の中にも叢辰篇があり、「全篇の内容は睡虎地『日書』甲種の稷辰篇と乙種の秦篇で述べられていることと同じ事項である」という。[三二]これより、漢代に流行した「叢辰」は秦系「叢辰」にちがいないと思われる。楚系「叢辰」については、現時点では漢あるいは漢代以後も用いられていたことを示す証拠は一つもない。これより、「叢辰」について言っても、やはり秦系が楚系に勝利したことになる。

さらに「咸池」について見てみよう。上文で触れたとおり、馬王堆漢墓帛書『胎産書』や『雑療方』の「咸池」は左行する「咸池甲」（もとは「大時」という）であり、帛書『式法』では左行する「咸池甲」と右行する「咸池乙」を同時に記載していた。これは、漢初の楚国の故地である長沙では楚系「咸池」と秦系「咸池」が同時に存在していたことを示している。しかし、『淮南子』天文篇になると、右行する秦系「咸池」しかなく、左行する楚系「咸池」がなくなってしまっている。これと対応するように、西北辺境出土漢簡中に記載されている「大時」も右行する秦系「咸池」である。[三三]後世の選択術にも「咸池」はあるが、[三四]その運行の特徴は『淮南子』天文篇と一致し、やはり右行である。これより、「咸池」について言っても、やはり秦系が楚系に勝利している。

以上の三例以外にも、「十二禽」を挙げることができる。周知のとおり、睡虎地秦簡『日書』と放馬灘秦簡『日書』に記載されている十二禽には大きな差異が存在する。ここで二種の『日書』の十二禽と後世に流行した十二属を表にまとめてみよう。

表八　睡虎地秦簡『日書』と放馬灘秦簡『日書』「十二禽」の比較

	子	丑	寅	卯	辰	巳	午	未	申	酉	戌	亥
睡虎地	鼠	牛	虎	兎		蟲	鹿	馬	環	水	老羊	豕
放馬灘	鼠	牛	虎	兎	蟲	鶏	馬	羊	猴	鶏	犬	豕
後世の説	鼠	牛	虎	兎	龍	蛇	馬	羊	猴	鶏	犬	豕

二種の『日書』十二禽のこのような差異をいかに解釈するかについては、学者たちはいくつか異なった意見を提示しているが、私見では放馬灘秦簡『日書』の十二禽を秦地の説と考え、睡虎地秦簡『日書』の十二禽を楚地の説と考える。[三五]もしこの推測に誤りがなければ、「十二禽」について言っても、やはり秦系が楚系に勝利している。なぜなら、この表を見ればはっきりと分かるように、睡虎地秦簡『日書』の十二禽と後世の説の差異は大きく、放馬灘秦簡『日書』の十二禽は後世の説と基本的に一致しているからである。[三六]

現在見ることのできる楚・秦両地で同時に流行していた選択方法はおおよそ以上のとおりである。これらの選択方法の歴史的運命から見ると、すべて秦系が勝利をおさめ、楚系が滅びている。「建除」、「叢辰」等の古代選択術における重要な地位を考えると、楚と秦の選択術の歴史的運命もだいたいこのとおり、すなわち秦系が楚系に勝利したと考える理由は十分にあるだろう。[三七]これより、後世の選択術に対する影響から論じれば、秦系ははるかに楚系を上回っている。

楚と秦の二種の選択術のうち、秦系が最終的に勝利をおさめたのはもちろん歴史の必然である。秦が六国を併呑した後、かつておおくの統一を促進する措施が推進された。文字の統一や度量衡の統一といったものはよく知られているところである。実際のところ、秦は統一の過程で風俗や信仰を統一あるいは粛正する事業も行っていた。例えば、睡虎地秦簡『日書』と一緒に出土したもののなかに、『語書』とよばれる文献がある。これは秦王政二十年（前二二七年）に南郡守の騰が本郡の各県・道に発布した通告文であり、その中で「古者民各有郷俗、其所利及好悪不同、或不便於民、害於邦」［古者民に各々郷俗有り、其の利とする所及び好悪同じからず、或いは民に便ならず、邦に害あり」と述べ、さらに「今法律令已具矣、而吏民莫用、郷俗淫失（泆）之民不止」［今法律令已に具われり、而れども吏民用いる莫く、郷俗淫失（泆）の民止まず」、「今法律令已布、聞吏民犯法為間私者不止、私好・郷俗之心不変」［今法律令已に布かれども、聞くならく吏民の法を犯し間私を為す者止まず、私好・郷俗の心変わらず」とも述べ、このような情況を明らかに知っていながらすぐに措施をとらない下級官員に対して厳しい言葉で叱責している。ここで言われている「郷俗」とは、おそらく時日の吉凶を選択するといった楚系数術も含まれているのだろう。『語書』を見ると、秦の各級の官吏が選択術を含む楚地の「郷俗」に対して十分に警戒を払い、その流行は「邦に害」をもたらし、厳しくコントロールしかつ改造しなければならないと考えていたことが分かる。ここから、睡虎地秦簡『日書』の抄写はおそらく単に墓主である「喜」の個人的な愛好によるものだけではなく、そこにはおそらく地方官吏が風俗を粛正する、すなわち秦俗をもって楚俗を改造する、あるいは秦俗にとってかえる意図も含まれていたと推測される。そうであればこそ、睡虎地秦簡『日書』の秦系選択術に関する記載は往往にして楚系選択術に関する記載よりも正確なのである。例えば、先に分析した「建除」は、睡虎地秦簡『日書』と放馬灘秦簡『日書』の記載はほぼ完全に一致している（三八）。しかし睡虎地秦簡『日書』に記載されている楚系「建除」と「叢辰」は九店楚簡『日書』と異なるところが多い。九店楚簡『日書』では「建除」と「叢辰」はそれぞれ独自の篇を構成しており、その形式ははっきりと整っている。しかし睡虎地秦簡『日書』では「建除」と「叢辰」は合わせて一篇にまとめられており、その占辞は九店楚簡『日書』の「叢辰」に近いのに篇題は「除」と記されており、明らかに筋が通っておらず、また容易に誤解を招く。このような情況は、見たところ楚と秦の数術をともに収録し、両者を混在させているように見える睡虎地秦簡『日書』も、楚と秦の選択術を選択する際の態度はまったく偏りなく両者をひとしなみに扱うというものではなかったということを示している。これより、楚と秦の選択術の後世における異なった境遇は深い歴史的な原因があるということが分かる。

四、楚系選択術中の「危」字について

上文で触れたとおり、楚系建除十二直の中で現在「坐」と解釈されている字は「危」と解釈する可能性もある。ここではこれについて簡単に解釈してみよう。この字はもともとは（以下A）という形に作り、楚文字中ではこれだけで使用されることもあれば、偏旁として使用されることもある。偏旁として使用されているAは早くから信陽楚簡と望山楚簡に見え、望山楚簡の整理者は馬王堆帛書『式法』の「A昜（陽）」が「坐昜（陽）」にも作ることにもとづいて、Aを「坐」と解釈している(三九)。後に出土した九店楚簡『日書』の中にもA字があり、「建除」十二直の一つとして見えている。そして睡虎地秦簡『日書』の楚系「建除」（「睡簡除甲」と「睡簡除乙」に見える）では、Aと対応する字は「坐」もしくは「髽」に作っている（上文表二を参照）。これらを手がかりにすると、Aを「坐」と解釈することには十分な理由がある。しかし、そこには解釈しがたい疑問がいくつか存在する。例えば、「坐」は楚系建除十二直の一として秦系建除十二直のどれと対応しているのか。また「坐陽」という語はいかに理解すべきなのか、

「外陽」とどういう関係にあるのか。(四〇)

これらの疑問にもとづくと、楚系選択術中のAを「危」と解釈する可能性を考慮に入れてもよいのではないだろうか。周知のとおり、楚文字中のA字は「坐」と解釈することができる以外に、「危」と解釈することもできる。例えば、包山楚簡の卜筮祭禱簡にはかつて多く「坐山」と解釈されていた神名があるが、その「坐」字はAに作るものと、左旁を「山」に、右旁を「A」に作るものと、左旁を「人」に、右旁を「A」に作るものがある。陳偉氏はこの三種の書法の字をそれぞれ「危」（二四三号簡）、「峗」、「佹」と隷定し、この神名は『漢書』地理志に見える「洈山」であるとしている。(四一) 李零氏は楚文字中の字形が近いために混用される現象について検討した際、「危」と「坐」の二字も挙げ、上述の「坐山」の解釈は「考えなおすべきではないか」と述べている。(四二) 新たに公表された『上海博物館蔵戦国楚竹書（四）』では、『柬大王泊旱』の第十八号簡に「邦家以軒輊、社稷以B歟」という句がある。(四三) B字は辵とAに従う文字で、整理者はこれを「坐」あるいは「侳」と読んでいるが、これでは簡文の意味は通じがたい。陳剣氏はこれを「危」と読んでいるが、これだと意味がはっきり通る。陳剣氏は「古代の「坐」はもとは「跪」であり、「危」は「跪」の初文であって、「危」と「坐」は形音義ともに密接な関係があり、そもそもは同じ語、同じ字形が分化したものである可能性が高い」としている。(四四)「坐」と「危」の來歴と関係についてはあるいは検討の余地があるかもしれないが、楚文字中のAが「危」と読むことのできる場合があることはすでに動かしがたい事実である。従って、楚系選択術中のAを「危」と解釈するというのは考慮に値する意見である。

もし楚系選択術中のAを「危」と解釈すれば、上に述べた疑問も氷解する。例えば、「危」は楚系建除十二直の一つとしてちょうど秦系建除十二直の「危」と対応している。睡虎地秦簡『日書』楚系「建除」中の「坐」あるいは「髽」（「睡簡除甲」と「睡簡除乙」に見える）については、「A（危）」の誤読と見なすことができる。また例えば馬王堆帛書『式法』式図は春三月甲乙と冬三月壬癸を「坐陰」とし、夏三月丙丁と秋三月庚辛を「坐易（陽）」としているが[四五]、裘錫圭氏が述べているとおり、「坐易（陽）」は「A易（陽）」に作ることもある。そして楚文字の角度から見ると、「A易（陽）」は実は「危陽」と解釈することができる。このように解釈すれば、『式法』の「坐陰」と「坐陽」は「A（危）陰」と「A（危）陽」の誤読と見なすことができる。つまり『式法』の「坐陰」と「坐陽」は楚文字においてはそもそもは「危陰」と「危陽」と読んでいたのである。上文で掲げた楚系「叢辰」十二直と秦系「叢辰」八直の比較表を見てみると、秦系八直の中にも「危陽」があり、これは「正陽」と対応している。そして楚系十二直の中には「外陰」と「外陽」があり、これは「陰」と「陽」が対応している。そして秦系の「危陽」と楚系の「外陽」は読音が近く[四六]、秦系の「正陽」は楚系の「陽」にほかならない。ここから再度『式法』の「危陰」と「危陽」を見ると、具体的な日の計算は異なるけれども、この両者は明らかに楚系「叢辰」十二直の「外陰」「外陽」と意味が同じである。秦系「叢辰」の情況を参考にすると、ここでの「外（危）」は「正」と対応している。『広韻』支韻に「危、不正也」［危は、不正なり］とあり、『荀子』栄辱篇「故薄薄之地、不得履之、非地不安也、危足無所履者、凡在言也」［故に薄薄の地も、之を履むを得ず、地の安からざるに非ざるなり、危足するも履む所無きは、凡そ言に在るなり］の楊倞注に「危足、側足也」［危足とは、足を側つるなり］とある。これより、「危」は確かに「正」と対応させることができる。このように解釈すれば、「危陰」と「危陽」の意味は容易に理解できるようになるだろう。

以上をまとめると、楚系選択術中の「A」は秦の写本ではすでに「坐」と読まれているけれども、楚と秦の選択術の対応と文例の比較などの角度から見れば、やはり「危」と解釈する方が適当である[四七]。

おわりに

司馬遷の日者列伝原文の散佚により、早期選択術の概貌と斉・楚・秦・趙各地の選択術の異同についてはこれまで探究するすべがなかったし、また探究する者もいなかった。しかし近年、大量の戦国秦漢時代の簡帛文献の相次ぐ出土にともなって、これらの問題を議論する基本的な条件はすでにととのっている。そこで本稿では、すでに発表されている出土資料を利用して、楚と秦の選択術の異同及びその歴史的な影響について初歩的な討論を試みた。それによって得られた結論はおおよそ以下の三点にまとめることができる。

一．出土数術文献の発見は、司馬遷の日者列伝の散佚によって生じた知識の空白を一定程度補うことができる。現時点では斉・楚・秦・趙各地の選択術の異同について全面的に考察する条件はいまだ整っていないものの、楚・秦両地の選択術の異同について比較するための基本資料はすでにととのっている。

二．楚・秦両地の選択文献の内容について比較してみると、楚・秦両地で使用されていた選択方法には大きな差異が存在しており、司馬遷の言う「斉・楚・秦・趙の日者為るや、各々俗の用いる所有り」という説はでたらめではなかったことが分かる。しかし、もし選択術の原理から考察するならば、楚・秦両系の選択術はまったく関係がないわけではなく、その起源を同じくしていると考えられる。

三．歴史的な角度から考察すると、「建除」、「叢辰」、「咸池」、「十二禽」といった後世に流行したいくつかの重要な選択方法はみな秦系を起源としている。したがって、後世の選択術に対する影響ということについて言えば、明らかに秦系が楚系をはるかに上回っている。

《注》

（一）出土選択類文献の概況については、劉樂賢『簡帛数術文献探論』（湖北教育出版社、二〇〇三年）二六～四三頁を参照。

（二）『後漢書』方術列伝に述べられている方術の中に「日者」があり、「日者」とは日を選択する人を指す場合もあれば、日を選択する術を指す場合もあることが分かる。本稿でいう「日者の術」とは後世の選択術のことである。

（三）形式からすると、今本日者列伝は本文と褚先生の補文の二つの部分から構成される。ここで言っている今本日者列伝とは、補文の前にある本文を指す。

（四）先人の日者列伝についての考証と最近の議論については、劉樂賢『簡帛数術文献探論』（前掲）三五二～三七〇頁を参照。

（五）王充『論衡』も多くの箇所で当時の「日者」の術について触れているが、「日者」の術について批判や反論を加えているのみで、「日者」の術の全貌について描写や紹介はしていない。

（六）これに関係する研究としては、現時点では睡虎地秦簡『日書』中の楚『日書』について考証した論文が数篇あるにとどまる。劉信芳「秦簡中的楚国《日書》試析」（『文博』一九九二年四期）、劉信芳「九店楚簡日書与秦簡日書比較研究」（『第三届国際中国古文字学研討会論文集』香港中文大学中国文化研究所・中国語言及文学系、一九九七年）、胡文輝「睡虎地秦簡中的楚《日書》」（『華学』第四輯、紫禁城出版社、二〇〇〇年）を参照。

（七）湖北省文物考古研究所・北京大学中文系『九店楚簡』（中華書局、二〇〇〇年）。

（八）馬王堆漢墓帛書整理小組「馬王堆帛書《式法》釈文摘要」（『文物』二〇〇〇年七期）。

（九）馬王堆漢墓帛書の中で作者の地域性を推定できるものはほとんど楚人の著作であると指摘している学者もいる。李学勤「新出簡帛与楚文化」（『楚文化新探』湖北人民出版社、一九八一年、三六頁）を参照。

（一〇）秦簡整理小組「天水放馬灘秦簡甲種《日書》釈文」（『秦漢簡牘論文集』甘粛人民出版社、一九八九年）。何双全「天水放馬灘秦簡綜述」（『文物』一九八九年二期）。

（一一）睡虎地秦墓竹簡整理小組『睡虎地秦墓竹簡』（文物出版社、一九九〇年）。

（一二）劉信芳「秦簡中的楚国《日書》試析」（前掲）、劉信芳「九店楚簡日書与秦簡日書比較研究」（前掲）、胡文輝「睡虎地秦簡中的楚《日書》」（前掲）を参照。

（一三）九店楚簡『日書』と睡虎地秦簡『日書』の比較については、劉信芳「九店楚簡日書与秦簡日書比較研究」（前掲）、湖北省文物考古研究所・北京大学中文系『九店楚簡』（前掲）を参照。放馬灘秦簡『日書』甲種と睡虎地秦簡『日書』の比較については、劉樂賢『簡帛数術文献探論』（前掲）五三～六九頁を参照。

（一四）これまでに多くの学者がこれらの関係に気づいている。李家浩「睡虎地秦簡《日書》〝楚除〟的性質及其他」（『中央研究院歴史語言研究所集刊』第七〇本第四分）を参照。

（一五）蓋字の古音は月部見紐であり、開字の古音は微部渓紐である。楚方言において微部と歌部は密接な関係にある。下文の注釈中の外と危の読音が近いことを述べた一節を参照。

（一六）饒宗頤・曾憲通『雲夢秦簡日書研究』（中文大学出版社、一九八二年）。のち『楚地出土文献三種研究』（中華書局、一九九三年）に収録。

（一七）李学勤「睡虎地秦簡《日書》与楚、秦社会」（『江漢考古』一九八五年四期。劉樂賢『睡虎地秦簡日書研究』（文津出版社、一九九四年）五八頁。李家浩「睡虎地秦簡《日書》〝楚除〟的性質及其他」（前掲）。

（一八）李家浩「睡虎地秦簡《日書》〝楚除〟的性質及其他」（前掲）を参照。

（一九）胡文輝「釈〝歳〟」（『中国早期方術与文献叢考』中山大学出版社、二〇〇〇年）八八～一三四頁。

（二〇）劉樂賢『簡帛数術文献探論』（前掲）一四六～一四七頁。

（二一）馬王堆漢墓帛書整理小組「馬王堆帛書《式法》釈文摘要」（前掲）。

（二二）陳松長『馬王堆帛書芸術』（上海書店出版社、一九九六年）三六～三八頁。陳松長『漢帛書陰陽五行甲篇』（上海書画出版社、二〇〇〇年）。

（二三）劉樂賢「馬王堆帛書《式法・祭》復原」（『湖南省博物館館刊』第一期、船山学刊、二〇〇四年）。

（二四）式盤によると、地支の「午」と対応している星宿は「七星」であるはずだが、帛書では「張」に作っている。按ずるに、「張」と「七星」の位置はとなりあっている。

（二五）『淮南子』天文篇と『協紀弁方書』巻六「大時」条によると、「咸池」の異名として「大時」・「大歳」・「大敗」等がある。帛書が「大錯」を「咸池」の異名としているのは、思うに『協紀弁方書』が「大敗」を「咸池」の異名としているのと似ている。

（二六）胡文輝「釈〝歳〟」（前掲）を参照。

（二七）何双全「天水放馬灘秦簡綜述」（前掲）。「咸池」の簡文の釈読に言及しているものとして、胡文輝「釈〝歳〟」（前掲）

を参照。

(二八) ある学者の考察によると、『式法』は「おそらく秦人の字体に慣れていない楚人が書いたもの」で、その中には楚国の「古文」を使用しているところもあれば、秦字を使用しているところもあるという(李学勤『古文字学初階』中華書局、一九八五年、六〇頁)。このような写本の中に楚・秦両地の「咸池」の説を同時に記録しているというのは怪しむにたりない。

(二九) 張昌平「随州孔家坡墓地出土簡牘概述」、『新出簡帛研究——新出簡帛国際学術研討会論文集』(文物出版社、二〇〇四年)六四~七〇頁。

(三〇) 張培瑜「出土漢簡帛書上的暦注」(『出土文献研究続集』文物出版社、一九八九年)を参照。

(三一) 『漢書』芸文志数術略五行類には『鍾律叢辰日苑』二十三巻が著録されており、「叢辰」術と関係がある可能性もある。

(三二) 張昌平「随州孔家坡墓地出土簡牘概述」(前掲)。

(三三) 胡文輝「釈〝歳〟」(前掲)を参照。

(三四) 後世の説については『協紀弁方書』巻六「大時」条を参照。

(三五) 睡虎地秦簡『日書』の十二禽を楚系十二禽とするのは現時点ではまだ推測に過ぎず、さらに多くの新たな材料の出現をもって検証する必要がある。劉樂賢『簡帛数術文献探論』(前掲)三二一~三三一頁を参照。

(三六) 睡虎地秦簡『日書』では、辰の禽名を書き漏らしているのを除くその他の十一の禽名のうち後世と完全に一致するのは五つしかない。放馬灘秦簡『日書』は十二禽のうち十の禽名が後世と完全に一致する。また異なる二箇所についても簡文の抄写の角度から容易に解釈できる。簡文では鶏が同時に巳と酉の二支に配当されており、はなはだ不合理なので、二者のうち必ず一つ誤りがある。睡虎地秦簡『日書』と後世の説を参考にすると、簡文の巳鶏は巳蟲(虫)あるいは巳蛇の誤写であることが分かる。もし蟲(虫)あるいは蛇が本当に巳に配当されていたのなら、簡文の辰と蟲の組み合わせは誤りにちがいない。おそらく簡文はそもそもは辰と龍が組み合わされていたのであり、これは後世の説と一致する。結局のところ、放馬灘『日書』と後世の説の違いは、おそらく『日書』の抄写の過程で生じたものである。つまり放馬灘『日書』の十二禽は後世の説と完全に一致していた可能性が高い。

(三七) これはいくつか主要な選択方法について言っているにすぎない。実際のところ、個別に後世に伝わった選択方法が楚系に由来する可能性もある。例えば、現在見ることのできる材料からすると、後世の「往亡」はおそらく楚系に由来する。劉樂

賢『簡帛数術文献探論』（前掲）二九七〜三一四頁を参照。

（三八）劉樂賢『簡帛数術文献探論』（前掲）五三〜六九頁を参照。

（三九）湖北省文物考古研究所・北京大学中文系『望山楚簡』（中華書局、一九九五年）八九頁。

（四〇）坐字の古音は歌部従紐、外字の古音は月部疑紐であり、声紐の関係は遠く、読音もさほど近くない。

（四一）陳偉『包山楚簡初探』（武漢大学出版社、一九九六年）一七〇頁・二三一〜二三八頁。

（四二）李零「郭店楚簡研究中的両個問題——美国達慕思学院郭店楚簡《老子》国際学術討論会感想」（『郭店楚簡国際学術研討会論文集』湖北人民出版社、二〇〇〇年）。

（四三）馬承源主編『上海博物館蔵戦国楚竹書（四）』（上海古籍出版社、二〇〇四年）。

（四四）陳剣「上博竹書《昭王与龔之脽》和《柬大王泊旱》読後記」（簡帛研究網二〇〇五年二月一五日）。

（四五）馬王堆漢墓帛書整理小組「馬王堆帛書《式法》釈文摘要」（前掲）に見える。その部分的な写真はすでに陳松長『馬王堆帛書芸術』（前掲）と陳松長『漢帛書陰陽五行甲篇』（前掲）に発表されており、参考になる。

（四六）外字の古音は月部疑紐であり、危字の古音は一般には微部疑紐であるとされ、韻部にやや距離がある。しかし危字を歌部に属するとしている古音学者もおり、歌部と月部は厳格な対転関係にある。実際のところ、たとえ危字が微部に属するとしても、危と歌部字あるいは微部字と歌部字の楚地方言における関係は依然として非常に密接である。大西克也「試論上博楚簡《緇衣》中的""字及相関諸字」（『第四届国際中国古文字学研討会論文集』香港中文大学中国語言及文学系、二〇〇三年）を参照。

（四七）楚系選択術中の「A（危）」が秦写本において誤って「坐」と読まれたことにはおそらく二つの原因があるだろう。一つは楚と秦の文字の違いによるものである。「坐」・「危」の二字は楚文字においては字形が近く混用される可能性があったが、秦文字における書法には明らかな区別があった。字形からすると、楚文字のAは秦文字の「坐」と共通するところがあり、秦文字の「危」とは近くなかったため、秦文字の「坐」に書き換えられやすかった。そしてもう一つは楚と秦の選択術の違いによるものである。睡虎地秦簡『日書』を見てみると、秦人は楚系選択術の細部について熟知しておらず、書き写す際に常に誤りをしている。例えば、上文で示した楚・秦建除十二直比較表を見ると、「睡簡除乙」の「作」と「贏」はそれぞれ「彼」と「媚」の誤書である（李家浩「睡虎地秦簡《日書》"楚除"的性質及其他」前掲）。また、上文ですでに指摘したように、睡虎地秦簡『日書』は楚系「建除」と「叢辰」の二つの選択術を合わせて一篇の中にまとめており、しかも

「除」という篇名をつけていて、名が実にそぐわず、容易に誤解を招いてしまう。こうしたテキストの中に楚系選択術の「A（危）」を誤って「坐」と読んでしまう現象が出現しているのは怪しむにたりない。

［補記］

なお、訳文中、（ ）は原作者による記述、［ ］は訳者による補充説明である。

三、夫人の出国——董仲舒の「変礼」についての補遺

堀池 信夫

はじめに

前稿「漢代の権について」（第二部所収）において、董仲舒の「権」の思想を、「「権」が「経」に反するものという『公羊伝』の記載にもかかわらず、「権」はある一定の規範以上に出てはならない（つまり「反」するようでありつつも実際は「経」内に定位されなければならない）、「権」譎という場合であっても、死んでも規範以上に越え出てはならないという、かなり強い論調である」と指摘した。董仲舒は、『春秋公羊伝』桓公十一年に示された「権とは経に反し、然る後に善有る者なり」という「権」の反経的性格を回避するために、「経礼」「変礼」という概念を提起し、いずれをも「礼」の範疇のうちにあるもの、いずれをも「礼」に込めようとしたのである。このような、「権」的な「変礼」を「礼」に込めるということは、結局はそれは「礼」である、ということである。つまるところ「経礼」と同等のもの、あるいは準ずるものとしてもやはり「礼」であって、反経ではない、ということになる。これは論理的にいってやや強引である。そしてこの強引なところを、董仲舒はかなり強い論調で述べているということの論拠として、次の文を引用した。

権の端は察せざるべからざるなり。夫れ、権は経に反すると雖も、亦た必ず以て然るべきの域に在り。以て然るべきの域に在らざれば、故《もと》より死亡すと雖も為さ弗《ざ》るなり。（『春秋繁露』「玉英」）。

さて本稿では、以上のように董仲舒が「権」を「礼」に込めようとしたことについて、このような董仲舒自身の語勢・論調の強さのみならず、じつは経学理論的にも若干強引な処理をおこなうことによって、その論を張っていたのだということを指摘したいと思う。董仲舒の「変礼」の主張には、経学的に見て問題があることは、じつは清末の蘇輿『春秋繁露義証』において、つとに気づかれていたことであった。そこで本稿では蘇輿の見解を導きの糸としつつ、論を進めてゆきたい。(二)

一、父母への奔喪

最初に見ておくべきことは、『春秋繁露』において董仲舒が、「権」的なものを「変礼」としてあげる例である。今、「経礼」部分とともにそれを示す。

是の故に、昏礼に主人を称さざるは経礼なり。辞、窮まりて称する無く、主人を称するは変礼なり。天子、三年にして然る後に王を称するは経礼なり。故《ゆえ》有らば則ち未だ三年ならずして王を称するは変礼なり。婦人、境を出づるの事無きは経礼なり。母、子の為に婦を娶り、父母に奔喪するは、変礼なり。（『春秋繁露』「玉英」）

この『春秋繁露』の文は、「経礼」と「変礼」とが市松になっているので、「変礼」部分のみを抜き出し、箇条にまとめると、次のようになる。

一、婚礼にはふつう夫となるべき「主人」のことを称さないのだが、「主人」の母親が死亡しているときなど差配すべき人の指示が存在しない場合は「主人」のことを称しても変礼として認められる。
二、なんらかのやむを得ない理由がある場合は、即位三年未満で王と称することは変礼として認められる。
三、諸侯の夫人は婚嫁したのちは夫の領国を出ることは許されないが、息子の嫁取りの場合と、父母の喪の場合の出国は変礼として認められる。

そしてこれらのうちで、問題とすべきものは三条目の、諸侯の夫人がその国を出国する場合である。董仲舒は、息子の嫁取りの場合と父母の喪に奔《ゆ》く場合とについては、夫人が出国しても「変礼」として認められるとしているのであるが、この夫人出国問題が、じつは董仲舒の議論が、強引と見られるところなのである。

さて、この嫁娶と奔喪における出国に関して、『春秋繁露義証』「玉英」は『春秋公羊伝』からの出典として次の三か所（四例）を指摘する。

【僖公二十五年】宋の蕩伯姫、来たりて婦を逆《むか》う。
【僖公三十一年】杞伯姫、来たりて婦を求む。
【文公九年】夫人姜氏、斉に如く。
【文公九年】三月、夫人姜氏、至るに斉自りす。

この四例のうち、前二者は、息子の嫁取りのために夫人が出国する場合。後者の文公九年の二例は、父母の喪のために出国した一つの事件の発端と結果を記したもの。二例であるが一つのことである。この文公九年の例について、何休はそれぞれの箇所で、

父母の喪に奔《ゆ》くなり。……故に「致」を以て礼を得たるを起こすなり。
出でて独り「致」するは、礼を得たればなり。故に臣子の辞を与うるなり。

と注している。すなわち、父母の喪のためにいったん国を出た姜氏が、また国に戻ってきたことがこの場合だけ記されているが（「致」）、それはその出国が礼にかなっていたからだとするのである。臣子の辞とは、疏によれば危険な旅次を克服して帰国したことを臣下が喜んだということである。

この姜氏の出国・帰国について、蘇輿は『公羊伝』の荘公二年の条とその何休注を引用して、次のように述べている。

喪に奔《ゆ》きて礼を得たるが故に、「致」するなり。輿、案ずるに、荘二年、夫人姜氏、斉侯と郜に会す、と。何注に、婦人に外事無し、外すれば則ち淫に近づく。「致」せざるはもとより出づるの道無きなり。出づるの道有れば乃ち「致」す。奔喪に「致」するは、是れなり、と。（『春秋繁露義証』「玉英」）

すなわち、夫人にはふつう国外に出る用事はありえない。夫人が国外に出ると、あまり芳しくないことがおきかねないからである。そこで、夫人が出国する場合は必ず帰国したことが記され（「致」）、その出国が正当であったことが明示されなければならない。荘公二年の姜氏の斉侯との会のような場合は、帰国が記されていないので「出づるの道無き」不当なものということになる。一方、文公九年の姜氏の場合は、「斉自りす」と帰国したことが記されている（「致」）のだから、正当な出国ということになる。何休も「礼を得たる」として肯定しており、問題はない。ということは、蘇輿は『春秋公羊伝』および何休の解釈から見て、董仲舒の「父母への奔喪」は礼にかなうもの、正当であると認めているのである。

「父母への奔喪」の場合の夫人出国ということについては、蘇輿はまたさらに『春秋公羊伝』荘公二十七年の何休注を引いて、その正当性を補強する。

荘二十七年の注に、諸侯婦人は尊にして重し。既に嫁すれば、大故有るに非ざれば反るを得ず。……疏に云う、大故とは喪に奔《ゆ》くの謂《こと》なり、と。（『春秋繁露義証』「玉英」）

ところが蘇輿は、夫人出国について、以上のような解釈とは異なる解釈の存在をも指摘する。

白虎通喪服篇に、婦人、境を出て弔わざるは、婦人には外事無し、淫泆を防ぐなり。礼の雑記に曰わく、婦人、彊を越えて弔うは非礼なり。而るに三年の喪有れば、君と夫人と倶に往く、と。（『春秋繁露義証』「玉英」）

『白虎通』のこの解釈はいかなる奔喪であっても諸侯夫人の出国は許されないという厳しい立場である。ただ『白虎通』も、『礼記』「雑記」（二）にもとづいて、三年の大喪の場合、君とともにゆくならば出国も可であると許容的な場合を示しているが、その一方、蘇輿はいかなる場合も出国不可という『白虎通』を補強する話柄をも取りあげている。たとえば兄の国が亡国の危機にあっても、出国は不可であるという例である。

案ずるに許の穆夫人、帰りて〔兄の〕衛公を唁《みま》わんに（三）百爾《〔許の大夫たち〕》に尤《とが》めらる。亦た父母に奔喪するに非ざれば、経礼に合せざればなり。故に載馳の詠、宛転として自ずから明らかなり。（『春秋繁露義証』「玉英」）

この話柄は『詩経』「鄘風、載馳」の「序」を踏まえるものであるが、ともかく父母への奔喪だけが夫人出国として許容されるのであって、その他の場合はどのような場合であっても、夫人単独の出国は不可なのである。夫人出国とはそれほどに厳しく重い事態である。『詩経』「載馳」の疏は、この穆夫人の出国願望について、「但だ、礼に在りては諸侯夫人は、父母の終わるも、唯だ大夫をして兄弟を問わしむるのみ。義として帰るを得ざる有るなり」としている。

ここでもう一言付け加えておきたいのは、蘇輿がこの父母への奔喪における夫人出国以外は、「経礼に合せざる」ものとしている点である。これは董仲舒が「父母に奔喪するは変礼なり」としているところとは、少々視点を違えている。つまり蘇輿は、董仲舒のように父母への奔喪は「変礼」ではなく、本来の「経礼」に属する正当な礼だとみているのである。もう少し付け加えれば、蘇輿は、夫人出国においては父母への奔走は「変礼」などではなく「経礼」であり、正当な礼行為であって、むしろそれ以外の夫人の出国は「礼」として認めないということを暗に示しているのである。

なお、夫人出国の厳規は、諸侯の夫人にのみ適用されるものである。このことは蘇輿も何休に依拠して[四]認めている。

　大夫の妻自《よ》り[五]は、事無きと雖も、歳に一たび帰宗す[六]、と。（『春秋繁露義証』「玉英」）

大夫の夫人以下は諸侯の夫人ほどには厳しい制限はなかったわけである。とするならば、諸侯夫人の出国という事態は、父母への奔喪以外には認められない、それほど重い事態であったということにもなる。蘇輿は先にあげた『詩経』「載馳」にかかわる『韓詩外伝』巻二の話柄を引用して、それをさらに強調する。

　韓詩外伝に、高子、孟子に問いて曰わく、夫れ嫁娶とは己の自ら親しくする所に非ざるなり。衛女、何を以て詩に編まるるを得んや、と。孟子曰く、衛女の志有れば則ち可、衛女の志無ければ則ち殆し。伊尹の太甲に於けるが若し。伊尹の志有れば則ち可、伊尹の志無ければ則ち簒なり。夫れ道は二なり。常、之を経と謂い、変、之を権と謂う。其の常道を懐きて其の変権を挟む、乃ち賢と為すを得たり。衛女の行は孝に中り、慮は聖に中る。権、之を如何せんや、と。亦た権・変を以て言を為すなり。（『春秋繁露義証』「玉英」）

ここにいう「衛女」とは許の穆夫人のことである。彼女は嫁ぐ以前は衛の懿公の女であった。彼女は嫁ぐ前には自分は大国である斉に嫁ぐことを望んでいた。それは大国の方が政略的に衛のためには有利であると考えたからであった。だが結局懿公は彼女を小国許に与えることとした[七]。この衛女の、父の意に従わずにみずから婚嫁先を望んだことは不孝のはずである。それが『韓詩外伝』において高子が「自ら親しくする所に非ざるなり。衛女、何を以て詩に編まるるを得んや」という疑問を提出した所以である。これに対する孟子の答えは、次のような事情にもとづいている。衛女（穆夫人）が斉に嫁ぐのを願ったのは弱小国である衛を助けるためには小国許ではなく大国斉に嫁いだ方がよいと考えたからであった。そして衛女が許に嫁いだのち、穆夫人（衛女）の父親である衛の懿公が狄人に滅ぼされ、さらに兄の戴公は亡命するという亡国の危機に瀕する。このとき、穆夫人は自分の嫁いだ許が非力であったため、救援に向かうことができなかった（すなわちこれが上記の「帰りて〔兄の〕衛公を唁《みま》う」である）。一方、亡命した衛に救援軍を送ったのは斉であった。[八] このような事情によって、孟子は穆夫人が娘時代から母国衛の情勢について備えていた大きな見識、また亡国に瀕した祖国を思う志を、『尚書』「商書、太甲」の伊尹にも匹敵するものとするのである。そして、常・変（経・権）の二道に達しているものは「賢」であるが、穆夫人の志は、経・権の域を超える「孝」であり、さらに「聖」であるとまでする。これが『韓詩外伝』の話柄である。ところがこの話柄を引用する蘇輿の主眼は、それにもかかわらず、結局穆夫人は出国しなかったという点にこそあるのである。[九]

そして蘇輿は、『戦国策』「趙策」の趙太后の話柄を引き、嫁した女はもはやその国を出るべきではないことを駄目押し的に示す。

> 戦国策に、趙太后、其の女燕后を于《ゆ》かしむるに、飲食に祝《いの》りて曰わく、必ずや反らしむること勿かれ、と。蓋し亦た境を出でざるの礼を用うるなり。（『春秋繁露義証』「玉英」）

蘇輿が以上に論じていたことをもう一度確認するのなら、彼は諸侯夫人の出国という事態は、春秋時代においてはあってはならない大事だったとみていたのであり、それを、多量の今文系資料の援用によって徹底的に弁証しようとしていたのである。ということは、董仲舒が「変礼」として認める父母への奔喪における出国については、ともかく

「礼」として許容されるが、しかしそれは例外中の例外、きわめて稀なことであり、それ以外の出国はもはや「礼」ではない、ということなのである。

二、娶婦について

さて夫人出国ということがそれほどの大事であるのならば、董仲舒が「変礼」としてあげている夫人出国のもう一つの場合、すなわち「母、子の為に婦を娶」るための出国の場合はどういうことになるのか。董仲舒のいうように「変礼」として承認されるべきことなのであろうか。じつは蘇輿は、この「聚婦」のための出国は経学理論としては不可能だと見ていた。彼はこれについて次のように端的にいっている。

逆婦・求婦は、穀梁は以て非正と為す。此れ、公羊一家の説なり。（『春秋繁露義証』「玉英」）

『春秋穀梁伝』僖公二十五年「宋の蕩伯姫、来たりて婦を逆うるは、正に非ざるなり」、および僖公三十一年「杞伯姫、来たりて婦を求むるは、正に非ざるなり」を根拠に、娶婦のための出国は非正であるとするのである。あっけないような結論である。だが、一方「公羊一家の説なり」とするところには若干含みがある。

まず、僖公二十五年の宋の蕩伯姫の逆婦についてである。『春秋公羊伝』の解釈の伝統では、直接「娶婦」問題に関わって言われているのではないが、そもそもこの蕩伯姫の逆婦問題は不当であるとの評価が与えられてきたものであった。何休注に、

主に書するは、出づるの道なければばなり。（『春秋公羊伝』僖公二十五年、何休注）

とあり、疏には、

解に云う、言うこころは、伯姫に逆婦の道無し。是こを以て書して之を譏るなり。(『春秋公羊伝』僖公二十五年、疏)

とある。疏はまた、

解に云う、弟子の本意は、「莒慶の叔姫を逆う」(荘公二十七年)に拠りて、此の逆婦の文を難ずるなり。(『春秋公羊伝』僖公二十五年、疏)

ともいっている。そして僖公三十一年の「杞伯姫、来たりて婦を求む」についても、何休は「書するは、出づるの道無ければなり」と注しており、これを蕩伯姫と同様にみているのである。

ということで、蕩伯姫にしろ杞伯姫にしろ、夫人出国は公羊学の伝統においては決して正当なことと見られていたわけではなかったのである。であるのなら、ここで蘇輿が求婦・逆婦を「公羊一家の説なり」としているのは、公羊家一般のことを指していっているわけではないことになる。あえていうならば、これは蘇輿が董仲舒の名前を直接出さずに、董仲舒が「変礼」として求婦・逆婦を礼に組み込んだことを批判しているということになる。

蘇輿は夫人出国問題について最終的に、求婦・逆婦を不当なものと見る公羊説に対立する鄭玄説をあげ、それを古文説としてしりぞけて、今文公羊の立場からは否定的なものであることを強調する。

詩の泉水の箋に、父母在《いま》せば則ち帰甯し、没すれば則ち大夫をして兄弟に甯せしむ、と。此れ、古文説なり。又帰甯を以て境を出づべきと為せばなり。(『春秋繁露義証』「玉英」)

この鄭玄引用も、求婦・逆婦を「変礼」とする董仲舒の不当性を補強しようとするものと見ることができるだろう。

おわりに

蘇輿の所論を追いつつ、董仲舒が「変礼」としてあげているところには、経学的に見て、やや強引、無理をしている点がある、ということを見てきた。もちろん、董仲舒自身は経学形成の最初期にあった人物であり、彼の思想に、何休以降に精緻化していった論理をあてはめ、その視点から彼を批評するのはあたらないというのは正当である。ただ、今は、前稿において董仲舒の「権」にはやや強引なところがあるとした点について、それを『春秋繁露』の文の語勢・論調から判断するのみならず、経学的視点から見てもやはり問題があったのではないかということを指摘したい、ということなのである。

以上をもって前稿の一つの補遺としたいと思う。

《注》

（一）前稿「漢代の権について」では、儒教はその歴史的展開において内発的にその殻を打ち破ろうとするエネルギーを次第に蓄積していったが、「経」の枠内の思索のエネルギーでは強力なゴム風船のような儒教の殻は、極大に張りつめるところにまでは至っていたが、ついにパンクさせるにまでには至らなかったこと、そしてそのパンクには外側からの針の一突きを待たねばならなかったこと、さらに儒教＝経がその殻をパンクさせるのに結局外側からの一突きを待たねばならず、内側からは突き破れなかったということは、東アジアの立場からは、もう一度よく考えてみなければならないことであること等々を、「権」の展開を通じて指摘した。

それに対して本稿では二つのことを指摘する。一つは前稿で、董仲舒の「権」に関して、彼の議論が若干強引であると指摘したことについて、それが強引であることは経学の論理からも論証できるということである。もう一つは清末の経学が漢代以来の経学に対して相当冷静・客観的な眼を持てていたということ、つまり儒教の殻をパンク寸前まで張りつめていたということの実例を、蘇輿の場合をもって指摘したいということである。なお蘇輿『春秋繁露義証』には宣統己酉（一九〇九年）の自序がある。

（二）ここに『白虎通』の引く『礼記』「雑記」の文は、現行『礼記』「雑記」とは若干違いがある。

（三）『毛詩』「載馳」疏に「穀梁伝に曰わく、国を失うを弔うを唁と曰う（昭公二十五年）、……此れは国を失うに拠りて之を言えば、死を弔《とむら》うを弔と曰うに対し、則ち生を弔《みま》うを唁と曰うが若し」とある。

（四）『春秋公羊伝』荘公二十七年何注「唯自大夫妻、雖無事、歳一帰宗」。

（五）原文は前注（四）のごとく「自大夫妻」。これについては、「解に云う、自は従なり。大夫の妻より以下を言うなり」（『春秋公羊伝』荘公二十七年疏）と。

（六）『春秋繁露義証』は「甯」に作るが、『公羊伝』荘公二十七年の何休注（前注（四）を参照）によって「宗」に改める。

（七）王先謙『詩三家義集疏』巻三に引く魯詩説による。

（八）『春秋左氏伝』閔公二年。

（九）比較のために清の王先謙の意見を記しておく。王先謙は「国君夫人は、父母すでに没すれば惟だ奔喪のみ帰るを得。後は遂に復た帰らざるなり」としつつも、「乃ち、衛侯の国を失うを弔うは、兄弟に寧する（『毛詩』「泉水」鄭玄箋、「父母没すれば大夫をして兄弟に甯せしむ」）の比に非ず。宗国の破滅は、此れ恒に有らざるの変なり。義として当に往きて唁《みま》うべし」とする（『詩三家義集疏』巻三）。

四、鄭玄『三礼注』とその思想史的意義

王　啓発（著）
孫　険峰（訳）

はじめに

両漢の経学の発展には尋ねるべき軌跡がある。その軌跡の長い堆積の後、後漢の末年に到り、それらを集大成する一人の人物が出現した。鄭玄である。鄭玄の「経」への注釈は漢代経学の集成として、後世に大きな影響を与えた。そして、今日まで伝えられてきた鄭玄の『三礼注』は、最も代表的な鄭学である。そして鄭玄の『三礼注』を研究することは、我々にとって両漢の経学の発展、変化という歴史を理解するのに、疑いなく重要な意義をもっている。

先行研究には、王利器の『鄭康成年譜』、張舜徽の『鄭学叢著』、楊天宇の『論鄭玄「三礼注」』などがある。また台湾の高明の『礼学新探』には初期に発表された『鄭玄学案』の一文が含まれている。いずれも鄭学研究における、独創的な成果であり、その内容は参照する価値がある。侯外盧等によって著された『中国思想通史』の第二巻「両漢思想」と、そののちに出版された章権才の『両漢経学史』、王葆玹の『今古文経学新論』にも、鄭玄の学説とその思想とを論述した文章があり、同様に参照する価値がある。

一、漢代の経学の整備と鄭玄『三礼注』の出現

漢の武帝が「百家を罷黜し儒術を独尊」して、五経博士を立て経学を唱えてよりのち、政治的にも学術的にも、「経学化」の時代に入ったと言える。そののちの両漢歴代の皇帝は、漢王朝の「大経大法」に、歴史的思想的な根拠を与えるため、いずれも博士儒生の経典への知識を借用した。伝世の経典が後世の政治法典となる機能は繰り返し実現されたのである。そして、経学博士たちは孔子の「述べて作らず」という規範を受け継いだため、経学の伝授は彼らの「安身立命」の本業となった。しかしそれと同時に、経典解釈が「現実政治」への制度上の根拠を提供してきたことは、かれらにとって、かれらの存在価値を実現するものという、もう一つの面があった。すなわち、経学博士は両漢の政治の経学化と、経学の政治化に対して「推波助瀾」の作用を起したのである。

漢の武帝から後漢の末年に至るまで、経学は前後三回にわたって、官による大きな整理を経験した。すなわち、漢宣帝の甘露（前五三～五四年）中の、「五経を与て、諸儒、同異を石渠閣に雑論す」、漢章帝の建初四年（七九年）の、「博士儒生は白虎観に大いに会し」「五経の異同を講義す」、漢霊帝の熹平四年（一七五年）の、「諸儒に詔して五経を正定し石碑に刊す」である。このような官側の経学の整理活動に対応して、私学的性格を帯びた経学の伝授も盛んになり、経典に対する集成的性格をもつ注疏も出現するようになる。言い換えれば、両漢の伝統経学の確立のプロセスは、たえず職業的な経学者を生み出した。かれらは「伝学授徒」以外に、さらに経典を注疏することを、学問を伝える手段とするようになった。

しかしながら、清代の朱彝尊が言っているように、前漢の学者はもっぱら一経に専念するのみで、他経を研究するものは少なかった。しかし後漢に至ると、いくつかの経を兼習するものも次第に増えてくる。経学の発展も日増しに

総合性と集成という性格を示すようになる。後漢末年に活動した大儒鄭玄はそのような時代に対応して経学を集大成した人物であり、彼はほとんどすべての経典に注したことで、歴史上にその名を残した。朱彝尊は、「鄭康成出でて、凡そ『易』『書』『詩』『周官』『儀礼』『礼記』『論語』『孝経』、之が注釈を為さざるなし」と称え、さらに「『六芸』『七政』に「論」有り、『毛詩』に「譜」有り、『禘祫』に「議」有り、許慎の『五経異議』に「駁」有り、臨孝存の『周礼』に「難」有り、何休の『墨守』『膏盲』『廃疾』に、或いは「発」あり、或いは「針」あり、或いは「起」あり、諸儒の大成を集むると謂ふべし。大いに経学に功有る者なり」とその詳細な研究を称えた。

鄭玄がこのように諸経に精通したのは、その若年時に経学を学んだからである。『後漢書』「鄭玄伝」によると、鄭玄は若い頃から学問を志しており、「遂に太学に造りて業を受け、京兆の第五元先に師事し、始め『京氏易』『公羊春秋』『三統歴』『九章算術』に通じ」たとされている。そののち、鄭玄は「又東郡の張恭祖従り、『周官』『礼記』『左氏春秋』『韓詩』『古文尚書』を受け」たといわれる。彼は若年のこのころから真の学問を求めていたのであり、鄭玄を「経学の門」に入らせたのは、この時期以来の広く深い基礎であった。

彼ははじめ有名な経学大師馬融の門下に入った。ところが、馬融とは「三年、会うことを得」なかった。しかし、馬融は「高業の弟子をして玄に伝授せしめ」ていた。そしてようやく馬融に会えることになったとき、鄭玄は「諸異議を質し」て、ついに師学の正伝を得るに至った。馬融は「鄭生の今去るや、我道は東するなり」と嘆いた。これによって、鄭玄は、経学の殿堂に入り、その後遍く諸経を注するための深い基礎を獲得したのである。同時に、馬融自身は鄭玄のモデルとなった。馬融は経典にあまねく注を施して歴史上に名を残しているのだが、この点が鄭玄に深い影響を与えていたのである。我々は、以後の考察を通じて、鄭玄の経学典籍への熟知とそれらの融合貫通が『三礼注』において充分に実現されていることについて、彼の前期の知識の累積及び馬融の影響が無視できない、ということをみることになるであろう。

各種の儀礼制度を設立するという現実社会の必要によって、両漢の経学では、先ず礼学の発展がその始めにあった。両漢の国家的経学の整備は礼学を基礎とする儀礼制度の整備であり、両漢経学の伝承及びその発展の結果であり、そしてまた鄭玄『三礼注』の出現が指標となったのである。

前漢初年以後、各種の礼制法度の整備に伴い、前代の儀礼制度に精通した博士儒生が官位を拝命し、朝廷のためにその儀礼を創り、「以て君臣の位を正し」た。たとえば叔孫通がそれであった。また礼学経典『士礼』即ち『儀礼』十七篇を広く弟子に伝授したのは高堂生の如きであった。

礼学経典について言えば、漢の武帝が五経博士を立てたのち、礼経の『儀礼』十七篇を中核とする礼学が官学となり、それが代々伝承されてゆく。そののち、戴徳の『大戴礼』、戴聖の『小戴礼』そして慶普の『慶氏礼』の三家が博士に立てられた。これと同時に、礼経の意義をパラフレーズする『伝』と『記』が前後して収集・整理された。その定本がすなわち今日まで伝承されている大戴『礼記』と小戴『礼記』である。もうすこし後の時期になると、官名・官制を以てその内容とする『周官』も世に行われるようになり、それが王莽、劉歆に重視されたので、『周礼』は特殊な経典の地位を獲得することになる。

後漢の光武帝の代を、歴史においては「中興」という。そして礼学にも自然にその解釈がもたらされることになる。『儀礼』は「亦た大・小戴の博士あり、相い伝えて絶えざると雖も、然れども未だ儒林より顕らかなる者有らず」というものとなった。光武帝の後期、建武中元（五六〜五七年）の間、曹充は慶氏学を習い、又その子の曹褒に伝えた。曹褒は嘗て『漢礼』を撰したことがある人物である。『慶氏礼』を習ったものに、また董鈞がいた。彼は漢明帝の永平初年に博士となった。『後漢書』「儒林伝」には、「中興に、鄭衆は『周官経』を伝え、後、馬融は『周官伝』を作り、鄭玄に授け、玄は『周官注』を作る。玄はもと『小戴礼』を習い、後、古経を以て之を校して、其の義の長ぜる者を取る。故に鄭氏学と為す。玄は又小戴の伝うる所の、『礼記』四十九篇に注し、通じて『三礼』と為す」とある。唐の陸徳明の『経典釈文』「叙録」に、「漢儒は鄭玄自りの外、『周礼』及び『儀礼』「喪服」に注する者は、惟だ馬融のみ。『礼記』に注する者は惟だ盧植のみ。鄭玄は即ち『三礼』に尽く注し、旁通を発揮し、溶かして一炉を冶し、合せて一家の学を為す。此れ前人の未だ有らざる所なり」と称えている。両漢の経学の発展は後漢末にいたるまで、かなり蓄積され、集大成することができる時代になっていた。一方では、時代の必要と学問の累積成熟、もう一方では、個人の努力と学問の結果が、鄭玄及びその経注、特に『三礼注』を生み出したのである。

清末の黄以周は、鄭玄の注釈作業の時期について考証し、『三礼』に論及した際に「「自叙」に、『三礼』に注するに、先後を別たず、……『三礼』注の先後、初め文を明らかにして考うべきこと無し。今、注義を以て之を求むれば、おおむね定むべし。鄭は先ず『三家詩』を治め、其の『礼記』に注するに多く三家を用い、『礼経』の升歌・笙入・間歌・合楽に注するに、諸『詩』は、純だ毛義を用う。是れ『礼記』に注するは『礼経』に注するの先なればなり。『詩箋』の経を引くは、多く己の正読する所の字によりて文を為す（原注、『少牢礼』の「主婦の鍚を被るを、主婦は髲鬄ると云うは、是れなり」を引くがごとし）。而して『周官注』は『礼記』を引き、又多く旧誤に仍る、……是れ『周官』に注するは、『礼記』に注するの先に在り。故に著述を以て言えば、先ず『周官』に注し、次に『礼記』、次に『礼経』、次に『古文尚書』、次に『論語』、次に『毛詩』、最後に乃ち『易』に注するなり」といっている。楊澧も、「鄭の『礼記』に注するは『周官』に注するの後なること疑い無し」と考証している。黄以周らの議論は参照に価する。あるいはおそらく我々に、鄭玄の経注は正に『三礼』を発端として、『三礼』から次第に諸経に及んだのである。このようにみてくると、『三礼注』は注疏学の核心である、といえるだろう。

経注家は思想家とは異なり、専門的な著述立説によって思想を表すのではないが、しかし経注家に全く思想がないとは言えない。彼らの経典についての認識及びその説明と解釈には、かれらの思想が含まれている。彼らの思想は有限の空間内において展開発展し、それを経注の中に濃縮することであった。では、鄭玄の『三礼』に対する認識、及び彼の『三礼注』に注解する原則の、具体的な特徴とその思想内容はどのようなものだったのだろうか。

一、鄭玄の『三礼』に対する基本的認識

『三礼』に対する基本的認識は、鄭玄の注釈の出発点であった。後世に伝わった文献の中の一篇である『三礼目録』は、鄭玄の『三礼』に関する篇目内容を集成したものであり、鄭玄の『三礼』に対する基本的な認識をあらわしている。その内容と形式について言うと、『三礼目録』と、今日まで伝わっている『毛詩序』及び『漢書』「芸文志」と、その小序とは非常によく似ている。『三礼目録』の内容は我々が鄭玄が礼に注をおこなった思想を理解するのに有益である。

『周礼』は、それが伝承されて、鄭玄に至るまでに、何回かの興廃を経た。馬融の『周官伝』によると、『周官』は秦の始皇帝の禁書政策に遭い、「是を以て隠蔵すること百年」であった。漢の武帝にいたり、「始めて書を挟むの律を除き、書を献ずるの路を開き」、『周官』は「既に山岩屋壁より出で」たが、「復た密府に入」り、「五家の儒は見るを得ること莫き」状態となった。漢の成帝に至り、「達才の通人劉向、子の歆、秘書を校理」することにより、『周官』は「始めて序に列するを得、『録』『略』に著」されることになった。当時、「衆儒は並び出でて、共に排して以て是に非ずと為」したものの、「ただ歆のみ独り識」っていたため、劉歆はその晩年、「周公、太平の迹を致す」もの

としてこれを推賞したのであった。また史的記述によると、王莽の治世に至り、劉歆を重用し、『周官』を『周礼』と変え、博士を立て、更に『周礼』に依拠して制度改革を実行し、『周礼』を周公の残した典籍としたため、一気に盛行し、官学の経典となった。王莽の時期、『周礼』が官学の地位を得たことにより、それ以前の私学の伝承は埋もれてしまい、それゆえ『後漢書』「儒林伝」は「前世の其の書を伝うるもの、未だ名家有らざるなり」といっているのである。それ以後、後漢期を通じて、直しすぎ正しすぎによって、『周礼』はまたその官学の地位を失ってしまった。馬融の『周官伝』によると、劉歆と同村の人であった杜子春は上を承け下を啓き、「能く其の読に通じ、頗る其の説を識る。鄭衆・賈逵は往きて業を受」けたが、その結果『周礼』の学は私学となってしまったのである。

鄭玄によると、「世祖（光武）より以来、通人達士太中大夫の鄭少贛、名は興、及び大司農仲師、名は衆、故議郎の衛次仲、侍中の賈君景伯、南郡太守の馬季長、皆『周官解詁』を作」ったという。これによって分かるのは、鄭玄以前に、前後して杜子春、鄭興、鄭衆、賈逵、衛宏、馬融などが『周官』のために注を作ったことである。また『後漢書』によると、張衡も嘗て『周官訓詁』を作ったという。これらの先行の注疏に、鄭玄は満足しなかった。彼は「玄、窃かに二、三君子の文章を観て、竹帛の浮辞を顧省するに、其の変易する所、灼然として晦の明を見るが如し。其の彌縫は奄然として符を合して復た析するが如し。斯れ雅達広攬と謂うべき者なり。然るに猶お参錯有りて、同事相い違えば、則ち其の原文字の声類に就きて、訓詁を考え、秘逸を捃う」といっている。

鄭玄の時期、『周礼』の権威性にあらためて挑戦するものがいた。それは林孝存であった。彼は「以て武帝は『周官』の末世瀆乱不験の書なるを知ると為す。故に『十論』『七難』を作りて、以てこれを排棄す、何休も亦た以て六国陰謀の書と為す」とした。このような情勢にあって、「惟だ鄭玄のみ遍く郡経を覧、『周礼』は乃ち周公太平の迹を致すを知」り、そしてそれを深く信じて疑わなかった。この点については、彼が『駁五経正義』の中で、『周礼』は是れ周公の制なり」と明確に言っているほか、彼の『周礼注』の中に、さらにはっきり見られる。たとえば、鄭玄によって注された『周礼』「天官・冢宰」の「惟王建国」の一句について、「周公摂に居て六典の職を作る。之を『周礼』と謂ふ。邑を土中に営み、七年、政を成王に致し、此の礼を以て之に授け、雒邑に居らしめ、天下を治めしむ」とある。また、『周礼』「天官・冢宰」の「大宰の職は邦の六典を建つ」の中に、「典は、常なり、経なり、法なり。王、之をを礼経と謂い、常に秉りて以て天下を治むる所なり。邦国官府は之を礼法と謂い、常に守りて以て法式と為す所なり」という。また、小宰職の注に、「六官の属は三百六十、天地四時日月の度数に象れば、天道、備わる。此に前だつ者は、成王は『周官』を作り、其の志に天を述べ位を授くるの義有り。故に周公は官を設け職を分かちて以て之に法る」とある。これらのことは、鄭玄は『周礼』が『尚書』の「周官」を原典として作られたと考えていたことを示している。また、『礼記』「礼器」の「経礼三百」に対して、「経礼は『周礼』を謂ふなり。『周礼』六篇は其の官に三百六十有り」とある。『礼記』「明堂位」の「夏后氏の官は百、殷は二百、周は三百なり」には、「周の六卿、其の属は各六十、則ち『周官』の三百六十官なり。此を三百と云うは、時に冬官亡わるればなり」とある。これらの見方は林孝存、何休の『周礼』の認識とは異なっている。

鄭玄が『周礼』を注するのに、最も注意をはらったのは『周礼』の六官の属の象徴的意義であった。これについては、鄭玄の『三礼目録』の中に明確な指摘がある。『周礼』は天地春夏秋冬をもって六官と六卿の名と直接関連させている。鄭玄は、このような対応的構造は自然の存在をモデルにしていると考えた。彼は言う。

天官冢宰は、「天に象りて立つる所の官なり。冢は、大なり。宰は、官なり。天は万物を統理す。天子は冢宰を立てて、邦治を掌らしめ、亦た衆官を総御し、職を失わざらしむる所以なり。司と言わざるは、大宰は衆官を総御し、一官の事を主らしめざればなり」。

地官司徒は、「地に象りて立つる所の官なり。司徒は衆徒を主る。地は万物を載せ養う。天子は司徒を立てて邦教を掌らしめ、亦た万民を安擾する所以なり」。

春官宗伯は、「春に象りて立つる所の官なり。宗は、尊なり。伯は、長なり。春は万物を出生す。天子は宗伯を立てて邦礼を掌らしめ、典礼は神に事うるを以て上と為す。亦た天下をして本に報い始に反らしむる所以なり。司と言わざるは、鬼神示は、人の尊ぶ所なれば、敢えて之を主らざるが故なり」。

夏官司馬は、「夏に象りて立つる所の官なり。馬は、武なり。武を為す者を言ふなり。夏は、万物を整斉す。天子は司馬を立て、共に邦政を掌らしめ、政は以て諸侯を平らかにし、天下を正すべし。故に六師を統べて、邦国を平らかにすると曰う」。

秋官司寇は、「秋に象りて立つる所の官なり。寇は、害なり、秋は、遒なり。秋の万物を殺害収聚斂蔵するを義とするが如きなり。天子は司寇を立て、邦刑を掌らしめ、刑は、耻悪を駆り、人を善道に納るる所以なり」。

冬官司空は、「冬に象りて立つる所の官なり。この官を司空と名づくるは、冬は、万物を閉蔵す。天子は司空を立てて、邦事を掌らしめ、亦た富をみて家を立て、民をして空しき者無からしむる所以なり」。

これらの短い言葉を通じて、『周礼』の全ての構成を知ることができる。鄭玄によれば、『周礼』は実に先王が天地四時自然の道に従って、治国安邦を確立する大経大法であった。これに注したことは、疑いなく先王の道を述べ、先王の経典の意義を伝播するものであった。

『礼記』についていえば、小戴『礼記』が成立したのち、章句の書が現れた。たとえば、戴徳と同じ郡の橋仁が『礼記章句』を著したが、「橋君学」と呼ばれた。鄭玄に伝わるころには、『礼記』はすでに当時の礼学の重要な組成部分となっていた。孔穎達の『礼記正義』は『六芸論』を引いて「今、礼の世に行わるるものは戴徳・戴聖の学なり」といい、また「戴徳は『記』八十五篇を伝え、戴聖は『礼』四十九篇を伝う」といっている。前者は『大戴礼記』を指し、後者は『礼記』を指す。また鄭玄は『礼記』よりも『周礼』を重視している。たとえば、孔穎達の『礼記正義』「玉藻」には『鄭志』を引用して、鄭玄と弟子の趙商との問答を載せている。「『礼記』は後人の集むる所、時に拠りて言う。或いは諸侯を天子に同にし、或いは天子を諸侯に与にする等、施す所同じからざるが故に拠りがたし。『王制』の法は、周と異なる者多し。当に経を以て正と為すべし」と。また賈公彦の『周礼』「喪祝」の疏に、鄭玄と趙商との『春秋』について問答として、『礼記』の義と異なり、「伝の合不合は当に伝を解すべきのみ、経を難ずることを得ず」とある。これによって、鄭玄の『礼記』の「伝」の地位に対する認識が分かる。

鄭玄『三礼目録』には『礼記』四十九篇の篇目の内容に対して、簡単な概括があり、鄭玄の『礼記』全体の内容に対する認識を反映している。後人はこれを読むことによって、『礼記』の全貌に対してかなりハッキリした印象をもつことができる。篇目内容の概括以外に、鄭玄はまた劉向の『別録』によって『礼記』四十九篇を分類し、「通論」「制度」「喪服」などの十一類に分けた。これらは鄭玄が『礼記』に対する全体的認識を反映するものである。

『儀礼』は漢代以前に、『礼』または『礼経』と言われていた。鄭玄の時代に至っても、なおその伝承は保たれ、官学の地位に変わりはなかった。しかし『周礼』と『礼記』の出現に伴って、『儀礼』は神棚にまつりあげられた。それゆえ歴代の経学大師も敢えてこれに注する人はいなかった。これは当然難易度に差異があったからだが、しかし、もっと重要なことは、『周礼』は王莽の具体的実践により現実政治と生活と関連し、したがって、より人々に留意されたということがあった。またもう一方では、経学大師から見れば、『礼記』を『礼経』とする解釈があり、礼の本経をさらに時間を費やして解釈する必要はなかったのである。『礼記』は日増しに世の人に重視されることになった。鄭玄は『礼記』「礼器」の「経礼三百」の一語に注するときに、「経礼とは『周礼』と謂うなり」と述べている。このことは『儀礼』の地位は新しい経典にとって代わられたということを意味するものであった。

では、鄭玄は礼学の伝承者として、『儀礼』に対して、どう認識していたのか。彼は『周礼』の五礼の体系によって『儀礼』十七篇に対する分類をおこなっているが、これによって『儀礼』の鄭学体系における位置が明らかとなる。

『儀礼』の十七篇に対して、鄭玄は篇を逐って概括している。

『士冠礼』第一。「童子、士位を任職するに、年二十にして冠す。主人は玄冠朝服して、則ち是れ諸侯に仕う。天子の士、朝服して皮弁素積なり。古者の四民世事は、士の子は恒に士と為る。冠礼は五礼において嘉礼に属す」。

『士昏礼』第二。「士の妻を娶るの礼、婚を以て期となす。因りて名づく。必ず昏を以てするは、其の陽往きて陰来たるに取るなり。日、三商に入りて昏と為る。昏礼は五礼において嘉礼に属す」。

『士相見礼』第三。「士は職位を以て相い親しむ。始めて相見るの礼を承摯す。「雑記」、会葬礼に曰く、相い見るや、反哭して退く。朋友、虞祔して退く、と。士相見礼は五礼において嘉礼に属す」。

『郷飲酒礼』第四。「諸侯の郷大夫、三年大比し、其の賢者能者をその君に献ず。礼を以て之を賓し、之に与う。飲酒は五礼において嘉礼に属す」。

『郷射礼』第五。「州長は、春秋に礼を以て民を会し、州序の礼に射す。之を郷と謂うは、州郷の属なり。郷大夫、或いは焉に在れば、其の礼を改めず。射礼は五礼において嘉礼に属す」。

『燕礼』第六。「諸侯に事無く、若し卿大夫に勤労の功有れば、群臣と燕飲するに楽の礼をもってす。燕礼は五礼において嘉礼に属す」。

『大射儀』第七。「名を大射と曰う者は、諸侯は将に祭祀の事有るに、その群臣と射して以てその礼を観る。しばしば中る者は、祭に与かるを得たり。しばしば中らざる者は、祭に与かることを得ず。大射儀は五礼において嘉礼に属す」。

『聘礼』第八。「大問を聘と曰う。諸侯は相い久しきにおいて事無く、卿をして相問わしむるの礼なり。小聘は大夫を使わす。『周礼』に曰く、凡そ諸侯の邦交は、歳ごとに相い問い、殷は相い聘し、世ごとは相い朝す、と。聘は五礼において賓礼に属す」。

『公食大夫礼』第九。「国を主どるの君、礼を以て小聘の大夫に食せしむるの礼なり。五礼において嘉礼に属す」。

『覲礼』第十。「覲は、見なり。諸侯は秋に天子に見ゆるの礼なり。春に見ゆるを朝と曰い、夏に見ゆるを宗と曰い、秋に見ゆるを覲と曰い、冬に見ゆるを遇と曰う。朝宗の礼は備さにして、覲遇の礼は省なり。是を以て享献は見えざるなり。三時の礼は亡び、惟だ此れ存するのみ。覲礼は五礼において賓礼に属す」。

『喪服』第十一。「天子以下、死して相い喪す。衣服は年月親疏降殺の礼なり。喪には必ず服有り、至痛の為に飾る所以なり。死を言うに忍びずして喪と言う。喪は、棄亡の辞なり。全く彼に存するが若きも、已に之を棄亡するのみ」。

『士喪礼』第十二。「士、其の父母を喪うに、開始めて死せるより、既に殯に至るまでの礼なり。士喪礼は五礼において凶礼に属す」。

『既夕礼』第十三。「『士喪礼』の下篇なり。既は、已なり。葬に先だつこと二日にして、已に夕にして哭する時、葬との間は一日なり。凡そ廟に朝するの日、啓期を請うに、必ず容あり。此れ諸侯の下士の一廟なり。其の上士の二廟は、則ち既に夕に哭し葬に先だつこと前三日なり」。

『士虞礼』第十四。「虞は猶お安のごときなり。士、既にその父母を葬り、精を迎えて反り、日、中して殯宮に祭りて、以て之を安んずるの礼なり。虞は五礼において凶礼に属す」。

『特牲饋食礼』第十五。「特牲饋食の礼は、諸侯の士、歳時を以て其の祖禰を祭るの礼を謂う。五礼において吉礼に属す」。

『少牢饋食礼』第十六。「諸侯の卿大夫、其の祖禰を廟に祭るの礼なり。羊豕を少牢と曰う。少牢は五礼において吉礼に属す」。

『有司徹』第十七。「『少牢』の下篇なり。大夫、既に祭りて尸を堂に殯するの礼なり。祭り畢りて、尸を室中に礼す。天子・諸侯の祭は明日にして繹す。有司徹は五礼において吉礼に属す」。

三、鄭玄『三礼注』の基本原則

両漢の経学は、その伝承の過程では、次第に原則を形成していった。「引経拠典」、「旁征博引」、「会通諸説」、「断以己意」である。これらは、いわば当時の経学家、注疏家の解説と経典を注釈する際に、したがわなければならない原則であり、方法であった。鄭玄の『三礼注』は、これらは充分にみたされており、鄭玄が伝統的な注経原則にしたがったことを示している。その原則とは具体的には「経を以て経を解釈する」こと、「史を以て経を解釈する」こと、「諸子百家の説を以て経を解釈する」ことである。そこには、鄭玄の経学の諸経に対する知識の程度と諸経に貫通する意識が示されており、彼の歴史的な観念と認識を示している。そして彼が諸子百家の学に関心をもっていたことをも示している。これらのことは彼の学問の総合性を顕わしている。『三礼』における「互引互注」以外に、『三礼注』に引用された典籍は、『詩』『書』『易』『春秋』の本経及び『伝』『説』が含まれいる。また『孝経説』『五行伝』『書序』『喪服伝』『朝貢礼』『禘于大廟礼』『王居明堂礼』『中霤礼』『逸奔喪礼』『王霸記』『王度記』及び『論語』『孟子』『老子』『弟子職』(『管子』)『孫子』『国語』『世本』『晏子春秋』『呂氏春秋』『司馬法』『爾雅』『甘氏歳星経』『兵書』『農書』『蚕書』『相玉書』『離騒』『天問』『淮南子』「食貨志」『漢律』も含まれていた。さらに彼が引用した注家の言は鄭司農(鄭衆)、鄭大夫(鄭興)、杜子春、そして司馬遷、董仲舒、賈逵、盧植、許慎、呂叔玉、氾勝之などであった。また彼は文字と詞の音義を訓詁し、また章句の義理を伸展させ、制度の淵源を考証した。特に、経典の引用は、『三礼』と諸経とは互いに表裏を形成し、あらゆるところにおいて、根拠と権威をもつものとなった。

（一）「以経解経」

本来の意味からいえば、「経」の範囲は漢の武帝から始まったもので、これは明確に『詩』『書』『礼』『易』『春秋』というわゆる五経に限定されたものであった。しかし、後漢の章帝が白虎観に儒生を召集して経学の大会を行ったのは、経学に対して一度の国家的整理を経たのちであり、それによって「経」の範囲もさらに拡大し、またあるものは「準経」級の経典と認定された。それには経の「伝」、「記」などが含まれていた。これは班固の『白虎通』の引用書目に見ることができる。そこには『尚書』『易』『春秋』『儀礼』『詩』と『尚書大伝』『春秋伝』『公羊伝』『穀梁伝』『礼記』『周官』『論語』『孝経』などが引用されている。これらの伝世経典は「五経」解釈の面において重要な地位を占めており、既に五経と互証しあえるような経典となっていたことが分かる。

こうして、鄭玄は『詩』『書』『易』『春秋』などの「本経」と、『論語』『春秋伝』『尚書伝』『詩伝』などによって、『儀礼』『礼記』『周礼』の三部の礼書の内容を解釈、説明したのである。『白虎通』のような経を解釈する原則を受け継ぎ重視したのは疑いない。『儀礼』『礼記』『周礼』という「三礼」の間に、「以経解経」したのである。経注家の眼中にあっては、経典はみな聖賢明哲によって作られたものであった。それゆえ経典の間には、互いに通ずる性格があり、経典を以て互いに解釈、説明の根拠とすることは、最も信頼できる権威があると考えられたのである。『白虎通』以外にも、当時の有名な経注家、たとえば、杜子春、鄭司農（鄭衆）などの経注実践も、鄭玄に範例を提供した。そしてそれらはおおむね鄭玄に引用された。たとえば、『周礼』「秋官・小司寇」では、「以て万民を致して詢る」の一句に、鄭玄は鄭司農（鄭衆）の注文中に同時に引用されている『詩』『書』の文字を引用して、「詢」という字の意味を説明している。また『周礼』「秋官・司厲」の中の「其の奴、男子は罪隷に入り、女子は舂槀に入る」の一句では、鄭玄は鄭司農（鄭衆）の注を引用すると同時に、『書』『論語』『春秋伝』の文を引用し、「奴」という文字の意味を説明している。また『周礼』「春官・天府」の「季冬、玉石を陳べて以て来歳の媺悪を貞う」では、鄭司農（鄭衆）の注を引用すると同時に、『易』『国語』を引用して「貞」という文字の意味を説明している。『周礼』「鐘師」の「凡て楽事は鐘鼓を以て「九夏」を奏する」では、「九夏」という意味が「肆夏」であることを、杜子春、『春秋伝』『国語』を引用して説明する。鄭玄は『三礼注』の中に、これらの内容を保存しただけではなく、彼自身もそのように実践していたのである。

（二）「以史解経」

鄭玄の『三礼注』における実践のもう一つの原則は「以史解経」であった。即ち一定の歴史的資料によって『三礼』の字句の内容を解釈するものである。鄭玄『三礼注』において、上述の経典を引用するのは、「以経解礼」において経典が通用できる根拠を探し、歴史の伝承として、一定の史実材料をも含んでいたからである。特に、『尚書』『春秋』『春秋伝』『礼記』などを引用して『三礼』を注するのは、同時に、「以史解経」の意義を持っているのである。もう一面では、経典以外の歴史典籍の引用、たとえば、『世本』『国語』『史記』『漢書』などは、明確に歴史上の制度、事件、人物などの関連の史実材料を以て『三礼』の中の字句を解釈し、説明するものであった。これらはすべて「以史解経」であり、『三礼』の内容の歴史的根拠を確定するものであった。

鄭玄の「以史解経」は、具体的には文字を解し、官職を証し、制度を証し、観念を証することであった。それぞれに多くの例証を挙げることができる。歴史上の引用をする場合は、則ち虞・夏・商・周の四代の春秋時期の人物、事件、礼儀活動などを主とした。たとえば、漢代の王莽の改革の歴史事実なども含まれていた。

この他に、『尚書』『春秋』『春秋伝』からの引用中に、多くの「以史解経」に属する例がある。ここでは重複しない。

（三）「以百家之説解経」

広く衆家の説を採ることは、鄭玄の『三礼注』第三の注経原則である。諸家の説の引用は、先秦の諸子、漢代の諸家、及び典章書籍が含まれる。特に漢代の注疏家の語の引用は、漢代の学術の継承性を示すものである。

鄭玄の『三礼注』は『論語』『孟子』『老子』『司馬法』『呂氏春秋』などの先秦の諸子を多く引用して『三礼』の内

容を解釈している。また制度に関連するものもあれば、観念的なものもある。また経外の典籍『逸礼』(『天子巡守礼』『中霤礼』『禘于大廟礼』『王居明堂礼』を含む)、『五行伝』『書序』『孝経』『緯書』(『易説』『礼説』『楽説』『春秋説』『孝経説』)、『王覇記』『王度記』『爾雅』、雑書(『兵書』『甘氏歳星経』『農書』『蚕経』『相玉書』を含む)、『漢律』『漢礼』、また董仲舒、許慎、呂叔玉、氾勝之などが引用され、注家の言(鄭司農〈衆〉、鄭大夫〈興〉、杜子春、賈逵〈侍中〉)も引用されている。この旧説引用は多くの箇所においてなされている。

四、鄭玄『三礼注』の主要な特徴

総体的にいえば、鄭玄『三礼注』の内容は簡潔であり、断片的であり、具体的な字句解釈のなかに濃縮されている。

(一)『周礼』を中核とする「礼」の解釈

鄭玄の『周礼』に対する認識を論じた際、我々が提起したのは、鄭玄は『周礼』は周公によって作られた「経邦国、治天下」の礼法典籍であると考えていたということである。これは、鄭玄の夏、商、周の三代の中の周代の歴史に対する、孔子の「周は二代に監みて、郁郁乎として文なるかな。吾、周に従わん」と同じような崇拝と熱望の感情に基づいている。それは一面では経学の古文学派の伝統に出るものでもある。

王莽、劉歆が『周礼』を標榜して以来、政治的実践の具体的な方面においても、経学方面の教授伝習においても、『周礼』は未曾有の地位に達した。王莽は『周礼』によって、改制という政治的実践を実行し、当時の士人学者(古文学派か今文学派かはともかく）に対する影響と刺激は、たとえそれが最終的に政権の移動によって失敗が宣告されるものであったとしても、骨身に達するものといえるほどであった。しかし、『周礼』の中の、極めて完璧な制度体系は、深く士人学者（とりわけ古文学派）の同意を受けた。経学の伝授からいえば、鄭玄に至るまでに、『周礼』の教授には絶え間がなかった。杜子春、鄭興、鄭衆、賈逵、衛宏、馬融、張衡などが『周礼』のために訓詁・解詁、及び伝注を作った。漢明帝の馬皇后（馬援の娘）も諸経に対して、「よく『易』を誦すること、よく『春秋』を読むこと以外に、とりわけ『周官』を好んだ」のである。そして礼儀制度においては、やはり『周礼』が参考にされた。たとえば、車乗礼儀においては、「制度は周礼に従」い、冠冕制度においては、漢明帝の永平二年（五九年）に、「初めて有司に詔して『周官』『礼記』『尚書』「皐陶篇」を採ったが、これに対して、皮錫瑞は「五経の次序を以て論ずれば『尚書』はまさに『周官』の前に列ぬべし。而して明帝、詔して『周官』を首めに挙ぐるは、則ち当時必ず『周官』を以て重きと為すなり」と述べている。

『三礼注』の中では、鄭玄は特に『周礼』を重んじているが、最も突出しているのは三代の礼の分析弁別を通じて、特に『礼記』「王制」、「月令」の中の、『周礼』と合わないものを夏礼、殷礼と看做す点であった。これに対して、多くの学者は大体『礼記』「王制」が今文経学に属し、『周礼』は古文経学に属することによって、それゆえ鄭玄の目的は今古文の論争を調和するものと考えたのであった。またある学者はこの現象を鄭玄の礼学における『周礼』を中心とする古文経学派の問題に帰結させた。実際に、今古文の経学を融合する観点と、『周礼』を核心とすることは、鄭玄の『三礼注』の二つの重要な特徴である。前者は「王制」「月令」の注釈の中に現れているが、また『三礼注』の『春秋三伝』の引用にも現れている。後者は鄭玄が今文学から吸収したということに必ずしも影響するものではない。別の言い方をすれば、今古文経学が互いに浸透、融合することは、後の時代の発展の結果であった。

三代の制を分析することは、鄭玄が『周礼』を尊信し崇拝する最も重要な点であった。そしてこれにも二つの面があった。一つは、「王制」「月令」の注釈である。二つはその他の篇の注釈の中に散見するものである。彼は『周礼』を尺度として、どのように『礼記』「王制」を分析、判断したのか。

第一。鄭玄は『礼記』「王制」の内容には虞夏の制度があると指摘する。①「天子、五年に一巡守す」についての鄭玄の注にいう。「天子は海内を以て家と為す。時に一巡してこれを省る。五年とは、虞夏の制なり。周は則ち十二歳に一巡守す」。②「王制」の「制は、三公一命巻、若し加うること有れば、則ち賜なり」。鄭玄の注に「虞夏の制は、天子の服に日月星辰有り。『周礼』に曰く、諸公の服は、袞冕より以下、王の服の如し、と」。③『礼記』「王制」の「天子の県内は、方百里の国は九、七十里の国は二十有一、五十里の国は六十有三なり」。鄭玄の注に、「県内は夏の時、天子の居る所の州界の名なり。殷は畿と曰う。『詩』「殷頌」に曰く、邦畿千里、維れ民の止まる所なり、と。周も亦た畿と曰う」。『周礼』「地官・大司徒」の中の、「凡そ都鄙を造るに、其の地域を制して之を封溝す。……再び易するの地は、家は三百畝なり」という句の下に、鄭玄注は「王制」の一段を引用し、「蓋し夏時の採地の数なり。周は未だ聞かず」としている。④「王制」、「天子、三公、九卿、二十七大夫、八十一元士」の鄭玄の注は「此れ夏の制なり。「明堂位」に曰く、夏后氏の官は百、と。成数を挙ぐるなり」という。⑤「王制」の「天子諸侯事無ければ、則ち歳に三田なり」。鄭玄の注に、「三田とは、夏は田せざるなり。蓋し夏時なり。『周礼』に、春を蒐と曰い、夏を苗と曰い、秋を獮と曰い、冬を狩と曰う」と。⑥「王制」の「天子諸侯の宗廟の祭は、春を礿と曰い、夏を禘と曰い、秋を嘗と曰い、冬を烝と曰う」。鄭玄の注は、「此れ蓋し夏殷の祭名なり。周は則ち之を改む。春を祠と曰い、夏を礿と曰い、禘を以て殷の祭と為す。『詩』「小雅」に曰く、礿・祠・烝・嘗は公の先王においてす、と。此れ周の四時に宗廟を祭るの名なり」と。⑦「王制」の「諸侯は礿すれば則ち禘せず、禘すれば嘗せず。則ち嘗すれば則ち烝せず、烝すれば則ち礿せず」。鄭玄の注にいう「虞夏の制は、諸侯歳朝、一時の祭を廃す」と。

第二。殷の制度を述べる。①「王制」の「天子の田は千里に方る、……天子の元士は附庸を視る」。鄭玄の注に、この土地制度は「殷の因る所は夏の爵三等の制なり」と。②『礼記』「王制」の「小学は公宮の南の左に在り、大学は郊に在り」。鄭玄の注に「此の小学・大学は、殷の制なり」と。③『礼記』「王制」の「五十は郷に養い、六十は国に養い、七十は学に養い、諸侯に達す」。鄭玄の注に「小学は国中に在り、大学は郊に在り、此れ殷の制なること、明らかなり」と。④『礼記』「王制」の「古者は公田は籍して税せず」。鄭玄の注に「籍の言たるや、借なり。民の力めて公田を治め、美悪を此に取るに借る。民の自ら治むる所に税せず。孟子曰く、夏后氏は五十にして貢し、殷人は七十にして助し、周人は百畝にして徹す、と。則ち云う所の古者とは、殷の時を謂うなり」と。⑤『礼記』「王制」の「二百十一国は以て州と為す、州に伯有り」、鄭玄の注は、「殷の州長を伯と曰う、虞夏及び周は皆牧と曰う」と。

第三。周の制度を述べる。①「王制」の「天子は七廟。三昭三穆と太祖の廟とにして七なり」。鄭玄の注に「此れ周制なり。七は、太祖及び文王武王の祧と親廟の四となり。太祖は、后稷なり。殷は則ち六廟。契及び湯と二昭二穆となり。夏は則ち五廟、禹と二昭二穆とのみ」と。②「王制」の「夫の圭田に征無し」。鄭玄の注に、「孟子に曰く、卿より以下は必ず圭田有り、と。圭田を治むる者は税せず。厚賢なる所以なり。此れ則ち周礼の士田なり。以て近郊の地を任ず。税は什一なり」と。

第四。また春秋の制を述べる。「王制」の「諸侯の天子に於けるや、比年ごとに一小聘、三年に一大聘、五年に一朝」。鄭玄の注に「此の大聘と朝とは、晋文、覇する時に制する所なり。虞夏の制、諸侯歳ごとに朝す。周の制・侯・甸・男・釆・衛・要服の六者は、各々その服数を以て来朝す」と。

制度を分析すると同時に、鄭玄はよく『周礼』を「王制」と対比し、解釈する。たとえば、「王制」の「木、伐るに中らざれば、市に粥がず」への鄭玄の注に「之を伐るに、時に非らざれば、用ふるに中らず」と。『周礼』に「仲冬、陽木を斬る。仲夏、陰木を断つ」とある。また「王制」の「禽獣亀鱉、殺すに中らざれば、市に粥がず」への鄭玄注に「これを殺すに、時にあらざれば、用ふるに中らず」と。『礼記』のそのほかの篇と『儀礼』の注釈の中で、鄭玄は『周礼』の字句を引用して、周制を例証しているが、繁多であるので、ここでは羅列しない。

その他にも三代の制度方面にわたる内容について、鄭玄には分析がある。

①『礼記』「祭法」に「禘、郊、祖、宗」の祭法がある。鄭玄の注に「祭祀して以て配食するを謂うなり。此の禘は、昊天を圜丘に祭るを謂うなり。上帝を南郊に祭るを郊と曰う。五帝五神を明堂に祭るをは祖・宗と曰う。……『孝経』に曰く、文王を明堂に祀りて、以て上帝に配す、と。有虞氏以上は徳を尚ぶ。禘・郊・祖・宗は、月の徳有る者を配するのみ。夏より以下の稍は其の姓を用いて之に代う。先後の次は、有虞氏、夏后氏は宜しく顓頊を郊すべし。殷人は宜しく契を郊すべし。郊に一帝を祭り、而して明堂に五帝を祭る、小徳は配寡、大徳は配衆、亦た礼の殺なり」と。

②『礼記』「曲礼下」の「天子は天官を建つるに、六大を先にす、……典司六典」の鄭玄の注に、「これ蓋し殷の時の制なり、周は則ち……」、又同篇の「天子の六府……典司六職」。鄭玄の注に、「此れ亦た殷時の制なり。周は則ち……」と。又同篇の「天子の六工……典司六材」の鄭玄の注に「此れ亦た殷時の制なり。周は則ち……」と。

③『礼記』「月令」の孟春の月、天子は「鸞路に乗り、蒼龍に駕し、青旂を載せ、青衣を衣、倉玉を服す」。鄭玄の注に「凡て此の車馬衣服、皆殷時に取りて変有る所なり。周制に非らざるなり。『周礼』に、朝・祀・戎・猟・車・服は各々其の事を以てし、四時を以て異と為さず、と。又「玉藻」に曰く、天子龍巻して以て祭る。玄端にして朝日し、皮弁して日を以て朝に視る、と。此れと皆殊なる」と。また同篇の「立春の日、天子は親ら三公・九卿・諸侯・

大夫を師いて、以て春を東郊に迎う」。鄭玄の注に「「王居明堂礼」に、五十里を出でて歳を迎うと曰うは、蓋し、殷礼なり。周は、近郊五十里なり」と。また同篇、「(季冬の月) 天子乃ち公卿大夫と共に国典を飭し、時令を論じ、以て来歳の宜しきを待つ」。鄭玄の注に「国典を飭すとは、六典の法を和するなり。『周礼』に、正月を以て之を建寅と為して之に懸く、と。今、此の月を用うるは則ち夏殷に因る所なり」と。また同篇の「太尉に命じて、桀俊を賛む」。鄭玄の注に「三王の官に司馬有るも、太尉無し。秦官には則ち太尉有り。今、俗人は皆周公は「月令」を作ると云う。未だ古に通ぜざればなり」と。

④『礼記』「郊特牲」の内容について、鄭玄は特に魯礼と周礼の違いを分析する。『礼記』「郊特牲」の「郊の祭や、長日の至るを迎うるなり」。鄭玄の注に、『易説』に曰く、三王の郊、一は夏正を用う、と。夏正は、建寅の月なり」と。また同篇の「牲は騂を用う。赤を尚ぶなり」。鄭玄の注に「赤を尚ぶは、周なり」と。また同篇「郊の辛を用うるや、周の始めて郊するなり。日以て至る」。鄭玄の注に「言うこころは日は周の郊天の月を以て至り、陽気新たに事を用う。之に順いて辛の日を用う。此の説は非なり。郊天の月にして日至るは、魯礼なり。三王の郊、一は夏正を用ふ。魯は冬至に、天を円丘に祭るの事無きを以て、是を以て建子の月、先に事有ることを示すなり。……周衰え礼廃る。儒者は周礼の尽く魯に有るを見て、因りて魯礼を推して以て周事を言うなり」。また同篇「祭りの日、王は袞を被て以て天に象る」。鄭玄の注に「日月星辰の象有りと謂うは、此れ魯の礼なり。『周礼』に、王は昊天上帝を祀れば、則ち大裘を服して冕し、五帝を祀るも亦た之くの如し。魯侯の服は、袞冕より大なるも下なり」と。また同篇「素車に乗り、その質を貴ぶ」。鄭玄の注に「素車は殷路なり。魯公の郊は、殷礼を用うるなり」と。

⑤その他、次のようなものがある。『礼記』「玉藻」に「関梁は租せず、山沢は列して賦せず」とある。鄭玄の注に「関梁に租せざるは、此れ周礼なり。殷は則ち関は恒に譏りて征せず」と。また『礼記』「喪服小記」の「復と書銘

とは、天子より士に達するまで、其の辞は一なり。男子は名を称し、婦人は姓と伯仲とを書す。如し姓を知らざれば則ち氏を書す」。鄭玄の注に「此れ殷礼を謂うなり。殷は質にして、名を重んぜず。復すれば則ち臣は名を君に得たり。周の礼は、天子崩ずれば、復して、皐天子復と曰い、諸侯薨ずれば、復して、某甫復と曰う。其の余と書銘とは則ち同じ」。また『礼記』「少儀」の「弐車は諸侯は七乗、上大夫は五乗、下大夫は三乗なり」。鄭玄の注に「此れ蓋し殷制なり。『周礼』に、弐車は、公は九乗、侯伯は七乗、子男は五乗、卿大夫は各々其の命の数の如し」と。また『礼記』「祭儀」の「君子は諸を天道に合して、春は禘し秋は嘗するなり」。鄭玄の注に「春禘は夏殷の礼なり。周は禘を以て殷祭と為し、更に春祭に名づけて祀と曰う」と。また『礼記』「祭統」の「古は刑人をして門を守らしめず」。鄭玄の注に、「夏殷時を謂うなり」と。また同篇「凡そ祭祀に四時有り。春祭を礿と曰い、夏祭を禘と曰い、秋祭を嘗と曰い、冬祭を烝と曰う」。鄭玄の注に「夏殷時の礼を謂うなり」と。

最後に、鄭玄は『三礼注』のなかで、所謂「周礼」「周制」「周の礼」「周の法」「周の道」と直言しているところがあるが、これらは多くの場合『周礼』の内容を標準、指針としている。たとえば、①『礼記』「壇弓」の「仲子は其の孫を舎てて其の子を立つ」。鄭玄の注に「此れ其の立つる所は非なり。公儀は蓋し魯の同姓なり。周礼に嫡子死すれば、嫡孫を立てて後となす」と。また同篇「子游、諸を孔子に問ふ。孔子曰く、否、孫を立つ」。鄭玄の注に「周礼に拠る」と。②これと対応するところは、『儀礼』「喪服」の「伝に曰く、何を以て期するや。敢て其の適するを降さざればなり。適子有れば適孫無し、孫婦も亦た之くの如し」。鄭玄の注に「周の道、適子死すれば、則ち適孫を立つ。是れ適孫は上を将て祖後と為す者なり」と。③『礼記』「月令」の「(季秋の月)諸侯を合せ、百県を制め、来歳のために朔日を受けしめ、諸侯の民に税する所の軽重の法、貢職の数を与う」。鄭玄の注に「凡そ周の法は、正月を以て之を正歳と和して象魏に懸く」。④『礼記』「大伝」の「之に繋くるに姓を以てして別ならず、之を綴るに食を以てして殊ならず。百世と雖も、而れども婚姻して通ぜざるものは、周道然るなり」。鄭玄の注に「周の礼、建つる所の者長し。姓は、正姓なり。始祖を正姓と為し、高祖を庶姓と為す。これを繫けて別ならずとは、今の宗室の属籍の若きを謂うなり。『周礼』に、小史は繫世を定め、昭穆を弁ずるを掌る」と。⑤『儀礼』「覲礼」の「諸侯、朝に前み、皆舎を朝に受く。同姓は西面北上し、異姓は東面北上す」。鄭玄の注に「同姓異姓を分別し、之を受くるに将に先後有らんとするなり。『春秋伝』に曰く、寡人若し薛に朝すれば、敢て諸と歯に任せず。則ち周礼は同姓を先にす」と。⑥『儀礼』「士冠礼」の「死して諡するは、今なり。古は、生くるに爵無し、死するに諡無し」。鄭玄の注に「今とは、周衰え、之を記すの時を謂ふなり。古とは殷を謂う。殷士生くるに爵を為さず、死して諡を為さず。周制は、士を以て爵と為し、死するも猶お諡を為さざるがごときは、下大夫なり。今、記すの時、士死すれば則ち之に諡するは、非なり。之に諡するは、魯の荘公より始まるなり」と。また『儀礼』「聘礼」の「郊に及び、又展ぶること初の如し」と。鄭玄の注に「郊は、遠郊なり。周制は、天子は畿内千里、遠郊百里なり。之を以て之を差するに、遠郊は、上公は五十里、侯伯は三十里、子男は十里なり。近郊は各々これを半ばにす」と。

上述の例から、我々は以下のようなことを見ることができる。鄭玄は「王制」「月令」を分析し、諸篇に記される内容は夏殷の制度が多く、『周礼』に代表される周制とは異なるとした。そこには二つの意味が含まれており、それは一方では、鄭玄の「王制」「月令」に対する認識と密接な関係を持っていた。既に述べたが、鄭玄は「王制」「月令」を孔子、孟子の後の賢人の作品であり、『礼記』「月令」は秦時代の書であると考えていた。その記事は周王朝の記事ではないが、その話は妄言ではない。やはり先哲の記事であるから、その内容には必ず根拠があるにちがいない。実際に『史記』「封禅書」及び『漢書』「郊祀志」の中で、漢の文帝が「博士諸生をして六経を刺らしめ」たうちに「王制」を作るという記録がある。そして、後漢の盧植も「漢の孝文帝は、博士諸生をして此の「王制」の書を作らしむ」と述べている。鄭玄もおおむね周代よりも早い夏殷の制度が記されたということに賛同している。別の言い方をすれば、記すところが周制ではないからといって、鄭玄はその内容の経典性を貶することはしないのである。先に述べたように、孔穎達の『礼記正義』「玉藻」には『鄭志』を引用して鄭玄と弟子の趙商の問答を載せて次のように言っている。『礼記』は後人の集むる所にして時に拠りて言うなり。或いは諸侯を天子に同にし、或いは天子を諸侯に与にする等、施す所同じからざるが故に拠り難し。「王制」の法、周と異なる者多きも、当に経なるを以て正と為すべし」。

一方、鄭玄は夏殷の制度を整理して周制の伝承の具体的な脈路を探せると考えていた。孔子は言っている。「殷は夏礼に因る、損益する所知るべし。周は殷礼に因る、損益する所知るべし。其れ或は周を継ぐ者、百世と雖も知るべし」と。また言う。「周は二代に監みて、郁郁乎として文なるかな。吾、周に従わん」と。先に引用した鄭玄の「王制」「月令」の解釈は、正にその思考の方向を体現しているものではないか。鄭玄の考え方によれば、「王制」「月令」、及びその他の篇を通じて、三代の礼の伝承の手がかりは探せるのである。『周礼注』の中で、鄭玄は同じように述べている。たとえば、『周礼』「冬官・匠人」の「九夫、井を為し、……方十里を城と為し、方百里を同と為し、……」。鄭玄の注に、「「載師」職及び『司馬法』を以て之を論ずれば、周制、畿内に夏の貢法を用い、夫に税し、公田無し。『詩』『春秋』『論語』『孟子』を以て之を論ずれば、周制、邦国に殷の助法を用い、公田を制し、夫に税せず」と。これは周制は夏殷の制を兼ねるということを実現するものである。後世に至って「周を継ぐ」ものも同じように追跡できるのである。

（二）『春秋』の義を重んずること

鄭玄の『三礼注』の第二の特徴は『春秋』の義を重んずることである。『春秋』の義は、もともとは孔子が『春秋』を作ったときの立場にもとづくものである。『史記』「孔子世家」に言う。孔子は『史記』に因り『春秋』を作る」と。歴史上の態度は「魯に拠り、周に親しみ、殷に故づき、之を三代に運らす」、内容的には「其の文辞を約して博を指す」、「故に呉楚の君、自ら王と称す。而して『春秋』は之を貶して曰く、「子」と。践土の会は実に周の天子を召く。而して『春秋』これを諱みて曰く、天王、これに狩す。河陽なり」と。このようにして、『春秋』の義は歴史を判断する価値と尺度となっているのである。

実際に、最も早く『春秋』の価値と尺度を具体化し、『春秋』の義に関心を持ったのは『春秋三伝』である。たとえば、『穀梁伝』に云う。『春秋』は人の美を成して人の悪を成さず」、「『春秋』は義を貴びて恵を貴ばず。道を信じて邪を信ぜず」（隠公元年）、『春秋』の義、正に与して賢に与せず」（隠公四年）、「尊及び卑を書するは、『春秋』の義なり」（桓公二年）、『春秋』の義は信じて以て信を伝え、疑して以て疑を伝う」（桓公五年）、『春秋』の義は貴を用いて賤を治む。賢を用いて不肖を治む」（昭公四年）。また『公羊伝』に云う。『春秋』は貴賤の同号を嫌わず」（隠公七年）、「『春秋』に、父、老いて、子、代わりて政に従うを譏る者有るなり」（桓公九年）、「『春秋』は賢者のために諱む」（荘公四年）、『春秋』は尊者のために諱む」（閔公元年）。さらに『左伝』に云う。『春秋』の称は微にして顕なり」（成公十四年）。『春秋三伝』は異なる角度から、『春秋』の筆法を明らかにし、概括するところがあるのである。そこから引き出された思想的な手がかりには、「其の源を発き、其の本を究める」作用があるのである。

春秋学が前漢期に発展した際、『春秋』の義は経学政治または経典政治という重要な価値尺度と評価標準になった。そこで、公孫弘は『春秋』の義を以て漢の宰相の位を得た。董仲舒の弟子の呂歩舒は「節を持して淮南の獄を決し」、『春秋』の義を以て、之を正せば、天子は皆以て是と為」したのである。

歴史の経典として、『春秋』は前漢の史学家の中で評価が高い。たとえば、司馬談は『春秋』は善を採り悪を貶す。三代の徳を推し、周室を褒む。独だに刺譏するのみに非ざるなり」といっている。また司馬遷は、「夫れ『春秋』は、上は三王の道を明らかにし、下は人事の紀を弁ず。嫌疑を別ち是非を明らかにし、善を善として悪を悪として、賢を賢として不肖を賤しみ、亡国を存して、絶世を継ぎ、敝を補い廃を起こす。王道の大なる者なり。……乱世を撥してこれを正に反すは、『春秋』より近きは莫し。『春秋』の文は数万を成し、その指は数千、万物の散落は皆『春秋』に在り。……故に国を有つ者は、以て『春秋』を知らざるべからず、……人臣為る者は、以て『春秋』を知らざるべからず。……故に『春秋』は礼儀の大宗なり」とする。また、司馬遷と同時代の壺遂も「孔子の時、上に明君無く、下は任用を得ず。空文を垂れて、以て礼義を断ずれば、一王の法に当つ」と言っている。

その外、『漢書』『後漢書』の記事には、『春秋』の義」という語がよく出現し、両漢の時期に『春秋』の義はすでに普遍的な意義をもつ是非の標準、価値尺度、思想観念となっていたことがわかる。注意すべきは、『漢書』が述べている『春秋』の義は、実際には『三伝』の中にはそれぞれ別々に見られることである。たとえば、『漢書』「景十三王伝」に大鴻臚禹の奏言がある。『春秋』の義は君を誅するの子は宜しく立つべからず」と。この出典は『公羊伝』昭公八年である。また、『漢書』「薛宣朱博伝」に何武、翟方の奏言がある。『春秋』の義、貴を用いて賤を治む。卑を以て尊に臨まず」と。これは『穀梁伝』の昭公四年。また、同じ伝の龔勝が『春秋』の義、奸以て君に事うるは、常に刑して舎さず」と。これは『左伝』昭公二年である。

時代の背景は鄭玄の『三礼注』の中にも反映している。『春秋』の義は鄭玄でも同じように、『三礼』の標準、価値尺度、思想観念となった。以下に、我々は具体的に鄭玄が重視した『春秋』の意義を分析してみよう。

まず、鄭玄の『春秋』に対する評論の内容には、かれの『春秋』の基本的認識が反映している。たとえば、『礼記』「中庸」の「仲尼は堯舜を祖述し、文武を憲章し、上は天時を律し、下は水土を襲う」。鄭玄の注に「此れ『春秋』の義を以て孔子の徳を説く。孔子曰く、吾が志は『春秋』に在り、行は『孝経』に在り。二経は故に以て之を明らかにするに足る。孔子は堯舜の道を祖述して『春秋』を制し、而して断ずるに文王、武王の法度を以てす」と。これは上述の司馬談、司馬遷などの認識と一致するものであるといえるし、あるいは漢代の学者の普遍的な認識でもあった。また『礼記』「中庸」の「惟だ天下の至誠のみ、能く天下の大経を経論し、天下の大本を立つを為す」。鄭玄の注に「至誠とは、性の至誠なり。孔子を謂うなり。大経とは六芸を謂いて『春秋』を指す。大本とは、『孝経』なり」。『春秋』と『孝経』を並べて論ずるのは、前漢以来、朝廷の『春秋』決議・決断と「孝」を以て天下を治めるという、二つの経の特殊な地位に因る。具体的には『春秋』について、『礼記』「経解」の「属辞比事は『春秋』の教なり」。鄭玄の注に「『春秋』は多く諸侯の朝・聘・会・同を記す。相接の辞、罪弁の事あり」。鄭玄はまさに礼制、礼儀、礼義の角度から『春秋』の義を採用し、具体的に「三礼」の内容を解釈し、説明したのである。

次に、鄭玄の『三礼注』において、直接『春秋』の義を引用して解釈するところである。

①『周礼』「天官・内司服」の「凡そ祭祀、賓客は、后の衣服を共にす。九嬪、世婦に及び凡ての命婦は、其の衣服を共にす。喪衰を共にするも亦た之くの如し」。鄭玄の注に「凡とは、凡ての女御と外命婦なり。「及」と言い、「凡」と言うは、貴賤を殊にすればなり。『春秋』の義、王人は微なる者と雖も、猶お諸侯の上に序す。尊を尊とする所以なり」と。ここに述べられるところはまた『漢書』「翟方進伝」の涓勛の奏言に見えている。

②『礼記』「玉藻」の「八月に至って雨ふらず。君は挙げず」。鄭玄の注に「『春秋』の義、周の春夏に雨無し、未だ災を成す能わず。その秋の秀実の時に至りて雨無ければ、則ち雩す。雩してこれを得れば、則ち雩と書す。喜びて

益有るを祀るなり。雩して得ざれば、則ち旱と書す。災成るを明らかにするなり」。この『春秋』の義は『穀梁伝』「僖公十一年」による。

③『儀礼』「喪服」の「伝に曰く、何を以て期するや。妾は君を体するを得ず、其の父母の為に遂ぐるを得るなり」。鄭玄の注に「然らば則ち、女君以て其の父母を尊降すること有りや。『春秋』の義は、天王の后為りと雖も、猶お吾季姜と曰う。是れ、子、尊を父母に加えざるを言うなり。此の伝は誤に似たり。礼に、妾は女君に従いて其の党服を服す。是れ自ら其の父母に服せざるを嫌うが故に以て之を明らかにす」と。この『春秋』の義は『公羊伝』「桓公九年」の「紀季姜、京師に帰す。其の辞成る。則ちその紀季姜と称するは何ぞや。我自り紀と言うは、父母の子における なればなり。天王の后為りと雖も、猶お吾季姜と曰うがごとし」による。鄭玄はこれによって「喪服伝」に疑問を出したのである。

また、『春秋』の義によって、「礼」を解することの具体化として、鄭玄は『春秋』の是非によって「三礼」を解釈した。それは『春秋』の是非を以て是非の典型とした例証である。

①『礼記』「曲礼上」に「礼の宜しきに従う」。鄭玄の注に「事は常あるべからざるなり。晉士匄は師を帥いて斉を侵す。斉の君の卒するを聞くや、乃ち還る。『春秋』は之を善とす」と。これは『春秋』「襄公十九年」に出る。『公羊伝』に、「還るとは何ぞや。之を善とすればなり。何ぞ善とするや。其の喪を伐たざるを大とすればなり。此れ命を君に受けて斉を伐つに、則ち何ぞ其の喪を伐たざるを大とするや。大夫は君命を以て出づれば、進退は大夫に在ればなり」と。

②『礼記』「曲礼上」の「卒哭して、乃ち諱む」。鄭玄の注に「鬼神の名を敬うなり。諱は、辟なり。生者は相い名を諱まず。衛侯の名は悪。大夫に名悪有れば、君臣、名を同じくするは『春秋』非とせず」と。この義は『春秋』

「昭公元年」に「衛斉悪」と記すことによる。また「昭公七年」に「衛侯悪卒」と記している。『穀梁伝』に「郷に曰く、衛斉悪、と。今曰く、衛侯悪、と。此れ何為れぞ君臣名を同じくするや。君子は人名を奪わず。人親の名づくる所を奪わず。其の来る所以を重んずればなり。王父、子に名づくるなり」と。

③『礼記』「曾子問」に「惟だ天子のみ天を称して以て之を誄す」。鄭玄の注に「其の尊無きを以てなり。『春秋』公羊の説に以為えらく、誄を読みて諡を南郊に制すること、之を天然に受くるが若し」と。これについて孔穎達『礼記正義』は、鄭玄の時代の公羊家の説であり、『白虎通義』とも関係があると指摘する。

最後に、鄭玄『三礼注』の中には『春秋伝』の内容を引用して、『春秋』の義を重んずるところが多い。たとえば、

①『周礼』「春官・大宗伯」の「九儀の命を以て、邦国の位を正す」。鄭玄の注に「命ごとに儀を異にすれば、貴賤の位乃ち正し。『春秋伝』に曰く、名位同じからざれば、礼も亦た数を異にす」。これは『左伝』「荘公十八年」に出る。

②『儀礼』「聘礼」の「若し私喪有れば、則ち館に哭す。衰すれば則ち居り、食を饗けず」。鄭玄の注に「私喪は其の父母を謂う。館に哭し、衰すれば則ち居るは、敢て私喪を以て自ら主国に聞こえ、凶服して君の吉使を干めず。『春秋伝』に曰く、大夫、君命を以て出づるに、喪を聞けば、徐ろに行きて反らず」と。この文の引用は『公羊伝』「宣公八年」である。

③『礼記』「雑記下」の「内乱は与せず、外患は辟けざるなり」。鄭玄の注に「卿大夫を謂うなり。同僚、将に乱を為さんとするに、己は力めて討つ能わざれば、与せざるのみ。隣国の寇を為すに至れば、則ち当に之を死すべし。『春秋』の魯の公子友、陳に如き原仲を葬るの伝に曰く、「君子は内難を辟け、外難を辟けず」と。この引用は『公羊伝』「荘公二十七年」である。

鄭玄は『春秋』の義を重んじ、兼収並蓄の手段をとった。『三伝』を引用する場合、取る場合と取らない場合があった。礼制、礼儀を尊び、礼儀上で合うものと合わないものに注意をはらった。今古文経学の角度からみれば、総合的な態度を示していたといえる。

(三)『緯書』を引用する『三礼』の注釈

両漢の時期、経学の発展につれて、讖緯の学も起ってきた。とりわけ後漢にいたると、光武帝・劉秀の信仰と唱導によって、図讖緯候の学は一代の主流となった。後漢の末年にいたるまで、この学は隆盛した。鄭玄もこの学に深く関わり、かれは諸経を注したほかに、緯候の書のためにも注を作った。それゆえ、かれの『三礼注』の中に、緯書の内容が含まれるのは極めて自然なことであった。この緯書を引用することが、鄭玄の『三礼注』第三の突出した特徴である。

讖緯の学の起こりと、秦漢以来の神仙方術の学との発展、変化とは深く関係を持っている。そして讖緯の学の興盛は後漢一代に特有な雰囲気を作り出し、当時の儒学も経学も、その特徴に覆われないものはなかった。『後漢書』「方術列伝」に、「漢は武帝より、頗る方術を好み、天下の道芸を懐協するの士、策を負いて掌を抵たざるものなく、風に順いて届く。後、王莽は符命を矯用し、光武に及んで、尤も讖言を善くし、士の時に宜しきに趣き赴く者は皆騁馳穿鑿して之を争談するなり。故に王梁・孫咸の名は図籙に応じ、槐鼎の位に越登し、鄭興・賈逵は附同を以て称顕され、桓譚・尹敏は乖忤を以て淪敗す。是の習によりて内学と為り、奇文を尚び、異数を貴ぶもの、時に乏しからず」と。後漢の文章における緯書の引用はほとんど経文を引用するのと同様であった。皇帝の詔書はもちろん、臣下の奏議、上疏などにも多く引用された。また『詩』『書』『春秋』『易』などの六経の文字と並行して引用された。いわば、六経と並んで欠くべからざる経典の文献群となっていたのである。

鄭玄の注経活動は上述の歴史的背景と学術的雰囲気の下に進められた。讖緯に対して、鄭玄はこれを信じており、それを研究する態度をとったのである。彼は『戒子益恩書』の中で、四十歳以前に「博く六芸を稽え、伝記を粗覧して、時に祕書緯術の奥を睹」たといっている。また鄭玄は晩年に夢の中で孔子を見たが、そのとき孔子は鄭玄に告げた。「既に寤め、讖を以てこれに合すれば、命の当に終わるべきを知る」と。このようなことは、彼の讖緯の学への態度を示すものである。

もう一つの重要な点は、鄭玄は当時の多くの儒者と同じように、緯書は孔子が作ったという説に賛同していたことである。孔穎達の『礼記正義』「王制」に鄭玄の「釈廃疾」を引いて「孔子は聖徳有りと雖も、敢て顕然として先王の法を改めて、以て世に教授するを得ず。其の改めんと欲する所の若きは、則ち陰かに緯に書し、これを蔵して以て後王に伝う」という。こうしたことを、後漢の学者は深く信じていた。「孔丘の祕経、漢の赤制と為る」という話は非常に流行した。荀悦の『申鑒』「俗嫌篇」に、「世に緯書は仲尼の作と称するなり」といい、また劉勰の『文心雕龍』「正緯」も「漢儒は緯書を以て、「命の天よりすること有り」と。乃ち符讖と称す。而して八十一篇、皆孔子に託す」と述べている。

そこで、我々も鄭玄が『三礼注』に緯書を引用した理由を探求しなければならない。すなわち当時の学風の影響以外に、鄭玄自身の緯書に対する態度が、かれが緯書を引用して『三礼』を注する主要な原因であるとみなければならない。その点からみると、彼は完全に「引経注経」の立場から出発している。緯書を六経と並ぶものとして根拠としているのである。すくなくとも、緯書を『論語』『孝経』と同じような経典とみていたのである。これは漢代では極めて普通のことであった。

具体的に、鄭玄の緯書引用例を見ると、主に礼制、礼儀、礼義及び礼法の観念などによって『三礼』に対して解釈、説明している。この観点から引用しているのはまちがいない。そしてそうしたなかに緯書的な価値を示す内容が現われてきているのである。

鄭玄が『三礼注』の中で、緯書を引用して礼儀を解説する場合、特に祭祀の礼と関連するものが多く含まれている。

第一。祭祀の儀礼の引証。たとえば、①『周礼』「春官・大祝」の「九祭を弁ず」の「九を共祭と曰う」。鄭玄の注に「共は猶お授くるがごとし。王、祭に宰夫を食うは、祭を授くるなり。『孝経説』に曰く、共に綏んじて授を執る」と。②『周礼』「春官・馮相氏」の「十有二歳を掌り、……以て天位に会す」の注。『楽説』に歳星と日月とは常に大歳月建に応じて以て見ると説く」と。また『孝経説』を引用していう。「勑するに天期四時を以てすれば、皆晩早有るも、勉に趣き時に趣き、天位を失うこと無し」。③『礼記』「礼器」の「名山に因り、升りて天に中す」。鄭玄の注に「『孝経説』に曰く、泰山に封じ、燔燎を考績し、梁甫に禅し、石を刻み号を紀すなり」と。

第二。その他の儀礼についての引証。たとえば、『礼記』「檀弓下」の「子游は擯すること、左由りす」。鄭玄の注に「擯は、相い喪礼を侑むるなり。『孝経説』に曰く、身を以て擯侑す」と。またたとえば、『礼記』「月令」の「(仲夏の月)君子……声色を止めて、或は進むこと毋れ」。鄭玄の注に「進は猶お御見のごとし、声は楽を謂うなり。『易』及び『楽』『春秋説』に云う、夏至、人主と群臣とは八能の士を従え、楽を作ること五日」と。また同じ篇の「(仲冬の月)君子……声色を去り、耆欲を禁じ、形性を安んず」。鄭玄の注に「寧は、安なり。声は楽を謂うなり。『易』及び『楽』『春秋説』に云う、冬至は、人主と群臣とは八能の士を従え、楽を作ること五日なり、と。これ声色を去り又相反るを言うなり」と。

第三。緯書を引証して礼制を解釈し、また証明する。三代の礼制を分析するとき、鄭玄は緯書によって証明する。たとえば、『礼記』「檀弓上」の「舜は蒼梧の野に葬らる。蓋し三妃未だ之れ従わざるなり」。鄭玄の注に『春秋説』に云う、天子は十二を取るとは、即ち夏制なり」と。『礼記』「王制」の「凡そ九州千七百七十三国、天子の元士、諸侯の附庸は与らず」。鄭玄の注に『孝経説』に曰く、周の千八百諸侯、布して五千里内に列す、と。此の文は周の法を改め、盛衰の中、三七の間に関して以て説を為すなり」と。

第四。緯書を引証して礼儀、礼法を解釈し、または証明する。たとえば、『周礼』「夏官、序官」に「乃ち夏官司馬を立て、其の属を帥いしめ、邦政を掌らしむ」。鄭玄の注に「政は、正なり。政は不正を正す所以の者なり。『孝経説』に曰く、政は、正なり。徳名を正して以て道を行う」と。孫詒譲の『周礼正義』によると、賈公彦の疏には「是れ『孝経緯』の文なり。亦た是も正なり。先ず自ら己の徳名を正して、以て道を行えば、則ち天下は自然として正し。之を引きて以て不正を正すの事を証す」とある。実をいえば、「正」と「政」についての解釈は、『論語』「顔淵」に次のようにいう。「季康子、政を孔子に問う。孔子対えて曰く、政は正なり。子は帥いるに正を以てすれば、孰れか敢て正しからざらんや」と。『礼記』「哀公問」には次のようにある。「公曰く、敢て問う、何をか政を為すと謂う。孔子対えて曰く、政は、正なり。君、正を為せば、則ち百姓は政に従ふなり」と。『管子』「正篇」にいう。「これを正し、これに服し、これに勝ち、これを飾る。必ずその令を厳にして民は之に則るを政と曰う」と。孫詒譲は「此れ即ち『鄭目録』に、政は、以て諸侯を平らかにして、天下の義を正すべし」とする。ここの『孝経説』の解釈はもともと先賢から出たものであるが、しかし、鄭玄はただ『孝経説』を引用するのみで、その他の書を引用していない。緯書の影響力を見るに足るものである。

第五。文字の解釈についての引証。たとえば、『礼記』「礼運」の「以て魂魄を嘉みす。是を合莫と謂う」。鄭玄の注に、「嘉は、楽なり。莫は、虚無なり。『孝経説』に曰く、上は無莫に通ず」と。また『礼記』「祭義」の「霜露既に降り、君子は之を履めば必ず悽愴の心有り」。鄭玄の注に「霜露既に降るは、『礼説』は秋に在り。此に秋の字無きは、蓋し脱するのみ」とある。さらに『周礼』「夏官・校人」の「春は馬祖を祭る」。鄭玄の注に「馬祖は、天駟なり。『孝経説』に曰く、房は竜馬為り」と。孫詒譲の『周礼正義』は「『爾雅』「釈天」を引いて云う。房は、天駟なり」と。『詩』「小雅・吉日」に孔穎達は孫炎を引用して云う、「竜は天馬為り、故に房四星は之を天駟と謂うなり」と。鄭玄が『孝経説』を引くのは、「天駟を馬祖の義と為すを証す」という点にある。また孫詒譲は『続漢書』「輿服志」の劉昭の注に引用される『孝経援神契』に、「房は竜馬為り、華蓋は覆鈎」とあることから、これは即ち『援神契』の文によるのだといっている。

以上の例を通じて、我々は鄭玄が緯書をその他の典籍と同じように引証することが分かった。それは、彼の思想の時代的特徴を現している。この緯書の引証からみれば、かれは緯書の思想体系と『三礼』の制度体系・観念体系とをしっかり結合させていたのである。これもやはり時代の特徴である。もし『三礼』と『春秋』の思想の結合を、両漢時期の思想体系と道徳観念体系との結合を示すものというなら、『三礼』と緯書の思想との結合は後漢時代の信仰体系がそれに含まれるものであった。そして鄭玄の『三礼注』は、彼の多層的思想体系の最後の形であった。

後世の多くの儒者は、鄭玄が緯書を引用して『三礼』を注することを欠陥であるとし、宋儒はその書を削ろうとしたし、明儒は「其の説は不純なり」としていた。いずれも緯書の内容を妄説とし、根拠とすることができないとしたのである。しかし、清儒の態度は寛容であり、比較的公正な態度が見える。朱彝尊は鄭玄の箋伝はもとより「経は自ら経と為し、緯は自ら緯と為す。初めより相雑せず」とする。ただ「第だ七曜四游の晷度、三雍九室の遺制の如きは、経師の未だ詳らかにせざる所の者なれば、則ち諸緯書候を取りて以て之を明らかにす。蓋し緯候もまた醇駁の同じからざる有り。康成の取る所は、特だ其の醇なる者のみ。災祥神異の説は、未だ嘗て濫及せざるなり。或いは五帝の名を以て怪に近づくも、然れども此れ漢時に在りては、著らかに祀典なる者なり。君子は是の邦に居るに、其の大夫に非ざるにあらず。矧んや朝廷の典礼をや。乃ち宋儒の口を極めて之を詆るや、元朝の随声附和するに沿及して、此を以て之を罪すること有るに至る。竟に其の祀を黜くる者は、其れ亦た不仁の甚だしきなり」という。ここにおいて、朱彝尊は明代嘉靖帝の時に、「其の説不純」なる鄭玄を廃して聖賢を祀ったことについて不平を鳴らした。また『四庫全書総目提要』「周礼注疏」に、「玄は『三礼』の学において、本より専門と為す。故に釈する所は特に精なり。惟だ緯書を引くを好むは是れその其の一短なり。欧陽脩の集に『請校正五経劄子』有りて、其の書を刪削せんことを欲す。然るに緯書は尽くは拠るべからざるも、亦た尽くは拠るべからざるに非ず。其の是非を審別するに在るのみ。必ずしも古書を竄易せざるなり」と。実際に、後世の礼官の奏議のなかにも、よくそのような緯書の文章は現われている。彼らは鄭玄と同じように、いずれもその内容が古礼または礼経と直接に繋がることから、具体的な礼儀制度を説明していたわけである。これはまた緯書自身が礼経典と連接する価値をもつものであったことを示している。

(四) その他の特徴

(1)「吉・凶・賓・軍・嘉」の五礼体系を尊重すること

「五礼」の説は、『尚書』「堯典」(今文の『尚書』「舜典」)と『尚書』「皐陶謨」にはじめて見える。前者は、「同・律・度・量・衡、五礼を修む」、とあり、後者は、「天秩は礼有り、我より五礼を庸い」るとある。ここでいう「五礼」には二つの意味がある。まず「公・侯・伯・子・男」という五等の爵位制度を指すものであるが、これは『孟子』に基づく。もう一つは「吉・凶・賓・軍・嘉」という五礼体系を指すものであるが、これは『周礼』に基づく。

漢の孔安国『尚書伝』には、「五礼を修む」という句の下では「吉・凶・賓・軍・嘉の礼を修む」と云い、「天秩に礼有り、我より五礼を庸い」るという句の下では「天次秩に礼有り、当に我れ公・侯・伯・子・男、五等の礼を用いて以てこれを接し常有らしむ」とある。前者については孔穎達の『尚書正義』はこれに賛同しているが、後者については孔穎達の『尚書正義』は鄭玄を引用して「五礼は、天子なり。諸侯なり。卿大夫なり。士なり。庶民なり」といい、また王粛を引いて「五礼は王・公・卿・大夫・士を謂う」という。そして孔穎達は、「これ文の拠るべきこと無し、各々意を以て説くのみ」と称している。

また『史記』「五帝本紀」に『尚書』「堯典」を引用して「同・律・度・量・衡、五礼を修む」とあるが、南朝宋の裴駰『史記集解』には「馬融曰く、吉・凶・賓・軍・嘉なり」とあり、また唐の張守節『史記正義』に『周礼』に吉礼を以て邦国の鬼神祇に事う。凶礼を以て邦国の憂を哀れむ。賓礼を以て邦国に親しむ。軍礼を以て邦国に同ず。嘉礼を以て万民に親しむ」という。『史記正義』には、『尚書』「堯典」に云う、上帝に類するは吉礼なり。考妣を喪するが如きは凶礼なり。群后四朝は賓礼なり。「大禹謨」に云う、汝征を組むは軍礼なり。「堯典」に云う、女、時に於いては、嘉礼なり」と、詳細な説明がある。

『三礼』中、最も明確に「吉・凶・賓・軍・嘉」の五礼体系を打ち出しているのは『周礼』である。『周礼』「地官・司徒」に、「五礼を以て万民の偽を防ぎて之を中に教う」とある。また『周礼』「春官・大宗伯」に、五礼の意味を具体化して、「吉礼を以て邦国の鬼神祇に事う。凶礼を以て邦国の憂を哀れむ。賓礼を以て邦国に親しむ。軍礼を以て邦国に同ず。嘉礼を以て万民に親しむ」とある。『周礼』「春官・序官」の「乃ち春官宗伯を立て、その属をして帥いしめて邦礼を掌らしむ」の鄭玄注に「礼は曲礼五を謂う。吉・凶・賓・軍・嘉なり。その別は三十有六なり」とある。「大宗伯」の鄭玄注にこれをさらに区分して「吉礼の別に十二有り」「凶礼の別に五有り」「賓礼の別に八有り」

「嘉礼の別に六有り」「軍礼の別に五有り」とある。実際の『周礼』の思想に照らし合わせてみると、「大宗伯」の職の各種の礼儀形式が、五礼の範中において緻密化されていることが明らかである。このように『三礼注』中のその他の文の関連箇所についても、この例を規準としてあてはめることができる。以上からすれば、鄭玄の『三礼注』が『周礼』を標準的中核としていたことは明確である。

そこで、『礼記』について、鄭玄『三礼目録』は「曲礼」（上下）について、「その篇を以て五礼の事を記す。祭祀の説は吉礼なり。喪・荒は国を去るの説は凶礼なり。貢を朝会に致与するの説は賓礼なり。兵車旌鴻の説は軍礼なり。事長・敬老・執贄・納女の説は嘉礼なり」とある。『礼記』「祭統」の「礼に五経有り、祭に重んずるなかれ」の鄭玄注に「礼に五経有りとは、吉礼、凶礼、賓礼、軍礼、嘉礼を謂うなり。祭に重んずるなかれとは、吉礼を以て首と為すを謂う。大宗伯の職に曰く、吉凶を以て邦国の鬼神祇に事う」とある。

『周礼』の五礼体系を参照してみると、鄭玄は『儀礼』十七篇について、五礼の体系によって分類する。前に引用した『儀礼目録』中で、鄭玄は「士冠礼」「士昏礼」「郷飲酒礼」「郷射礼」「燕礼」「大射礼」「公食大夫礼」などを「五礼において嘉礼に属す」ものであるとし、「士相見礼」「聘礼」「覲礼」などを、「五礼において賓礼に属す」ものとし、「喪服」「士喪礼」「既夕礼」「士虞礼」などを「五礼において凶礼に属す」ものとし、「特牲饋食礼」「少牢饋食礼」「有司徹」などを「五礼において吉礼に属す」ものであるとしている。

「吉・凶・賓・軍・嘉」の五礼体系の確定は、『周礼』の普及によって、広く認められるようになった。それはさらに鄭玄が五礼の形式に則って『儀礼』十七篇の帰属を決めたことによって、一層明確となった。そこで後漢以後の礼制では、分類の形式として固定化された。司馬彪『続漢書』以後の歴代の史書は、「礼楽志」や「礼儀志」の記載からすると、大体「吉・凶・賓・軍・嘉」の五礼体系によって分類されている。漢魏以後の歴代の礼制も、だいたいその五礼体系に従っているのである。たとえば、西晉の荀顗は、新礼を作るにあたって「五礼」と名づけた。南朝斉の王倹は詔を受けて「五礼」を制定した。隋の牛弘は勅命により『五礼』を補った。唐代の『貞観礼』や『顕慶礼』はいずれも五礼の形式に従って制定された。宋の徽宗、政和三年(一一一三年)には『五礼新儀』が編纂された。また「元の五礼、皆国俗を以てこれを行う」とある。明の洪武三年(一三七〇年)には『大明集礼』が編纂され、この書は五礼を規範とした。これらはいずれも後漢の鄭玄の「吉・凶・賓・軍・嘉」の五礼体系の分類に遡ることができるのである。

(2) 漢制に擬えること

多くの学者が注目しているように、鄭玄の『三礼注』が漢制に擬えられていることは、その際だった特徴の一つである。その中には、「漢律」「漢礼」の引用があったり、また漢の官名と漢代制度についての記述もある。そしてこれらは鄭司農の『周礼注』を受け継いだものである。たとえば、『周礼』「春官・序官」に鄭玄は鄭司農の言を引用し、「唐虞は三代を歴て、宗官典国の礼を以て其の祭祀に与にす。漢の大常は是れなり」と。また『周礼』「春官・典路」の「若し大祭祀有れば則ち路に出でて、駕説を贊う。大喪・大賓の客も亦た之くの如し」について、鄭玄は鄭司農を引用して、「『漢朝上計律』に、陣は車を庭に属す」という。また『周礼』「秋官・司刺」の「再宥を過失と曰う」について、鄭玄は鄭司農を引用して、「過失は、今律の過失殺人は坐死せざるが若し」という。また同篇の「壱赦を幼弱と曰う。再赦を老旄と曰う」について、鄭玄は鄭司農を引用して、「幼弱・老旄は、今の律令の年未だ八歳に満たざると、八十歳以上は、手づから人を殺すこと非ず。他は皆坐せざるが若し」とある。鄭玄が引用する漢代の制度は、このように鄭司農によるところが多い。

すでに我々が見てきた「漢律」「漢礼」以外にも、鄭玄『三礼注』では漢代の官名、制度などがたびたび引用・比定されている。その点については言うまでもなく『三礼』中の制度・礼義などの漢代における継承と修正を明らかにしなければならない。

まず『周礼注』である。たとえば、『周礼』「天官・大宰」に「九賦を以て財賄を斂む」とある。その中の「一を邦中の賦と曰う……九を幣余の賦と曰う」の鄭玄注に、「玄を賦と謂い、口率に出泉するなり。今の算泉なり。民は或は之を賦という。これその旧名なるか」とある。孫詒譲『周礼正義』に引用される『漢官儀』に「算は、民の年七歳より十四歳に至るまで、口銭、人二十三を出だす。二十銭は以て天子を食う。其の三銭は、武帝は口銭に加えて、以て車・騎馬を補う。又民をして男女年十五以上より五十六に至るまでをして、賦銭、人百二十を一算と為すを出ださしめて、以て車・馬を給らしむ」とある。孫詒譲は、これが鄭玄の「所謂算泉、或いは之を賦と謂う者なり」であるとする。また『周官』「地官・大司徒」の「保息六を以て万民を養う……五を寛疾と曰う」の鄭玄注に「寛疾は、今の癃なり。事うべからず。卒に算えず。事うべきものは之れを半ばにするが若し」とある。これについて、孫詒譲の『周礼正義』には、「周の時、寛疾は徒に舎役せず、又給養す」とある。孫詒譲はさらに「鄭玄の漢法を引くもの」について、孔広森を引用して、『漢書』「高帝紀」の如淳注に言う、律は高さ六尺大にして寸以下を、罷癃と為す。是れ但だ人の鞞矮なる者を以て、通じて之を癃と謂うのみ。癃疾有るが若きは、別に之を事わしむるべからずと謂う。その事うべきものは、戎に服せざると雖も、猶ほ城道の役に任ず。「食貨志」に曰く、常に更賦有り、罷癃咸出だす、と。癃は事うべきものを謂うなり」と述べる。孫詒譲は「孔説は是なり。算卒は即ち『漢書』「昭帝紀」の更賦なり。……此に卒に算えざるを云うは、即ち更賦を出ださず。事うべきは之を半ばにすとは、更賦を出だすの半ばなるを謂うなり」とするのである。上述の二つの例は、鄭玄が漢代の賦税制度について『周礼』に記載された賦税制度・保障制度と対比し、制度の歴史的継承性を論じているのである。

次に『礼記注』である。①『礼記』「曲礼下」の「天下に君たるを天子と曰う」の鄭玄注に、「今、漢は蛮夷において天子と称し、王侯において皇帝と称す」とある。これは漢代は周代の「天子」という称呼と秦代の「皇帝」の称呼を踏襲し、同様に礼制度も継承していたことを述べている。②『礼記』「王制」の「獄成の辞は、史は獄成を以て正に告げ、正はこれを聴く」の鄭玄注に「正は、周においては郷師の属、今、漢に正平丞有り。秦の置くところなり」とある。これは官制における継承関係を説明しているのである。③『礼記』「礼器」の「吉士に因りて以て帝を郊に饗す」の鄭玄注に、「帝を郊に饗するは、四時の兆す所を以て、四郊に祭る。今、漢は亦た四時に気を迎う。其の礼は則ち簡なり」とある。④『礼記』「明堂位」の「鸞車は、有虞氏の路なり。鈎車、夏后氏の路なり。大路は、殷路なり。乗路は、周路なり」の鄭玄注に「漢の天を祭るは、殷の路に乗るなり。今、これを桑根車と謂うなり」とある。⑤『礼記』「祭法」の「大夫以下、群を成し社を立つを社を置くと曰う」の鄭玄注に、「大夫は特に社を立つることを得ず。民族と居す。百家以上は共に一社を立つ。今時の里社は是なり」とある。

また、『儀礼』に注するにあたり、鄭玄は繰り返し漢代の礼と『儀礼』との記載の違いについて述べている。たとえば、『儀礼』「郷飲酒礼」の「郷飲酒の礼」に注するにあたり、鄭玄は『周礼』「地官」の郷大夫の職、「正月の吉を以て、法を司徒に受け、……三年大比して賢者・能者を興す」を引用し、「この礼は乃ち三年正月にして一たび行ふなり」とする。また、「今、郡国は十月にして此の飲酒礼を行い、党を以て「歳毎に、邦、鬼神を索めて祭祀すれば、則ち礼を以て民に属して酒を序に飲みて以て歯位を正す」の説を正す。然れども此の篇に歯位を正すの事無し」とある。これについては、胡培翬の『儀礼正義』に「案ずるに、漢時の郷飲酒礼は、今考うべからず。建武の時、伏湛は郷飲酒礼を行うことを奏す。遂にこれを施行す。「礼儀志」に「明帝の永平二年、郡国県道は郷飲酒礼を学校に行う。鄭君に至り、蓋し尚遵してこれを行う。故に目見する所に据りて以てその相異を証するなり」とある。さらに鄭玄は漢代の「郷飲酒礼を行う」時の服飾上の差異に目を向ける。『儀礼』「郷飲酒礼」の「郷朝服して賓介を謀むるに、皆能を使い、宿戒せず」の鄭玄注に「朝服は、冠玄端、緇衣、素韠、白屨なり。今、郡国は此の郷飲酒の礼を行うに、玄冠して衣皮弁服なるは礼と異なる」とある。さらに類例を挙げるならば、『儀礼』「郷射礼」の注で鄭玄は「今、郡国はこの礼を行うに季春を以てす」と述べ、また『儀礼』「郷射礼」の「主人朝服して、乃ち賓を速え、賓は朝服して出迎す」の鄭玄注に「戒時は玄端。今、郡国は此の郷射礼を行うに、皮弁服なり。礼と異なると為す」とある。『儀礼』「聘礼」の「又幣を行に釈す」の鄭玄注に「今時、民の春・秋の祭祀に行神有り、古の遺礼なるか」とある。これと類似するものとしては、『礼記』「祭法」の鄭玄注に、「今時、民家、或は春・秋に司命・行神・山神を祭祀す」とある。以上について胡培翬『儀礼正義』は「これ皆漢法を挙げて況と為す」とする。

鄭玄の『三礼注』においては、「漢律」・「漢礼」・漢代制度についての引用は、古代の礼制を理解するための比定する箇所を除けば、礼儀制度の歴史的発展過程を極めて具体的に述べている。宋儒は鄭玄の『三礼』注が「漢制を以て周制と比べ」ていることを譏るが、これに対しては清儒の陳澧が反駁している。陳澧は「後代の官を以て古官に比し、後代の事を以て古事に比するは、その来たること遠し」と言う。鄭玄以前はこの方法によって『周礼』（杜子春もこの方法を用いている）に注を施し、鄭玄以後はこれに準じて、漢制を挙げることが益々多くなるのである。さらに陳澧は、唐の賈公彦『周礼疏』が鄭玄の意義をよく解明していると指摘する。陳澧はその注疏を「最も精要なる者」とし、鄭玄注については「是れ今を挙げて以て古を暁る」（『周礼』「鼓人」の「帗舞」の注の賈疏に見ゆ）としている。また「漢法を引きて証と為す、……古は言無しと雖も、漢も亦た古に依りて来たる」とある（『周礼』「方相氏」の注「天子の椁柏」の賈疏に見ゆ）。また、「周法に文無し、皆、漢法を約して以て之に況す」とある（『周礼』

「掌節」の、「符節」・「璽節」・「旌節」の注の下の賈疏に見ゆ）。また「夷三族は、乃ち乱世、之に接するの法。何を以て太平制礼の事を解かんや」とある（『周礼』「司烜氏」の「屋誅」の注の鄭司農「夷三族を謂う」の賈疏）。賈公彦の疏を通じて、我々は鄭玄が『三礼』に注するにあたり、「漢制を以て周制に況し」た多層的意義を知ることができる。そして、陳澧は宋儒を批判して、「困学紀聞は徐筠の『微言』を引き、鄭注は誤りて漢官を引きて以て周官に比す、と。此れ徐筠の浅陋なり。蓋し未だ賈疏を読まざるのみ」と述べるのである。

（3）礼楽の意義を展開すること

『三礼』には、複雑な礼楽の方式と制度の記録だけでなく、極めて豊かな礼楽についての思想も含まれている。鄭玄はこの礼楽思想について極めて詳細に解説しており、とりわけ礼楽における先王の道の功能と意義についての説明は、『三礼注』の特色となっている。

鄭玄の『三礼注』は、先王が成果を上げてから楽を制作したという歴史について特に強調している。たとえば、『礼記』「礼器」の「礼なる者は、其の自ら生ずる所に反る。楽なる者は、その自ら成す所を楽しむなり」の鄭玄注に「礼を制する者は、本は己の由りて民心を得たる所に基づくなり。楽を作る者は、民の己の功を楽しむ所に縁る。舜の民は其の紹を楽しみ、堯にして大韶を作る。湯武の民は其の濩伐を楽しみ、而して濩武を作る」とある。また、『礼記』「楽記」の「名と功と偕に」の鄭玄注に、「名を為すはその功に在り。偕は猶お倶のごとし。堯は「大章」を作り、舜は「大韶」を作り、禹は「大夏」を作り、湯は「大濩」を作り、武王は「大武」を作る。各々その天下の大功を得たるに因る」とある。さらに詳しい説明として、『周礼』「春官・大司楽」の「楽舞を以て国子に教え、「雲門」「大巻」「大咸」「大韶」「大濩」「大武」を舞う」の鄭玄注に、「これ周の存する所の六代の楽なり。黄帝は「雲門」「大巻」と曰う。黄帝は能く万物を成し名づけて以て民に財を共にするを明らかにす。言うこころは其の徳は之の出づる所を云うが如く、民は以て族類有るを得たり。「大咸」「大韶」は堯の楽なり。堯は能く禅り、刑法を均しくするに儀民を以てす。其の徳は施さざる所無きを言う。「大磬」は舜の楽なり。其の徳は能く堯の道を紹ぐを言うなり。「大夏」は禹の楽なり。禹は水を治め土を傅す。其の徳は能く中国を大にするを言うなり。「大濩」は湯の楽なり、湯は寛を以て民を治めてその邪を除く、その徳は能く天下をしてその所を得しむるを言うなり。「大武」は、武王の楽なり、武王は紂を伐ちて以てその害を除く、その徳は能く武功を成すを言う」とある。鄭玄の解釈によれば、先王が礼楽を作るのは、自身の徳治を象徴する意義をもっているのである。

鄭玄は『儀礼』の行礼・奏楽・唱詩などに詳細な解説を施し、さらに礼・楽・詩について、この三者間の相関関係を細緻に論述する。ここに、我々は鄭玄が「礼」と関わる詩楽についていかに熟知していたかを見て取ることができる。そしてその中には礼義詩義に関する理解があるのである。

たとえば、『儀礼』「郷飲酒礼」の「工歌に「鹿鳴」「四牡」「皇皇者華」あり」の鄭注に「三者は皆「小雅」の篇なり。「鹿鳴」は君と臣下及び四方の賓燕、道を講じ、政を修むるの楽歌なり。此れ其の己に旨酒有るを采りて以て嘉賓を召き、嘉賓既に来たれば、我を示すに善道を以てす。又嘉賓に孔昭の明徳有り、則り効うべきを楽しむなり。「四牡」は、君、使臣の来るを労うの楽歌なり。此れ其の王事に勤苦し、将て父母を念い、懐い傷悲に帰するは、忠孝の至りなるを采りて、以て賓を労うなり。「皇皇者華」は、君、使臣を遣わすの楽歌なり。此れ其の更に是れ労苦にして、自ら以て賢知に咨謀せんことを欲するに及ばずと為し、而して以て自ら光明なるを采る」とある。「燕礼」の解釈も同様である。

また、「郷飲酒礼」の「楽に「南陔」「白花」「華黍」有り」の鄭玄注に「「南陔」「白花」「華黍」は小雅の篇なり。

今、亡し。其の義未だ聞かず。昔周の興るや、周公は礼を制し楽を作り、時世の詩を采り、以て楽歌と為す。情を通じ相風切する所以なり。其れこの篇有りて明らかなり。後世の衰微は、幽・厲尤も甚だし。礼楽の書は稍稍として廃棄せらる。孔子曰く、我衛より魯に反り、然る後に楽正し、雅頌は各々その所を得たり、と。当時の在る者なるも複重雑乱する者を謂うなり。悪くんぞ能く其の亡を存する者ならんや。且つ正考父は商の名頌十二篇と周の「大師帰」を校して、以て其の先王を祀る。孔子に至るまで二百年の間、五篇のみ、此れ其れ信なり」。「燕礼」の解釈も同様である。

この他、「郷射礼」の「乃ち楽を合し、「周南」に「関雎」「葛覃」「巻耳」あり、「召南」に「鵲巣」「采蘩」「采萍」あり」の鄭玄の解釈は「歌わず、笙せず、間せず、志は射に在り、楽を略すなり、楽を略合せざる者は、「周南」「召南」の風、卿の楽なり。其の正を略すべからざるなり」とある。周の文王から、「乃ち「周南」「召南」の化は其の徳の初めに本づくを宣べ、……故にこれを郷楽と謂う。これを房中に用いて以て朝廷饗燕郷射飲酒に及ぼす。此の六篇は其れ風化の原なり。是を以て金絲石竹を合して之を歌う」となるのである。また「郷射礼」の「大師に命じて曰く、「騶虞」を奏し、間、一の若くせよ」の鄭玄注に「「騶虞」は、「国風・召南」の詩篇なり。「射義」を「騶虞」と曰う者は、楽官備わるなり。その詩に「壱発五豝、五豵、於嗟騶虞」の言有り。賢者の衆多なるを得たるを楽しみ、思い至仁の人、以て其の官を充たすを嘆ず。此れ天子の射節なり。而して之を用うる者は、方に賢を楽しむの志有り。其の宜しきを取るなり。その他の賓客・郷大夫は則ち「采萍」を歌う」とある。

これらは鄭玄『三礼注』の中でも、比較的長い注である。そして、頻見するものでもある。鄭玄は自分の説明を相手を納得させるために、十全に配慮したのである。彼は、具体的な礼儀の過程の中に、「楽」と「詩」との歴史的観点と道徳的意義を明確に述べようとしたのである。

鄭玄は古代の礼楽、詩歌について熟知しており、その内容と意義を深く理解していた。そしてそれを存分に論証し引用するのである。たとえば、『礼記』「楽記」の「楽極まれば則ち憂え、礼粗なれば則ち偏る」の鄭玄注に「楽は、人の好む所なり。害は淫侉に在り。礼は、人の勤むる所なり。害は倦略に在り」とある。また同篇「化は時なざれば則ち生ぜず、男女は弁無ければ則ち乱升す。天地の情なり」の鄭玄注に「楽失わるれば則ち物を害う。礼失わるれば則ち人を乱す」とある。また『礼記』「仲尼燕居」の「詩を能くせざれば、礼において繆つ。楽を能くせざれば、礼において素なり。徳に薄ければ、礼において虚なり」の鄭玄注に「詩を歌うは、礼意を通ずる所以なり。楽を作るは、礼・文を成す所以なり。徳を崇くするは、礼行を実にする所以なり。……則ち古の人は皆諸侯の礼楽を知る」とある。また、『周礼』「春官・大師」の「六律を以て之が音を為す」の鄭注に、「律を以て其の人を視、之が音を為し、その適宜は何をかを歌うを知る。子貢、師乙に見えて問いて曰く、賜や、楽歌を聞くに各々宜有り。賜の若き者は何の歌を宜とするか、と。此れ人の性を問うなり。人の性に本づくに、律より善なるは莫し」とある。ここに鄭玄は先人の言の引用を通じて、自己の論理を展開し、伝統の礼楽、詩歌の価値とその意義を掲げるのである。

五、鄭玄『三礼注』の主要な思想内容

『三礼』は経典としてその制度を叙述するのみならず、また豊富な思想性、観念性、論理性をも内含している。『三礼』とは、いわば伝統的経典の集大成である。そして後人がこれらの思想性、観念性、及び論理性を解釈するとき、解釈者の思想と価値観が反映される。前人の思想を解釈すると同時に自分の思想をもそこに込めることができるのである。思うに、古代の聖人・賢人の思想的な言葉について理解しなければ、その本義は探究できない。また弟子

に伝えることも、世間の人々に広めることもできない。我々は鄭玄『三礼注』の中に、彼の思想活動とその存在価値を見出すことができる。その中には当然その個人的具現と世間の受容とが含まれる。その叙述は断片的で、連続せず、引用文や直観、経文を借りている。しかし、結局は彼の思想が人々に感銘を与えるのである。特に、『礼記』の「礼運」「礼器」「楽記」「大学」「中庸」といった極めて思想的な篇では、鄭玄の思想は活発である。そこには単に古代の聖人・賢人の叙述であるということにとどまらない、おそらくは時代の観念と彼の個性が反映されているはずである。その中にこそ、我々は経書注釈家としての彼の存在意義を見出すことができる。

『三礼』の思想は多様である。そして鄭玄の解釈は経典に則している。そのためその説明は各方面に関わる。ここでは、重要かつ主要な箇所を選び、検討してみよう。

（一）政治思想方面

『三礼』の本文中には古典的な、しかし顕著な政治思想がみられる。鄭玄は先人の思想を継承することもあるが、独自の論理を展開することもある。その内容は、古代の王権・国家・政治などの多方面に関わり、若干の法的思想もある。

まず、王権政治の意義とその実現手段の解釈について見てみよう。鄭玄は「政」と「正」の解釈については、『周礼』「夏官・司馬」の「邦政を掌り以て王を佐け邦国を平らかにす」の注において「政は正なり、政は不正を正す所以の者なり」とし、先人の思想に対する直接的継承を明らかにしている。また『周礼』「夏官」大司馬の職の「九伐の法を以て邦国を正す」の鄭注に「諸侯の王命に違うこと有らば則ち兵を出して以て之を伐つ、之を正す所以なり。諸侯の国におけるや、樹木の根本有るが如し、是を以て伐つと言う云」とある。また『周礼』「夏官」大司馬の職の

「賊、其の親を殺せば則ち之を正す」の鄭注に「これを正す者は、執りて其の罪を治む。『王覇記』に曰く、正は、之を殺すなり。春秋僖公二十八年冬、晉人、衛侯を執う。之を京師に帰し、坐して其の弟叔武を殺す」とある。鄭玄における政治とは「不正を正す」ことであり、「殺」と「伐」は「不正を正す」ための行為である。これは古代政治思想における重要事項の一つである。

「礼」と「法」の観念と「刑」との関係についての解釈は、『周礼』「天官・冢宰」大宰の職の「建邦の六典を掌る」の鄭注に「典は、常なり。経なり。法なり。王は、之を礼と謂う。経は常に秉りて以て天下を治むるなり。邦国官府は之を礼法と謂うなり。常に守る所は以て法式と為すなり。常は、其の上下の通名なり」とある。ここに、鄭玄は礼と法の関係を明示している。これは礼における基本的見解を前提とするものである。また『周官』「天官・冢宰」大宰の職の「八法を以て官府を治む……八則を以て都鄙を治む」の鄭注に「則も、亦た法なり。典・法・則は、用いる所異なれば其の名を異にするなり」とある。『周礼』「秋官・序官」の「乃ち秋官司寇を立て、其の属を帥いて以て邦禁を掌らしめ、以て王の邦国を刑するを佐けしむ」の鄭注に「刑は、人を正すの法なり」とある。「大司寇」の「五刑を以て万民を糾す」の鄭注に「刑も、亦た法なり」とある。これらは当時の法における分類の上の説明であり、「刑」を法の下に規定する。これは「礼法」観念を、政治上に発展・展開させ、更に広大な空間とするものである。また同時に、「礼法」の広闊性をも表わしている。

『三礼』の思想体系において、自然的政治論や自然法思想は重要な位置を占める。『礼記』「礼運」の一部は、この思想を概括する。いわゆる「故に聖人は、則を作るに、必ず天地を以て本と為し、陰陽を以て端と為し、四時を以て柄と為し、日星を以て紀と為し、月以て量と為し、鬼神以て徒と為し、五行以て質と為し、礼義以て器と為し、人情以て田と為し、四霊以て畜と為す」について、鄭玄はこれを展開して、「天地よりして以て五行に至るまでは、其の制作の象に取る所なり。礼義人情は、其の政治なり。四霊は、其の微報なり。此れ則ち春秋の元に始まり、麟に終うまで、此を包むなり。呂氏は月令を説きて之を春秋と謂えば、事類相近し。量は猶お分のごときなり。鬼神は、山川を謂うなり。山川は地を助け気を通ずるの象なり。器は、事を操る所以。田は、人の捊治する所なり。礼の位は、賓主の天地に象り、介僎の陰陽に象り、四面の位の四時に象り、三賓の三光に象り、夫婦の日月に象るは、亦た是れなり」と解釈する。この後半の文は、実は『礼記』「郷飲酒礼」に基づいており、「人法自然」の象徴性を説明するための叙述である。

古代にあって、自然的政治論は神学的政治論とも表現される。そこで、『礼記』「霊運」の「是が故に夫れ礼は必ず天に基づき、地に殽り、鬼神に列す」の鄭注に、「聖人は天の明に則り、地の利に因り、法度を鬼神に取りて、以て礼を制し、教令を下すなり。既に又之を祀り其の敬を尽くし、民をして上を厳ましむるなり。鬼とは、精霊の帰する所なり。神とは、物を引き出で、祖廟山川五祀の属を謂うなり」とあるのである。『礼記』「礼運」の「夫れ礼の初、諸を飲食に始む……猶ほ以てその敬を鬼神に致すべきがごとし」について、鄭玄は「鬼神は、徳を饗して味を饗せず」とする。

また、君臣・君民の関係は古代の政治哲学において極めて重要である。君臣関係とは君道、臣道の政治倫理上の関係である。鄭玄もこのことについて持論を展開する。君道については『礼記』「中庸」の「郊社の礼、禘嘗の義を明らかにするは、国を治むるに、其の諸掌を示すが如きか」の鄭注に、「物として掌中に在り、力を知る者と為すこと易きなり。序爵・弁賢・尊尊・親親は、国を治むるの要なり」とある。鄭玄は実は『中庸』の「仁とは人なり。親を親とするを大と為す。義とは、宜なり。賢を尊ぶを大と為す。親親とするの殺、尊賢の等は、礼の生ずる所なり」という一節に基づいて自説を展開しているのである。また、「中庸」の「政を為すは人に在り」の鄭注に「賢人を得るに在るなり」とある。『礼記』「大学」に君子を論ずる。「絜矩の道」と「民の父母」の鄭注に「絜矩の道は、善くその有つ所を持ちて、以て人を寛恕するのみ。国を治むる要は此に尽く」とあり、また「民を治むるの道に他無し。己に取るのみ」とある。『礼記』「曲礼上」の「礼は人に取るを聞き、人を取るを聞かず」の鄭注に「君人を謂う者なり。人に取るは、高く其の道を尚ぶを謂う。人を取るは、其の身を制服するを謂う」とある。また、『礼記』「礼運」の「義とは……これを得る者強し。……仁とは……これを得る者尊し」の鄭注に「義有れば則ち人之に服す。仁有れば則ち人之を仰ぐ」とある。『周礼』「春官・大宗伯」の「賓射の礼を以て、故旧朋友に親しむ」の鄭注に「王の故旧朋友、世子為りしとき、共に学に在る者なり。天子も亦た諸侯と友たるの義有り。武王誓いて曰く、我が友は国冢君なり、と。是なり」とある。これらの注から、鄭玄は経典を解釈する時に徳治の君と道徳規範をイメージしていることがわかる。これは現実世界の君主に対する期待を述べているのではないだろうか。

また、人材運用についての論述がある。『礼記』「礼運」の「人の知を用ふるには、その詐を去る。人の勇を用ふるには、その怒を去る。人の仁を用ふるには、その貪を去る」に対して、鄭玄は「知者の謀、勇者の断、仁者の施を用いれば、以て治を為すに足る。詐く者は民信を害い、怒る者は民命を害い、貪る者は民財を害う。三者は乱の原なり」とする。これも現実の政治に則して理解している、と捉えることができる。

また、臣道について言えば、君を尊崇して臣下を抑制するという思想は政治倫理を述べたものである。『礼記』「曲礼下」の「大夫士は国を去り、境を逾ゆれば、壇位を為すに国に向かいて哭く。……三月にして復た服す」の鄭注に「言うこころは喪礼を以て自ら処するなり。臣の君無きは、猶ほ天無きがごとし」とある。また、「坊記」の「喪父三年、喪君三年は、民に疑わざるを示すなり」の鄭注に「君の尊きを疑わざるなり。君は骨肉の親無ければ、その服を重んぜず、至尊明らかならず」とある。同じく「坊記」の「礼に、君天を称せず、大夫君を称せずとは、民の惑うを恐るればなり」の鄭玄の注に「臣なる者は君を天とし、天子を称して天王と為し、諸侯を称して天公と言わざるは、王を辟くればなり。大夫に臣有る者は、之を称して主と曰う。君と言わざるは、諸侯を辟くればなり。此れ皆為に民をして疑惑して孰の者の尊きかを知らざらしむるなり」とある。ここに、鄭玄は君主の地位が至尊であることの合理性を認めるのである。「君を以て天と為す」ことが臣道における原則である。

君臣の関係を維持するには「義」が必要である。そこで『礼記』「大学」の「未だ上の仁を好まざるは、下、義を好まざるなり」の鄭注に「君、仁道を行えば、則ち其の臣、必ず義なるを言う」とあり、『礼記』「曲礼上」の「三諫して聞かざれば、則ち之を逃る」の鄭注に「君臣に義有れば則ち合す。義無ければ則ち離る」とある。これも臣としての道理の原則である。

民を治めることについては、鄭玄は持論を大いに展開する。利民の思想としては、『礼記』「礼運」の「故に聖人の順う所以は、山は川に居らしめず。渚をして中原に居らしめず。而して敝れざるなり」の鄭注に「山は其の禽獣を利す。渚は其の魚塩を利す。中原は其の五穀を利す。各々其の安んずる所に居らしむ。その利、労してこれを敝ること易からざるなり。民はその業を失えば則ち窮まり、労すれば則ち濫る」とある。ここには導民・教民の思想がある。『礼記』「大学」に「桀・紂は天下を率いるに暴を以てし、而して民之に従う。その令する所は其の好む所に反するなり。而して民従わず」の鄭注に「民の君行に化するを言うなり。君若し貨を好みて民に禁ずるも、財利に淫すること、止む能はざるなり」とある。また同篇、「悖りて出だすと言うものは、亦た悖りて入る。貨は悖りて入ると言う者は、亦た悖りて出づ」の鄭注に「言うこころは君に逆命有れば則ち民に逆辞有るなり。上、利を貪れば則ち下人、畔を侵す。『老子』に曰く、多く蔵すれば必ず厚く亡う、と」とある。また『礼記』「坊記」の「子、之を言う、君子の道は辟くれば則ち坊ぐか。民の足らざる所を坊ぐなり」の鄭注に「民の足らざる所は、仁義の道を謂うなり。道を失えば則ち放辟邪侈なり」とある。また『礼記』「礼運」の「故に天、時を生じて、地、財を生ず。人は其の父母、生みて、師、之に教う。四者は、君は正を以て之を用う。故に君なる者は、無過の地に立つなり」の鄭注に、「時に順ひて以て財を養い、師を尊びて以て民を教え、而して以て政を治むれば則ち過差無し。易に曰く、何を以て位を守るか。曰く、人なり。何を以て人を聚むるか。曰く、財なり」とある。また、「礼運」中の「喪・祭・射・御（郷）・冠・昏・朝・聘に達す」の鄭注に「民、上に厳なるを知れば、則ち此の礼、下に達するなり」とある。「礼運」の「故に聖人は礼を以て之に示す。故に天下国家は得て正すべきなり」の鄭注にこれを概括して「民は礼を知れば則ち教え易し」とある。いわば、鄭玄は経典を解釈するにあたり、歴史の記録や先人の思想を参照し、歴史的政治哲学とその意義について考察しているのである。

（二）倫理道徳思想について

『三礼』は広く豊富な倫理思想と道徳規範をもつ。古代の倫理思想と道徳規範の集大成とも言える。鄭玄『三礼注』は、時に先人の道徳の教えを読む者に感動をあたえるのである。

『三礼』における伝統的道徳観念について、鄭玄は次のように解釈する。『周礼』「地官・大司徒」の「郷三物を以て万民を教えて賓は之を興す」の「六徳」、つまり「知、仁、聖、義、忠、和」と「六行」、すなわち「孝、友、睦、姻、任、恤」について、鄭玄は、「知は、事を明らかにす。仁は、人を愛して以て物に及ぼす。聖は、通じて先に識る。義は、能く時宜を断ず。忠は、以て中心を言う。和は、剛ならず柔ならず。父母に善くするを孝と曰う。兄弟に善くするを友と曰う。九族を睦親し、外親を姻親す。任は、友道を信じ、恤は、憂貧者を振う」と解釈している。鄭玄は基本的にこれらの道徳観念と礼儀規範の内容と価値を明らかにし、普遍的な意味をもたせている。

鄭玄は具体的な家族倫理と社会倫理を極めて重要視している。『礼記』「内則」の「父母に過有れば、気を下し色を怡ばしめ、柔声を以て諫む。……悦ばざれば、其の罪を郷党州閭に得る与りは、寧ろ孰れか諫めん」の鄭注に、「子、父母に事うるに、隠有るも犯無し。……子、父の令に従うは、孝と謂うべからざるなり」とある。また同篇、「子、婦に私貨無し」の鄭注に、「家事は尊きに統べらるなり」とある。また、『儀礼』「士冠礼」の「兄弟具に来る、孝友時に格る」の鄭注に「父母に善くするを孝と為し、兄弟に善くするを友と為す」とある。これらは家庭倫理に属する。また『礼記』「坊記」の「寡婦の子見る有らざれば、則ち友とせざるなり」の鄭注に「志を同じくするを友と為す」とある。さらに鄭玄は『儀礼』「郷飲酒礼」の意義をまとめて、「凡そ郷党飲酒は必ず民聚の時において、其の化の尚賢尊長を見んと欲するなり。孟子曰く、天下の達尊に三あり。爵なり、徳なり、歯なり、と」と述べる。これは社会倫理に属する。

また個人の修養と処世の道、君子の徳と小人の徳について、鄭玄『三礼注』は、次のように解釈する。個人の修身に先立つ条件と定義について、『礼記』「大学」に「先ずその知を致す……知を致すは物に格るに在り」とあるが、これが修身の前提条件である。そして鄭玄は「知は、善悪吉凶の終始する所を謂うなり」、また「格は、来るなり。物は、猶ほ事のごとし。其の善深なるを知れば則ち善物を来らしむ。其の悪深なるを知れば則ち悪物を来らしむ。事は人の好む所に縁りて来るを言うなり」とする。ここで鄭玄は、修身の前提として、先に物事の善悪を理解すべきことを示している。善悪・是非の判断があればこそ、修身の段階に入れるというのである。そこのところに鄭玄の思想がある。また、どのようにして修身を行うべき時を判断するかという問題については、『礼記』「大学」の「人、其の親愛する所に之きて辟り、其の悪賤なる所に之きて辟り、其の畏敬する所に之きて辟り、其の哀矜する所に之きて辟り、其の敖惰なる所に之きて辟る」に対する鄭玄の解釈に、「之は、適なり。譬は、猶ほ喩のごとし。彼に適きて心を以て之を度るを言う。曰く、我何を以てこの人に親愛するか、其れ徳美有るを以てに非ざるか。我何を以て此の人を敖惰するか、其の志行の薄きを以てに非ざるか。反りて以て己に喩れば、則ち身修まるか否や、自ら知るべきなり」とある。

これと関係して、君子の徳・小人の徳の別がある。たとえば、『礼記』「中庸」の「君子は其の睹ざる所を慎戒し、其の聞かざる所を恐惧す」の鄭注に「小人は閑居して不善を為し、至らざる所無し。君子は則ち然らず、之を視て人無く、之を聞きて声無きと雖も、猶ほ戒慎恐惧して自ら修正す。是れ其れ須臾も道を離れず」とある。また同篇、「隠に見す莫く、微に顕す莫し。故に君子は其の独を慎むなり」の鄭注に「独を慎む者は、其の閑居して為す所を慎む。小人の隠における者は、動作言語、自ら以て睹見せざると為し、見聞せざれば、則ち心は肆にして、意は其の情を尽すなり。若し之を佔い聴く者有らば、是れ顕見と為り、衆人の中に之を為すよりも甚だし」とある。さらに「礼運」の「百姓は君に則りて以て自ら治まり、君に養われて以て自ら安んじ、君に事えて以て自ら顕なり。故に礼達して分定まるが故に人皆其の死を愛して其の生を患う」の鄭注に「人の道、身治・居安・名顕なれば、則ち苟くも生きざるなり。義ならずして死し、義を捨てて生く。是れ死を愛して生を患えざるなり」とある。また同篇、「故に順いて然る後に能く危を守るを明らかにするなり」の鄭注に「能く自ら危の道を守るなり。君子は安に居るも危の如し、小人は危に居るも安きが如し。『易』に曰く、危き者は其の位に安んず、と」とある。また「大学」の「仁者は財を以て身を発し、仁ならざる者は、身を以て財を発す」の鄭注に「仁人は財有れば則ち施与に務めて、以て身を起こして其の令名を成す。不仁の人は身有るも聚斂に貪りて、以て財を起こして其の富を成さんことに務む」とある。

また、処世の哲学は、最終的に「礼」や中庸の道に帰着する。たとえば、『礼記』「曲礼上」の「敬まざる勿かれ」の鄭注に、「礼は敬を主とす」とある。また同篇、「礼は、妄りに人を説かず」の鄭注に、「近の為に佞媚するなり。

君子は之に説くも、其の道を以てせず。則ち説かざるなり」とある。さらに「中庸」の「子曰く、道の行われざるや、我之を知る。知者は之に過ぎ、愚者は及ばざるなり」の鄭注に「過ぐと及ばざるとは、道をして行われざらしむ。唯だ礼のみ能く之を中と為す」とある。また同篇、「中なる者は、天下の大本なり」の鄭注に「中を大本と為す者は、其の喜怒哀楽を含むを以て、礼の由る所に生じ、政教は此自り出づ」とある。

そして鄭玄は礼儀道徳の象徴的意義を説く。これは当時の一般的な認識である。たとえば、『儀礼』「郷飲酒礼」の「洗を卒え、升を揖譲し、賓は西階上に疑立す。主人は觶を実たして賓に酬む」の鄭注に、「酬は、酒を勧むるなり。之を酬むるを周と言う。忠信を周と為す」とある。また同篇、「主人は阼階の上に拜送す。賓は北面して坐し、觶を薦の東に奠く。位に復る」の鄭注に「酒を酬むるも挙げず、君子は人の歓を尽くさず、人の忠を竭さず、以て交わりを全うするなり」とある。また、『儀礼』「士相見礼」の「士、相見るの礼は、摯は、冬、雉を用い、夏、腒を用う」の鄭注に「摯は、執りて以て至る所の者なり。君子は尊ぶ所を見、必ず摯を執りて以て其の意を厚くするなり。士摯に雉を用うる者は、其の耿介を取り、交に時有り、別に倫有るなり」とある。また同篇、「下大夫、相見るに雁を以てす」の鄭注に、「雁は時を取知し、飛翔するに行列有るなり」とある。この類例として、『儀礼』「士昏礼」の「昏礼下達し、納采するに雁を用う」の鄭注に、「納采して雁を用て摯と為す者は、其の陰陽に順いて往来するに取ればなり」とある。これらはいずれも「礼」には無意味なものはなく、必ずその意義があるということを述べたものである。そしてそこには道徳的意義も込められている。鄭玄の『三礼』は、その意義を解釈しているのである。

(三) 歴史意識と歴史的人物の評価

『三礼注』には、鄭玄の歴史意識及び歴史上の人物に対する評価が反映されている。我々は鄭玄の「史を以て経を解」くことと、三代制度の分析を通じて、すでに鄭玄の歴史意識を確認した。あるいはそれは、彼の時代の知識界と儒者との間における普遍的な、経典に依拠し、経典によって判断するという歴史意識であった。ここではさらに若干の内容を補いたい。たとえば、『礼記』「曲礼上」の「太上は徳を貴ぶ」の鄭注に「大上帝皇の世、其の民施して報ゆるを惟わず」とある。さらに「その次は施報に務む」の鄭注に「三王の世、礼始めて興る」とある。また『礼記』「中庸」の「子曰く、憂い無き者は、其れ惟だ文王のみか。王季を以て父と為し、武王を以て子と為す。父は之を作り、子は之を述ぶ」の鄭注に「聖人は法度を立つるを以て大事と為し、子は能く之を述説すれば則ち何の憂いあらんや。堯舜の父子は、則ち凶頑有り。禹湯の父子は、則ち令聞寡し。父子相成るは、唯だ文王有るのみ」とある。これは鄭玄の三代の政治に対する基本的認識であり、当然ながらその内容は極めて限定的である。

『三礼注』は、これら一連の経文を解釈するために、歴史的人物を提示する。その記述から、これらの人物に対する評価を検討することができる。『周礼』「夏官・司勛」の「王功を勛と曰う」の鄭注に、「輔けて王業を成すこと、周公の若し」とある。また「国功を功と曰う」の鄭注に、「国家を保全すること、伊尹の若し」とある。また「民功を庸と曰う」の鄭注に、「法の民に施すこと、后稷の若し」とある。さらに「事功を労と曰う」の鄭注に、「労を以て国を定むること、禹の若し」とある。さらに「治功を力と曰う」の鄭注に、「法を制し治を成すこと、咎繇の若し」とある。また「戦功を多と曰う」の鄭注に、「敵に剋つに奇を出すこと、韓信・陳平の若し」とある。これらは鄭玄の時代における一般的な人物評を意識したものである。しかも鄭玄は、これらの注によって経典中における「功」の標準を規定しているのである。

さらに、以上の人物と相反する人物を評価することもある。たとえば、『礼記』「曲礼上」の「敖は長ずべからず、欲は従うべからず、志は満たすべからず、楽は急ぐべからず」の鄭注に「四者は慢遊の道にして、桀紂の自ら禍ある所以なり」とある。『礼記』「大伝」の「名著らかにして男女別有り」の鄭注に「母婦の名、明らかならざれば、則ち人倫乱るるなり。乱とは、衛の宣公・楚の平王の、子の為に取りて自ら納るるが若し」とある。衛の宣公・楚の平王が、子供のために女を娶ったのに、それを自分のものにしてしまったという記事は、『左伝』桓公十六年と昭公十九年に見えるが、この二人の行為は乱倫の典型として挙げられているのである。また『礼記』「楽記」の「魏の文侯、子夏に問ふ」の鄭注に、「魏の文侯は、晉の大夫畢万の后、諸侯を僭るるなり」とある。この「僭」という一字によって、鄭玄は春秋におけるその歴史的事実の判断を示している。その上、ここでも鄭玄は「礼」を判断基準としているのである。

最後に注目しなければならないことは、鄭玄の孔子に対する評価である。基本的には孟子以来の評価に基づき、孔子を尊崇して——「聖人」——と称する。『礼記』「中庸」の「君子の道に四あり、丘は未だ一を能くせざるなり……」の鄭注に、「聖人にして我未だ能わずと曰うは、人の当に之に努めて己むこと無きを明らかにす」とある。また同篇、「庸徳の行は、……余の敢て尽くさざること有り」の鄭注に「聖人の行は実に人に過ぐ。余の敢て尽くさざること有るは、常に人法を為し、礼に従うなり」とある。『礼記』「大学」の「子曰く、訟を聞く、我猶ほ人のごとし」の鄭注に「聖人の訟を聞くは、人と同じきのみ」とある。この三箇所はいずれも「聖人」を孔子の代名詞とするものである。このことから言えば、鄭玄の人物評価には「聖」という規準がある。鄭玄の心中において、孔子は聖人の地位を獲得しており、鄭玄の学問には多方面にわたる孔子の影響を見出だすことができるのである。

六、鄭玄『三礼注』の影響と歴史的評価

鄭玄『三礼注』は、第一に、経学伝授のためのテキストである。上古三代以来の礼儀制度を探求することを本義とする。そして鄭玄はこれに依拠しつつ漢代の制度を整理しようとするのだが、漢末の混乱時代にあったことから、その影響は経学の伝授に限られてしまった。しかし魏晉から明清まで、歴代の礼儀制度は、ほぼ『三礼』に基づいており、問題点は必ず鄭玄の『三礼注』によって当不当が判断されてきた。鄭玄『三礼注』の後世への影響と歴史的評価は折紙つきなのである。

鄭玄の学に対して最初に異議をとなえたのは、三国時代の王粛である。王粛は魏の明帝から斉王曹芳までの時代に活躍していた人物である。『三国志』によれば、王粛は「馬・賈の学を善くして鄭氏を好まず」、「吾幼くして鄭学を為せし時、謬言の為に其の義を尋ね」たという。その後、『尚書』『論語』『三礼』『左伝』の注解を著し、父の王朗の『易伝』を校訂し、みな学官に列せられて、一代の官学となった。また、「其の朝廷の典制・郊祀・宗廟・喪紀・軽重を駁論する所は、凡そ百余篇なり」といわれている。王粛はまた「『聖証論』を集して以て短玄を譏」ったという。一方、鄭玄の門下にも王粛に反駁するものがいた。たとえば、孫叔然は王粛の『聖証論』に反駁している。また、王基は王粛に対して「諸経伝解及び論定朝儀を著し、鄭玄の旧説を改易し」、「玄の義を把持し」つつ「常に与に抗衡し」ていた。

三国時代、鄭玄に賛同しない学者は、王粛以外にも虞翻・李譔らがいた。虞翻の鄭玄に対する異論は、次のようなものであった。「玄の五経に注する所の義に違うこと尤も甚だしき者百六十七事は、正さざるべからず」と。もちろん、これには『三礼注』も含まれる。李譔は「古文『易』『尚書』『毛詩』『三礼』『左氏伝』『太玄指帰』を著し、み

な賈・馬に依準して、鄭玄に異なる。王氏とは殊に隔たり、初めその述ぶる所を見ず。而れどもその意の帰は同じきこと多」かった人物であるという。

上述の王粛が「馬、賈の学を善くし、而して鄭氏を好ま」なかったことと、李譔が「馬・賈に依準し、鄭氏に異な」っていたことからみれば、これは学派の差異が反映されていると言える。このことは同時に我々に一つの謎を解き明かす。既に論じた『周礼注』は鄭司農・鄭大夫・杜子春を多く引用するが、賈逵の引用は少なく、馬融は見えない。このような鄭玄の態度と、後の王粛・李譔などの馬融、賈逵に対する態度とは、対照的である。つまり、鄭玄の経学の観点と経義の解釈は、確かに馬融・賈達と大きく隔たるものであったのである。そして、この差異自体が既に鄭玄の経学における地位を確かなものとし、彼に対する後世の評価に直接的影響を与えたのである。

王粛は反鄭玄学派を代表したが、当時の政界においても重要な人物であった。それゆえ魏晉期の礼儀制度には王粛の説に従っているものが多い。しかし鄭玄の説を用いたものもある。つまり採否取捨は、時代によって栄枯盛衰したのである。たとえば、魏の明帝は王莽の時代に、『易』の六子を以て遂に六宗祀を立」てた事を疑問に思い、王粛に尋ねた。王粛は「亦た以て『易』の六子と為す」と答え、そこで六宗祀を廃さなかった。その後「晉の命を受くるに及び、司馬彪等は六宗の祀の応に特に新礼を立つべからざるを表す。是において遂にその祀を罷め」たという。また晉武帝の泰始二（二六六）年正月の記事に、宗廟の礼も王粛の説に依拠したとある。同年十一月、有司が郊祀の礼について上奏し、「宜しく円丘、方丘を南北の郊に併せ、更に壇兆を修立し、その二至の祀は二郊に合すべし」と述べ、晉武帝はこれに従った。「宣帝の用うる所の王粛の議に一如なり」であったという。

総体的に言えば、魏晉の時にはすでに鄭玄の学術の影響は大きかった。ただしその方向は同じではなかった。たとえば、曹魏の明帝の時に、後漢末の叔孫宣・郭令卿・馬融・鄭玄らについて、「諸儒章句十有余家」の注した『漢律』は、その「言数益々繁く、覧る者益々難き」によって詔が下され、「但だ鄭氏の章句を用うるのみにして、余家を雑え用いることを得ず」となった。ここでは鄭玄の学術の地位は揺らいでいない。また、礼義の解釈に用いられることもあった。東晉の穆帝（三四五〜三六一在位）の時、太常の殷融は鄭玄に依拠して、褚太后・褚父裒に、「宮廷に在りては則ち臣の敬を尽くし、太后帰寧するの日は、自ら家人の礼の如し」と主張した。その他の人も「父尊は一家に尽き、君敬は天下に重んぜらる。鄭玄の義は情礼の中に合す」といい、太后はこれに従ったという。さらに、鄭玄の所謂「五雁六礼」の義は、皇家の婚礼においても施行されるようになる。また、北魏の元珍は嘗て鄭学と王学とが「喪服禫祥の礼」について論争したことを述懐している。

南北朝になると、まさしく清儒の陳澧が言うように、「南北朝の礼を議する者は、尤も鄭説を引くこと多し。諸史及び『通典』に見ゆる者は、挙ぐるに勝うべからざるなり」とある。ただし実は、鄭玄の『三礼注』の影響は南北朝前期には比較的際立ってはいたが、後期には変化してくる。

南朝では劉宋の朝廷をはじめとして、晉朝が王肅の説によって礼を行っていたことを改め、朝廷の典礼・郊祀・宗廟・喪紀などに鄭玄の『三礼注』の説を多く採用した。儀礼の事を議論するたびに、礼官はいつも鄭玄の『三礼注』を引用し、認可されるとすぐに施行された。鄭玄の『三礼注』中の礼儀が劉宋朝廷の礼儀制度の確定とその歴史的展開に影響したことから、その当時における評価を窺い知ることができる。

劉宋の後を継いだ蕭斉の朝廷儀礼では、礼官はやはり鄭玄の『三礼注』を多く引用した。もちろん、鄭玄と王肅の解釈を並記することもあるし、両者とも採用しないこともある。たとえば、斉の明帝の建武二年（四九五年）に「有司、雩祭の明堂に依る」を議したことがあった。祀堂部郎の何佟の議は『周礼』の「司巫」と「女巫」、『礼記』「月令」それぞれの経文と注を引用し、王肅の説をあわせて論証するものであった。加えて鄭玄の『儀礼注』も援用していた。前代の儀礼の変遷に対して、顧暠之は「晉の魏を革め、宋の晉に因るに推せば、政は是れ康成を服膺し、見を異にする者有るに非ざるなり」と鄭玄を評価している。

梁、陳の間では、鄭玄『三礼注』は儒者礼官が儀礼を行うとき、常に引用された。例外的に批判的角度から引用した例としては、梁武帝の治世に、許懋が封禅の説によって鄭玄を批判したものがある。それは「臣、案ずるに、舜の岱宗に幸するは、是れ巡狩の為なり。而して鄭玄は『孝経鉤命決』を引きて云う、泰山に封じ、柴燎を考績し、梁甫に禅し、石を刻み号を紀す、と。これ緯書の曲説なり。正経の通義に非ざるなり。……鄭玄に参・柴の風有り、正経を推尋する能わず、専ら緯候の書を信ず。斯れ謬為り」というものであった。梁の武帝は礼官に「皇子慈母の服」について議論させた。これに対して司馬筠は、鄭玄の『礼記』「曾子問」注・『儀礼』「喪服経」注を引用し、「三母は止だ卿大夫に施すのみ」とし、また「諸侯の子を尋ぬるに、尚ほ此の服無し、況や乃ち之を皇子に施すをや」と述べた。ところが武帝は司馬筠は誤っているとし、鄭玄を批判して「鄭玄は三慈を弁ぜず。混じて訓釈を為し、彼の服無きを引きて、以て「慈己」に注す。後人の謬るに致るは、実に此の由なり」と述べた。陳の武帝の時期の沈洙・許亨らはみな鄭玄の『礼記注』『周礼注』を引用して儀礼を説いた。

北朝においては、北魏の朝廷をはじめとして、鄭玄『三礼注』の影響と評価は劉宋とほぼ同じ状況であった。多様な儀礼活動の中、礼官は鄭玄の『三礼注』を常に引用して根拠としていたが、しかし一方では、王粛などの諸家の説をあわせて議論し、鄭玄の説を否定する場合もあった。そこには何らかの認識と評価の差異が反映されていたと思われる。たとえば、孝文帝の太和十三年（四八九）年、皇帝は詔を下し、鄭玄と王粛の「禘祫の礼」の解釈について是非を議論させた。最終的には、帝が「互いに鄭・王の二義を取る」としたという。後の宣武帝二年（五〇一年）、孫恵蔚は「禘祫の礼」についての議論を上奏し、「鄭を取り王を捨て」ることを主張した。

以上のほかにも、鄭玄を否定する論説があった。たとえば、宣武帝の時、陳奇は「経典を愛玩し、博く墳籍に通ずるは、常に馬融、鄭玄の解経の旨に非ず。志は『五経』を著述するに在り。始め『孝経』『論語』に注す」と述べている。その注した『論語』は、「其の義多く鄭玄と異な」っていたという。そして、時の儒者がいたずらに、「馬・鄭を賛扶し」たことから、論争に至ったのであるとしている。さらに『明堂制度論』を著し、「余、鄭学を為す者の苟しくも必ず勝つことを求め、競ひて異端を生じて、以て相訾抑するを恐る」と述べている。また鄭玄の『礼記』「明堂位」注及び『礼図』の説に意味が通らないものがあるのは、鄭学に疑問を差し挟むのに充分な根拠であるとしている。

北魏の儒者による鄭玄評価の中でも、宣武帝の時の袁翻は最も高い評価をしている。かれは「鄭玄の『三礼』を訓詁すると、『五経異議』を釈するとは、並びに思を尽し神を窮む。故に之を得るは遠なり。其の明堂図義を覧るに、皆人意に悟ること有り。察察として著明、確乎として奪い難し。諒に以て微を扶け幽を闡くに足り、周公の旧法に墜ちず」としている。この説は当時における鄭玄崇拝者を代表するものといえよう。

隋唐になると、鄭玄の『三礼注』は官学の地位を占め、朝廷の議論には基本的根拠として引用される。『隋書』「経籍志」に、「今、『周官』六篇・古経十七篇・小戴記四十九篇、凡そ三種は唯鄭注のみ国学に立つ」とある。唐の高宗永徽四年（六五三年）には、「孔穎達の『五経正義』を天下に頒け、毎年、明経は、此に依りて考試せし」めたという。そして科挙の試験科目では『三礼』中の『礼記』を上経、『周礼』『儀礼』を中経とした。また賈公彦は『周礼疏』『儀礼疏』を編纂した。こうして鄭玄『三礼注』の権威は確定されたのである。『礼記疏』の中で、孔穎達は繰り返し『礼は是れ鄭学なり』と強調し、鄭玄の解釈に疑問があったとしても、あるいは鄭玄の解釈に経意を尽くせないところがあったとしても、深くは追究しない。そして「但だ礼は是れ鄭学なり、故に具さに言うのみ。賢者の裁なり」「但だ既に鄭学を祖として、今、因りてこれを釈す」「礼は既に是れ鄭学なるが故に具さにして詳なり」「礼は是れ鄭学、今、鄭義を申ぶ」と繰り返し述べている。孔穎達が鄭玄礼学の権威を充分に獲得していることがわかる。鄭玄の礼学は唐代の権威的地位を占めたのである。また武則天の万歳通天初年に、史承節は鄭玄のために碑銘を造り、鄭玄の学術を讃えて、「墳典を嚢括し、精は奥秘を窮め、『六芸』は科を殊にし、『五経』は義を通じ、小、尽くさざる無く、大、備わらざる無し」とした。これもその代表作『三礼注』を評価するものであった。

しかし『旧唐書』「礼儀志」の記載からすると、当時においても礼官が儀礼を議論するとき、王粛の説を採用して鄭玄の説を否定することがあったという。たとえば、高宗の顕慶元年（六五六年）、太尉の長孫無忌は礼官と明堂の制について奏議し、鄭玄の『礼記』「祭法」の解釈について「周公の本意を暁らず、殊に仲尼の義旨に非ず」としている。また顕慶二年、礼部尚書の許敬宗は礼官と奏議し、朝廷の祀令及び新礼に鄭玄の六天・円丘・南郊・明堂を併せて用いることに異議を唱え、「鄭玄の此の義は、唯だ緯書に拠るのみ」「その説く所を考するに、舛謬は特に深し」とした。唐の代宗宝応二年（七六三年）、諫議大夫の黎幹が議状を提出して、「十詰十難」を行い、鄭玄の郊祀・円丘の礼の解説について論難した。しかし、具体的な儀礼制定と実施においては、鄭玄解釈の礼は重視された。官修の『貞観礼』『顕慶礼』は、いわゆる「古礼鄭玄の義」を兼ね留めている。確かに唐の代宗期の黎幹が言う通り、唐代は「今『三礼』の代に行わると称する所の者は、皆是れ鄭玄の学」だったのである。

鄭玄の『三礼注』に低い評価を与えたのは、宋儒である。中でも最たるものは、宋の葉時の『礼経会元』であった。彼は次のようにいう。

大抵康成の経を説くに五失有り。一は緯書を引く。二は『司馬法』を引く。三は『春秋伝』を引く。四は左氏『国語』を引く。五は漢儒の『礼記』を引く。姑く一二を摭いて之を言えば、『周礼』は天・帝の異名無きも、注に北辰耀魄の宝の説有るは、后儒是れを以て天・帝の弁有り。此れ緯書の失なり。『周礼』に分野の明文無くして、注に歳の所在・我周の分野の説有るは、後儒是を以て分野の惑有り。此れ『国語』の失なり。丘乗之政は、『周礼』に在ること推すべきなり。鄭則ち曰く、甸は長轂一乗を出だし、丘乗は当に丘甸と為すべし。則ち丘乗之法壊る、と、これ『司馬法』の誤りなり。冕服の章は『周礼』に在ること覆うべし。鄭則ち曰く、三辰旂旗王の服正を九章と為すは、則ち服章の制紊る、と。此れ『春秋伝』を以て之を誤るなり。司服は褘衣を以て后飾と為し、追師は副編を以て后飾と為す。而して注に曰く、夫人は副褘し、則ち王后夫人の飾、又乱る、と。此れ又『礼記』を以て之を誤るなり。思わざるや、漢儒の緯書は、聖人の書に非ず。穰苴の法は、聖人の法に非ず。左氏族の語は誣多く、戴氏の記は雑多し。其れ引援して以て聖経を証すべけんや。

特に此れのみならず。御史大夫を以て小宰に比し、城門校尉を以て司門に比し、少内を以て職内に譬え、尚書を以て司会に准い、尚書を以て誥文類御史を作り、官制已に大いに戻る。漢算を以て九賦に方べ、莽制を国服に比するを以て師旅を息加すと為し、殷周の変制を以て封建を議し、郷遂の異制を以て井田を誣い、貢助の異法を以て畿内・邦国の税を釈す。此れ皆周礼を害するの大なる者なり。後に康成の注は則ち行われ、而も賈公彦は一疏一惟、鄭注の是の周礼制度を解するに、合と不合と、暇にも究めず。儒者の法は注疏の文を襲い、之を経に考するも合わず、遂に『周礼』を指し周公の全書に非ず、是れ聖人の経に背くを敢えてするも、敢えて漢儒の説に違わざるなり。ああ、劉歆の『周礼』を誣するは、一時の失にして、『周礼』の法は尚お在り。鄭康成の『周礼』を壊つは、千載の惑にして、而して『周礼』の法幾ど亡ぶ。然り而して法は未だ嘗て亡びず、礼未だ嘗て壊たれず。周公の礼を読みて周公の法を行うも、亦た惟だ聖経を以て拠と為すは斯れ可なり。

この文によると鄭玄の評価は最低である。そして葉時の態度は数多の宋儒を代表するものであった。これは宋学の漢学に対する挑戦的かつ超越的態度の表出であろう。欧陽脩・王応麟・魏了翁らにもこのような評価が有る。たとえば、王応麟の『困学紀聞』巻四『周礼』に、「鄭康成は経を釈するに緯書を以てし、之を乱すに臆説を以てし、之を汩めて聖人の微指、晦し。徐氏『微言』は鄭注の誤に三有りと謂う。「王制」は漢儒の書にして、今以て『周礼』を釈すは、其の誤一なり。『司馬法』は兵制なるも、今以て田制を証明するは、其の誤二なり。漢の官制は皆秦を襲ひ、今漢官を引きて以て『周官』に比し、「小宰乃ち漢の御史大夫の職」「小宰は今の御史中丞の如し」と謂う、此くの如きの類は、其の誤三なり。鶴山は末世の弊法を以て三代の令典を釈するは、漢算を以て邦賦に擬らえ、莽制を以て国服に擬らうるが如しと謂う。心斎は『周礼』を以て聖人の書に非ずと為すは、之を説く者の過を以てなりと謂う」とある。また『欽定周官義疏』に引用される魏了翁の説に、康成は漢制を以て経を解き、賦を以て口率出泉と為す。三代安くんぞ口賦有らんや。王介甫、之を用いて以て熙寧を誤るは、皆鄭注之を啓くとす」とする。宋儒のこうした態度は、後に陳澧・皮錫瑞・朱彝尊といった清儒に反発されることになる。

宋代において、鄭玄の『三礼注』を肯定した者もいる。朱熹と林希である。朱熹は「鄭康成は是れ好人なり。考礼名数に大いに功有り」と言っている。また清儒胡培翬詳は「宋に朱子有り、尤も鄭学を服膺し、嘗て孫父に論ずるに於いて祖の為に重服を承け、『鄭志』天子諸侯の服の皆一条を斬るを得て曰く、向に鄭康成無からしむれば、此の事終に未だ断決すること有らず、と。井田を論ずるに於いては則ち曰く、『周礼』に井田の制有り、溝洫の制有り、今、永嘉の諸儒は混じて一と為さんと欲するも、通ずべからず。鄭氏注は分けて両項を作り、是を極む、と。作りし所の『儀礼経伝通解』、全て鄭注を録す」と述べている。

林希は『書鄭玄伝』を作り、鄭玄に対して高い評価を与えている。「聖人の教、尤も礼に備る」と称し、『三礼』及び鄭氏の注を得たり。精微通透にして、鈎聯瀆会、故に古経益ます以て世に明らかなり。学者皆求を知りて入り易し。人為るの道を識る者なり。漢の諸儒の功は、而して之を鄭氏に成すなり」とするのである。また「世の人は、其の一二を指してこれを譏り、遂に鄭を以て一家の小学と為す。ああ、亦た甚だ愚かなり。蓋し文辞を玩べば則ち経述を薄んじ、抑も其の功を為す所の者を思わず。玄の猶お敢えて尽くさざる所有りと雖も、況や玄無きをや」ともいう。清儒の陳澧は「宋人の鄭君を尊ぶこと林希の如き者は多くは見えず」と述べている。

元の仁宗延祐（一三一四～一三二〇年）年間の科挙では、『礼記』は鄭玄の注を用いることが規定されており、「故に元儒の礼を説くは率て根拠有り」とされる。しかし、明の永楽年間、『礼記大全』を撰修するにあたって、鄭の注を廃して、陳澔の『集説』が用いられた。「礼学は遂に荒れ」たのである。鄭玄の『三礼注』も官学ではなくなっていた。唐宋以来、鄭玄は聖賢として祀られていたが、嘉靖九（一五三〇）年に、張孚がこのことを議論し、「其の学は未だ純ならざる」ことによって、郷に祀ることに改めたという。

清代に至り、漢学が復興するに従って、鄭玄の学術的価値は広く受容されることになり、『三礼注』も清儒の関心を集めた。清初の顧亭林の『述古』の詩に「六経の伝うる所は、訓詁之を祖と為し、仲尼多聞を貴び、漢人は猶ほ古に近し。礼器と声容と、之を習いて睹るべきを疑う。大なるかな鄭康成、賾を探じ挙げざること靡し。六芸既に該通し、百家も亦た兼ね取る。今に至るまで『三礼』存し、其の学は小補に非ず」といっている。陳澧が指摘したとおり、清人が鄭玄を尊ぶのは顧亭林から始まったのである。

具体的な『三礼注』の価値について、皮錫瑞の『三礼通論』に「漢に『礼経』通行し、師授有るも注釈無し。馬融は但だ『喪服』の経伝に注するのみ。鄭君始めて全十七篇に注し、鄭は礼学に最も精らかなり。『周官』晩出し、杜子春の注、鄭興・鄭衆・賈逵の『解詁』、馬融の『伝』有り。鄭、『周礼』に注するは、多く杜子春・鄭大夫・鄭司農を引き、前に承くる所有り、尚ほ易りて力と為す。而るに十七篇は前に承くる所無し。『周礼』六篇を注するに比し、更に難しと為す。大小戴の記も亦た注釈無し。小戴『礼記』四十九篇、前に承く所無し。亦た独り其の難きを為す者なり。向に鄭君の注微ければ則ち、小戴『記』四十九篇を伝うるも亦た存するが若く亡ぶが若くして、索解して得ざるなり」とある。さらに「惟だ鄭君のみ遍く『三礼』に注し、今に至り、奉りて圭臬と為す。誠に宏く博物を覧ると謂うべし。精力は人に絶するものなり」とある。

姚鼐は「鄭君は其の全てを総集し、綜貫縄合し、閎洽の才を負い、群経の滞義を通し、時に拘牽附会有りと雖も、然れども大体精密にして、漢の経師の上に出づ。又多く旧説を存し、前の長を掩わず、己の短を覆わず。鄭君の辞を観て、以てその志を推せば、豈に君子の徒に非ず、聖を慕うに篤く、孔氏の遺風なる者有らんや」とする。

郝懿行の『鄭氏礼記箋序』には、『礼記』は叢書なり。漢儒の『礼』を言うは、惟だ高堂生十七篇のみ。学者は以て正経と為すも、此れ其れ伝なり。……魏晉以後、此の書盛行し、并せて康成の注を尊ぶ。蓋し鄭学を以て礼に精なる莫きは、是れ鄭学の尤も其の精なる者を書するなり。或いは緯書を旁引し、時に異解を生じ、祫禘は偏りて魯礼を信じ、「王制」は多く夏殷を指し、五廟は但だ元成を守るのみ。七祀は惟だ「祭法」に拠るのみ。六天二地は、王粛其の違を駁すと雖も、譽を南郊に配し、趙匡はその失を矯む。此れ則ち大醇の中に小疵無し。然り而して名物度数・先古遺文の博く参互証せらるるは、この書の功臣と謂うべし。注家の鼻祖なり」とある。

陳澧『東塾読書記』の中にも、『三礼』（『周礼』・『儀礼』・『礼記』）と『鄭学』についての論述がある。鄭玄と『三礼注』の学術上の得失について、ほぼ全面的に論述・評価している。これも清儒の総括的性質を代表するものである。この『東塾読書記』は、今日、我々が鄭玄とその『三礼注』を研究するにあたり、極めて参考となる文献である。陳澧は鄭玄と『三礼注』に対し、客観的かつ公正な評価を与えている。彼の言う「魏晉自り隋に至るまでの数百年、斯の文未だ喪われざる者は頼に鄭君有ればなり」は、『三礼注』を含む鄭学全体に対する賛辞である。清代に鄭学の総括的評価を見ることもできるのである。

以上のように、総合的に見てみれば、鄭玄『三礼注』の学問は千百年の歴史の中で、毀誉褒貶、人々の評論に任せるがままであった。しかし、その学問の影響力は絶えなかった。今日でも、我々が古代礼学を学び、研究するために、必読の注疏経典として、その「立言の徳」は後世の人々にひろがっているのである。

おわりに

鄭玄が生きたのは経学による政治の時代であり、また経を以て法と為し、礼を以て法と為す時代であった。それと同時に、漢代の政治が次第に没落してゆく時代でもあった。鄭玄の抱負は、即ち周公の法に対する自分自身の解釈を打ち出し、それによって後世のために規範を作ることにあった。清代の儒者戴震のいうとおり、「鄭康成の学は尽く『三礼注』に在り」だったのである。『三礼注』は鄭玄の注疏学の核心であった。礼に対する解釈は、即ち法に対する解釈でもあった。『三礼』自体は世々伝えられてきた大経大法であり、そして『周官』を首とする。「光武中興」ののち、『周官』の官学の地位は廃除されたにもかかわらず、その影響は絶えることはなかった。鄭玄は『三礼』を融合貫通して注を作ったが、関心をもったのは三部の経典だけではなく、その中に共通にあらわれている「礼」の制度およびその観念と法の意義であった。これは大を体して精を思う当時の経学大師にとっては普通のことであった。しかし、千百年もの歴史の変遷を経たのち、鄭学のみが残ったため、それが歴史的意義をもつようになったのである。

もちろん、鄭玄の『三礼注』の中にも誤りは多い。それはしばしば、後世の学者の指摘を受けた。しかし清儒陳澧のいうとおり、「自ら聖人ならざれば、孰れか参錯無からんや。前儒の参錯は、後儒に頼み以てこれを弁ず。その未明を弁じて明らかなるものは愈々明らかなり。その未だ合せざるものを弁じて合する者は愈々合す。故に貴ぶに足るなり。然らば其の参錯を弁ずるに、其の善を多とするを没すべからず。後儒その義を知らざれば、古人の書を読みて、その参錯を弁ず。而して其の善を多とすれば、則ちこれを置きて論ぜず。即ち博学知服の義を失う。且つ、才を露わして已を挙ぐるの風を開く。これ学者の大病なり。鄭氏の家法を失うに由るが故なり」。善を存して錯を弁ずることはもともと鄭玄の『三礼注』が、先行する注家に対してもっていた公正な態度であって、世々、訓うる所を成さんとねがうところであった。ただ今日、我々が鄭玄の『三礼注』を研究するのには、その古代の制度思想の方面についての解釈の合理性と歴史性を重視すべきである。それは我々が鄭玄の時代よりも、遙かに遠い古代制度と思想を認識し、理解する助けとなるものである。

経典を祖述することを伝統とする中国古代において、多数の思想家や経学家が伝を作り、記を作り、注を作り、また本経を離れて議論を行った。その中には、大儒、小儒、雅儒、俗儒などの多様な人物があらわれた。そして当時または後世の同道、異道の学者に讃えられ、そしられ、まねられ、捨てられた。しかし一方、経典文化と経典政治自身が造りあげた「経注」のような思想の伝播、発展の方式はずっと生命力をもちつづけていた。もちろん、ただ重大な儀礼制度の討議、分析が意味をもつ場合のほかに、経典の中の宗教的信仰、道徳倫理と政治・法律の観念や義理の解釈について、経注家の思考と選択を含めて、時代性と同時に個性をあらわすものがあった。彼らを思想家と称してはならないことはない。彼らの思索はしっかりと経典とその思想に密着しているのにもかかわらず、である。思想を解釈することには思想が含まれる。思想のための思想は同様に思想である。これが大経学家の思想家としての存在意義である。また思想家が経典を注釈して経注家として存在する意義でもある。一部の思想家は思想史の舞台において、役を演じる（たとえば、朱熹、王船山）。別の言い方をすれば、思想史において、ある思想家は経典と近寄っているし、ある思想家は経典と遠く離れている。ある経注家は思想と近寄り、ある経注家は思想と遠く離れている。完全に同じようにあらわるのではないのである。「我、六経を注す」と「六経、我を注す」とは経学を核心とする思想の伝播、発展の多様性と広闊性を成立させるものである。

歴史の変遷につれ、経典たるものの対象も、次第に変遷していく。それは正に新思想を生み出す起点であった。新たに確立した経典は、新たな思想の展開形態となり、新経典への解釈は新たな思想を含む。魏晉時期の「三玄」をもって経典となす時代から、唐代の「五経」の回復、また宋代の「四書」まで、思想史の変遷は時代の性格を現している。

鄭玄の『三礼注』の流伝と経典化は、『三礼』中の古代制度解釈の相対的合理性を除き、かれの『三礼』の制度を裁量・分析をする思想背景と『三礼』の思想内容の解釈・展開など、本経に近づいているといわざるをえない。またそれらは後世の経典に対する認識と理解を満足させるものであった。『三礼』において、魏晉南北朝隋唐の学者の、鄭学を正し鄭学に従うこと、宋代の学者の鄭学を貶し鄭学を否定すること、清代の学者の鄭学を褒め、鄭学を解することなど、或は取り、或は捨て、或は存し、或は廃したりしたことは、その時代時代の選択規準があったのである。そこにはまた学術界の理解と認識上の差異も含まれていた。かくして経学を代表とする学術思想史上の多様な歴史的文献が生み出されたのである。では、こんにち、我々は歴史上の思想を追いかけ、鄭玄とその『三礼注』を研究、解釈するとき、本当にかれの思想と彼の時代に関心を持ちきれているのだろうか。古人を裁量することはもしかすると我々自身を裁量することかもしれない。古人を理解することはもしかすると我々自身を理解することかもしれないのである。

あとがき

本書は、渡邉義浩を代表とする科学研究費、基盤研究（A）「両漢儒教の新研究」（課題番号一七二〇二〇〇二）の研究成果の一部である。本科研は、従来、中国哲学・中国史学・中国文学のように分かれて研究されてきた両漢文化を、それらの垣根を取り払って、マルチディシプリナリーまたはインターディシプリナリーな総合的研究を行うことを目的としている。昨年は「儒教の国教化」をめぐる問題を中心として『両漢の儒教と政治権力』（汲古書院、二〇〇五年）を刊行、儒教と政治権力との関係を追求した。本年はこれを受けて、両漢における易と三礼に関する研究成果をまとめることにした。ただし、本書は、「易」と「三礼」とを繋ぐ論理を求めることを趣旨とはしておらず、第三部の論文も、「易」と「三礼」をそれぞれ論じたものである。

第一部「易と術数研究の現段階」は、二〇〇五年一二月一一日に、東京大学法文二号館一大教室で行った国際シンポジウムをまとめたものである。術数とは、三浦國雄の趣旨説明の譬えを借りれば、「ここに一機の飛行機があるとして、胴体は天文、地理、暦、易、夢などと多様であるが、共通して左翼は占術（神秘主義）、右翼は数理学（合理主義）になっていて、これら三者が渾然一体となって空を飛んでいるのが「術数」である」という。今回のシンポジウムでは、川原秀城・辛賢報告に代表されるように、数理学（合理主義）の側面に多くの照明があてられた。渡邉義浩個人の所感であるが、西欧近代的な思考では、対置的な相互矛盾において捉えられる神秘主義と合理主義であるが、中国の、ことに漢代の象数易においては、易理の精緻性・合理性によって神秘主義が支えられている、という印象を受けた。しかも、辛報告によれば、精緻な数理的合理性により神秘性を附与された緯書は、国家支配を正統化し、さらには革命思想をも正統化するという。合理主義的数理によって神秘化された儒教が、漢の正統化思想として国家支配を支える姿に、昨年に問題を提起した儒教と政治権力との係わりの具体相を見ることができるであろう。また、シンポジウムで触れることの少なかった占術については、第三部「両漢における易と三礼」に、占いが儒教化されていく中で『易経』が形成されるとする池田知久論文、秦と楚との日書を比較した劉樂賢論文を収めることにより、補い得たと考えている。

第二部「両漢における三礼の展開」は、二〇〇六年五月一九日に、日本教育会館で行われた第五一回国際東方学者会議におけるシンポジウムをまとめたものである。昨年の第五〇回国際東方学者会議に引き続き、シンポジウムの場を与えてくださった主催者の東方学会に、この場を借りてお礼を申しあげる。報告は『儀礼』『周礼』『礼記』の三礼について、現実と礼との矛盾の解決法を「故事」や「権」にみていこうとした渡邉義浩・堀池信夫報告、三礼の理念的な展開を追求する王啓発・蜂屋邦夫・池田秀三報告という大別して二つの立場から行われた。総合討論の司会者である池澤優の言葉を借りれば、前者の「現実派」と後者の「理念重視派」という二つの方向性の展開のなかで、両漢における礼のあり方を探ろうとしたのである。第三部「両漢における易と三礼」には、「権」の議論を補強する堀池論文と、三礼の統合者である鄭玄の礼学を総合的に論じた王論文をおさめ、理解を深めることを試みた。

両漢における儒教の具体像をさらに追求するためには、両漢の中心経典であった『春秋』の検討が必要であるが、それは来年度以降の課題とすることにしたい。

（渡邉義浩記）

執筆者紹介（1生年・学歴、2現職、3専門、4主要論著）

●池澤優
1一九五八年生、ブリティッシュ・コロンビア大学大学院アジア学科博士課程修了、哲学博士。
2東京大学大学院人文社会系研究科助教授
3中国古代宗教、中国出土文献
4『「孝」思想の宗教学的研究――古代中国における祖先崇拝の思想的発展』（東京大学出版会、二〇〇二年）。「二つの〝いのち〟という戦略と陥穽――中国の死生観の視点から」（『現代宗教』二〇〇三、二〇〇三年）。「宗教学理論における新出土資料――聖俗論と仲介者概念を中心に」（『中国出土資料研究』第六号、二〇〇二年）。

●池田秀三
1一九四八年生、京都大学大学院文学研究科博士課程中退。
2京都大学大学院文学研究科教授
3漢魏の学術・思想
4『説苑』（講談社、一九九一年）。『自然宗教の力 儒教を中心として』（岩波書店、一九九八年）。「消えた左氏説の謎」（『日本中国学会報』五四、二〇〇二年）。

●池田知久
1一九四二年生、東京大学大学院人文科学研究科博士課程中退、文学博士。
2大東文化大学文学部中国学科教授
3出土資料による中国思想史研究
4『馬王堆漢墓帛書五行篇研究』（汲古書院、一九九三年）。『郭店楚簡老子研究』（東京大学文学部中国思想文化学研究室、一九九九年）。『《荘子》――「道」的思想及其演変』（黄華珍訳。中華民国国立編訳館、二〇〇一年）。

●王啓発
1一九六〇年生、中国社会科学院研究生院・歴史学・博士。
2中国社会科学院歴史研究所副研究員
3中国古代礼学研究
4『中国経学思想史』（共著、中国社会科学出版社、二〇〇三年）。『礼学思想体系探源』（中州古籍出版社、二〇〇四年）。

●大野裕司
1一九七八年生、北海道大学大学院文学研究科博士課程在学。
2北海道大学大学院文学研究科博士課程
3術数学（択日・『日書』・通書）
4「睡虎地秦簡『日書』における神霊と時の禁忌」（『中国出土資料研究』九、二〇〇五年）。「『周易』蒙卦新解――上海博物館藏戰国楚竹書『周易』尨卦に見る犬の民俗」（『中国哲学』

三三、二〇〇五年)。『日書』における禹歩と五画地の再検討」(『東方宗教』一〇八、二〇〇六年)。

●影山輝國
1 一九四九年生、東京大学大学院人文科学研究科中国哲学専攻博士課程退学。
2 実践女子大学文学部国文学科教授
3 中国古代思想史
4「漢代における災異と政治——宰相の災異責任を中心に」(『史学雑誌』九〇—八、一九八一年)、「秦代避諱初探」(『楚地出土資料と中国古代文化』汲古書院、二〇〇二年)、『史記』「将相年表」倒書考」(『東洋文化研究所紀要』一四九、二〇〇六年)。

●川原秀城
1 一九五〇年生、京都大学大学院文学研究科博士課程単位取得退学。
2 東京大学大学院人文社会系研究科教授
3 中国思想史・朝鮮思想史
4『中国の科学思想——両漢天学考』(創文社、一九九六年)。『毒薬は口に苦し——中国の文人と不老不死』(大修館書店、二〇〇一年)。「星湖心学——朝鮮王朝の四端七情理気の弁とアリストテレスの心論」(『日本中国学会報』第五六集、二〇〇四年)。

●小林春樹
1 一九五二年生、早稲田大学大学院文学研究科博士後期課程単位取得満期退学。
2 大東文化大学東洋研究所助教授
3 中国の史官と天文・暦法
4『東アジアの天文・暦学に関する多角的研究』(編著)(大東文化大学東洋研究所、二〇〇一年)。『若杉家文書「三家簿讃」の研究』(共著)(大東文化大学東洋研究所、二〇〇四年)。『全譯後漢書』志一・律暦志(共著)(汲古書院、二〇〇四年)。

●近藤浩之
1 一九六六年生、東京大学大学院人文社会系研究科博士課程単位取得退学。
2 北海道大学大学院文学研究科助教授
3 馬王堆漢墓帛書と先秦両漢の易学思想
4「無小と無大、善と不善——『帛書周易』二三子篇に関する考察二則」(『中国哲学』三〇、二〇〇一年)。「王家台秦墓竹簡『帰蔵』の研究」(『楚地出土資料と中国古代文化』汲古書院、二〇〇二年)。『戦国縦横家書』に見える蘇秦の活動に関する試論」(『中国哲学』三二、二〇〇四年)。

●蕭漢明
1 一九四〇年生、復旦大学国際政治系本科修了、哲学碩士(武漢大学)
2 武漢大学人文学院哲学系教授
3 中国哲学史
4『船山易学研究』(華夏出版社、一九八七年)。『《周易参同契》研究』(上海文化出版社、二〇〇一年)。『易学与中国伝統医学』（中国書店、二〇〇三年）。

●白井順
1一九七四年生、大阪市立大学文学部博士後期課程単位取得満期退学。
2大阪市立大学非常勤講師
3中国近世思想史
4「復卦の思想——李翺の性論と易」（『中国学志』大有号、一九九九年）。「復卦の諸相——復卦彖伝〈復其見天地之心乎〉と邵雍の冬至吟」（『大阪市立大学人文論叢』二九、二〇〇〇年）。「性命圭旨書誌考」（『東方宗教』一〇四、二〇〇四年）。

●辛賢
1一九六七年生、筑波大学大学院博士課程哲学・思想研究科修了、博士（文学）。
2大阪大学大学院文学研究科専任講師
3漢代易学
4『漢易術数論研究——馬王堆から『太玄』まで』（汲古書院、二〇〇三年）。「『太玄』の「首」と「賛」について」（『日本中国学会報』五二、二〇〇〇年）。「後漢易学の終章——鄭玄易学を中心に」（『東方学』一〇七、二〇〇四年）。

●孫険峰
1一九六八年生、目白大学大学院修士課程修了。
2筑波大学大学院人文社会科学研究科博士課程
3中国哲学
4『緑州』（吉林大学人民出版社、二〇〇六年）。

●田中麻紗巳
1一九三七年生、東北大学大学院文学研究科博士課程退学、文学博士。
2大東文化大学大学院文学研究科中国学専攻非常勤講師
3中国思想史
4『両漢思想の研究』（研文出版、一九八六年）。『後漢思想の探究』（研文出版、二〇〇三年）。『法言：もうひとつの「論語」』（講談社、一九八八年）。

●田中靖彦
1一九七七年生、東京大学大学院博士課程総合文化研究科地域文化研究専攻
2大東文化大学非常勤講師
3三国志文化
4「曹操評価の変遷とその政治的意味——毛沢東の事例を中心に」（『中国研究月報』六二六、二〇〇三年）。「唐代における三国正統論と『史通』——曹魏描写に込められた劉知幾の唐朝観」（『中国—社会と文化』二〇、二〇〇五年）。「『漢晉春秋』に見る三国正統観の展開」（『東方学』一一〇、二〇〇五年）。

●蜂屋邦夫
1一九三八年生、東京大学大学院人文科学研究科博士課程単位取得退学、博士（文学）。
2大東文化大学国際関係学部国際文化学科教授
3中国思想史

4『儀礼士冠疏』・『儀礼士昏疏』（汲古書院、一九八四年・一九八六年）。『中国の道教――その活動と道観の現状』（汲古書院、一九九五年）。『金代道教の研究――王重陽と馬丹陽』・『金元時代の道教――七真研究』（汲古書院、一九九二年・一九九八年）。

●廣瀬薫雄
1一九七五年生、東京大学大学院博士課程単位取得退学。
2日本学術振興会特別研究員
3中国思想史
4「包山楚簡に見える証拠制度について」（郭店楚簡研究会編『楚地出土資料と中国古代文化』、汲古書院、二〇〇二年）、「関於《魯邦大旱》的幾個問題」（『武漢大学学報（哲学社会科学版）』二〇〇四年第四期、二〇〇四年）、「張家山漢簡所謂《史律》中有関践更之規定的探討」（『人文論叢』二〇〇四年版、武漢大学出版社、二〇〇五年）。

●堀池信夫
1一九四七年生、東京教育大学大学院博士課程単位取得退学、文学博士。
2筑波大学人文社会科学研究科教授
3中国思想史
4『漢魏思想史研究』（明治書院、一九八八年）。『中国哲学とヨーロッパの哲学者』上・下（明治書院、一九九六年・二〇〇二年）。「徐敬徳「太虚」論試探」（『哲学・思想論集』二九、二〇〇四年）。

●間嶋潤一
1一九五〇年生、東京教育大学大学院文学研究科修士課程修了。
2香川大学教育学部教授
3中国思想史
4「流言と避居―周公の受難 ――鄭玄の『尚書』「金縢」解釈」（『日本中国学会創立五〇年記念論文集』汲古書院、一九九八年）。『尚書中候』と鄭玄――周公の太平神話をめぐって」（『大久保隆郎教授退官記念論集 漢意とは何か』東方書店、二〇〇一年）。「鄭玄『尚書注』と『尚書大伝』――周公居摂の解釈をめぐって」（『東洋史研究』六〇―四、二〇〇二年）。

●三浦國雄
1一九四一年生、京都大学大学院文学研究科博士課程単位取得退学、文学博士。
2大東文化大学文学部中国学科教授
3中国思想史・東アジア比較文化論
4『朱子集』（朝日新聞社、一九七六年）。『朱子と気と身体』（平凡社、一九九七年）。『風水・暦・陰陽師――中国文化の辺縁としての沖縄』（榕樹書林、二〇〇五年）。

●李承律
1一九六七年生、東京大学大学院人文社会系研究科博士課程修了、博士（文学）
2東京大学大学院人文社会系研究科専任講師
3中国古代史・中国古代思想史

4「郭店楚簡『唐虞之道』の堯舜禅譲説の研究――『墨子』『孟子』『荀子』『尚書』との比較を中心にして」(『郭店楚簡儒教研究』汲古書院、二〇〇三年)。「上海博物館蔵戦国楚竹書《容成氏》の古帝王帝位継承説話研究」(『大巡思想論叢』一七、二〇〇四年)。「上海博楚簡『容成氏』の堯舜禹禅譲の歴史」(『中国研究集刊』三六、二〇〇四年)。

●劉樂賢

1一九六四年生、中山大学中文系本科修了、歴史学博士(中国社会科学院)

2中国社会科学院歴史研究所研究員

3中国思想史

4『睡虎地秦簡日書研究』(文津出版社、一九九四年)。『簡帛数術文献探論』(湖北教育出版社、二〇〇三年)。『馬王堆天文書考釈』(中山大学出版社、二〇〇四年)。

●渡邉義浩

1一九六二年生、筑波大学大学院博士課程歴史・人類学研究科修了、文学博士。

2大東文化大学文学部中国学科教授

3中国古代史

4『後漢国家の支配と儒教』(雄山閣出版、一九九五年)。『三国政権の構造と「名士」』(汲古書院、二〇〇四年)。『全訳後漢書』(汲古書院、二〇〇一年〜)。

両漢における易と三礼

平成十八年九月二十五日　発行

編　者　渡邉義浩

発行者　石坂叡志

印　刷　モリモト印刷

発行所　汲古書院

〒102-0072 東京都千代田区飯田橋二-五-四

電　話　〇三（三二六五）九七六四

FAX　〇三（三二二二）一八四五

ISBN4-7629-2774-0　C3022

KYUKO-SHOIN, Co., Ltd. Tokyo